Der bhv Co@ch

TCP/IP

Dieses Buch wurde der Umwelt zuliebe auf chlorfrei gebleichtem Papier gedruckt.

verlag moderne industrie Buch AG & Co. KG, Landsberg
Königswinterer Straße 418
D–53227 Bonn
Telefax: +49 228 970 24 21
www.vmi-Buch.de

2., überarbeitete Auflage

ISBN 3-8266-9388-4

06 05 04
10 9 8 7 6 5 4 3 2 1

Printed in Italy

Dirk Larisch

Der bhv Co@ch

TCP/IP

Modul 6 Protokolle und Dienste 139

Modul 7 TCP/IP im Internet 171

Inhaltsverzeichnis

Einleitung

„Neues Wasser in alten Schläuchen“, oder besser: „Altes Wasser in neuen Schläuchen“. So ähnlich könnte man das Thema des vorliegenden Coachs zum Thema *TCP/IP* zusammenfassen. Ohne damit auszudrücken, dass der Inhalt sich nicht gänzlich an einem neuen Buchkonzept orientiert, besagt dies eigentlich nur, dass das Thema (TCP/IP) eigentlich ein altes Thema ist.

Die Entwicklung der Protokollfamilie TCP/IP nahm bereits Ende der 60-iger Jahre des vorigen Jahrhunderts seinen Anfang. Dennoch lohnt es sich auch heute noch, sich mit der Entwicklung und den Möglichkeiten dieses Protokolls, das zur Zeit einen wahren Boom erlebt, auseinander zu setzen. Dieser Boom ergibt sich einzig aus der Tatsache, dass TCP/IP und das Internet unzertrennbar sind und die rasante Entwicklung des Internets auch der Verbreitung von TCP/IP zuträglich waren und sind. In den letzten 10 bis 15 Jahren hat sich TCP/IP zum Standardprotokoll schlechthin entwickelt.

Zum Co@ch

Heutzutage kommt jeder Systemverwalter und auch jeder Anwender mit TCP/IP und seinen vielfältigen Merkmalen und Funktionen in Berührung, wenn auch teilweise nur rudimentär. Somit ist dieses Thema für jedermann von Interesse, der sich mit der „Computerei“ beschäftigt. Die vorliegende Schulungsunterlage versucht dabei zu helfen, indem sie die Materie TCP/IP sowohl für einen absoluten Einsteiger als auch für jemanden, der sich bereits in der EDV-Welt auskennt und sich jetzt gerne vertiefend mit dem TCP/IP-Protokoll beschäftigen möchte, übersichtlich aufbereitet.

Aufbau

Am Anfang einer jeden Lerneinheit sind Angaben zu finden über den Inhalt des jeweiligen Moduls, also das, was den Leser erwartet, am Ende folgt jeweils eine Zusammenfassung der behandelten Themenbereiche sowie zahlreiche Fragen und Übungen.

Modul 1 befasst sich mit der Entwicklungsgeschichte von TCP/IP und mit dem Aufbau des Referenzmodells, anhand dessen die Bestandteile der TCP/IP-Protokollfamilie erläutert werden.

Eine sehr wichtige Sache in einem Netzwerk, in dem TCP/IP zum Einsatz kommt, ist die Adressierung. Jedes Endgerät (Host) in einem solchen Netzwerk muss eindeutig identifiziert werden. Dies erfolgt anhand der Internet- oder IP-Adresse. Die wichtigsten Informationen dazu liefert das Modul 2.

Neben einer festen Zuweisung von IP-Adressen stehen heutzutage auch diverse Hilfsmittel zur Verfügung, um die Zuweisung der Adressen an die einzelnen Endgeräte zu automatisieren. Um welche Methoden es sich dabei handelt (DHCP, BootP usw.) und wie diese im Einzelnen konfiguriert werden, ist Inhalt von Modul 3.

Im Anschluss an das vorhergehende Kapitel bildet das Modul 4 eine ideale Ergänzung, wird hier doch erläutert, auf welche Art und Weise die Namen der einzelnen Endgeräte in die zugehörige IP-Adresse umgewandelt werden können. Ein Endgerät in einem IP-Netzwerk kann nämlich durchaus über symbolische Namen angesprochen werden, dazu muss jedoch eine Zuweisung der IP-Adresse zu dem korrespondierenden Namen gegeben sein.

Die Wahl des richtigen Weges ist für die Datenpakete eines IP-Netzwerks überlebenswichtig. Aus dem Grund wird dem Thema Routing (Wegewahl) mit dem Teil 5 ein separates Kapitel gewidmet. Für das Routing kommen dabei entsprechende Netzwerkkomponenten zum Einsatz, deren Bedeutung und Funktion dargestellt werden. So werden die grundlegenden Merkmale von Switches und Routern dargestellt und es wird erläutert, wofür ein Firewall eingesetzt werden kann.

In Modul 6 werden eine Vielzahl von Diensten, Zusatz- und Hilfsprogrammen erläutert, die im TCP/IP-Umfeld zum Einsatz kommen können. Angefangen von den Möglichkeiten des Netzwerkmanagements per SNMP über den Einsatz des HTTP-Protokolls für den Web-Zugriff bis hin zur Realisierung einer Namensauflösung per DNS (Domain Name System) werden in diesem Kapitel alle wichtigen Dienste und Protokolle dargestellt und erläutert.

Das Modul 7 befasst sich mit dem Sinn und Zweck des Internets und erläutert die spezielle Funktion von TCP/IP innerhalb dieses Netzwerkverbundes. Neben den Zugangsmöglichkeiten zum Internet werden hier auch spezielle Themen wie das World Wide Web (WWW) oder auch der Einsatz von Suchmaschinen behandelt. Abschließend bespricht dieses Kapitel die Sicherheit im Internet und führt mögliche Sicherheitsprobleme auf.

Es sind Bestrebungen im Gange, die IP-Version 4 (IPv4) über kurz oder lang durch die neue IP-Version 6 zu ersetzen; die Phase der Migration hat bereits begonnen. Die IP-Version 6 (IP Next Generation) räumt mit Problemen und Schwachstellen der betagten Version 4 auf. Darüber hinaus ermöglicht sie eine wesentlich flexiblere Adressierung der einzelnen Endgeräte, nicht zuletzt durch das „Aufbohren" des verfügbaren Adressraums. Worum es sich dabei im Einzelnen handelt, wird in Modul 8 erläutert.

Zum Abschluss dieses Buches folgt ein umfangreicher Anhang zum Thema TCP/IP. Dieser enthält ein ausführliches Glossar und die Lösungen zu den Übungen der einzelnen Module.

Modul 1

Entwicklung und Aufbau

Lernen Sie

- was sich hinter TCP/IP verbirgt
- wann TCP/IP entstanden ist
- wie TCP/IP weiterentwickelt wurde
- den generellen Aufbau von TCP/IP kennen
- wichtige Protokolle der TCP/IP-Protokollfamilie kennen

Es wird heutzutage als das Standardprotokoll schlechthin bezeichnet: *TCP/IP*. Kein anderes Protokoll hat in den letzten Jahren einen derartigen Aufschwung genommen wie das TCP/IP-Protokoll. Und Schuld an diesem Zustand ist einzig und alleine das Internet. Keine andere technologische Einrichtung oder Erfindung wurde so durch das Internet gepuscht wie das TCP/IP-Protokoll; heutzutage ist TCP/IP das am häufigsten eingesetzte Übertragungsprotokoll in der Welt der Netzwerke.

Hinweis

Ein Protokoll ist die Grundlage, mit der es unterschiedlichen Systemen ermöglicht wird, Daten auszutauschen. Somit definiert ein Protokoll die Vorschriften und die Vorgehensweise, nach denen der Datenaustausch zu erfolgen hat.

1.1 Geschichte von TCP/IP

Die Abkürzung *TCP/IP* steht zunächst einmal als Synonym für *Transmission Control Protocol/Internet Protocol*. Die Entstehung dieses Protokolls bzw. Protokollstapels liegt mittlerweile weit zurück im vorigen Jahrhundert.

ARPANET als Grundstein

Ende der 60er Jahre des letzten Jahrhunderts leitete das amerikanische Verteidigungsministerium die Entwicklung des TCP/IP-Protokollstapels ein. In diesem Jahr initiierte das *DoD* (Departement of Defense = amerikanisches Verteidigungsministerium) die Forschung zu Netzwerkzwecken. Das erste Projekt zur Thematik der Entwicklung eines unabhängigen Rechnernetzes, das in einer heterogenen Umgebung eingesetzt werden sollte, startete damals unter dem Namen *ARPANET* (*Advanced Research Projects Agency Network*). Aus dem Grund wurden die daraus entwickelten Internet-Protokolle auch sehr oft als Department-of-Defence-, DoD- oder ARPANET-Protokolle bezeichnet.

Hinweis

Die ARPA wurde 1957 als Reaktion auf den Start des Sputniks durch die UdSSR gegründet. Die ARPA hatte die Aufgabe, Technologien zu entwickeln, die für das Militär von Nutzen sind. Zwischenzeitlich wurde die ARPA in Defense Advanced Research Projects Agency (DARPA) umbenannt, da ihre Interessen primär militärischen Zwecken dienten. Die ARPA war keine Organisation, die Wissenschaftler und Forscher beschäftigte, sondern Aufträge an Universitäten und Forschungsinstitute verteilte.

Das Hauptziel des DoD war damals die Aufrechterhaltung der Kommunikation im Falle eines gegnerischen Atomschlages. Es sollte ein System geschaffen werden, das grundsätzlich auf verschiedenen Übertragungsmedien, -systemen und -netzen eingesetzt werden konnte, also in einer heterogenen Rechnerumgebung. Das Netz sollte dazu in der Lage sein, auch im Falle eines Atomkrieges weiter zu operieren. Niemand dachte damals an die Grundsteinlegung des Internets, wie es in seiner heutigen Ausprägung bekannt ist.

Eine Datenübermittlung über Telefonleitungen war für den angedachten Zweck ungeeignet, da diese gegenüber Ausfällen zu verletzlich waren (sind). Aus dieser Überlegung heraus wurde die heute als TCP/IP bekannte Protokollfamilie entwickelt. Seit dem Jahr 1969 wurde das so genannte ARPANET entwickelt, das auf dem Protokoll TCP/IP basiert. Im Jahr 1972 wurde dieses Netz der Öffentlichkeit vorgestellt, wobei es bereits damals aus einem Verbund der unterschiedlichsten Rechnertypen bestand. Die Hauptziele bei der Entwicklung des ARPANET lassen sich wie folgt zusammenfassen:

- dezentrales System
- atombombensicher
- Unabhängigkeit vom Übertragungsmedium
- Unabhängigkeit vom Rechnersystem

Im Laufe der Zeit und bedingt durch das Wachstum des ARPANET wurde sehr schnell klar, dass die bis dahin gewählten Protokolle nicht mehr für den Betrieb eines größeren Netzwerks, das auch mehrere Teilnetze miteinander verbinden sollte, geeignet war. Aus diesem Grund wurden weitere Forschungsarbeiten initiiert, die 1974 zur Entwicklung der TCP/IP-Protokolle bzw. des TCP/IP-Modells führten. TCP/IP wurde mit der Zielsetzung entwickelt, mehrere verschiedenartige Netzwerke zur Datenübertragung miteinander zu verbinden. Um die Einbindung der TCP/IP-Protokolle in das ARPANET zu forcieren, beauftragte die (D)ARPA einige ausgewählte Firmen und die „University of California at Berkeley" zur Integration von TCP/IP in Berkeley UNIX. Dies bildete somit den Grundstein des Erfolges von TCP/IP in der UNIX-Welt.

Im Jahr 1983 wurde das ARPANET von der Defence Communications Agency (DCA), welche die Verwaltung des ARPANET von der (D)ARPA übernahm, aufgeteilt. Der militärische Teil des ARPANET wurde in ein separates Teilnetz, das MILNET, abgetrennt, das durch streng kontrollierte Gateways vom Rest des ARPANET – dem Forschungsteil – getrennt wurde.

Nachdem TCP/IP das einzige offizielle Protokoll des ARPANET wurde, nahm die Zahl der angeschlossenen Netze und der angeschlossen Endgeräte (Hosts) rapide zu. Das ARPANET wurde von Entwicklungen, die es selbst hervorgebracht hatte, überrannt. So existiert das ARPANET in seiner ursprünglichen Form heute nicht mehr, das MILNET ist aber noch in Betrieb. Das amerikanische Verteidigungsministerium verfügt auch heute noch über eines der größten Netze, die auf TCP/IP basieren.

Hinweis

Ein Netzwerkknoten (Endgerät) in einem IP-Netz wird auch oft als *Host* bezeichnet. Dabei ist diese Bezeichnung eher missverständlich, ergibt sich damit doch eher eine Assoziation zu einem Großrechner.

Wie bereits erwähnt erhielt die TCP/IP-Protokollfamilie den größten Schub in der weiteren Verbreitung sicherlich durch die Implementierung in das UNIX-Betriebssystem UNIX (und indirekt natürlich auch durch das schnelle Wachstum des Internets). So steht den UNIX-Anwendern seit der Version Berkeley UNIX 4.2 für die Kommunikation die gesamte TCP/IP-Protokollfamilie zur Verfügung. Nicht zuletzt der hohe Bekanntheitsgrad des UNIX-Derivats Linux sorgte und sorgt heute immer noch für eine rasche Verbreitung der TCP/IP-Protokollfamilie.

Hinweis

TCP/IP wurde somit zwangsläufig zum Standardprotokoll auf dem DARPA-Internet, wie die Anbindung einer Reihe von Netzwerken bezeichnet wurde, zu denen unter anderem ARPANET, Military Network (MILNET), National Science Foundation Network (NFSnet) und diverse Universitäts-, Forschungs- und weitere Militärnetzwerke gehörten. Dieses erste größere *Internetwork*, wie im TCP/IP-Sprachgebrauch ein mehrere Netzwerke verbindendes System bezeichnet wird, ist heutzutage unter dem Namen *Internet* weltweit bekannt. Es umfasst unzählige Netzwerke mit einigen Millionen Rechnern, die täglich mehr werden.

Der Erfolg und die Ausbreitung des Internets basieren nicht zuletzt auf der Robustheit und Effizienz der für die Datenübermittlung verwendeten Kommunikationsprotokolle TCP/IP. Zu Beginn der 80er Jahre des vorigen Jahrhunderts waren das rasche Wachstum der Internet-Teilnehmer und die gestiegenen Anforderungen bezüglich Übertragungsqualität und Sicherheit nicht voraussehbar. Seit vielen Jahren wird an entsprechend verbesserten Nachfolgeprotokollen unter dem Arbeitstitel *IP Next Generation* (*IPNG*) gearbeitet. Diese Protokolle sind nun unter dem Sammelbegriff *IPv6* bereit für den Einsatz.

Da der verfügbare Adressraum der IP-Adressen in der Version 4 immer knapper wird, wurde bereits vor Jahren mit der Entwicklung des *IPv6-Standards* begonnen. Die neue Protokollfamilie bietet einen erweiterten Adressbereich, neue Dienstelemente für Sicherheit und Übertragungsqualität, effizientere Protokollformate, optimierte Routenwahl sowie vereinfachte Konfiguration der Netzknoten.

Hinweis

Das Modul 2 dieses Buches befasst sich ausführlich mit der Adressierung im TCP/IP-Netzwerk.

Vorbei am Standard

Im gesamten Verlauf der Entwicklung von TCP/IP wurden die unterschiedlichsten Normierungsvorgaben definiert, mit denen ein allgemein gültiger Standard im Bereich der Datenübertragung festgelegt werden sollte. Der bekannteste ist sicherlich der *OSI-Standard* (OSI = Open System Interconnection), der sich generell mit den Festlegungen für die Übertragung von Daten in heterogenen Systemen befasst.

Hier schert TCP/IP vollkommen aus, denn die TCP/IP-Architektur ist zunächst einmal vollkommen unabhängig von bestimmten Vorgaben (z.B. OSI-Schichtenmodell). Dennoch ist diese Protokollfamilie heutzutage zu einem Quasi-Standard geworden ist, der in keiner Vorschrift exakt definiert ist. Die Gründe liegen auf der Hand, denn alles wartete auf den großen Durchbruch der OSI-Protokollfamilie. Als der „OSI-Durchbruch“ nicht kam und der Bedarf nach einem einheitlichen Protokoll immer größer wurde, entschieden sich zahlreiche namhafte Hersteller (IBM, DEC usw.) bei ihren Produkten für die Unterstützung von TCP/IP.

Die Entwicklung „vorbei am Standard“ hat TCP/IP aber nicht ins Hintertreffen gebracht, sondern eher das Gegenteil bewirkt. Die TCP/IP-Architektur entwickelte sich im Laufe der Zeit zu einer der wichtigsten Netzwerkarchitekturen für die Verbindung unterschiedlicher Rechnersysteme. In der Zwischenzeit ist TCP/IP „das“ Übertragungsprotokoll schlechthin, das zudem in dieser Protokollfamilie auch noch eins der wichtigsten Protokolle für das Netzwerkmanagement zur Verfügung stellt, das *SNMP*-Protokoll (*Simple Network Management Protocol*).

Im Laufe der letzten Jahre ergab es sich zwangsläufig, dass es für fast sämtliche Hard- und Software (Betriebssysteme u. Ä.) und für sonstige Geräte entsprechende TCP/IP-Implementierungen gibt. Dazu gehören beispielsweise Implementierungen in Betriebssystemen wie UNIX (sowieso), Novell NetWare, IBM-MVS, DEC-VMS, DOS, OS/2 oder auch Windows.

Hinweis

Heutzutage gilt der Grundsatz, dass es Hersteller, die ihre Produkte nicht an TCP/IP ausrichten, schwer haben, diese Produkte im Markt zu platzieren und zu verkaufen.

Internet als Triebfeder

Der Einfluss von TCP/IP auf die Entstehung bzw. Entwicklung des Internets ist (rückwirkend betrachtet) sehr entscheidend gewesen. Genauso kann aber festgehalten werden, dass das Internet die ideale Plattform für die Entwicklung und Verbreitung des TCP/IP-Protokolls darstellte und heute immer noch darstellt. Ohne TCP/IP wäre das Internet in seiner heutigen Form undenkbar, denn damit die angeschlossenen Geräte (Rechner usw.) überhaupt miteinander kommunizieren können, bedarf es einer gemeinsamen Sprache.

Mit dem rasanten Wachstum des Internets fand auch das Betriebssystem *UNIX* sehr weite Verbreitung, einer der Hauptgründe für die rasche Verbreitung von TCP/IP. Sehr viele Serversysteme im Internet basieren auf einem UNIX-System bzw. auf entsprechenden Derivaten (Abkömmlingen). Das bekannteste UNIX-Derivat ist zur Zeit sicherlich Linux in seinen verschiedenen Ausprägungen.

Hinweis

Mit dem Begriff *Internet* wird der weltweit existierende Verbund von Rechnern und TCP/IP-Netzwerken bezeichnet; treffender lässt sich die Bedeutung von TCP/IP für das Internet nicht charakterisieren.

Während in der Anfangsphase nur ganz bestimmte Forschungseinrichtungen oder sonstige Betreiber an das Internet angeschlossen waren, hat sich dieses mittlerweile zum weltumspannenden Netzwerk entwickelt. Seit Beginn der 90er Jahre des vorigen Jahrhunderts steigen die Zuwachszahlen rapide, da das Netz seit diesem Zeitpunkt beispielsweise auch für kommerzielle Anbieter geöffnet wurde. Heutzutage dient das Internet nicht nur als Informationspool, sondern insbesondere auch für den Nachrichtenaustausch per *Electronic Mail* (E-Mail).

Entwicklung kurz und knapp

Die Entstehungsgeschichte bzw. die Historie von TCP/IP lässt sich in groben Zügen wie folgt charakterisieren:

- 1968 Geburtsstunde des ARPANET
- 1972 ARPANET wird der Öffentlichkeit vorgestellt

- 1976 Geburtsstunde von TCP/IP
- 1983 ARPANET wird auf TCP/IP umgestellt
- 1984 Vorstellung des Berkeley UNIX 4.2
- 1987 Unterstützung von TCP/IP durch IBM
- 1988 Simple Gateway Monitoring Protokoll (SGMP) wird als Simple Network Management Protokoll (SNMP) veröffentlicht
- 1990 Unterstützung von TCP/IP durch die Digital Equipment Corporation (DEC)
- 1990 Unterstützung von TCP/IP durch Novell (NetWare 3.x)
- 1992 Unterstützung von TCP/IP durch mehr als 10000 Firmen weltweit
- 1993 Beginn der Planungen zur Erweiterung des Adressraumes von 32 auf 128 Bits (IPNG)
- 1993 Einsatz von Mechanismen wie CIDR (Classless Internet Domain Routing)

1.2 Aufbau von TCP/IP

Die Gesamtheit der entwickelten Protokolle der TCP/IP-Protokollfamilie wird auch als *Internet Protocol Suite* bezeichnet. Die beiden wichtigsten Protokolltypen *TCP* und *IP* sind zum Synonym für diese Protokollfamilie geworden. Generell handelt es sich jedoch um eine ganze Familie von Protokollen, die modular miteinander verknüpft sind und in verschiedenen Schichten aufeinander aufbauen und daher auch als Protokollstapel oder Protokollfamilie bezeichnet werden.

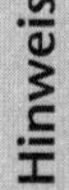

Das *Transmission Control Protocol/Internet Protocol* (TCP/IP) ist heute der Standard für die Verbindung von Endgeräten unterschiedlicher Hersteller. Die verschiedenen Implementierungen der Protokolle der TCP/IP-Familie sind untereinander kompatibel, so dass Daten und Dienste von Geräten (Rechner usw.) verschiedener Hersteller gemeinsam genutzt werden können.

Art der Verbindung

Generell wird bei TCP/IP (genauer bei dem TCP-Protokoll) ein verbindungsorientiertes Verfahren eingesetzt. Dies bedeutet, dass vor der Übertragung zunächst einmal eine Verbindung zu einem anderen Endgerät aufgebaut werden muss. Dabei übernimmt ein Teil von TCP/IP, nämlich das IP (Internet Protocol), die Adressierung, das Versenden und die Überwachung des Transports der einzelnen Datenpakete. Das Protokoll TCP sorgt in einer solchen Verbindung für den gesicherten Datentransfer, indem vom Sender zum Empfänger eine Verbindung aufgebaut wird.

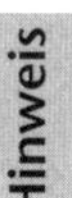

Die Sicherheit der Übertragung von Daten in einem TCP/IP-Netzwerk gewährleistet das Protokoll TCP.

Um eine hohe Zuverlässigkeit der Übertragung zu erreichen, wurde TCP/IP als ein so genanntes *paketvermitteltes Netz* (*packet-switched network*) gestaltet. Dabei werden zwei Partner während der Kommunikation nur virtuell miteinander verbunden. Die zu übertragenden Daten werden vom Absender in Stücke variabler oder fester Länge zerlegt und über die virtuelle Verbindung übertragen; vom Empfänger werden diese Stücke nach dem Eintreffen wieder zusammengesetzt. Im Gegensatz dazu werden bei der *Leitungsvermittlung* (*circuit switching*) für die Dauer der Datenübertragung die Kommunikationspartner fest miteinander verbunden.

Am besten lässt sich der Unterschied zwischen verbindungsorientierten und verbindungslosen Protokollen mit einem Vergleich von Telefon und Telefax verdeutlichen: Wer mit einem anderen Teilnehmer telefonieren möchte, wählt zuerst die Telefonnummer. Ist der Empfänger da, nimmt dieser den Hörer ab, und die Verbindung ist hergestellt (verbindungsorientierte Verbindung). Schickt man an einen beliebigen Teilnehmer hingegen ein Telefax, muss eine vollständige Adressangabe erfolgen. Um zu wissen, ob das Telefax das Ziel erreicht hat, wird eine entsprechende Bestätigung benötigt (Faxquittung). Diese Quittung kommt jedoch nicht, wenn das Telefax auf dem Übertragungsweg verloren geht.

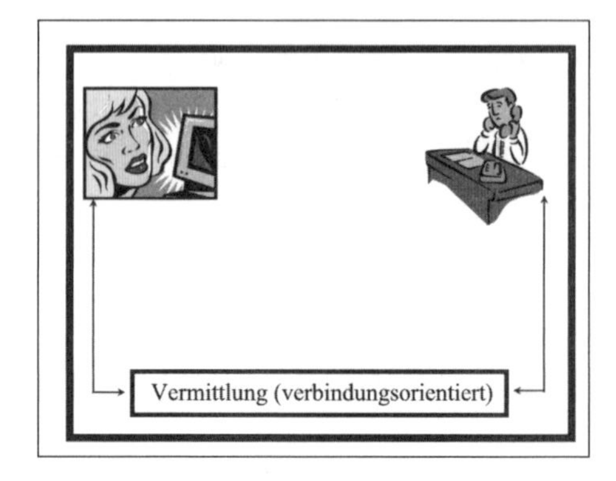

Architektur

Die Grundlage von TCP/IP ist das Schichtenmodell für die Datenkommunikation. Dieses so genannte *OSI-Referenzmodell* (*Open Systems Interconnection*) beschreibt die Grundfunktionen von Netzwerkprotokollen und deren Arbeitsweise. Jede Ebene stellt dabei der darüber liegenden Schicht definierte Funktionen zur Verfügung. Das OSI-Referenzmodell besteht aus sieben Schichten:

- Anwendungsschicht (Application Layer)
- Darstellungsschicht (Presentation Layer)
- Sitzungsschicht (Session Layer)
- Transportschicht (Transport Layer)
- Netzwerkschicht (Network Layer)
- Verbindungsschicht (Data Link Layer)
- Physikalische Schicht (Physical Layer)

Obwohl TCP/IP bereits implementiert war, bevor die *International Organization of Standardization* (ISO-Normierungsgremium) mit der Definition des OSI-Referenzmodells begann, lassen sich die einzelnen Protokolle zumindest in den unteren Ebenen recht gut den Schichten des OSI-Referenzmodells zuordnen. TCP/IP richtet sich nach dem OSI-Modell (besser umgekehrt, denn eigentlich war TCP/IP vor OSI da).

Hinweis

Vergleichbar mit anderen Protokollen, so ist auch TCP/IP dem OSI-Modell ähnlich. Auf Grund der schichtenförmigen Abstraktion wird dieses Modell auch häufig als *TCP/IP-Stack* (Stapel) bezeichnet.

Für die beiden Protokollfamilien OSI und TCP/IP lässt sich feststellen, dass für beide Bereiche zahlreiche Anwendungen verfügbar sind. So gibt es spezielle, so genannte OSI-konforme Lösungen wie *FTAM* (*File Transfer Access and Management*), *VT* (*Virtual Terminal*) oder auch *X.400* (*Message Handling System*). Im Bereich der TCP/IP-Familie stehen dem Anwendungsprotokolle wie *FTP* oder *TELNET* gegenüber. Teilweise bieten sich für die gleiche Problemstellung in beiden Bereichen vergleichbare Lösungen an.

Die heutige IT-Landschaft ist mehr und mehr von Systemen verschiedenster Hersteller mit unterschiedlichen Betriebssystemen geprägt. Neben der internen Vernetzung der Anwendungen wächst das Bedürfnis nach Zugang zu externen Datennetzen wie dem Internet (Intranet) und dies jeweils verbunden mit den daraus resultierenden Zwängen bei der Wahl der Übertragungsprotokolle.

Hinweis

Ein Intranet ist ein internes Netz (in der Regel auf LAN-Ebene), das sich die Funktionen und Möglichkeiten des TCP/IP-Protokollfamilie zunutze macht.

Eine ausschließliche Verwendung von OSI-Protokollen oder TCP/IP ist für eine solche Umgebung aber immer gleichbedeutend mit dem Verzicht auf viele interessante und nützliche Anwendungen. In Ergänzung dessen führt ein Paralleleinsatz allerdings zu einem nicht unerheblichen Mehraufwand. So ist die Installation und Pflege beider Protokollfamilien nicht nur sehr aufwändig, sondern oft auch problematisch. Für die Kommunikation zwischen den Anwendungen müssen entsprechende Gateways verschiedenster Art geschaffen werden, und es entstehen Mehrkosten für die Aufrüstung von Komponenten wie Routern usw.

Im so genannten *ISO-OSI-Modell* (*International Standards Organization of Open System Interconnection*) werden die einzelnen Protokolle jeweils in Schichten (Layer) beschrieben, von denen jede eine bestimmte Funktion erfüllt. Dabei wird gleichzeitig auf die Funktionen der direkt darunter liegenden Schichten aufgesetzt. Auf diese Art und Weise ergibt sich zwangsläufig der Vorteil, dass durch einen solchen Aufbau eine Unabhängigkeit höherer Schichten von den weiter unten liegenden Schichten gewährleistet ist.

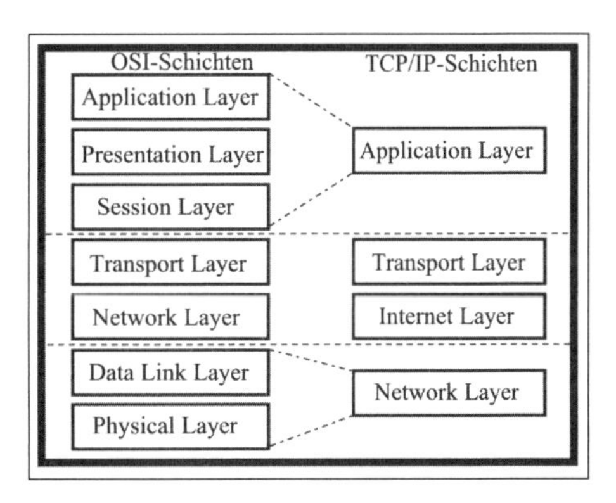

TCP/IP wurde viel früher entwickelt als das OSI-Referenzmodell (1983). Aus dem Grund passen die Internetschichten nicht ganz in das OSI-Modell. Die obige Abbildung zeigt die Referenzmodelle von OSI und TCP/IP im Vergleich. Generell gibt es im Aufbau einige Gemeinsamkeiten, aber auch viele Unterschiede: So wird die *TCP/IP-Netzwerkschicht* (*Network Layer*) im OSI-Modell zu einer *Bitübertragungs-* und *Sicherungsschicht*. Zwischen *Transport-* und *Anwendungsschicht* sind noch die beiden Schichten *Kommunikation* und *Darstellung* angesiedelt, die in der TCP/IP-Protokollfamilie in der Regel in den Protokollen der Anwendungsschicht integriert sind.

Beim direkten Vergleich des OSI-Schichtenmodells mit dem TCP/IP-Modell fällt auf, dass bei TCP/IP lediglich vier verschiedene Schichten (im Gegensatz zu den sieben Schichten des OSI-Modells) existieren. Somit gestaltet sich der generelle Aufbau bzw. die Zusammensetzung der TCP/IP-Architektur grundsätzlich wie folgt:

- Netzwerkschicht
- Internetschicht
- Transportschicht
- Anwendungsschicht (FTP, TELNET, SMTP)

Im Gegensatz zum OSI-Referenzmodell werden beim TCP/IP-Referenzmodell die Schichten 5 bis 7 des OSI-Modells in einer einzigen Schicht, der Anwendungsschicht, zusammengefasst, da die Anwendungsprogramme alle direkt mit der Transportschicht kommunizieren.

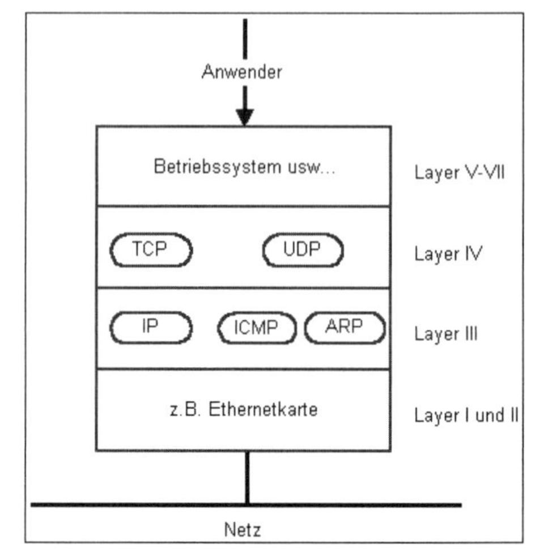

In Schicht 4 befindet sich außer TCP, das für den gesicherten Datentransport sorgt, auch das *UDP*-Protokoll (*User Datagram Protocol*), in dem verbindungsloser und ungesicherter Transport festgelegt ist.

In Schicht 3 ist das verbindungslose *Internet-Protokoll* (IP) angesiedelt. Generell werden Datenpakete auf den Weg geschickt, ohne dass auf eine Empfangsbestätigung gewartet werden muss. IP-Pakete dürfen unter bestimmten Bedingungen sogar vernichtet werden.

In dem Zusammenhang ist zu beachten, dass in der Schicht 3 auch die IP-Adressen festgelegt werden, und hier findet die Wegewahl der Datenpakete von einem Netz in ein anderes Netz (Routing) statt. Ebenfalls in diese Ebene (Schicht 3) integriert sind die so genannten *ARP*-Protokolle (ARP – *Address Resolution Protocol*), die zur Auflösung einer logischen IP-Adresse in eine physikalische Adresse (Knotenadresse) dienen und dazu so genannte *Broadcasts* (Datenpakete, durch die alle angeschlossenen Stationen angesprochen werden) verwenden. *ICMP* (*Internet Control Message Protocol*) ist ein Protokoll, das ebenfalls auf der Schicht 3 den Austausch von Kontroll- und Fehlerpaketen im Netz ermöglicht.

Hinweis

Die Anwendungsschicht setzt sich beim TCP/IP-Referenzmodell aus einer Reihe von separaten Protokollen (anwendungsorientierte Protokolle) zusammen, beispielsweise FTP, TELNET, SMTP oder auch SNMP.

Das Prinzip der Schichten im TCP/IP-Referenzmodell basiert darauf, dass eine Schicht die angebotenen Dienste der darunter liegenden Schicht in Anspruch nehmen kann. Dabei braucht die Schicht, die die Dienstleistung in Anspruch nimmt, keinerlei Kenntnisse darüber zu haben, wie die geforderten Dienste erbracht werden. Auf diese Art und Weise wird eine Aufgabenteilung der Schichten erreicht. Daten, die von einem Programm über ein Netzwerk versendet werden, durchlaufen den TCP/IP-Protokollstapel von der Anwendungs- bis zur Netzwerkschicht. Von jeder Schicht werden dabei Kontrollinformationen in Form eines Protokollkopfes angefügt. Diese Kontrollinformationen dienen der korrekten Zustellung der Daten.

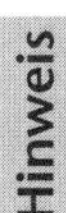

Das Hinzufügen von Kontrollinformationen zu bestehenden Datenpaketen wird als *Einkapselung* (*Encapsulation*) bezeichnet.

Netzwerkschicht

Die unterste Ebene des TCP/IP-Modells ist die *Netzwerkschicht* (*Network Layer*). Sämtliche Protokolle, die auf dieser Schicht angesiedelt sind, legen fest, wie ein Endgerät an ein bestimmtes Netzwerk angeschlossen wird und wie IP-Datenpakete über das Netzwerk übertragen werden. Im Gegensatz zu den Protokollen der höheren Schichten des TCP/IP-Modells, müssen die Protokolle der Netzwerkschicht sich auf die Details des verwendeten Netzwerks wie beispielsweise Paketgrößen, Netzwerkadressierung usw. beziehen.

Die Protokolle der Netzwerkschicht sind im TCP/IP-Modell nicht klar definiert. Das Referenzmodell sagt auf dieser Ebene nicht viel darüber aus, was hier passieren soll. Festgelegt ist lediglich, dass zur Übermittlung von IP-Paketen ein Endgerät über ein bestimmtes Protokoll an ein Netz angeschlossen werden muss. Das TCP/IP-Modell macht an dieser Stelle vielmehr Gebrauch von bereits vorhandenen Protokollen, wie z.B. *Ethernet* (*IEEE 802.3*), PPP (*Point to Point Protocol*), *Serial Line IP* (*SLIP*) usw. Durch diese weitgehende Unabhängigkeit vom Übertragungsmedium können neue Netzwerktechnologien schnell in das TCP/IP-Modell aufgenommen werden.

In diesem Zusammenhang sind zwei Protokollvarianten sehr interessant: *X.25* und *SLIP* (*Serial Line Interface Protocol*). Das X.25-Protokoll ermöglicht beispielsweise den Aufbau von TCP/IP-Verbindungen über den Datex-P-Dienst der Telekom. Im Gegensatz dazu ermöglicht das SLIP-Protokoll den Aufbau einer entsprechenden Verbindung zwischen zwei Endgeräten in Form einer seriellen Punkt-zu-Punkt-Verbindung. Bei Modem-Verbindungen zum Internet oder zu anderen TCP/IP-Netzen wird heutzutage als Transportprotokoll entweder SLIP oder das neuere PPP (Point to Point Protocol) eingesetzt.

Internetschicht

Die *Internetschicht* (*Internet Layer*) von TCP/IP entspricht der Vermittlungsschicht (Network Layer) des OSI-Schichtenmodells. Das Protokoll, das auf dieser Ebene im Rahmen von TCP/IP zum Einsatz kommt, ist das Internet-Protokoll (IP). Die Internetschicht hat die Aufgabe, IP-Pakete richtig zuzustellen. Dabei spielt das Routing der Pakete eine wichtige Rolle. IP sorgt auf dieser Ebene für die Adressierung, das Versenden und die Überwachung des Transports der einzelnen Datenpakete.

Das Internet Control Message Protocol (ICMP) ist fester Bestandteil jeder IP-Implementierung und dient zur Übertragung von Diagnose- und Fehlerinformationen für das Internet-Protokoll.

Transportschicht

Die *Transportschicht* (*Transport Layer*) der TCP/IP-Architektur ist vergleichbar mit der Transportschicht des OSI-Schichtenmodells. Das wichtigste Protokoll dieser Schicht ist das TCP (Transmission Control Protocol) als zweiter Teil der Namensgebung von TCP/IP.

TCP ist zuständig für die sichere und zuverlässige Übertragung der Daten zwischen zwei Endgeräten. Es garantiert den höheren Schichten die fehlerfreie Übertragung der Daten. Wie im OSI-Modell ermöglicht die Transportschicht die Kommunikation zwischen den Quell- und Zielhosts. Im TCP/IP-Referenzmodell wurden auf dieser Schicht zwei Ende-zu-Ende-Protokolle definiert: das Transmission Control Protocol (TCP) und das User Datagram Protocol (UDP), das als verbindungsloses Transportprotokoll zum Einsatz kommt.

Vor dem Start der Datenübertragung fasst das TCP eine bestimmte Anzahl zu versendender Bytes zu so genannten *Datenpaketen* zusammen. Diese werden anschließend mit Hilfe des IP (Internet

Protocol) übertragen. Dabei erhält jedes Paket eine Sequenznummer, anhand derer das Ordnen und Quittieren eingegangener Pakete sowie das Ignorieren doppelt versandter Pakete ermöglicht wird. Wie groß die Pakete im Einzelnen werden können, hängt von den Möglichkeiten des Netzwerks ab, womit eine effektive Auslastung der verfügbaren Bandbreite gewährleistet wird.

Anwendungsschicht

Aufbauend auf die Dienste der Transport- und der Internetschicht kommen die Protokolle der *Anwendungsschicht* (*Application Layer*) zum Einsatz. Die Anwendungsschicht (Verarbeitungsschicht) umfasst alle Protokolle aus höheren Schichten des TCP/IP-Modells. Im Vergleich mit dem OSI-Modell sind in der Anwendungsschicht des TCP/IP-Modells die Schichten *Session Layer*, *Presentation Layer* und *Application Layer* des OSI-Modells zusammengefasst.

In den Bereich der Anwendungsschicht gehören Programme bzw. Protokolle wie TELNET (virtuelle Terminals), FTP (Dateiverwaltung) oder auch SMTP (zur Übertragung von E-Mail). Im Laufe der Zeit kamen zu den etablierten Protokollen viele weitere Protokolle wie z.B. *DNS* (*Domain Name System*) und auch *HTTP* (*Hypertext Transfer Protocol*) hinzu.

Hinweis

Sowohl bei FTP (File Transfer Protocol) als auch bei HTTP (Hypertext Transfer Protocol) gibt es in der Literatur auch die Bezeichnung *File Transport Protocol* oder *Hypertext Transport Protocol.* Die korrekte Schreibweise (dies ist auch in den jeweiligen Standards so festgehalten) ist aber auf jeden Fall die erstgenannte (also *Transfer* anstatt *Transport*), auch wenn beides dasselbe meint.

Die Anwendungsschicht bietet eine Reihe standardisierter Anwendungsprotokolle bzw. -dienste, auf die eine Vielzahl von Anwendungsprogrammen in Form spezieller Dienste oder Protokolle aufbauen. Im Einzelnen gehören dazu die folgenden:

- TELNET
- FTP
- SMTP
- DNS
- NFS

1.3 Begriffe und Definitionen

Im direkten Umfeld von TCP/IP gibt es eine Vielzahl von Begriffen und speziellen Namensgebungen; dazu gehören Angaben zu den einzelnen Protokollen aber auch zu den Diensten, die im direkten Umfeld von TCP/IP zum Einsatz kommen. Da diese für das generelle Verständnis von enormer Wichtigkeit sind, sollen sie an dieser Stelle in kompakter Form erläutert werden. Auf die wesentlichen Bestandteile oder Einrichtungen (beispielsweise die Dienste und Programme) wird in den nachfolgenden Modulen dieses Buches noch einmal separat und vertiefend eingegangen.

Bezeichnung der Datenpakete

Innerhalb der Schichten des TCP/IP-Modells werden Daten und bestimmte Vorgänge teilweise mit unterschiedlichen Begriffen bezeichnet, da jede Schicht auch ihre eigenen Datenstrukturen hat.

Anwendungen, die das Transmission Control Protocol benutzen, bezeichnen Daten als *Strom* (*stream*). Im Gegensatz dazu bezeichnen Anwendungen, die das User Datagram Protocol verwenden, Daten als *Nachricht* (*message*). Auf der Transportebene bezeichnen die Protokolle TCP und UDP ihre Daten als *Segment* (*segment*) bzw. *Paket* (*packet*).

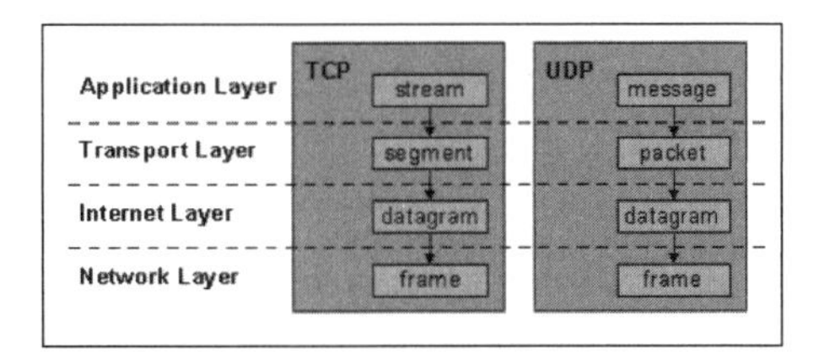

Auf der Internetschicht werden Daten allgemein als *Datagram* (Datengram) oder ebenfalls als *Paket* bezeichnet. Auf der Netzwerkebene bezeichnen die meisten Netzwerke ihre Daten als *Pakete* oder *Rahmen* (*frames*).

Hinweis

Für die unterschiedlichen Ebenen und Protokolle des TCP/IP-Modells gibt es grundsätzlich unterschiedliche Namensgebungen.

Wichtige Protokolle und Dienste

Die TCP/IP-Protokollfamilie wird nicht umsonst sehr oft als *TCP/IP-Protokollstapel* bezeichnet. Diese Namensgebung erfolgt dabei nach den wichtigsten Protokollen dieser Familie: TCP und IP. Der TCP/IP-Protokollstack besteht aber aus einer großen Anzahl weiterer Protokolle, darunter sehr vielen speziellen Protokollen für diverse Anwendungen.

Die nebenstehende Abbildung zeigt die Protokolle im TCP/IP Modell:

Das Protokoll TCP, das Internet-Protokoll und das User Datagram Protocol (UDP) stellen die grundlegende Transportfunktionalität zur Verfügung. Darauf aufbauend stellen spezielle Protokolle oder Dienste wie TELNET, File Transfer Protocol (FTP) und Simple Mail Transfer Protocol (SMTP) vom Benutzer nutzbare Dienstleistungen zur Verfügung.

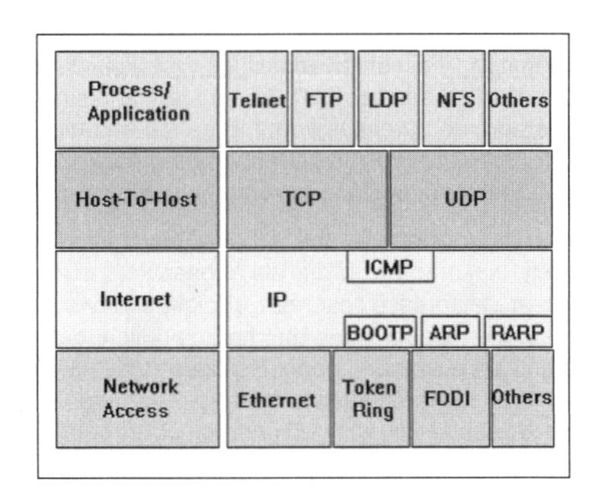

Ein anderer Bereich der verfügbaren Protokolle dient der Verwaltung des Netzwerks. Ein Beispiel hierfür ist das *Routing Information Protocol* (*RIP*) oder das *Internet Control Message Protocol* (*ICMP*).

Internet Protocol

Das *Internet Protocol* (*IP*) ist (auf der Internetschicht) zuständig für den Transport von Daten über mehrere Netzwerke hinweg. Dabei nimmt es Datensegmente vom TCP oder UDP entgegen und packt diese in Pakete ein, die *Datagrame* genannt werden. Für jedes dieser Datagrame wird ein Leitweg zum Ziel bestimmt.

IP stellt einen Adressierungsmechanismus zur Verfügung, der die Wegewahl zwischen unterschiedlichen Netzwerken ermöglicht. Jedes Datagram besteht aus einem Datenteil und einem Header, der sowohl Quell- als auch Zieladresse beinhaltet. Mit dieser Information kann jeder Rechner ein Datagram entweder direkt oder über eine Reihe von *Gateways* zu dem gewünschten Ziel senden.

Um möglichst viele Netzwerke mit ihren unterschiedlichen Paketlängen zu unterstützen, kann IP die Datagrame auf dem Weg zum Ziel in kleinere Datagrame unterteilen. Dieses Verfahren heißt *Fragmentierung* und wird erst am Zielrechner durch das Zusammenfügen eines fragmentierten Datagrams rückgängig gemacht.

Die grundlegenden Funktionen von IP lassen sich wie folgt zusammenfassen:

- Definition von Datenblöcken in Form von Datagramen, die die Basiseinheiten für die Datenübermittlung darstellen
- Definition des Adressierungsschemas
- Übermittlung der Daten von der Transportebene zur Netzwerkschicht
- Routing von Datagramen durch das Netz durch geeignete Wegewahl
- Fragmentierung und Zusammensetzen von Datagramen

IP gehört zu den verbindungslosen Protokollen (im Gegensatz zum verbindungsorientierten TCP). Dabei wird jedes einzelne Datagram mit der vollständigen Adressinformation versehen und separat auf den Weg geschickt wird, wodurch sich automatisch eine gewisse Unzuverlässigkeit ergibt. Dabei bedeutet „unzuverlässig" in diesem Zusammenhang aber lediglich, dass IP die Zustellung der Daten nicht garantieren kann. Sind die Daten aber beim Zielhost angelangt, sind diese Daten auch korrekt. Dazu werden die Pakete von IP nach bestem Bemühen (best effort) von der Quelle zum Ziel befördert, unabhängig davon, ob sich die Hosts im gleichen Netz befinden oder andere Netze dazwischen liegen. Garantiert ist die Zustellung allerdings nicht, da das Internet-Protokoll keine Funktionen für die Ende-zu-Ende-Sicherung aufweist.

Somit ist IP ein unzuverlässiges Protokoll, da es lediglich für jedes Datagram den Weg zum Ziel bestimmt und es absendet. Es wird jedoch keine Überprüfung des Empfangs vorgenommen, so dass Datagrame durchaus verloren gehen können. Die Aufgabe der Transportüberwachung wird in der Transportschicht von TCP übernommen. Wird hingegen in der Transportschicht UDP verwendet, ist die Empfangsbestätigung vom Anwendungsprotokoll zu leisten.

Die Datenpakete einer IP-Übertragung müssen beim Empfänger auch nicht unbedingt in der Reihenfolge ankommen, in der sie abgeschickt wurden. Werden nacheinander zwei Datagrame zur gleichen Zieladresse gesendet, erfolgt auch das Routing (Wegewahl) zum Empfänger unabhängig voneinander. Dabei ist es durchaus möglich, dass das zweite Paket vor dem Ersten ankommt. Dabei kann es auch zur Doppelung oder zum Verlust von Datenpaketen kommen. Diese Fehler können vom IP nicht festgestellt oder korrigiert werden, da es verbindungslos arbeitet. Jedes Datenpaket wird unabhängig von den anderen übertragen, wodurch kein einheitlicher Weg zwischen Sender und Empfänger festgelegt ist; dieser kann sich von Paket zu Paket ändern. Um die vorhandenen Unzulänglichkeiten auszugleichen, wird IP in der Regel in Verbindung mit TCP eingesetzt, das entsprechende Überprüfungsmechanismen zur Verfügung stellt.

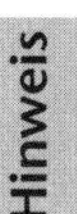

Hinweis: Die Datenübertragung mit IP ist grundsätzlich verbindungslos und somit unzuverlässig. Hier müssen andere Protokolle dafür sorgen, dass eine Überprüfung der Übertragung erfolgt, beispielsweise TCP.

Eines der wesentlichen Merkmale des IP-Protokolls ist, dass jeder Netzwerkknoten (Endgerät im Netzwerk) direkt angesprochen werden kann. Und genau zu diesem Zweck verfügt jedes Endgerät (Knoten) über eine spezifische Adresse, die so genannte *Internet-Protokoll-Adresse*, oder kürzer: *IP-Adresse*. Die IP-Adresse setzt sich aus der Adresse des Netzwerks und der des betreffenden Netzwerkknotens zusammen. Dadurch soll sichergestellt werden, dass keine zwei Netzwerkknoten auf der Welt (im Internet) dieselbe Adresse besitzen.

Eine IP-Adresse (Version 4) besteht grundsätzlich aus 32 Bits, also vier Bytes. Die Klassifizierung der Adresse bestimmt die Aufteilung der Adressbits in *Netzwerk-* und *Knotenanteil* (Host). Die IP-Adresse wird in der Praxis in Form von vier Zahlen notiert, die jeweils durch Punkte voneinander getrennt werden (z.B. 192.168.1.55).

Zusammenfassend stellt IP den höheren Schichten im ISO/OSI-Referenzmodell unter anderem folgende Dienste zur Verfügung:

- **Adressfunktion**
  Jedes Datenpaket erhält eine Absender- und eine Empfänger-Adresse.
- **Routing zwischen Netzwerken**
  Grundsätzlich ist es möglich, ein Datenpaket nicht nur in das eigene Netzwerk, sondern auch in benachbarte und weiter entfernte Netzwerke zu versenden (Wegewahl).
- **Fragmentierung und Reassemblierung von Paketen**
  Bestimmte Netzwerke können nur bestimmte Größen von Datenpaketen bearbeiten. Das IP-Protokoll kann diese Datenpakete aufteilen und wieder zusammenfügen.
- **Vorrangsteuerung**
  Es besteht die Möglichkeit, bestimmte Arten von Daten vorrangig zu behandeln.
- **Paketübermittlungsdienst**
  Alle übertragenen Daten werden in (evtl. mehrere) Pakete verpackt. Dadurch ist es möglich, über eine Verbindung mehrere Datenströme gleichzeitig laufen zu lassen, indem Pakete von verschiedenen Datenströmen gemischt werden.

Transmission Control Protocol

Das *Transmission Control Protocol* (*TCP*) ist im Referenzmodell auf der Transportschicht angesiedelt. Es sorgt für die verlässliche Kommunikation zwischen den einzelnen Übertragungsprozessen. Dabei wird garantiert, dass die Daten fehlerfrei, ohne Verlust oder Duplizierung in der ursprünglichen Reihenfolge transportiert werden. Da das IP-Protokoll selber unzuverlässig arbeitet, kommt TCP zum Einsatz, um die Sicherheit der Übertragung zu gewährleisten.

Hinweis: Wie bereits erwähnt, werden auf der TCP-Ebene die Datenpakete nicht als Pakete, sondern als *Segmente* bezeichnet. Ein IP-Paket kann einem TCP-Segment entsprechen. Dies muss aber nicht unbedingt so sein, wenn durch IP eine Fragmentierung erfolgt ist.

Der Ablauf einer Datenübertragung mit TCP funktioniert derart, dass Protokolle höherer Schichten, wie beispielsweise FTP, Daten an TCP übergeben, um sie an einen anderen Übertragungsprozess zu übergeben. TCP unterteilt diese Daten in Segmente (max. 64 KByte groß) und übergibt diese an

IP, welches diese Segmente in Datagrame unterteilt und sie zum Zielsystem befördert. Auf dem Zielsystem erhält das TCP seine Segmente vom IP zurück und überprüft die fehlerfreie Übertragung. Korrekte Segmente werden dann in der ursprünglichen Reihenfolge zusammengesetzt, dem höheren Protokoll übergeben und der Empfang der Senderseite bestätigt.

Wenn bei der Übertragung ein Segment beschädigt wurde oder verloren ging, kann der Empfänger dies auch nicht bestätigen, worauf die Senderseite die Übertragung wiederholt. Die IP-Schicht gibt keine Gewähr dafür, dass die Datagrame richtig zugestellt werden. Es ist deshalb die Aufgabe von TCP, für eine erneute Übertragung der Daten zu sorgen. Es ist aber auch möglich, dass die IP-Datagrame zwar korrekt ankommen, aber in der falschen Reihenfolge sind. In diesem Fall muss TCP dafür sorgen, dass die Daten wieder in die richtige Reihenfolge gebracht werden.

In TCP implementiert ist eine Flusskontrolle, durch die während der Kommunikation die Empfängerseite dem Sender mitteilt, wie viele Daten in der nächsten Übertragung verarbeitet werden können. TCP stellt die Zuverlässigkeit der Datenübertragung mit einem Mechanismus sicher, der als *Positive Acknowledgement with Re-Transmission* (PAR) bezeichnet wird. Damit wird gewährleistet, dass der Sender die Übertragung der Daten solange wiederholt, bis vom Empfänger der Erhalt der Daten quittiert bzw. positiv bestätigt wird.

Der Einsatz von TCP ermöglicht zwischen zwei Endgeräten mehrere unabhängige Kommunikationsbeziehungen, so genannte *Multiplex-Verbindungen*. Dabei erfolgt die Identifikation der beiden Prozesse einer Kommunikationsbeziehung durch *Portnummern* (*Ports*), die den einzelnen Anwendungen fest zugeordnet sind.

Hinweis

TCP kann grundsätzlich als ein zuverlässiges, verbindungsorientiertes Protokoll bezeichnet werden, durch das Daten fehlerfrei von einem Endgerät zu einem anderen übertragen werden können.

TCP stellt eine bidirektionale und gesicherte Verbindung zwischen Endgeräten zur Verfügung, wobei folgende Funktionen implementiert sind:

- **Verbindungsorientiert**
  Vor der Übertragung der Daten wird zwischen dem Sender und dem Empfänger eine (virtuelle) Verbindung aufgebaut (Telefonprinzip).
- **Fehlerkontrolle/Zuverlässigkeit**
  Um eine verlustfreie Übertragung zu erreichen, wird der Empfang aller Pakete quittiert (Acknowledgement). Dadurch wird auch eine hohe Zuverlässigkeit der Datenübertragung gewährleistet.
- **Quittierung/Zeitüberwachung**
  Wird der Datenempfang nicht innerhalb einer bestimmten Zeit quittiert, so wird ein Übertragungsfehler vermutet und die Datenpakete werden automatisch noch einmal gesendet.
- **Flusskontrolle**
  Durch Pufferbereiche kann zwischen verschieden schnellen Systemen vermittelt werden, ohne dass es zu Datenverlust kommt. Dazu werden alle Datenpakete fortlaufend mit Sequenznummern nummeriert. Über einen Fenstermechanismus (Windowing) in Kombination mit den Acknowledgement-Meldungen wird dafür gesorgt, dass nicht mehr Daten verschickt werden, als der Empfänger verarbeiten kann. Hierbei erfolgt das Acknowledgement für das gesamte Fenster.
- **Multiplexing**
  Ein Rechner kann mehrere TCP-Verbindungen gleichzeitig bearbeiten und ist somit vollduplexfähig.

User Datagram Protocol

Im Gegensatz zu TCP handelt es sich bei *UDP* (*User Datagram Protocol*) um ein unzuverlässiges Protokoll, da es als verbindungsloses Protokoll agiert. UDP ist unzuverlässig, weil es weder erfolgreich übertragene Pakete bestätigt, noch für deren richtige Reihenfolge garantiert. Darüber hinaus erkennt es weder verlorene noch duplizierte Datenpakete.

Hinweis

Unzuverlässigkeit bedeutet in diesem Zusammenhang nicht, dass die Daten evtl. fehlerhaft beim Empfänger ankommen. Die Unzuverlässigkeit bezieht sich nur darauf, dass UDP keinerlei Kontrollmechanismen zur Verfügung stellt, um die Übertragung der Daten zu gewährleisten. Wenn die Daten jedoch beim Empfänger ankommen, sind sie auch korrekt.

UDP wird vorwiegend für Abfragen und Anwendungen in Client/Server-Umgebungen verwendet, in denen es in erster Linie nicht um eine sehr genaue, sondern um schnelle Datenübermittlung geht (z.B. Übertragung von Sprache und Bildsignalen). So setzen viele Anwendungen, bei denen nur geringe Datenmengen übertragen werden, auf UDP als Transportprotokoll auf, da der Aufwand zur Herstellung einer Verbindung und einer zuverlässigen Datenübermittlung unter Umständen größer ist als die wiederholte Übertragung der Daten.

Hinweis

Genau wie bei TCP so werden auch bei einer UDP-Übertragung die Daten in IP-Datagrame verpackt und anschließend versendet.

Um mehrere unabhängige Kommunikationsbeziehungen (Multiplex-Verbindung) aufzubauen kommt auch bei UDP das Port-Prinzip zum Einsatz. Damit können Anwendungen feste Nummern zugeordnet werden, wodurch ein Paralleleinsatz an identischen Endgeräten möglich wird.

Der Vorteil von UDP liegt in dem Verzicht auf den zusätzlichen Ballast (geringer Protokolloverhead), der vom TCP für eine verlässliche Übertragung benötigt wird. Die Protokolle höherer Schichten, welche diese Sicherheit nicht benötigen, verwenden daher UDP. Zum Beispiel verwendet das Domain Name System (DNS) ebenfalls UDP, da hier Verlässlichkeit nicht weiter wichtig ist. Eine verloren gegangene Abfrage zur Namensauflösung kann ohne Weiteres wiederholt werden.

Address Resolution Protocol

Als Protokoll der Transportschicht dient *ARP* (*Address Resolution Protocol*) zur Umsetzung von IP-Adressen in Knotenadressen. Wie in Modul 2 dieses Buches noch ausführlich erläutert wird, muss jedem Endgerät in einem TCP/IP-Netzwerk eine eindeutige IP-Adresse (Internetadresse) zugewiesen werden. Darüber hinaus wird in einem Netzwerksegment mit den Knotenadressen der einzelnen Endgeräte gearbeitet, wobei jedem Endgerät eine weltweit eindeutige Knotenadresse (Node address) zugeordnet ist.

An dieser Stelle kommt nun ARP zum Einsatz, indem die Umsetzung einer IP-Adresse in eine Knotenadresse (Hardware-Adresse) erfolgt. Zu diesem Zweck werden entsprechende Tabellen ausgelesen, in der die Zuordnung der IP-Adressen zu den Knotenadressen abgelegt sind.

Ein Beispiel soll dies verdeutlichen: Station A will Daten an eine Station B mit der Internetadresse I(B) senden, deren physikalische Adresse (Knoten) K(B) sie noch nicht kennt. Sie sendet einen so genannten *ARP-Request* an alle Stationen im Netz (*Broadcast*), der die eigene pysikalische Adresse und die I(B) enthält. Alle Stationen erhalten und überprüfen den ARP-Request. Ist die angesprochene Station B aktiv, antwortet sie, indem sie einen ARP-Reply mit ihrer eigenen physikalischen Adresse (Knotenadresse) an die Station A sendet. Letztere speichert die Zuordnung in einer Tabelle, der so genannten *Address Resolution Cache*.

Hinweis

ARP ermittelt zu einer vorgegebenen IP-Adresse die zugehörige Knotenadresse (physikalische Adresse des Endgerätes).

Reverse Address Resolution Protocol

Das *Reverse Address Resolution Protocol* (*RARP*) ist das Gegenstück zu ARP. Es wandelt physikalische Adressen (Knotenadressen) in Internetadressen um. Auf diese Art und Weise besteht die Möglichkeit, für eine Station eine Internetadresse von einem zentralen Server zu holen, wie dies beispielsweise bei *Diskless Workstations* notwendig ist. Hier bietet RARP eine Möglichkeit, dass diese Systeme über ihre Knotenadresse von einem *RARP-Server* eine bestimmte Internetadresse zugeteilt bekommen.

Um sich eine IP-Adresse von einem Server mitteilen zu lassen, muss die betreffende Station an einen RARP-Server ein *RARP-Request* (Broadcast) mit seiner physikalischen Adresse senden. Grundsätzlich können alle Endgeräte die RARP-Pakete erhalten, aber nur Systeme mit einem speziellen RARP-Server können diese weiterbearbeiten. Ein RARP-Server besitzt eine Tabelle mit Paaren aus physikalischer und Internetadresse. Enthält die Tabelle die empfangene physikalische Adresse, wird die Internetadresse an die Quelle des Broadcasts zurückgesendet (RARP-Replay).

In der Regel hält jeder Rechner seine Internetadresse in lokalen Konfigurationsdateien, dies ist allerdings bei Rechnern ohne Festplatten nicht möglich. Für andere Systeme ist es häufig wünschenswert, dass die zugeordnete Internetadresse nicht verändert werden kann (statische Zuordnung).

Hinweis

Mit RARP erfolgt eine Zuordnung der jeweiligen IP-Adresse zu einer vorgegebenen physikalischen Adresse (Knotenadresse).

Internet Control Message Protocol

Das Protokoll *ICMP* (*Internet Control Message Protocol*) ist, genau wie IP, auf der Internetschicht angesiedelt. Es dient der Verwaltung von Netzwerken und wird hauptsächlich dazu benutzt, Fehler zu melden. Diese Fehlermeldungen betreffen Probleme bei der Wegewahl, wenn also beispielsweise ein Netz oder ein einzelnes Endgerät nicht erreichbar ist oder auch, wenn ein Rechner falsche *Leitwegtabellen* (*Routing-Tabellen*) verwendet.

Hinweis

ICMP ermöglicht den Austausch bzw. die Weitergabe von Fehlermeldungen und Kontrollnachrichten auf IP-Ebene (Internetschicht).

ICMP ist Bestandteil jeder IP-Implementierung und hat die Aufgabe, Fehler- und Diagnoseinformationen für IP zu transportieren. Gleichzeitig wird es dabei auch für eine korrekte Wegewahl und Flusskontrolle benötigt. Die ICMP-Nachrichten werden in IP-Datagramen zum Empfänger transportiert und dort von IP ausgewertet.

Durch seine Vielseitigkeit bietet ICMP aber auch die Möglichkeit, versteckte Nachrichten zu übermitteln. So kann beispielsweise beim *ICMP-Tunneling* das Datenfeld eines ICMP-Paketes genutzt werden, um Informationen zwischen Endgeräten auszutauschen. Auch wenn das Tunneling eine Bedrohung für das Sicherheitskonzept eines Netzes darstellen kann, ist es aber keine Technik, die es eventuellen Datenspionen ermöglicht, in ein Netz einzubrechen.

Mit der Flusskontrolle, die das ganze System betrifft, kann ein Rechner seine momentane Überlastung mitteilen. Dabei wird ICMP auch oft für Testzwecke eingesetzt, um beispielsweise zu ermitteln, ob ein Gerät empfangsbereit ist. Der einzige für den Anwender dabei sichtbare Teil des ICMP wird vom PING-Programm benutzt, um eine Verbindung zu testen.

DNS

Das *Domain Name System* (*DNS*) dient dazu, für die einzelnen Endgeräte eines IP-Netzwerks (Internetwork) symbolische Namen zu vergeben. Es wird im Wesentlichen dazu benutzt, Namen von IP-Endgeräten (Rechner usw.) in IP-Adressen umzuwandeln. Auf diese Art und Weise ergibt sich der Zugriff auf ein Gerät durch einen Anwender nicht über die IP-Adresse, sondern über den zugewiesenen Namen. Auf diese Art und Weise braucht sich ein Anwender nicht die oft kryptisch anmutenden IP-Adressen zu merken. Statt dessen können (sprechende) Namen verwendet werden, die vom DNS in die entsprechenden IP-Adressen aufgelöst werden.

Hinweis

DNS dient als fester Bestandteil der TCP/IP-Protokollfamilie dazu, symbolische Namen von Endgeräten in die zugehörige IP-Adresse umzuwandeln. DNS ist ein hierarchisch aufgebautes System, das auf Domänen basiert und ein verteiltes Datenbanksystem zur Namensauflösung zur Verfügung stellt.

TELNET

TELNET (*Terminal Emulation over Network*) ist in einem TCP/IP-Netzwerk das Protokoll für virtuelle Terminals. Es dient dazu, Zugriff auf ein am Netz angeschlossenes Endgerät (Rechner, Netzwerkkomponente usw.) in Form einer Terminalsitzung zu erhalten.

TELNET ist ein Zugriffsprotokoll der Anwendungsschicht, mit dem ein lokales Terminal in die Lage versetzt wird, wie ein Terminal an einem entfernten Rechner eingesetzt zu werden. So kann ein Rechner mit TELNET in ein Terminal verwandelt werden (Rechneremulation).

Hinweis

Ein interessanter Anwendungsfall für TELNET ist beispielsweise die Verwaltung von aktiven Netzwerkkomponenten (Switch, Router usw.) in einem IP-Netzwerk mit einem beliebigen Rechner.

File Transfer Protocol

Das *File Transfer Protocol* (*FTP*) wird (auf der Anwendungsschicht) benutzt, um Dateien über ein Netzwerk von einem Endgerät zu einem anderen zu transportieren. Durch den Einsatz von FTP lassen sich beispielsweise Dateien externer Rechner übertragen, löschen, ändern oder umbenennen.

Zusätzlich zu den Befehlen für die Übertragung einzelner Dateien stehen Befehle zur Verfügung, die für den Verzeichniszugriff notwendig sind. Dazu gehören Befehle zum Anzeigen, Wechseln, Löschen oder auch zum Anlegen von Verzeichnissen.

Genauso wie TELNET wird FTP üblicherweise als Client-Server-Software implementiert. Der Benutzer arbeitet mit dem lokalen Client, der mit dem entfernten Server kommuniziert. Dieser Server bearbeitet dann die Befehle des entfernten Benutzers und schickt die Ergebnisse an den Client zurück.

Simple Mail Transfer Protocol

Das Protokoll *SMTP* (*Simple Mail Transfer Protocol*) kommt bei TCP/IP für die Übermittlung elektronischer Post (E-Mail) zum Einsatz. Spezielle Anwendungen von SMTP dienen dem Versenden von Nachrichten. Dabei ist es sehr einfach und bequem, Nachrichten gleichen Inhalts an mehrere Benutzer zu schicken. Im Gegensatz zu FTP und TELNET ist SMTP nicht auf allen Systemen implementiert, da SMTP relativ aufwändig ist. Zudem erfolgt die E-Mail-Kommunikation in der Regel durch separate Mail-Systeme, die auf den betreffenden Servern installiert werden.

Das Simple Mail Transfer Protocol bildet das Rückgrat der elektronischen Post in TCP/IP-basierten Netzwerken und damit auch im Internet. SMTP ist auf der Anwendungsschicht des TCP/IP-Referenzmodells angesiedelt.

Post Office Protocol 3

Durch Einsatz des *Post Office Protocols, Version 3* (*POP3*) kann ein einfaches Mailsystem zur Abholung von E-Mails generiert werden. Mit POP3 besteht auf der Anwendungsschicht die Möglichkeit, sich bei einem Mail-Server zu authentifizieren, um damit dann die auf dem Server gespeicherten E-Mails herunterzuladen. Sobald die Übertragung beendet ist, werden die E-Mails auf dem Server gelöscht.

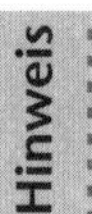

Der Nachteil bei POP3 ist, dass grundsätzlich sämtliche E-Mails heruntergeladen werden müssen. Ein teilweises Herunterladen einzelner E-Mails wie beispielsweise bei IMAP4 (Internet Message Access Protocol) ist mit POP3 nicht ohne Weiteres möglich.

Internet Message Access Protocol 4

Vergleichbar mit POP3 kann auch mit dem *Internet Message Access Protocol, Version 4* (*IMAP4*) ein Mailsystem zur Abholung von E-Mails realisiert werden. Dabei können die E-Mails von einem Server auf einen Client heruntergeladen werden, wobei insbesondere die Schwachpunkte von POP3 umgangen werden können. Denn IMAP4 ist wesentlich flexibler als POP3, so ist beispielsweise ein teilweises Herunterladen von E-Mails jederzeit möglich.

Als Protokoll der TCP/IP-Anwendungsschicht besteht bei IMAP4 auch die Möglichkeit, auf ein E-Mail-Postfach zur gleichen Zeit von unterschiedlichen Rechnern zuzugreifen, ohne dass dies direkt zur Inkonsistenz der Daten führt. IMAP4 ist im Grunde der Nachfolger von POP3 und setzt sich auch immer mehr durch.

Bei IMAP4 erfolgt die gesamte Verwaltung eines E-Mail-Postfaches zentral auf einem Server. So besteht die Möglichkeit, von jedem Ort auf die zentralen Daten zuzugreifen und diese gegebenenfalls zu verändern.

Network News Transfer Protocol

Speziell in den Anfangszeiten des Internets waren die *News* neben E-Mail der wichtigste Dienst. Heutzutage sind *News* (oft auch als *Usenet News* bezeichnet) nach wie vor der Treffpunkt der Experten und bieten die Möglichkeit, Fragen zu stellen. Um auf den News-Dienst zugreifen zu können, wird ein Newsreader und die Adresse eines Newsservers benötigt. Als Newsreader eignen sich eigenständige Programme, wobei heutzutage oftmals die E-Mail-Programme bereits eine Funktion zum Lesen von News beinhalten.

In den Anfängen wurden die News über das so genannte *Usenet* mittels dem speziellen Protokoll UUCP (UNIX to UNIX COPY) übertragen. Erst später wurde das *Network News Transfer Protocol* (*NNTP*) entwickelt, um die besseren Verbindungen des Internets auf Basis von TCP/IP nutzen zu können. Dabei hat sich das NNTP auf TCP/IP gegenüber UUCP durchgesetzt. UUCP kommt aber auch heute noch im Bereich des Kopierens von Server zu Server zum Einsatz.

Hinweis

Der Begriff *Usenet News* geht auf die Herkunft der News aus dem Usenet zurück. Heutzutage spricht man im Allgemeinen von Network News, was sich auch im Namen NNTP niederschlägt.

NFS

Mit dem *Network File System* (*NFS*) lassen sich in einem IP-Netzwerk mehrere Rechner auf transparente Weise miteinander verbinden. Der NFS-Dienst stellt eine virtuelle Verbindung von Laufwerken und Festplatten her, so dass sich für den Anwender entfernte Dateisysteme als Erweiterung des eigenen lokalen Dateisystems darstellen.

Dynamic Host Configuration Protocol

Sehr oft entstehen in IP-basierten Netzwerken bei der Adressierung der einzelnen Endgeräte die meisten Schwierigkeiten beim Hinzufügen, Löschen oder Ändern von Endgeräten. Um das Problem der Rekonfiguration zu minimieren, wurde (für die Anwendungsschicht) das Protokoll *DHCP* (*Dynamic Host Configuration Protocol*) entworfen. Das Besondere an DHCP ist, dass es einem Endgerät dynamisch eine IP-Adresse zuordnet; es braucht somit keine feste Zuordnung einer IP-Adresse erfolgen.

Hinweis

Neben DHCP gibt es ein weiteres Protokoll für die dynamische Adresszuordnung, das jedoch mittlerweile mehr und mehr von DHCP verdrängt wird: *BootP* (*Bootstrap Protocol*). BootP hat gegenüber DHCP den großen Nachteil, dass zu dessen Konfiguration die Knotenadresse des Endgerätes bekannt sein muss. Dies ist bei DHCP nicht der Fall.

Hauptaufgabe von DHCP (und natürlich auch von BootP) ist es, einem Endgerät in einem IP-Netzwerk eine IP-Adresse zuzuordnen. Ursprünglich entsprang der Bedarf eines solchen Verfahrens dem Einsatz festplattenloser Rechner, die ihre IP-Adresse während des Starts nicht kennen können (wo sollte diese auch gespeichert werden?).

Das Anfordern einer IP-Adresse per DHCP läuft wie folgt ab: Sobald ein Endgerät (z.B. Rechner) aktiviert wird, sendet es in einem DHCP-Netz die Anforderung einer IP-Adresse als Broadcast in das lokale Netz. Ist im LAN ein DHCP-Server erreichbar, weist dieser dem anfragenden Endgerät aus einem *Adresspool* eine IP-Adresse zu und gestattet damit den Zugriff des Endgerätes.

Die zugewiesene IP-Adresse behält für eine durch den *Leasingparameter* definierte Dauer, mindestens aber für die Dauer der gerade begonnenen Sitzung, ihre Gültigkeit für genau dieses Endgerät. Die Leasingdauer kann Tage, Wochen oder Monate betragen oder permanent sein.

Hinweis

Mit der Leasingdauer wird im Zusammenhang mit DHCP der Zeitraum definiert, für den einem Endgerät eine bestimmte IP-Adresse zugewiesen wird. Die Leasingdauer gilt immer mindestens für die aktuelle Sitzung.

Mit dem Einsatz von DHCP ist es somit möglich, dass ein Endgerät von einem Segment eines Netzwerks (Subnetz) in ein anderes verbracht werden kann, ohne dass es neu konfiguriert werden muss. In dem Zusammenhang ist zu beachten, dass DHCP im Bereich des Routing nicht funktioniert. Obwohl DHCP dynamische Adresstabellen pflegt, mangelt es an einer Routing-Funktion und der Möglichkeit der Schaffung von Broadcast-Domänen.

Hypertext Transfer Protocol

Das *Hypertext Transfer Protocol* (*HTTP*) ist in Zeiten des Internets ein sehr wichtiges Protokoll. HTTP dient im Internet bzw. genauer im WWW (World Wide Web) für den Transport der einzelnen Web-Seiten, die wiederum mit HTML (Hypertext Markup Language) erstellt wurden. HTTP transportiert als Protokoll der TCP/IP-Anwendungsschicht die Seiten zwischen einem Web-Server und einem Web-Client.

Da sich das WWW aus einer weltweit verteilten Datensammlung zusammensetzt, wurde aus Gründen der Eindeutigkeit ein spezielles Adresskonzept entwickelt, das unter dem Begriff *URL* (*Uniform Resource Locator*) bekannt ist. Eine URL setzt sich grundsätzlich wie folgt zusammen:

- Angabe des Protokolls (z.B. http, https, ftp)
- Servername
- Portadresse (standardmäßig 80 für HTTP), optional
- Pfad, optional
- Dokumentenname; standardmäßig wird hier eine Datei mit dem Namen INDEX.HTM oder INDEX.HTML gesucht

Eine typische URL der einfachen Form sieht beispielsweise wie folgt aus:

```
http://www.dilaro.de
```

Eine etwas aufwändigere URL mit Angabe von Portnummer, Pfad und Dokumentenname könnte wie folgt aussehen:

```
http://www.dilaro.de:80/tcpip/lernen.htm
```

Hinweis

Designfehler von http, wie beispielsweise mangelnde Lebensdauer von URLs, sowie neue Bedürfnisse (Sicherheit, Bezahlung usw.) sollen durch eine Vielzahl von Änderungen und Erweiterungen der Protokolle und der HTML-Sprache beseitigt werden. Entwicklungen des W3C (World Wide Web Consortium) zielen darauf ab, das HTTP-Protokoll durch eine Variante namens *HTTP/NG* (*HTTP New Generation*) zu ersetzen.

Lightweight Directory Access Protocol

Speziell im Zusammenhang mit dem Einsatz von Verzeichnisdiensten wird heutzutage sehr oft das *Lightweight Directory Access Protocol* (*LDAP*) als Lösungsmöglichkeit mit in die Diskussion aufgenommen. Eine Vielzahl von Softwareherstellern haben mittlerweile LDAP-Unterstützung für ihre Produkte angekündigt oder sie bereits realisiert.

Hinweis

Ein Verzeichnisdienst ist eine (verteilte) Ansammlung von Daten über bestimmte Objekte. Bei den Objekten handelt es sich in der Regel um Benutzer oder Netzwerkressourcen. Die bekanntesten Verzeichnisdienste im Netzwerkbereich sind NDS eDirectory von Novell und Microsoft Active Directory Services (ADS).

Der Zugriff auf einen Verzeichnisdienst erfolgte in den Anfängen der Verzeichnisdienste standardmäßig über das einfache Internetprotokoll (TCP/IP). Dies führte zu einer Konzentrierung der Verzeichnisdienste auf den TCP/IP-Protokollstack. Aus diesem Umstand heraus wurde das LDAP-Protokoll als direkter Nachfolger bzw. als Ergänzung des *DAP-Protokolls* (*Directory Access Protocol*) entwickelt.

Mit LDAP als einem Protokoll der TCP/IP-Anwendungsschicht deutet sich eine Perspektive an, die herstellerspezifischen Verzeichniswelten zu öffnen. So lassen sich mit LDAP Informationen aus anderen Verzeichnissystemen auslesen, um darüber Benutzer und Ressourcen in die Prozesse der eigenen Betriebssystem-Welt einzubinden (z.B. in E-Mail- oder Workflow-Anwendungen).

Zu Beginn der 90er Jahre des vorigen Jahrhunderts hatte LDAP zunächst seine Existenz aus der Tatsache gewonnen, dass der Zugriff auf den Verzeichnisdienst (X.500) mit Standard-Clients über das X.500-DAP nicht sinnvoll und zu vertretbaren Kosten zu realisieren war. Dabei bildet generell die Abbildung des DAP auf eine einfache, den verwandten Protokollen SMTP bzw. FTP ähnliche Internet-Kommunikation das Kernstück. Dies gründet in der Möglichkeit des Einsatzes von LDAP für den Zugriff auf Fremdverzeichnisse und dedizierte LDAP-Verzeichnisserver.

1.4 Festlegungen und Vorgaben

Bei der Betrachtung der TCP/IP-Protokollfamilie sind weitaus mehr Vorgaben und Standards zu berücksichtigen, als dies vielleicht auf den ersten Blick scheint. Insbesondere beim Einsatz von Ports und Sockets, aber ebenso auch bei der so genannten Fragmentierung der Daten sind wichtige Einstellungen unabdingbar. Entscheidend ist jedoch allemal der Zugriff und die Verwendung der RFCs (Request for Comments), die als Basis jeglicher Standards in diesem Bereich dienen.

Fragmentierung

Um IP-Datagrame über alle möglichen Arten von Netzen versenden zu können, muss das Internet Protocol (IP) dazu in der Lage sein, die Größe der Datagrame dem jeweiligen Netz anzupassen. Zu diesem Zweck verfügt jedes Netzwerk über eine so genannte maximale Paketgröße (*Maximum Transfer Unit – MTU*). Diese gibt an, dass nur Pakete bis zu dieser Größe über das Netz versendet werden können. So dürfen beispielsweise Pakete, die über ein X.25-Netz verschickt werden sollen, nicht größer als 128 Byte sein. Ein Ethernet-Paket darf die Größe von 1500 Byte nicht überschreiten.

Wenn die MTU eines Übertragungsmediums kleiner ist als die Größe eines versendeten Pakets, so muss dieses Paket in kleinere Pakete aufgeteilt werden. Allerdings genügt es nicht, dass die Protokolle der Transportschicht von sich aus einfach kleinere Pakete versenden. Ein Paket kann auf dem Weg vom Quell- zum Zielhost mehrere unterschiedliche Netzwerke mit unterschiedlichen MTUs durchlaufen. Aus diesem Grund muss ein flexibles Verfahren angewendet werden, das bereits auf der Internetschicht kleinere Pakete erzeugen kann. Dieses Verfahren wird Fragmentierung genannt.

Fragmentierung sagt aus, dass das IP-Protokoll eines jeden Netzwerkknotens (Rechner, Router o.Ä.) in der Lage sein sollte, empfangene Pakete gegebenenfalls zu zerteilen, um sie weiter über ein Teilnetz bis zum Zielhost zu übertragen. Jedes empfangende IP muss dann im Gegenzug in der Lage sein, diese Fragmente wieder zum ursprünglichen Paket zusammenzusetzen.

Das Fragmentieren bewirkt, dass jedes Fragment eines zerteilten Pakets einen eigenen, vollständigen IP-Header enthält. Über das Feld *Identification* im IP-Header können die Fragmente eines Pakets zugeordnet werden.

Die einzelnen Fragmente eines Pakets können durchaus unterschiedliche Wege (Routen) auf dem Weg zum Zielhost nehmen, wo sie dann wieder zusammengesetzt werden. Wo sich die Daten eines Fragments innerhalb einer Gesamtnachricht befinden, wird im IP-Header mit dem Feld *Fragment Offset* definiert.

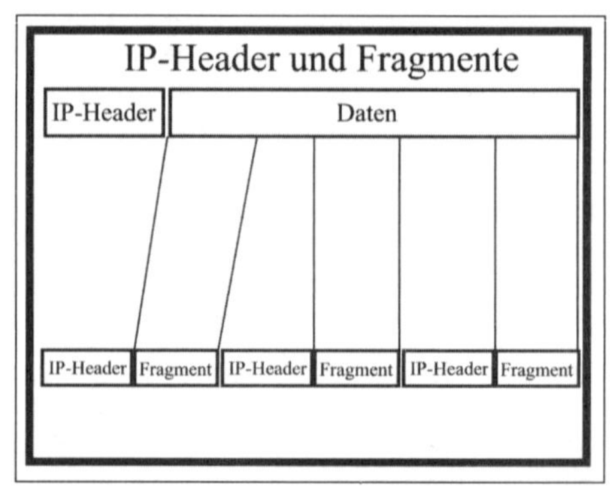

Quelle: Uni Karlsruhe

Ports und Sockets

Eine Besonderheit bei der Betrachtung des Aufbaus der TCP/IP-Protokollfamilie stellen die so genannten *Ports* und *Sockets* dar. Um deren Funktion und Einsatzgebiet zu verstehen, soll anhand des folgenden Beispiels einmal der generelle Ablauf einer Datenübertragung im TCP/IP-Netz dargestellt werden.

Bei jeder Verbindung sorgt das TCP, als verbindungsorientiertes Protokoll, dafür, dass die Daten korrekt und in richtiger Reihenfolge den Empfänger erreichen. Dabei erreicht TCP die Zuverlässigkeit dadurch, dass die Daten so lange gesendet werden, bis die Gegenstelle den korrekten Empfang quittiert.

Vor der Übertragung der eigentlichen Nutzdaten werden zwischen dem Sender und dem Empfänger zunächst Kontrollinformationen (Handshake) ausgetauscht, um überhaupt eine Verbindung aufbauen zu können.

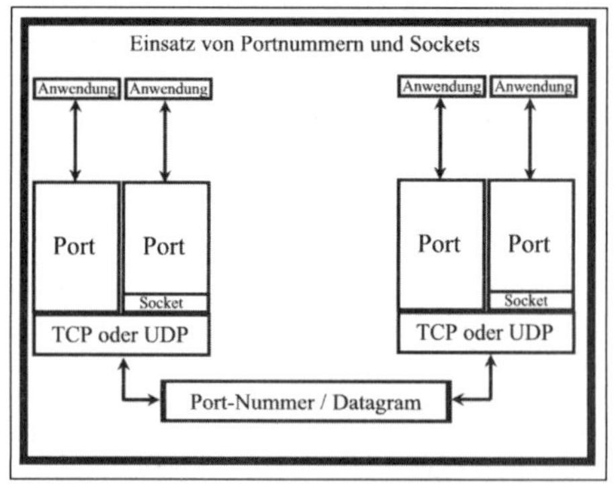

Quelle: Uni Karlsruhe

Im Vergleich mit dem Telefon (siehe oben) wird also zunächst eine Telefonnummer angewählt. Sobald die Verbindung aufgebaut ist, können die Daten übertragen werden. Um bei einer solchen Verbindung die richtige Reihenfolge der Daten zu garantieren, werden in jedem Segment bestimmte Sequenznummern mitgeschickt, um so auch bei Übertragungswiederholungen (im Fehlerfall) die richtige Reihenfolge der Segmente wiederherstellen zu können.

TCP muss aber darüber hinaus ebenfalls dafür sorgen, dass die vom IP empfangenen Daten zu der richtigen Anwendung gelangen. Aus dem Grund wird jeder Anwendung eine 16-Bit lange *Portnummer* (max. 63535) zugewiesen. Ein Port bezeichnet in diesem Zusammenhang die Verbindung zwischen dem jeweiligen Prozess und TCP/IP. Damit ein Endgerät mehrere Verbindungen gleichzeitig bearbeiten kann (*Multiplexing*), müssen diese natürlich unterschieden werden, wozu sich TCP ebenfalls der Ports bedient.

Hinweis

Durch den Einsatz von Ports kann ein Endgerät (Host) in einem IP-Netzwerk mehrere Datenströme gleichzeitig zu einem anderen Endgerät senden. Auf der Empfängerseite findet anhand der Portnummern eine Zuordnung der Daten zu den verschiedenen Anwendungen statt.

Jede Kommunikation zwischen Prozessen über TCP/IP basiert generell auf dem Client-Server-Prinzip. Dies bedeutet, dass ein Prozess (Server) auf einen anderen Prozess (Client) wartet. Dazu baut der Server zunächst einmal eine Verbindung auf und der Client muss bei seinem eigenen Verbindungsaufbau den Server immer durch ein Paar aus Internetadresse und Port definieren.

Aus dem Grund ist in jedem TCP-Segment eine Sende- und eine Ziel-Portnummer hinterlegt. Die Sende-Portnummer identifiziert den Prozess, der die Daten verschickt hat, und der Empfänger ist in der Ziel-Portnummer definiert. Angenommen, beim Austausch von Portnummern während eines TCP-Verbindungsaufbaus wird ein Segment mit der Sende- und der Ziel-Portnummer 23 an den Zielrechner gesendet. Dann benutzt der Empfänger für seine Antwort die Sende-Portnummer 23 und die Sende-Portnummer des Segments als Ziel-Portnummer.

Hinweis

Die Port-Zuordnung ermöglicht eine sichere Zuordnung von Daten zu Anwendungen. Gleichzeitig ermöglicht dieses Prinzip den Einsatz unterschiedlicher, paralleler Verbindungen (Multiplexing). Denn damit ein Endgerät (z.B. Rechner) gleichzeitig mehrere Verbindungen bearbeiten kann, müssen diese unterschieden werden, was bei TCP/IP anhand der Ports erfolgt.

Jeder Anwendung, die TCP benutzen will, wird ein Port zugeordnet, wobei es maximal 65535 verschiedene Ports gibt. Für die am häufigsten benötigten Anwendungen und Dienste sind bei TCP/IP die Portnummern fest vergeben. Es handelt sich dabei um die so genannten *well known ports*, die den Nummernbereich von 1 bis 1023 belegen und in der Regel für Systemprozesse oder -anwendungen reserviert sind. Die nachfolgende Tabelle zeigt einige Beispiele für fest vergebene Portadressen (well known ports):

Port	Anwendung
21	File Transfer Protocol
23	TELNET
25	Simple Mail Transfer
37	Time
43	WHOIS
53	Domain Name System
79	Finger
80	World Wide Web HTTP
110	Post Office Protocol – Version 3
117	UUCP Path Service

Port	Anwendung
119	Network News Transfer Protocol
123	Network Time Protocol
137	NETBIOS Name Service
138	NETBIOS Datagram Service
139	NETBIOS Session Service
143	Interim Mail Access Protocol v2
177	X Display Manager Control Protocol
194	Internet Relay Chat Protocol
213	IPX
220	Interactive Mail Access Protocol v3
540	Uucpd
541	uucp-rlogin Stuart Lynne
1352	Lotus Notes
1524	Ingres
1525	Oracle
3264	cc:mail/lotus
6000–6063	X Window System

Hinweis

Eine Gesamtaufstellung der aktuell vergebenen Portnummern kann unter der folgenden Web-Adresse abgerufen werden:
http://www.iana.org/assignments/port-numbers

Neben den well known ports gibt es auch noch registrierte Ports (registered), die im Bereich der Nummern 1024 und 49151 liegen und von jedem Entwickler beantragt werden können. Der dritte Bereich sind die dynamischen oder privaten Ports (dynamic/private) zwischen 49152 und 65535, die keiner speziellen Kontrolle unterliegen und frei vergeben werden können.

Hinweis

Sowohl TCP als auch UDP können das Prinzip der Portzuordnung nutzen. So ermöglichen beide Protokolle durch den Einsatz der Ports den gleichzeitigen Zugriff mehrerer Anwendungsprogramme auf ein und dasselbe Endgerät (Rechner usw.). Im Gegensatz zu TCP, das für eine sichere Verbindung sorgt, liefert UDP nur Portnummern für die Kommunikationsendpunkte. Dabei sind die Portnummern nicht auf eines der beiden Transportprotokolle beschränkt. So können TCP und UDP gleiche Ports belegen und dennoch ist die Portnummer 47 in TCP ist nicht identisch mit der Portnummer 47 in UDP.

Ein Beispiel für eine Übertragung und Zuweisung von Portnummern ist die Kommunikation zwischen einem Browser und einem Webserver. Wie aus der obigen Aufstellung ersichtlich, ist HTTP (dem Protokoll für die Übertragung von Webseiten) der TCP-Port 80 zugewiesen. Der Browser sendet eine Anfrage auf Port 80 zu einem anderen Endgerät (Host). Dort leitet TCP die Daten an die für Port 80 zuständige Anwendung (in der Regel der Webserver) weiter. Gleichzeitig kann an das gleiche Endgerät auf dem selben Host auch ein FTP-Server auf Port 21 Daten versenden, ohne dass sich die Anwendungen gegenseitig beeinflussen.

Im Zusammenhang mit dem Einsatz der Portnummern bei der TCP/IP-Datenübertragung darf ein anderer Begriff nicht fehlen: *Sockets*. Ein Socket kennzeichnet die Kombination aus Internetadresse und Portnummer. Dadurch ergibt sich, dass eine Verbindung zwischen zwei Endgeräten z. B. Rechnern) eindeutig durch zwei Sockets definiert ist.

Hinweis

Die Kombination aus IP-Adresse (Internetadresse) und Portnummer wird mit dem Begriff *Socket* umschreiben. Durch die Eindeutigkeit der Sockets wird es einem Endgerät (Server) ermöglicht, mit mehreren anderen Endgeräten (Clients) gleichzeitig zu kommunizieren.

RFCs als Standardgrundlage

Der große Vorteil von TCP/IP gegenüber anderen offenen Kommunikationsstrukturen wie OSI liegt in den zügigen Standardisierungsverfahren, die durch so genannte *RFCs* (*Request for Comments* – Bitte um Kommentar) veröffentlicht werden. Dabei leistet das System der RFCs einen wesentlichen Beitrag zum Erfolg von TCP/IP.

RFCs sind Dokumente, in denen die Standards für TCP/IP veröffentlicht werden. Einige RFCs beschreiben Dienste und Protokolle sowie deren Implementierung, andere fassen Regeln und Grundsätze zusammen.

Hinweis

Standards für TCP/IP werden immer als RFCs veröffentlicht, aber nicht alle RFCs beschreiben Standards.

Dabei werden die Standards für TCP/IP im Wesentlichen nicht durch ein Komitee entwickelt, sondern durch Diskussion und Konsens beschlossen. Jeder hat die Möglichkeit, ein Dokument als RFC zu veröffentlichen und so zur Diskussion zu stellen. Die Dokumente werden von einer Organisation mit dem Namen *Internet Architecture Board* (*IAB*) und/oder dem RFC-Editor geprüft und dann mit einem Status versehen. Der Status eines Dokuments gibt an, ob es als Standard in Betracht gezogen wird.

Status	Bemerkung
Required (Notwendig)	Dieser Status muss bei allen TCP/IP-basierten Endgeräten implementiert werden.
Recommended (Empfohlen)	Es wird empfohlen, dass alle TCP/IP-basierten Endgeräte die Spezifikationen dieses RFCs implementieren.

Status	Bemerkung
Elective (Wahlfrei)	Die Implementierung ist optional. Der Definition wurde zugestimmt; sie ist aber nicht zwingend erforderlich.
Limited Use (Eingeschränkte Verwendung)	Nicht für die generelle Nutzung konzipiert.
Not recommended (Nicht empfehlenswert)	Nicht zur Implementierung empfohlen.

Sobald ein Dokument als Standard in Erwägung gezogen wird, durchläuft es die Stufen *Entwicklung*, *Test* und *Akzeptanz*. Diese Stufen bilden den so genannten *Standardisierungsprozess*, wobei sie formal als *maturity levels* (Reifestufen) bezeichnet werden.

Hinweis

Wenn ein RFC-Dokument veröffentlicht wird, wird ihm eine RFC-Nummer zugewiesen. Das Original wird nie verändert oder aktualisiert. Sind Änderungen an einem Dokument notwendig, wird es mit einer neuen (höheren) RFC-Nummer veröffentlicht.

Die folgende Liste gibt eine Reihe von RFCs wieder, die sich mit Themen dieses Buches befassen:

- RFC 768 – UDP
- RFC 783 – TFTP
- RFC 791 – IP
- RFC 792 – ICMP
- RFC 793 – TCP
- RFC 814 – Names, adresses, ports and routes
- RFC 821/2 – Mail
- RFC 825 – Specification for RFC's
- RFC 826 – ARP
- RFC 854 – TELNET
- RFC 894 – A Standard for the Transmission of IP Datagrams over Ethernet
- RFC 903 – RARP
- RFC 950 – Internet Standard Subnetting Procedure (Subnets)
- RFC 959 – FTP
- RFC 1009 – Requirements for Internet Gateways
- RFC 1011 – Official Internet Protocols
- RFC 1013 – X Window System Protocol, Version 11 (Alpha Update)
- RFC 1032/3/4/5 – Domains (Domain Administration & Domain Names)
- RFC 1042 – Transmission of IP Datagrams over IEEE 802 Networks
- RFC 1058 – Routing Information Protocol
- RFC 1112 – Host Extensions for IP Multicasting

- RFC 1117 – Internet numbers
- RFC 1118 – Hitchhikers guide to the Internet
- RFC 1180 – A TCP/IP Tutorial
- RFC 1208 – Networking glossary of terms
- RFC 1310 – The Internet Standards Process
- RFC 1323 – TCP Extensions for High Performance
- RFC 1550 – IPNG White Paper Solicitation
- RFC 1597 – Address Allocation for Private Internets
- RFC 1700 – Assigned Numbers (Well-known Ports etc.)
- RFC 1752 – Recommedation for the IP Next Generation Protocol
- RFC 1825 – Security Architecture for the Internet Protocol
- RFC 1826 – IP Authentication Header
- RFC 1883 – Internet Protocol, Version 6 (IPv6)
- RFC 1884 – IP Version 6 Addressing Architecture
- RFC 1885 – Internet Control Message Protocol (ICMPv6)
- RFC 1886 – DNS Extensions to support IP version 6
- RFC 1972 – Transmission of IPv6 Packets over Ethernet Networks
- RFC 2019 – Transmission of IPv6 Packets over FDDI Networks
- RFC 2200 – Internet Official Protocol Standards

Hinweis

Weitergehende Informationen und eine aktuelle Aufstellung aller RFCs können unter der folgenden Web-Adresse abgerufen werden: *http://www.ietf.org/rfc.html*

Zusammenfassung

- ✓ Die Entwicklung von TCP/IP wurde bereits in den 60er Jahren des vorigen Jahrhunderts begonnen.
- ✓ Der Vorläufer von TCP/IP war das so genannte ARPANET.
- ✓ Die wichtigsten Protokolle der TCP/IP-Protokollfamilie lauten TCP, IP und UDP.
- ✓ Im Vergleich zum OSI-Referenzmodell besteht das TCP/IP-Modell nur aus vier Kommunikationsebenen (Schichten).
- ✓ Je nach Protokoll und Kommunikationsschicht gibt es für die einzelnen Datenpakete unterschiedliche Bezeichnungen.

Zusammenfassung

- ✔ Bei TCP/IP handelt es sich um eine ganze Familie einzelner Protokolle, die die unterschiedlichsten Aufgaben erledigen.
- ✔ Um die Eindeutigkeit einer Verbindung zu gewährleisten wird das Prinzip der Portnummern eingesetzt, durch die den einzelnen Anwendungen feste Nummern zugewiesen werden.
- ✔ RFCs (Request for Comments) dienen der Standardisierung der unterschiedlichen Dienste und Verfahren.

Übungen

1. Wofür steht die Abkürzung *TCP/IP?*
2. Was ist ein Protokoll?
3. Was wird im IP-Netzwerk mit dem Begriff *Host* bezeichnet?
4. Was ist ein UNIX-Derivat?
5. Nennen Sie mindestens drei Gründe bzw. Vorgaben für die Entwicklung des ARPANET als dem Vorläufer des heutigen Internets.
6. Warum fand TCP/IP eine so schnelle Verbreitung?
7. Erläutern Sie, warum TCP/IP, entgegen aller Normierungsbemühungen, kein Standard ist.
8. Ist TCP/IP ein verbindungsloses oder ein verbindungsorientiertes Protokoll?
9. Was macht ein verbindungsorientiertes Übertragungsverfahren aus?
10. Nennen Sie die Unterschiede zwischen Leitungs- und Paketvermittlung.
11. Arbeitet TCP/IP nach dem leitungsvermittelnden oder dem paketvermittelndem Verfahren?
12. Nennen Sie die Hauptaufgaben des TCP-Protokolls.
13. Worin unterscheidet sich UDP von TCP?
14. Wie wird das Hinzufügen bestimmter Protokollinformationen (Header) zu Datenpaketen bezeichnet?
15. Es gibt eine Vielzahl unterschiedlicher Bezeichnungen für die Datenpakete einer Übertragung im TCP/IP-Netz. Nennen Sie wenigstens vier.

Übungen

16. Auf welchen Ebenen unterschieden sich die Bezeichnungen für Datenpakete bei TCP und UDP?

17. Nennen Sie zwei wesentliche Bestandteile eines jeden Datenpaketes bei einer Übertragung im IP-Netz.

18. Wer sorgt dafür, dass die fragmentierten Datenpakete beim Empfänger auch wieder in der richtigen Reihenfolge zusammengesetzt werden?

19. Was bedeutet „unzuverlässige Übertragung" beim IP-Protokoll?

20. Ist mit IP gewährleistet, dass ankommende Datenpakete valide sind?

21. Wie gewährleistet IP die Übertragung in benachbarte Netze?

22. Welcher Teil der TCP/IP-Protokollfamilie sorgt für eine sichere Übertragung?

23. Was passiert bei einer Datenübertragung, sobald ein Datenpaket beim Sender ankommt?

24. Welchen Zweck erfüllt das Protokoll ARP?

25. Wie lautet das Gegenstück zu ARP?

26. Auf welcher Schicht des TCP/IP-Modells ist ICMP angesiedelt?

27. Welche Aufgabe erfüllt ICMP?

28. Nennen Sie einen speziellen Anwendungsfall für ICMP.

29. Für welchen Einsatzzweck wird FTP verwendet?

30. Was ist das Besondere an TELNET?

31. Welche drei Protokolle der TCP/IP-Protokollfamilie kommen im Bereich der elektronischen Post (E-Mail) zum Einsatz?

32. Wozu dienen die beiden Protokolle POP3 und IMAP4?

33. Wo liegen die grundsätzlichen Unterschiede zwischen POP3 und IMAP4?

34. Wofür wird das Protokoll NNTP eingesetzt?

35. Wofür kann das Protokoll DHCP eingesetzt werden?

36. Was bedeutet im Zusammenhang mit DHCP der Begriff *Leasingdauer*?

37. Welches Protokoll der TCP/IP-Protokollfamilie spielt im World Wide Web (WWW) die entscheidende Rolle zur Übertragung von Web-Seiten?

Übungen

38. Welche Aufgabe erfüllt das LDAP-Protokoll?

39. Wie wird das Verfahren bezeichnet, bei dem IP-Datagrame in kleinere Übertragungseinheiten aufgeteilt werden?

40. Wofür kommen bei einer TCP/IP-Datenübertragung Portnummern zum Einsatz?

41. Nennen Sie mindestens drei so genannte *well known ports.*

42. Was bedeutet Multiplexing im Zusammenhang mit dem TCP/IP-Protokoll?

43. Wofür steht der Begriff *Socket*?

44. Wofür steht die Abkürzung *RFC*?

45. Welchen Zweck erfüllen RFCs?

Die Lösungen zu diesen Aufgaben finden Sie im Anhang des Co@ches.

Modul 2

Adressierung im TCP/IP-Netz

Lernen Sie

- wozu IP-Adressen benötigt werden
- wie IP-Adressen aufgebaut sind
- wie Datenpakete anhand der IP-Adresse den Weg zum Empfänger finden
- welche Besonderheiten bei der Adressierung beachtet werden müssen
- was Subnetting bedeutet und wofür Subnetze eingesetzt werden

Wohl über kaum einen anderen Bereich von TCP/IP wurde in den letzten Jahren so lebhaft diskutiert, wie über die Vergabe der Internetadressen (IP-Adressen). Der Grund ergab sich in der Regel immer aus dem sich zu Ende neigenden Pool von verfügbaren IP-Adressen. Viele haben diesen Umstand bereits als den „Tod des Internets“ gedeutet. Wie derartige Argumente einzustufen sind und warum die Adressierung im IP-Netzwerk (und damit letztlich auch im Internet) so wichtig ist, wird nachfolgend erläutert.

2.1 Vorgaben

Die Hauptvorgabe für den Betrieb eines Netzwerkes auf Basis von TCP/IP ist vordergründig zunächst einmal sehr einfach: Jedes Endgerät muss über eine eindeutige IP-Adresse verfügen. So darf es in einem IP-Netzwerk keine zwei Endgeräte geben, die über dieselbe IP-Adresse verfügen. Dass es auch dabei gewisse Einschränkungen und Sonderfälle gibt, werden die weiter gehenden Erläuterungen dieses Kapitels zeigen. In dem Zusammenhang soll noch einmal darauf hingewiesen werden, dass ein Endgerät in einem IP-Netzwerk auch sehr oft mit dem Begriff *Host* umschrieben wird.

Hinweis

Ein Endgerät in einem IP-Netzwerk wird auch als *Host* bezeichnet, wobei ein solcher Host in einem IP-Netzwerk immer über eine eindeutige IP-Adresse verfügen muss. Eine andere Bezeichnung für ein Gerät mit Anschluss an ein IP-Netzwerk ist *Knoten*.

Eindeutigkeit

Eine IP-Adresse ist die Grundlage für die gesamte Kommunikation innerhalb eines IP-Netzwerks. Anhand dieser Adresse versenden die Endgeräte die Daten und so gelangen die Daten auch zum richtigen Empfänger. Deshalb ist es auch für ein solches Netzwerk überlebenswichtig, dass die Eindeutigkeit dieser Adressen gegeben ist. Aus dem Grund ist in jedem Netzwerk, in dem die Protokolle der TCP/IP-Familie zum Einsatz kommen (und dazu gehört auch das Internet), eine ordentliche und saubere Adressierung der einzelnen Endgeräte (Rechner, Drucker, Router, Kamera usw.) notwendig.

Sobald bei der Adressierung Fehler auftreten (beispielsweise durch die Doppelbelegung einer Adresse), werden bestimmte Endgeräte teilweise nicht oder überhaupt nicht funktionieren. Auf Wunsch können die IP-Adressen von zentraler Stelle (Server o. Ä.) vergeben werden, um somit die

Eindeutigkeit der IP-Adressen aller beteiligten Endgeräte sicherstellen zu können. Eine inkonsistente und unkorrekte Adressierung innerhalb eines IP-Netzwerks führt in der Praxis immer wieder zu enormen Schwierigkeiten. Es dürfen in einem IP-Netzwerk unter keinen Umständen zwei identische IP-Adressen vorhanden sein.

Hinweis

Voraussetzung für die Kommunikation zwischen Endgeräten in einem IP-Netzwerk sind eindeutige IP-Adressen, über die die einzelnen Endgeräte angesprochen werden.

Aufbau der IP-Adressen

Nachdem die IP-Adressen bereits so oft genannt wurden, stellt sich die Frage nach dem Aufbau derselben. Auch hier gibt es ganz spezielle Vorgaben, d.h., die Adressierung muss sich an den vorgegebenen Standards orientieren und darf nicht willkürlich gewählt werden.

Hinweis

Die nachfolgenden Erläuterungen beziehen sich auf den zur Zeit gültigen Standard IP, Version 4 (IPv4).

Eine IP-Adresse besteht immer aus vier Zahlen, die jeweils durch einen Punkt voneinander getrennt sind. Die Zahlen selber können im Bereich von 0 bis 255 liegen. Bei den Zahlen handelt es sich um einzelne Bytes, so dass sich bei vier Zahlen ein *Wort* von vier Bytes (32 Bit) Länge ergibt. Da eine 32-Bit Zahl recht unübersichtlich ist, hat sich eine Schreibweise durchgesetzt, bei der die Adressen in einer Dezimalschreibweise dargestellt werden.

Eine andere Bezeichnung für Byte in diesem Zusammenhang ist *Oktett*, wobei somit eine IP-Adresse auch immer aus vier Oktetts besteht und jedes Oktett einem Byte entspricht (0–255). Damit lassen sich insgesamt $256^4 = 4.294.967.296$ verschiedene Adressen darstellen. Dies klingt zunächst einmal unvorstellbar, aber in den Anfangszeiten des Internets war die Adressvergabe sehr verschwenderisch, weswegen sich heutzutage in diesem Bereich immer öfter Engpässe ergeben.

Der Aufbau einer IP-Adresse folgt immer einem ganz festen Schema aus vier Zahlen (Bytes), die jeweils durch einen Punkt voneinander getrennt sind. So kann sich eine typische IP-Adresse wie folgt darstellen:

```
192.168.1.55
```

Diese Adresse besteht aus den vier Zahlen 192, 168, 1 und 55, die jeweils durch einen Punkt voneinander getrennt sind. Es handelt sich dabei um die Dezimalschreibweise; eine andere Darstellung der gleichen Zahl sieht wie folgt aus:

```
11000000.10101000.00000001.00110111
```

Bei dieser Darstellung handelt es sich um die Binärdarstellung der gleichen Zahlen. In dieser Form der Schreibweise wird eine Zahl auch als Oktett (acht Bits) bezeichnet. Somit ergibt sich, dass eine IP-Adresse immer aus vier Oktetts besteht.

Eine andere Darstellungsform einer IP-Adresse in Dezimalschreibweise kann wie folgt aussehen:

```
192.168.1.0:80
```

Damit wird neben der IP-Adresse auch direkt eine Portnummer (hier 80) angegeben, über die auf das entsprechende System zugegriffen werden soll. In der Regel erfolgen solche Komplettangaben mit Portnummer, wenn beispielsweise auf einem Server bestimmte Dienste angesprochen werden sollen.

Hinweis

Ganz allgemein lässt sich das Prinzip bzw. der Aufbau der IP-Adressen am ehesten mit einer Telefonnummer vergleichen. Der Netzwerkteil einer Internet-Adresse entspricht der Vorwahl, der Hostteil der eigentlichen Telefonnummer und der Port (siehe auch Modul 1) schließlich einer Nebenstellennummer.

Da in den vorstehenden Erläuterungen sowohl die Dezimal- als auch die Binärschreibweisen dargestellt wird, wird auch schon klar, dass die Binärdarstellung bei der IP-Adressierung und der weiteren Konfiguration eine nicht unwesentliche Rolle spielt. Aus dem Grund soll mit dem nachfolgenden Exkurs das Binärformat und seine Besonderheiten erläutert werden.

Binärdarstellung von IP-Adressen

Eine Zahl (Byte) besteht grundsätzlich aus acht Bit und ein Bit wird in der Welt der EDV immer charakterisiert durch den Zustand 0 oder 1. Dies spiegelt sich tief im Innern eines jeden Rechners wieder, denn jeder der Transistoren, also beispielsweise der Schalter in einem Prozessor kann nur ein- oder ausgeschaltet werden. Dabei steht die „0“ für das Aus- und die „1“ für das Einschalten. Und genau ein solcher Zustand wird mit dem Begriff „Bit“ umschrieben.

Um einen Rechner (Prozessor) steuern zu können, benötigt er Informationen darüber, wie die Schalter gesetzt werden sollen. Dazu kommen bestimmte Steuerinstrumente (in der Regl in Form bestimmter Programme) zum Einsatz, die sich ebenfalls wieder nur aus den Bits 0 und 1 zusammensetzen. Dies betrifft generell alle Dateien, die einem Prozessor zugänglich gemacht werden, also beispielsweise auch die Daten eines Textverarbeitungsprogramms.

Eine Aneinanderreihung von unendlichen Zahlenkolonnen macht natürlich keinen Sinn. Aus dem Grund wurde festgelegt, dass jeweils acht Bits zu einem Byte zusammengefasst werden. Dabei bleibt natürlich innerhalb dieser acht Bits genügend Spielraum verschiedenartige Zustände (Zahlen) darzustellen. Denn jedes der acht Bits steht an einer gewissen Stelle und hat einen bestimmten Zustand (Wert); entweder 0 oder 1.

Und jetzt kommt der Clou: Den einzelnen Stellungen innerhalb eines Byte (acht Stellen) wird jeweils eine Zweierpotenz zugewiesen. Beginnend mit 2^0 (= Wert 1) bis hin zu 2^7 (Wert = 128) können auf diese Art bis zu 256 verschiedene Zahlen (0 bis 255) dargestellt werden, wenn alle möglichen Kombinationen ausgenutzt werden. Das nachfolgende Beispiel verdeutlicht die Zuordnung von Bits zu Binär- und Dezimalzahl:

Position des Bits	8	7	6	5	4	3	2	1
Potenzschreibweise	2^7	2^6	2^5	2^4	2^3	2^2	2^1	2^0
Multipliziert	2*2*2*2*2*2*2	2*2*2*2*2*2	2*2*2*2*2	2*2*2*2	2*2*2	2*2	2	1
Dezimalzahl	128	64	32	16	8	4	2	1
Binärzahl	10000000	01000000	00100000	00010000	00001000	00000100	00000010	00000001
Summe rückwärts	128	192	224	240	248	252	254	255
Summe vorwärts	255	127	63	31	15	7	3	1

Aus dieser Tabelle wird deutlich, dass eine Zahl im Binärformat immer von rechts nach links gelesen werden muss, da dort immer die niedrigen Werte stehen. Anhand der Position eines Bits kann die Anordnung in der Binärschreibweise ermittelt werden (rechts beginnend). Die Dezimalzahl gibt den Wert der einzelnen Bits, wobei dies natürlich nur zutrifft, wenn dieses auf 1 und die übrigen auf 0 gesetzt sind.

In der Zeile *Summe rückwärts* werden die Werte der Bits von links nach rechts aufsummiert (128 + 64 = 192, 192 + 32 = 224...). Wenn also folgende Maske gegeben ist 11110000, so steht dies in Dezimalzahlschreibweise für die Zahl 240. Entsprechend umgekehrte Ergebnisse liefert die Zeile *Summe rückwärts*. Wenn die Binärzahl 00011111 lautet, steht steht als Ergebnis im Dezimalformat die Zahl 31.

Hinweis

Die obige Tabelle ist eine sehr hilfreiche Unterstützung bei der Planung und Durchführung der IP-Adressierung.

Durch die beliebige Anordnung der Zustände 0 und 1 an den einzelnen Positionen lassen sich somit unterschiedliche Zahlenwerte (zwischen 0 und 255) darstellen, wenn alle Zustände eines Bytes auf 1 gesetzt sind.

Hinweis

Binärzahlen lassen sich in Dezimalzahlen umwandeln, indem diese nach Zweierpotenzen von rechts nach links ausgewertet werden.

In dem Zusammenhang stellt sich natürlich die Frage, wie Zahlen behandelt werden, die größer als (dezimal) 255 sind. In dem Fall werden einfach zusätzliche Bytes angefügt. Soll beispielsweise die Dezimalzahl 257 im Binärformat dargestellt werden, so sähe die entsprechende Binärzahl wie folgt aus:

```
0000000100000001
```

Um die Zahl aufzulösen muss wieder rechts mit der ersten Zweierpotenz begonnen werden (2^0); dieser Zustand ist auch auf 1 gesetzt. Die nächsten Zahlen sind auf 0 gesetzt, bis auf den Wert 256 (2^8), womit sich die Dezimalzahl 257 ergibt. In dem Zusammenhang sollte beachtet werden, dass zwischen den beiden Bytes jeweils ein Leerzeichen stehen sollte. Die korrekte Schreibweise würde somit wie folgt lauten:

```
00000001 00000001
```

Dies ändert aber am Ergebnis grundsätzlich nichts, sondern dient lediglich der besseren Lesbarkeit.

Um an dieser Stelle einmal auf die IP-Adressen zurück zu kommen: Es wurde ja erwähnt, dass jede IP-Adresse (Version 4) aus vier Bytes besteht. Somit hätte dies in der Binärschreibweise eine Darstellung der folgenden Art zur Folge:

```
11000000.10101000.00000001.00110111
```

Dies ist die bereits oben dargestellte Abbildung der (dezimalen) Adresse 192.168.1.55.

Die Ausführungen zum Rechnen mit Binärzahlen sollen an dieser Stelle nicht weiter ausgeführt werden, auch wenn es noch weitere Merkmale gibt. Zum Verständnis der Zuordnung von IP-Adressen ist dies auch nicht notwendig.

Wichtig für das weitere Verständnis ist jedoch auf jeden Fall das Prinzip der logischen Verknüpfung von zwei Binärzahlen. Dabei bedeutet logische Verknüpfung oder auch der AND-Vergleich, dass zwei Binärzahlen Bit für Bit miteinander vergleichen werden. Angenommen, es wären die beiden folgenden Binärzahlen gegeben:

```
11000000.10101000.00000001.00110111
11111111.11111111.11111111.00000000
```

Das Ergebnis einer logischen Verknüpfung (AND) lautet dann wie folgt:

```
11000000.10101000.00000001.00000000
```

Bei der logischen Verknüpfung werden die einzelnen Bits miteinander verglichen. Dabei ergibt sich als Ergebnis nur dann eine 1, wenn beide Bits auf 1 gesetzt sind. Hört sich kompliziert an, ist es aber nicht. Wenn zwei Bits miteinander verglichen werden, lautet das Ergebnis nur dann 1, wenn beide Bits auf 1 gesetzt sind; sobald ein Bit auf 0 gesetzt ist, lautet auch das Ergebnis immer 0.

In der Dezimalschreibweise lautet die oben dargestellte Binärzahl somit wie folgt:

```
192.168.1.0
```

Wozu dies benötigt wird und welche Bedeutung einer solchen Adresse zukommt, wird in den nachfolgenden Kapiteln noch deutlich. An dieser Stelle sollte lediglich das generelle Prinzip zum Aufbau von Binärzahlen und die Möglichkeit der logischen UND-Verknüpfung (AND) verdeutlicht werden. Dies ist für das generelle Verständnis von IP-Adressen und deren Zuordnung unabdingbar.

Hinweis

Beim logischen UND-Vergleich von zwei Bits einer Binärzahl (AND) lautet das Ergebnis nur dann 1, wenn beide (zu vergleichenden) Bits auf 1 gesetzt sind. In allen anderen Fällen lautet das Ergebnis 0.

Klasseneinteilung der IP-Adressen

Im Laufe der Entwicklung der Spezifikation von TCP/IP wurde gefordert, dass jedem System (Endgerät), das an das Internet angeschlossen ist, eine eindeutige Internetadresse zugewiesen wird. Zur Unterstützung unterschiedlich großer Netze wurde entschieden, dass der Adressraum von IP in Klassen aufgeteilt wird.

Es wurde bereits erwähnt, dass eine IP-Adresse grundsätzlich immer aus vier Bytes besteht. Diese vier Bytes sind jedoch nicht willkürlich zusammengestellt, sondern folgen einem ganz bestimmten Schema. Dieses Schema wird nachfolgend in Form der Klasseneinteilung aufgegriffen.

Die Adressierung im IP-Netzwerk ist vergleichbar mit einer Postanschrift oder besser noch: mit einer Telefonnummer, die ja (weltweit) immer eindeutig ist. Eine IP-Adresse besteht immer aus vier Oktetten, wobei die Zahlenbereiche der einzelnen Oktette einen ganz bestimmten Bereich von IP-Adressen widerspiegeln. IP-Adressen sind nämlich ganz allgemein eingeteilt in fünf verschiedene Klassen; von denen jedoch in der Regel nur drei genutzt werden können.

Hinweis

Die IP-Klassen werden mit den Buchstaben A bis F bezeichnet, wobei jedoch heutzutage lediglich die Klassen A, B und C tatsächlich genutzt werden.

Auch wenn in der Literatur immer wieder darauf hingewiesen wird, dass die *klassenlose* Zeit bei der IP-Adressierung längst begonnen hat, sollen hier dennoch die wesentlichen Grundzüge vermittelt werden, wie die Einteilung der Adressen in verschiedene Bereiche erfolgt.

Hinweis

Vielen Experten glauben durch den Einsatz von Techniken wie *CIDR* (*Classless Inter Domain Routing*) auf die Klasseneinteilung der IP-Adressen verzichten zu können. Dies ist teilweise sicherlich richtig, ändert aber nichts an der Tatsache, dass IP-Klassen heutzutage bei der Konfiguration eines solchen Netzes nach wie vor einen hohen Stellenwert haben.

Die Einteilung in IP-Klassen wurde von den Entwicklern gewählt, um die unterschiedliche Verteilung von Endgeräten innerhalb eines Netzwerks besser verwalten zu können. Um die Endgeräte eines IP-Netzwerks eindeutig identifizieren zu können, muss es somit aber immer einen Teil der IP-Adresse geben, der für das Endgerät konzipiert ist (und eindeutig ist). Der übrige Bereich kann sich dann auf das Netz beziehen.

Daraus ergibt sich, dass sich jede IP-Adresse aus einem *Netzwerk-* und einem *Hostteil* zusammensetzt. Sämtliche Endgeräte in einem IP-Netzwerk müssen über den gleichen Netzwerkteil verfügen. Andernfalls kann zwischen den Endgeräten kein IP-Verkehr durchgeführt werden.

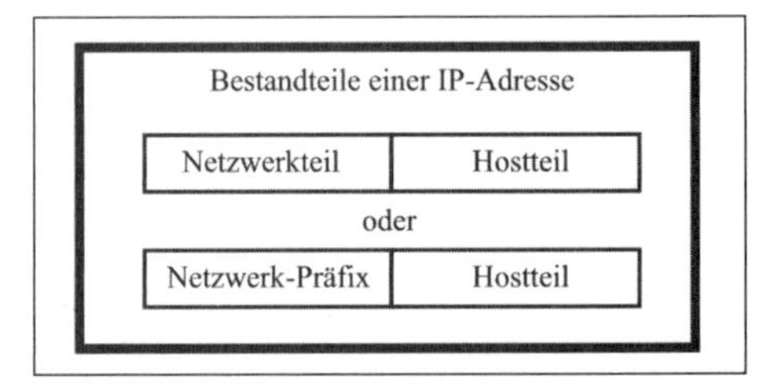

Der Bereich mit dem Netzwerkteil wird in der Literatur auch oft als *Netzwerk-Präfix* bezeichnet, da die Netzwerknummer bei einer IP-Adresse immer vorne steht. Alle Rechner in einem Netzwerk müssen die gleiche Netzwerknummer, aber eine eindeutige Hostnummer haben. Analog müssen zwei Rechner in verschiedenen Netzen unterschiedliche Netzwerk-Präfixe haben, können aber die gleiche Hostnummer haben.

Hinweis

Grundsätzlich besteht jede IP-Adresse aus einem *Netzwerkteil* und einem *Hostteil*. Der Netzwerkteil identifiziert das Netzwerk, an das das Endgerät angeschlossen ist. Der Hostteil steht als eindeutige Kennzeichnung des Endgerätes (z.B. Rechner) in dem betreffenden Netzwerk.

In der Regel wird der Netzwerkteil einer IP-Adresse weltweit von einer zentralen Organisation, dem Network Information Center (NIC), vergeben. Der eigenen Systemverwaltung bleibt es dann überlassen, den Hostteil der Adresse zuzuweisen. Es handelt sich dabei um so genannte offizielle IP-Adressen, wobei dies jedoch nur dann notwendig ist, wenn ein direkter Anschluss der Endgeräte an das Internet gewünscht ist.

Die Spezifikationen der drei wichtigsten IP-Klassen und deren mögliche Einsatzbereiche sind nachfolgend aufgeführt:

- **Klasse A**
  Diese Klasse eignet sich für große Netzwerke mit vielen Endgeräten. Insgesamt können in einem solchen Netzwerk 16.777.214 Endgeräte mit einer IP-Adresse versehen werden (Hostteil). Es stehen jedoch nur 126 solcher Netzwerke zur Verfügung (Netzwerkteil). Das erste Byte hat einen Wert kleiner als 128, womit das erste Bit der Adresse immer auf 0 gesetzt sein muss. Die Adressbereiche erstrecken sich von 1.0.0.1 bis 126.255.255.254 (1 Byte für das Netzwerk und 3 Bytes für die Hosts).

- **Klasse B**
  Netzwerke dieser Klassen eignen sich für mittlere Netzwerke mit maximal 65.534 Hosts (Endgeräten) pro Netzwerk. Das erste Bit ist 1, Bit 2 gleich 0, womit sich ein Bereich von 128 bis 191 ergibt. Netzwerke dieser Art können maximal 16.384-mal aufgebaut werden, wobei sich der Adressbereich von 128.0.0.1 bis 191.255.255.254 erstreckt (2 Bytes für das Netzwerk und 2 Bytes für die Hosts).
- **Klasse C**
  Die am häufigsten anzutreffende Klassifizierung ist prädestiniert für kleine Netzwerke mit wenigen Endgeräten (die ersten beiden Bits sind 1 und Bit 3 ist gleich 0). Es handelt sich um Netzwerke mit maximal 254 Endgeräten (Hosts) pro Netzwerk, wobei maximal 2.097.152 Netzwerke (Netzwerkteil) verfügbar sind. Der Adressbereich liegt zwischen 192.0.0.1 und 223.255.255.254 (3 Bytes für das Netzwerk und 1 Byte für die Hosts).

Neben den drei hier genannten Adressenklassen gibt es noch Klasse-D- und Klasse-E-Netze. Da diese jedoch für Spezialfälle bzw. -anwendungen eingesetzt werden, sollen diese hier nicht in der Ausführlichkeit behandelt werden. Klasse-D-Adressen werden als so genannte *Multicast-Adressen* dazu verwendet, ein Datenpaket an mehrere Hostadressen gleichzeitig zu versenden. Das erste Byte einer Multicast-Adresse hat den Wertebereich von 224 bis 239, d.h. die ersten drei Bytes sind gesetzt, und Byte 4 ist gleich 0. Sendet ein Prozess eine Nachricht an eine Adresse der Klasse D, wird die Nachricht an alle Mitglieder der adressierten Gruppe versendet. Klasse-E-Adressen sind für einen zukünftigen Einsatz reserviert und sollen hier nicht weiter betrachtet werden.

Hinweis

Bedingt dadurch, dass die Klassen jeweils am Inhalt des ersten Oktetts erkennbar sind, werten die Router in der Regel die ersten drei Bits aus, um den Klassentyp zu verifizieren. Etwas später in diesem Kapitel wird darauf noch einmal eingegangen, da es nämlich auch andere Verfahren (Stichwort: CIDR) gibt, die dies anders handhaben.

Aus den vorstehenden Erläuterungen ergibt sich, dass die folgende IP-Adresse der Klasse C zugeordnet wird:

```
192.168.1.55
```

Im Vergleich dazu wird die nachfolgende IP-Adresse als Klasse-A-Adresse bezeichnet:

```
91.132.145.55
```

Die Unterscheidung der unterschiedlichen Klassen erfolgt immer durch den Netzwerkteil (der Hostteil steht ja für die Endgeräte). Der Netzwerkteil ist dabei immer ein Teil der IP-Adresse, wobei er jedoch von Klasse zu Klasse variiert. Dabei gilt standardmäßig die folgende Zuordnung:

Klasse	Netzwerkteil	Hostteil
A	1. Oktett	2. – 4. Oktett
B	1. + 2. Oktett	3. + 4. Oktett
C	1. – 3. Oktett	4. Oktett

Bezogen auf das obige Beispiel (192.168.1.55) lautet der Netzwerkteil bei dieser Klasse-C-Adresse wie folgt:

```
192.168.1
```

Um Endgeräte über TCP/IP kommunizieren zu lassen, muss die Adresse jedes Gerätes innerhalb eines Netzwerks absolut eindeutig festgelegt sein. Aus dem Host- und dem Netzwerkanteil einer IP-Adresse ist erkennbar, in welchem Netz sich ein bestimmter Host befindet. In der nebenstehenden Abbildung ist die Zuordnung von Host- und Netzwerkteil noch einmal übersichtlich dargestellt. Grundsätzlich ist dabei auch zu beachten, dass eine IP-Adresse kein bestimmtes Endgerät (z.B. Rechner) identifiziert, sondern immer die Verbindung zwischen einem solchen Host und einem Netz.

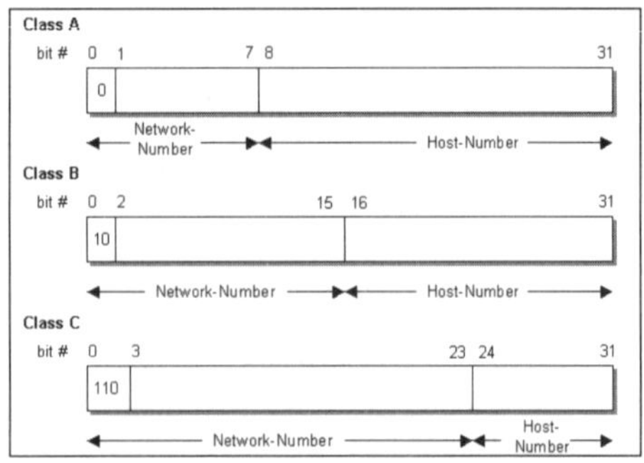

Quelle: Uni Karlsruhe

Hinweis: Einem Endgerät mit mehreren Netzanschlüssen (z.B. Netzwerkkomponente) muss für jeden Anschluss eine separate IP-Adresse zugewiesen werden.

Die Einteilung in die Klassen A, B und C mit ihren Beschränkungen ist grundsätzlich einfach zu verstehen und zu implementieren. Dies steht aber einer effizienten Belegung des Adressraumes sehr entgegen. Probleme entstehen überall dort, wie IP-Adressen fehlen, um zusätzliche Endgeräte in ein bestehendes Netz einzubinden. In vielen Fällen ist ein Klasse-C-Netzwerk mit maximal 254 Endgeräten (Hosts) zu klein und ein Klasse-B-Netz mit maximal 65534 Hosts zu groß (hier werden Adressen verschwendet).

Ermittlung des Klassentyps

Nachdem feststeht, dass es unterschiedliche Klassen von IP-Adressen gibt, stellt sich nun die Frage, woher ein Gerät im IP-Netzwerk weiß, welcher Teil den Host- und welcher Teil den Netzwerkteil darstellt. An diesem Punkt kommt die so genannte Subnetzmaske zum Einsatz, über die jede IP-Adresse zusätzlich verfügt. Dabei handelt es sich ebenfalls um einen 32-Bit-Wert (vier Bytes bzw. Oktette), der, genau wie die IP-Adressen, in der Notation mit Punkten als Trennzeichen geschrieben wird.

Eine Subnetzmaske hilft dem Endgerät zu identifizieren, welcher Teil der Netzwerk- und welcher der Hostteil ist. Dabei ist die Ermittlung des Netzwerk- und Hostanteils einer IP-Adresse mit Hilfe der Subnetzmaske relativ einfach (mit ein wenig Binärrechnen). So gilt nämlich, ganz allgemein ausgedrückt, dass alle Bits, die in der Subnetzmaske gesetzt sind, in der IP-Adresse zum Netzwerkteil zählen.

Hinweis: Wie bereits erwähnt, ist es zum Verständnis der IP-Adressierung notwendig, sich mit der Darstellung im Binärformat und der logischen UND-Verknüpfung von zwei Binärzahlen zu beschäftigen (siehe vorhergehendes Kapitel).

Um zu dem korrekten Ergebnis zu gelangen, werden die Werte der beiden Adressen (IP-Adresse und Subnetzmaske) logisch miteinander verknüpft (UND-Verknüpfung). Angenommen, es existiert ein Rechner, dem die folgende IP-Adresse zugewiesen wurde:

```
192.168.1.55
```

Die zugehörige Subnetzmaske dieses Rechners lautet wie folgt:

```
255.255.255.0
```

Um den Netzwerkanteil der Adresse zu bestimmen, wird die Adresse mit der Maske auf Binärebene bitweise verknüpft. Dies sieht in der Praxis wie folgt aus:

```
11000000 10101000 00000001 00110111 = 192.168.1.55
11111111 11111111 11111111 00000000 = 255.255.255.0
```

Als Ergebnis einer logischen UND-Verknüpfung (nur wenn beide Bits 1 sind, lautet das Ergebnis 1) ergibt sich somit die folgende Darstellung:

```
11000000 10101000 00000001 00000000
```

Wird diese Binärzahl in eine Dezimalzahl umgerechnet, ergibt sich die folgende Adresse:

```
192.168.1.0
```

Diese Adresse stellt den Netzwerkteil der IP-Adresse dar. Dies wiederum bedeutet, dass das Endgerät mit der IP-Adresse 192.168.1.55 sämtliche Endgeräte direkt adressieren kann, die ebenfalls über diesen Netzwerkteil verfügen. Der Rest der Adresse, also das letzte Oktett steht für die Hosts zur Verfügung, woraus sich in diesem Fall eine maximale Anzahl von 254 Hosts ergibt. Es handelt sich also in diesem Fall um ein Klasse-C-Netz.

Die Subnetzmaske 255.255.255.0 wird auch als Standard-Subnetzmaske der IP-Klasse C bezeichnet. Die Subnetzmaske der Klasse A lautet 255.0.0.0 und die Subnetzmaske der Klasse B lautet standardmäßig 255.255.0.0. Dabei ist zu beachten, dass es neben den Standard-Subnetzmasken auch beliebige andere Subnetzmasken geben kann, die eine Zuordnung ohne Durchführung der UND-Verknüpfung sehr erschweren.

Hinweis

Nähere Angaben zum Einsatz der Subnetzmasken und zur Definition sonstiger Subnetzmasken enthält Kapitel 2.3.

2.2 Sonderfälle der Adressierung

Generell ergeben sich bei der Adressierung und der Handhabung der diversen Funktionen zur Realisierung der Adressierung unter TCP/IP immer wieder Besonderheiten, die für das Allgemeinverständnis wichtig sein können. Aus dem Grund werden nachfolgend die wichtigsten Spezial- und Problemfälle im Zusammenhang mit der IP-Adressierung dargestellt.

Spezielle IP-Adressen

Bei der Klasseneinteilung wurde bereits deutlich, dass es im gesamten Zahlenbereich der zur Verfügung stehenden Adressen einige Lücken gibt. Neben der Tatsache, dass Adressen, die im ersten Oktett eine Zahl größer 223 haben, nicht ohne weiteres verwendet werden dürfen, gibt es beispielsweise auch eine Lücke bei der Zahl 127 im ersten Oktett. Was es damit auf sich hat und welche weiteren Sonderfälle es noch gibt, wird nachfolgend erläutert.

Broadcast-Adressen

Mit einer speziellen Adresse, die grundsätzlich in jedem Netzwerk verfügbar ist, können Datenpakete an alle angeschlossenen Endgeräte eines solchen Netzwerks übermittelt werden. Diese Adresse trägt den Namen *Broadcast-Adresse*.

Eine Broadcast-Adresse definiert somit, auf welche Art und Weise alle Endgeräte in einem Netz auf einmal erreicht werden können. Um dies zu bewerkstelligen, werden einfach alle Bits im Hostteil der Adresse auf 1 gesetzt (ALL-ONE-Broadcasts). Die Standard-Broadcast-Adresse für einen Rechner aus dem Netz 192.168.0.0 wäre demnach 192.168.0.255. Es handelt sich ja hierbei um ein Klasse-C-Netz mit der Standard-Subnetzmaske 255.255.255.0. Dies bedeutet, dass der Hostteil das 4. Oktett ist und dieses wird auf den Wert 255 gesetzt.

Zum Einsatz kommen Broadcast-Adressen beispielsweise bei der Auflösung von IP-Adressen mittels des ARP-Protokolls (siehe dort). Aus dem Umstand, dass die Broadcast-Adresse für eine bestimmte Aufgabe eingesetzt werden, ergibt sich zwangsläufig, dass diese Adresse keinem Endgerät zugewiesen werden darf.

Hinweis

Durch den Einsatz der Broadcast-Adressen können Datenpakete an alle Hosts in einem Netzwerk versendet werden. Eine Broadcast-Adresse ist dadurch charakterisiert, dass alle Bits des Hostteils auf 1 gesetzt werden.

Netzwerk-Adressen

Neben den Broadcast-Adressen sind auch die Adressen, die im Hostteil eine (dezimale) 0 stehen haben, als Sonderfall zu betrachten. Es handelt sich dabei jeweils um die IP-Adresse des betreffenden IP-Netzwerks. Mit einer solchen Adresse können sich Hosts auf ihr eigenes Netz beziehen, ohne die Netzwerk-Adresse zu kennen.

Hinweis

IP-Adressen, bei denen alle Bits des Hostteils auf 0 gesetzt sind, werden als Netzwerk-Adressen bezeichnet.

Die Adresse 80.0.0.0 bezieht sich beispielsweise auf das Klasse-A-Netz 80 mit der Standard-Subnetzmaske 255.0.0.0. Die Adresse 128.66.0.0 bezieht sich auf das Klasse-B-Netz 192.168.1.0 mit der Standard-Subnetzmaske 255.255.255.0.

Loopback-Adresse

Mit einer Adresse, die im ersten Oktett eine 127 enthält, adressiert sich jeder Rechner selbst; es handelt sich dabei um die so genannte Loopback-Adresse. Diese kann beispielsweise zu Testzwecken oder zur Fehlerbehandlung eingesetzt werden. Datenpakete, die an eine Adresse der Form 127.x.y.z gesendet werden, werden nicht auf eine Leitung übertragen, sondern lokal verarbeitet.

Hinweis

Die Loopback-Adresse eines lokalen Systems lautet immer 127.0.0.1.

Reservierte Adressen

Es wurde bereits erwähnt, dass es eine Organisation gibt, die weltweit für die Vergabe von IP-Adressen zuständig ist. Es handelt sich dabei um die Internet Assigned Numbers Authority (IANA). Diese hat wiederum die Vergabe der IP-Adressen weltweit an drei regionale Organisationen abgegeben. Für Nord- und Südamerika ist dies ARIN, für Europa RIPE und für Asien APNIC. Die Details für die Vergabe von IP-Adressen sind in RFC 2050 definiert.

Hinweis

Die Reservierung bzw. Zuweisung von IP-Adressen an ein Unternehmen oder eine Organisation erfolgt in der Praxis gewöhnlich über den entsprechenden Internet-Provider.

Das Wichtige in diesem Zusammenhang ist, dass die Eindeutigkeit der IP-Adressen nur dann gefordert ist, wenn die Endgeräte direkt mit dem Internet verbunden sind. Es gibt heutzutage Verfahren, mit denen ein Firmennetzwerk auch an das Internet angebunden werden kann, wenn es nicht über die so genannten offiziellen IP-Adressen verfügt. Möglich machen dies beispielsweise Verfahren wie Adressumwandlung oder Adressübersetzung.

Was jedoch auf jeden Fall beachtet werden sollte ist, dass in einem Firmennetzwerk nur bestimmte Adressbereiche zum Einsatz kommen. Nur so kann gewährleistet werden, dass sich mögliche Probleme in Grenzen halten. Zu diesem Zweck gibt es in der Definition von TCP/IP eine Festlegung, dass bestimmte Bereiche aus dem IP-Adressbereich für die *private* Verwendung reserviert werden.

Hinweis

Neben den offiziellen IP-Adressen gibt es bestimmte Adressbereiche für den Einsatz in Formen oder Organisationen (oder als Person), die als reservierte oder private Adressen bezeichnet werden.

Speziell für isolierte, lokale TCP/IP-basierte Netzwerke sind drei Adressbereiche in den Netzwerkklassen A, B und C reserviert. Für das Internet weisen diese Adressen den Status *Known not to exist* auf. Hosts mit diesen Adressen dürfen nicht direkt an das Internet angeschlossen sein bzw. die zugehörigen Datenpakete werden im Internet überhaupt nicht versendet. Auf diese Weise stehen die Adressbereiche für beliebig viele lokale Netzwerke gleichzeitig zur Verfügung; diese Netze geraten ja in der Regel niemals miteinander in Berührung.

Hinweis

Die Eindeutigkeit der IP-Adressen ist bei den Netzwerken nicht unbedingt notwendig, die keinen Kontakt zum Internet haben.

Die folgenden Adressbereiche sind für die Nutzung in privaten Netzen reserviert:

- **Klasse A**
  Für ein privates Klasse-A-Netz ist der Adressbereich von 10.0.0.0 bis 10.255.255.254 reserviert.
- **Klasse B**
  Für die private Nutzung sind 16 Klasse-B-Netze im Bereich von 172.16.0.0 bis 172.31.255.254 reserviert. Jedes dieser Netze kann aus bis zu 65.000 Hosts bestehen.
- **Klasse C**
  Zur privaten Nutzung stehen 256 Klasse-C-Netze im Bereich von 192.168.0.1 bis 192.168.255.254 zur Verfügung. Jedes dieser Netze kann jeweils 254 Hosts enthalten.

Aus den einzelnen Bereichen kann somit der Adressbereich für den Aufbau privater Netzwerke (ohne direkte Anbindung der Endgeräte an das Internet) frei gewählt werden.

Schreibweise der IP-Adressen

Ein System wie TCP/IP lebt natürlich von ständigen Verbesserungen und Ergänzungen. So hat sich in den letzten Jahren, teilweise durch den Einsatz neuer Adressierungstechniken, auch eine zusätzliche Schreibweise für die Internet-Adressen nebst zugehörigen Subnetzmasken eingebürgert.

So wird beispielsweise eine IP-Adresse mit zugehöriger Subnetzmaske der Form

```
192.168.1.55
255.255.255.0
```

auch in dieser Schreibweise dokumentiert:

```
192.168.1.55/24
```

Wenn dies auf den ersten Blick auch etwas verwirrt, so ist es doch relativ einfach, wenn die Subnetzmaske in Binärschreibweise betrachtet wird:

```
11111111.11111111.11111111.00000000
```

Aus dieser Darstellung ist ersichtlich, dass die ersten 24 Bits der Subnetzmaske auf 1 gesetzt sind. Und genau diese Zahl (24) erscheint hinter der IP-Adresse als Angabe für die Länge der Subnetzmaske (Längenpräfix).

Hinweis

Der *Längenpräfix* gibt immer die Anzahl der gesetzten „Einsen" einer Subnetzmaske an.

Bei einer IP-Adresse der Klasse A könnte dies beispielsweise (bei Zugrundelegung der Standard-Subnetzmaske 255.0.0.0) wie folgt aussehen:

```
12.18.1.55/8
```

Die ersten acht Bits der Subnetzmaske sind auf 1 gesetzt und daraus ergibt sich die dargestellte Angabe. Auf diese Art und Weise lassen sich beliebige Subnetzmasken anhand der gesetzten Bits darstellen.

Auflösung der IP-Adressen

Da in der IP-Welt ja auch Endgeräte erreicht werden sollen, die sich in anderen IP-Netzen (dies wird auch als IP-Segment bezeichnet) befinden, muss es neben der IP-Adresse eine andere (eindeutige) Adressierungsmöglichkeit geben. Nur auf diese Art und Weise kann gewährleistet werden, dass die einzelnen Netzwerkkomponenten auch die richtigen Endgeräte adressieren. Und in diesem Zusammenhang kommen die Knotenadressen der einzelnen Endgeräte zum Einsatz, die ja weltweit eindeutig sind. Allerdings muss es einen Mechanismus geben, mit dem die Zuordnung von IP- zu Knotenadresse möglich ist.

In Modul 1 dieses Buches wurde bereits das Protokoll aus der TCP-IP-Protokollfamilie genannt, mit dem die Umwandlung der IP-Adressen in die eindeutigen Knotenadressen erfolgt. Es handelt sich dabei um das Protokoll ARP (Address Resolution Protocol). Zur Umwandlung der IP-Adressen werden entsprechende Tabellen ausgelesen, in der die Zuordnung der IP-Adressen zu den Knotenadressen abgelegt sind.

Um eine IP-Adresse in eine Knotenadresse umzuwandeln, muss ein Endgerät einen so genannten *ARP-Request* an alle Stationen im Netz versenden, dies erfolgt per *Broadcast.* Alle Stationen erhalten und überprüfen den ARP-Request, der im Übrigen auch die Knotenadresse des Senders enthält. Ist die angesprochene Station aktiv, antwortet sie, indem sie einen ARP-Reply mit ihrer eigenen physikalischen Adresse (Knotenadresse) an die sendende Station zurücksendet. Letztere speichert die Zuordnung in einer Tabelle, der so genannten *Address Resolution Cache* und kann anschließend die Nutzdaten versenden.

Hinweis

ARP ermittelt zu einer vorgegebenen IP-Adresse die zugehörige Knotenadresse (physikalische Adresse des Endgerätes).

Ethernet- oder Knotenadresse?

Sobald es sich bei einem Netzwerk um ein Netzwerk auf Ethernet-Basis handelt, werden die IP-Datagrame in so genannte *Ethernet-Frames* (Datenpakete) eingepackt. Neben diesem Datenteil beinhaltet ein solcher Frame (Rahmen) unter anderem auch die Quell- und die Zieladresse, in Form von Ethernet-Adressen. Bei diesen Adressen handelt es sich in der Regel auch um physikalische Adressen, die deshalb auch häufig als Knotenadressen bezeichnet werden.

Hinweis

Die Bezeichnung Ethernet-Adresse für die physikalischen Knotenadressen ist eigentlich etwas irreführend, denn natürlich verfügen auch Netzwerkkarten anderen Typs (z.B. Token Ring) über entsprechende (eindeutige) Knotenadressen.

Eine Knotenadresse ist grundsätzlich 48 Bit lang und weltweit eindeutig. Jedem Hardwarehersteller wird ein Adressbereich zugeordnet, über den er frei verfügen kann. Der Übersichtlichkeit halber wird die Knotenadresse in sechs Gruppen zu je 8 Bit unterteilt. Während die ersten drei Gruppen den Hersteller identifizieren, ist die Bedeutung der nächsten drei Gruppen den einzelnen Herstellern überlassen.

Hinweis

Eine IP-Adresse ist eine logische Adresse, die einem beliebigen Endgerät zugewiesen werden kann. Im Gegensatz dazu handelt es sich bei einer Knotenadresse (MAC-Adresse; Media Access Control) um eine weltweit eindeutige Adresse, die auf den Komponenten (Netzwerkkarte usw.) fest verankert ist.

Adressumwandlung

Nicht selten werden (private) IP-Netzwerke nachträglich mit dem Internet verbunden. Sofern das private Netz dann nicht über offizielle IP-Adressen verfügt, stellt sich für diese Bereiche das Problem einer notwendigen Adressumwandlung. Aber auch dafür ist mittlerweile vorgesorgt, so gibt es verschiedene Verfahren, die eine Umwandlung von Adressen ermöglichen bzw. eine Art Kodierung durchführen, um die Anbindung privater Netze an das Internet zu gewährleisten.

Hinweis

Private Netze, in denen reservierte Adressbereiche zum Einsatz kommen (siehe oben) dürfen nicht ohne weiteres an das Internet angebunden werden, denn diese Adressbereiche werden im Internet nicht weitervermittelt.

Nachfolgend sollen die beiden am häufigsten eingesetzten Verfahren zur Adressumwandlung erläutert werden. Es handelt sich um *NAT* (*Network Address Translation*) und *PAT* (*Port Address Translation*), das in der Literatur auch unter dem Begriff *IP-Masquerading* zu finden ist.

Network Address Translation

Das Prinzip von Network Address Translation (NAT) ist es, mehrere reservierte IP-Adressen oder ein komplettes privates IP-Netz hinter einer oder mehreren offiziellen IP-Adressen zu *verbergen*. Dabei werden die internen IP-Adressen offiziellen IP-Adressen des Internets zugewiesen.

Auf diese Art und Weise ist es möglich, offizielle IP-Adressen zu sparen und ganze Unternehmen mit vielen Arbeitsplätzen mit nur einem Internetzugang eines Providers und einer einzigen offiziellen IP-Adresse zu versorgen. Darüber hinaus kann mit NAT auch von extern auf ein internes Firmennetz zugegriffen werden (z.B. Zugriff auf einen Webserver), sofern entsprechende Einrichtungen vorgenommen wurden.

Hinweis

Neben der Möglichkeit, mit NAT private IP-Netze mit reservierten Adressen nachträglich an das Internet anzubinden, bietet diese Form der Adressumwandlung auch noch einen zusätzlichen Sicherheitsfaktor.

Die Schwerpunkte bzw. Haupteinsatzbereiche von NAT lassen sich wie folgt zusammenfassen:

- Verbergen der internen IP-Adressen eines LANs durch Umwandeln auf eine oder mehrere externe IP-Adressen.
- Regelung des Zugangs von extern nach intern. Nach extern leitet der Router alle Datenpakete weiter (Forward NAT). Verbindungen von extern werden dagegen nur bei expliziter Freigabe zugelassen.
- Permanente Überwachung der Verbindungen mit Quell- und Zielangabe der Adressen und Ports.

Hinweis

NAT stellt im Grunde eine 1:1-Beziehung zwischen privaten und öffentlichen Adressen her, indem den privaten Adressen aus einem Pool öffentliche Adressen zugewiesen werden.

Port and Address Translation

Ein anderes Verfahren zur Umwandlung von privaten in offizielle IP-Adressen bietet das Verfahren des IP-Masqueradings. Bei diesem Verfahren, das auch oft als *PAT* (*Port and Address Translation*) bezeichnet wird, werden sämtliche Adressen eines privaten Netzwerks auf eine einzelne öffentliche (dynamische) IP-Adresse abgebildet.

Die Zuordnung mehrerer lokaler Adressen an eine offizielle IP-Adresse ist jedoch nur möglich, weil PAT bei einer solchen Verbindung zusätzlich zu der IP-Adresse auch die Portnummer mit übergibt. Damit steht jedoch eine Möglichkeit zur Verfügung, für ein gesamtes privates Netz nur eine einzige registrierte öffentliche IP-Adresse verwenden zu müssen.

Hinweis

Im Gegensatz zum NAT werden bei PAT alle Adressen eines privaten Netzes einer einzigen öffentlichen (offizielle) IP-Adresse zugewiesen. Dies kann, muss bei NAT aber nicht der Fall sein.

Nachteilig wirkt sich dabei aus (sofern dies überhaupt ein Nachteil ist), dass die Rechner im privaten Netzwerk nicht aus dem Internet angewählt werden können (so wie dies bei NAT der Fall sein kann).

Hinweis

Die PAT-Methode eignet sich daher hervorragend, um zwei und mehr Rechner eines privaten Anschlusses an das Internet anzubinden.

2.3 Subnetze

Etwas weiter oben in diesem Modul wurde bereits auf die Subnetzmasken eingegangen, ohne die ein IP-Netzwerk und damit auch die dahinter stehende Technik nicht in der Form funktionstüchtig wäre, wie es sich heute gewöhnlich darstellt. Es wurde bereits darauf hingewiesen, dass die Subnetzmasken in erster Linie dazu dienen, aus den IP-Adressen den Netzwerkteil herauszufiltern. Nur auf diese Art und Weise wissen die Datenpakete anschließend, welchen Weg sie zum Empfänger wählen müssen.

Probleme der Standard-Subnetzmasken

Die Standard-Subnetzmasken der drei wichtigen IP-Klassen sind zur Widerholung nachfolgend noch einmal in Tabellenform zusammengefasst:

IP-Klasse	Standard-Subnetzmaske
A	255.0.0.0
B	255.255.0.0
C	255.255.255.0

Hinweis

Es wird an dieser Stelle explizit darauf hingewiesen, dass dies die Standard-Subnetzmasken der einzelnen IP-Klassen sind. Im weiteren Verlauf werden auch noch andere Formen der Subnetzmasken erläutert.

Grundsätzlich war das IP-Adressierungsschema für einige hundert Netzwerke konzipiert. Da die Zahl der Netzwerke aber stetig anstieg und Ende der 90er Jahre des letzten Jahrhunderts sogar explodierte, ergaben sich folgende Probleme:

- Die verfügbaren Adressbereiche wurden (und werden immer noch) immer knapper.
- Der zentrale administrative Aufwand für die Adressverwaltung wurde immer größer.
- Die Routing-Tabellen nahmen bzw. nehmen riesige Dimensionen an.

Hinweis

Nähere Angaben zum Routing-Verfahren (Wegewahl) und den Routing-Tabellen enthält Modul 5 dieses Buches.

Subnetze und Subnetting

Das Ziel bei allen Bemühungen war es, die aufgeführten Probleme, die zunächst einmal unterschiedliche Ursachen haben, mit einer Lösung zu beseitigen. Dazu wurde 1985 in einem RFC definiert, dass Teilnetze eingeführt werden, um so größere Netze (Klasse A oder B) in kleiner Einheiten aufzuteilen.

Angenommen, eine Firma, der eine IP-Adresse zugewiesen werden soll, verfügt über 11.000 Hosts. Dies hätte bei der IP-Klasseneinteilung zur Folge, dass ein Klasse-B-Netzwerk eingesetzt werden muss. Ein Klasse-B-Netzwerk stellt jedoch insgesamt bis zu 65.534 Adressen für IP-Hosts zur Verfügung, wodurch in diesem speziellen Fall ca. 54.000 Adressen verloren wären. Diese Adressen können bei der IP-Klasseneinteilung nicht weiter verwendet werden, da sie ja weltweit eindeutig sein müssen.

Diese Probleme sollten durch die Einführung einer weiteren Hierarchiestufe gelöst werden. Anstatt der klassenweisen, zweistufigen Hierarchie wurde durch Subnetze (Teilnetze) eine dreistufige Hierarchie realisiert. Dabei wird der klassenweise zugewiesene Hostteil der IP-Adresse in eine Subnetznummer und eine Hostnummer aufgeteilt.

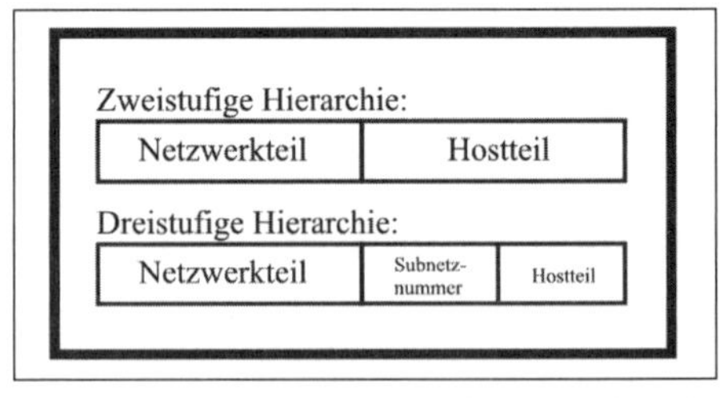

Quelle: Uni Karlsruhe

Hinweis

Durch Subnetze ergibt sich die Möglichkeit, Bereiche von IP-Adressen aufzuteilen und die Nutzung aller verfügbaren Adressen einer bestimmten IP-Klasse zu optimieren.

Das Prinzip der dritten Hierarchiestufe wird in der Literatur auch oft mit dem Begriff *Subnetting* umschrieben. Dabei ist bei der Konfiguration eines IP-Endgeräts neben einer IP-Adresse immer auch die Subnetzmaske mit anzugeben. Dieser Subnetzmaske kommt beim Prinzip des Subnetting eine besondere Bedeutung zu, denn Subnetting bedeutet, dass einige der Bits aus dem Hostteil einer IP-Adresse für den Netzwerkteil verwendet werden.

Hinweis

Als *Subnet* wird in der Regel ein Segment von Endgeräten bezeichnet, die über dieselbe Netzadresse (Netzwerkteil) verfügen.

Der Hintergrund zum Einsatz von Subnetting ist der, dass auf diese Art und Weise in einem Netzwerk, bei dem beispielsweise nur ein einziges IP-Segment verfügbar ist, der Netzwerkverkehr minimiert werden kann. So werden beispielsweise Broadcasts nicht mehr an alle Stationen versandt, sondern nur noch an die Stationen im eigenen (logischen) Netz. Möglich wird dies durch die (logische) Aufteilung des gesamten Netzes in mehrere kleine Subnetze, wobei hier natürlich wieder der Einsatz entsprechender Netzwerkkomponenten (Router) vorausgesetzt wird.

Beispiel zum Subnetting

Um das Prinzip des Subnetting besser verstehen zu können, soll dies einmal anhand des folgenden Beispieles dargestellt werden.

Nachfolgend wird vorausgesetzt, dass einer Firma eine offizielle IP-Adresse der Klasse B zugeteilt wird; die Netzadresse lautet 154.30.0.0. In der Firma selbst werden insgesamt 11.000 Endgeräte eingesetzt, die per IP kommunizieren sollen; es werden also 11.000 IP-Adressen benötigt, was bei einem Klasse-B-Netz kein Problem darstellt. Problematisch ist lediglich die Verschwendung der IP-Adressen und die Tatsache, dass alle Hosts im selben IP-Segment angesiedelt sein müssten. Dies hätte den Nachteil, dass der gesamte Netzwerkverkehr (Broadcasts usw.) über ein Segment liefe und dieses sehr wahrscheinlich zum Erliegen bringen würde. Und um dies zu umgehen, sollen Subnetze gebildet werden, die über entsprechende Netzwerkkomponenten (Router o.Ä.) miteinander verbunden sind. Diese Lösung könnten sich beispielsweise wie folgt darstellen:

Bei einem Klasse-B-Netz der Form 154.30.0.0 sind die ersten 16 Bits der Netzwerk- und die letzten 16 Bits der Hostteil. Die Subnetzmaske dieses Netzes sieht wie folgt aus:

```
11111111.11111111.00000000.00000000
```

Um die aufgeführten Probleme zu vermeiden, wird Subnetting eingesetzt. Dazu werden Bits aus dem Hostteil für den Netzwerkteil reserviert (der Netzwerkteil wird erweitert). Bevor dies geschehen kann, muss jedoch zunächst die Anzahl der gewünschten Subnetze definiert werden. Der Einfachheit halber wird hier die Zahl 11 für die Subnetze festgelegt, wobei jedem Subnetz 1000 Hosts zugewiesen werden sollen.

Um die 11 Subnetze aus der IP-Adresse 154.30.0.0 zu ziehen, muss zunächst einmal die Zahl 11 in eine Binärzahl umgewandelt werden. Als Ergebnis ergibt sich folgendes:

```
1011
```

Somit zeigt sich, dass zur Darstellung der Zahl 11 insgesamt vier Bits benötigt werden. Diese werden nun vom Hostteil getrennt und dem Netzwerkteil zugewiesen. Dies erfolgt über die Subnetzmaske, wodurch diese nun folgendes Aussehen hat:

```
11111111.11111111.11110000.00000000
```

Alle Bits der Subnetzmaske werden auf den Wert 1 gesetzt. Somit entstehen auch nicht nur 11 Subnetze, sondern insgesamt 14. Dies liegt darin begründet, dass vier Bits insgesamt 16 verschiedene Kombinationen ergeben, die in der nachfolgenden Tabelle dargestellt sind. Da die Adressen, die nur mit 0 bzw. nur mit 1 (alle vier Bits auf 1) besetzt sind, nicht benutzt werden dürfen, müssen diese beiden Kombinationen abgezogen werden; bleiben 14.

Binär	Dezimal
0001 0000	16
0010 0000	32

Binär	Dezimal
0011 0000	48
0100 0000	64
0101 0000	80
0110 0000	96
0111 0000	112
1000 0000	128
1001 0000	144
1010 0000	160
1011 0000	176
1100 0000	192
1101 0000	208
1110 0000	224

Nachdem die Nummern der Teilnetze feststehen, können die einzelnen Netzwerk-Adressbereiche wie folgt benannt werden:

```
Teilnetz 1: 154.30.16.0 bis 154.30.31.255
Teilnetz 2: 154.30.32.0 bis 154.47.31.255
Teilnetz 3: 154.30.48.0 bis 154.63.31.255
...
Teilnetz 14: 154.30.224.0 bis 154.63.239.255
```

Wenn Subnetting eingesetzt wird, muss den einzelnen Subnetzen jeweils eine eigene Adresse zugewiesen werden. Diese Adresse wiederum ergibt sich in Abhängigkeit von der Anzahl der Bits, die für das Subnetting verwendet werden. Bei einem 4-Bit-Subnetting (wie im Beispiel) ergibt sich die erste Netzadresse nach folgender Formel:

$\text{Startwert}=2^{8-i}$

Dabei wird für die Variable „i" die Anzahl der für das Subnetting eingesetzten Bits eingetragen. In dem obigen Beispiel wird hier 4 eingetragen, so dass sich als Startwert die Zahl 16 (2 hoch 4) ergibt. Diese ist die Adresse des ersten Netzes. Die weiteren Netze beginnen dann jeweils mit Vielfachen der ersten Adresse, also in diesem Fall von 32, 48, 64 usw. Auch dabei gilt, dass die Adressen 0 und 255 nicht genutzt werden dürfen.

Hinweis

Die Netzwerknummern sind immer Vielfache der Netzwerknummer (hier: 16) des ersten gültigen Subnetzes.

Nachdem feststeht, wie viele Subnetze verfügbar sind, muss im nächsten Schritt die Anzahl der möglichen Hosts ermittelt werden. Zu diesem Zweck wird zunächst einmal die Subnetzmaske der einzelnen Hosts dargestellt:

```
11111111.11111111.11110000.00000000
```

Am Ende der Subnetzmaske sind 12 Bits mit dem Wert 0 besetzt; dies ist also der Beeich der verfügbaren Hosts. Der Wert errechnet sich dabei durch die Potenzbildung von 2 hoch 12, was als Ergebnis 4096 ergibt. Aufgrund der Vorgabe, dass Adressen, bei denen alle Bits des Hostteils entweder auf 0 oder auf 1 gesetzt sind, nicht verwendet werden dürfen, müssen 2 Adressen abgezogen werden. Somit stehen also in den einzelnen Subnetzen jeweils 4094 IP-Adressen für die Zuweisung an Endgeräte zur Verfügung.

Hinweis

Eine Subnetzmaske besteht wie eine IP-Adresse aus 32-Bit und legt fest, wie viele Bits für den Netzwerk- und wie viele Bits für den Hostteil eingesetzt werden. Die Netzwerk- und Subnetzfelder werden in der Maske durch gesetzte Bits repräsentiert, wobei die Bits für den Rechnerteil immer auf 0 gesetzt sind.

2.4 Classless Inter Domain Routing (CIDR)

Anfang der 90er Jahre des vorigen Jahrhunderts hat das rasche Wachstum des Internets erhebliche Bedenken ob dessen Überlebenschancen hervorgerufen. Neben der immer kleiner werdenden Anzahl verfügbarer (offizieller) Adressen ergab sich auch die Fragestellung, ob die eingesetzten Netzwerkkomponenten des Internets (Router usw.) die Vielzahl von Adressen noch in einem akzeptablen Zeitrahmen verarbeiten können.

Bereits zu diesem Zeitpunkt (1992/1993) war Folgendes absehbar:

- vollständige Belegung des Klasse-B-Adressbereiches
- rasantes Wachstum der globalen Routing-Tabellen des Internets
- vollständige Belegung des 32-Bit-Adressraums von IPv4

Entstehung

Um die anstehenden Probleme zu lösen, wurden verschiedene Konzepte entwickelt, wobei bereits in den 90er Jahren des vorigen Jahrhunderts absehbar war, dass nicht alle Probleme in kürzester Zeit gelöst werden können. So war bereits damals klar, dass die Anzahl der *fehlenden* (offiziellen) IP-Adressen nur durch eine neue Version des IP-Protokolls gelöst werden kann. Dies war der Startpunkt für die Entwicklung von *IP Next Generation* (IP, Version 6).

Bezüglich des Wachstums der Routing-Tabellen und der Verfügbarkeit der Adressen der IP-Klasse B wurden jedoch damals einige grundlegende Entwicklungen vorangetrieben. Die bekannteste ist sicherlich das so genannte *Classless Inter Domain Routing* (*CIDR*). CIDR wurde offiziell im September 1993 in diversen RFCs dokumentiert.

Dabei unterstützt CIDR generell zwei wichtige Eigenschaften, mit denen die Probleme zur Verwaltung der Routing-Tabellen im Internet zumindest minimiert werden. So gibt es bei CIDR das traditionelle Konzept der IP-Klaseneinteilung nicht mehr. Auf diese Art und Weise besteht die Möglichkeit, die Adressbereiche wesentlich effektiver zu vergeben, indem beispielsweise eine (traditionelle) Klasse-B-Adresse in eine Vielzahl kleiner Subnetze aufgeteilt wird.

Außerdem können mit CIDR eine Vielzahl von Routingeinträgen zu einem einzigen Eintrag in einer Routing-Tabelle zusammengefasst werden. Auf diese Art und Weise kann beispielsweise durch einen solchen Eintrag die Verbindung zu vielen verschiedenen Netzen hergestellt werden. Durch die Zusammenfassung kann der Datenverkehr und das Aufkommen in den einzelnen Tabellen zudem wesentlich besser kontrolliert und auch minimiert werden.

Effiziente Nutzung der IP-Adressen

Stellt sich nun die Frage, wie der Einsatz von CIDR die Verwaltung und die Zuweisung der IP-Adressen derart optimiert, dass mehr Adressen zur Verfügung stehen. In einer traditionellen Klasseneinteilung besteht nur die Möglichkeit, Adressen mit Subnetzmasken der folgenden Form zuzuweisen:

IP-Klasse	Standard-Subnetzmaske	Längenpräfix
A	255.0.0.0	/8
B	255.255.0.0	/16
C	255.255.255.0	/24

In einem System, das CIDR unterstützt, können dagegen wesentlich mehr und zudem auch noch auf die Bedürfnisse zugeschnitte Adressbereiche eingesetzt werden. Zugeschnitten in der Form, dass keine IP-Adressen verschwendet werden.

Hinweis

Unter Zugrundelegung der Tatsache, dass CIDR eine Optimierung der Adressbereiche nach sich zieht, ist dieses Prinzip zunächst einmal für den Bereich der öffentlichen Adressen sehr sinnvoll. Aber auch in privaten Netzen, in denen es ja keine Rolle spielt, ob von einem Klasse-B-Netz mehrere tausend Adressen nicht eingesetzt werden, stellt CIDR einen interessanten Ansatz zur Strukturierung eines LANs dar.

Das Wesentliche bei CIDR ist, dass es dabei keine Einteilung der IP-Adressbereiche in verschiedene Klassen gibt. So wird das traditionelle Konzept der Klasse-A-, -B-, -C-, -D- und -E-Adressen durch das allgemeine Konzept eines Netzwerk-Präfixes ersetzt.

Bei klassischer Adressauswertung benutzen Router die drei Bits des ersten Oktetts einer IP-Adresse, um die IP-Klasse zu ermitteln. Bei CIDR wird anhand des Netzwerk- bzw. genauer: anhand des Längenpräfixes festgestellt, um welchen Adressbereich (um welches Netz) es sich handelt. Auf diese Art und Weise können mit CIDR Netzwerke beliebiger Größe generiert werden.

Hinweis

Während bei der traditionellen Einteilung der IP-Adressen in einzelne Klassen feste Netzwerkgrößen (Anzahl der IP-Adressen) vorgegeben sind, können diese mit dem Einsatz von CIDR variabel gehandhabt werden.

Das Prinzip von CIDR basiert darauf, dass mit jeder Routinginformation ein bestimmtes Bitmuster (Längenpräfix) angegeben wird, das als umgewandelte Subnetzmaske betrachtet werden kann. Dieses Längenpräfix legt schließlich fest, wie viele Bits der Adresse als Netzwerkteil interpretiert werden sollen. Eine klassische Klasse-C-Adresse hat beispielweise 24 Bit für den Netzwerk- und 8 Bits für den Hostteil reserviert. Eine solche Adresse würde das Längenpräfix 24 erhalten. Eine typische Klasse-C-Adresse hätte somit beispielsweise folgende Schreibweise:

```
212.241.1.55/24
```

Das Besondere daran ist nun, dass die Netzwerkkomponenten, die CIDR unterstützen, nicht mehr die ersten drei Bits auswerten, um die IP-Klasse zu ermitteln, sondern es wird das Längenpräfix ausgelesen und daran dann die Anzahl der Bits für den Netzwerkteil festgemacht.

Durch den Einsatz von CIDR ergeben sich homogene Adressblöcke von IP-Adressbereichen. Beispielsweise geben alle Adressen mit einem Längenpräfix /20 die gleichen Adressräume an (2 hoch 12 oder 4096 Rechneradressen). Ein solches Präfix kann dabei sowohl einer Klasse-A-, einer Klasse-B- oder einer Klasse-C-Adresse zugewiesen werden. Eine Adresse mit dem Längenpräfix /20 bedeutet nichts anderes, als dass die folgende Subnetzmaske zugewiesen wird.

```
11111111.11111111.11110000.00000000
```

Nachfolgend sind Beispieladressen angegeben, die den einzelnen IP-Klassen mit einem Längenpräfix /20 zugewiesen werden können.

IP-Klasse	/20-Adresse
A	10.33.64.0/20
B	130.15.0.0/20
C	200.17.128.0/20

Daraus ergibt sich, dass bei jedem dieser Netze 12 Bits für die Adressierung des Hostteils ürbig bleiben. Dies wiederum bedeutet 4094 Adressen ($2^{12} - 2$), und zwar sowohl in dem (traditionellen) Klasse-A, Klasse-B als auch Klasse-C-Netz.

Anforderungen

Vor dem Einsatz von CIDR-Adressen sind einige Dinge zu überprüfen, da dieses System bestimmte Anforderungen an die eingesetzten Komponenten und Endgeräte stellt.

So gibt es beispielsweise auch heute noch sehr viele Rechner bzw. Betriebssysteme, die nur klassenorientiert konfiguriert werden können. Derartigen Geräten können beispielsweise keine Subnetzmasken zugewiesen werden, die von der Standard-Subnetzmaske abweichen.

Probleme dieser Art können auftreten, wenn die Adresse 200.35.16.0/20 eingesetzt werden soll, da die entsprechende Subnetzmaske (siehe oben) von der Standard-Subnetzmaske einer Klasse-C-Adresse abweicht. Zumindest neuere Systeme unterstützen jedoch CIDR, so dass es damit keine Probleme geben sollte.

Zusammenfassung

- ✓ IP-Adressen sind in einem IP-Netzwerk notwendig zur eindeutigen Identifizierung der einzelnen Endgeräte.
- ✓ Eine IP-Adresse der Version 4 besteht immer aus vier Bytes (Oktetts), die jeweils durch einen Punkt voneinander getrennt sind.
- ✓ Die IP-Adressen sind standardmäßig in fünf IP-Klassen eingeteilt, von denen jedoch in der Regel nur die ersten drei (A, B, C) genutzt werden können.

Zusammenfassung

- Eine IP-Adresse besteht immer aus einem Netzwerkteil, der das Netzwerk angibt, und einem Hostteil, der die einzelnen Endgeräte identifiziert. Der Netzwerkteil wird in der Literatur auch oft als *Netzwerk-Präfix* bezeichnet.
- Subnetzmasken werden verwendet, um den Netzwerk- und den Hostteil einer IP-Adresse ermitteln zu können. Dies erfolgt durch eine logische UND-Verknüpfung der beiden Adressen im Binärformat.
- Eine IP-Adresse, bei der alle Bits des Hostteils auf 0 gesetzt sind, kennzeichnen die Netzwerk-Adresse. Eine solche Adresse darf nicht für ein Endgerät verwendet werden.
- Eine IP-Adresse, bei der alle Bits des Hostteils auf 1 gesetzt sind, kennzeichnen die Broadcast-Adresse mit der alle Endgeräte eines Netzwerks erreicht werden können. Eine solche Adresse darf nicht für ein Endgerät verwendet werden.
- Eine IP-Adresse wird bei einem Datentransfer in eine Knotenadresse *übersetzt*, wobei es sich bei Knotenadressen um weltweit eindeutige Adressen der verschiedenen Hardwarekomponenten (Netzwerkkarte usw.) handelt. Die Umwandlung selber wird vom Protokoll ARP der TCP/IP-Protokollfamilie gesteuert.
- Als Möglichkeiten zur Umwandlung privater in offizielle IP-Adressen werden heutzutage sehr oft die Verfahren NAT (Network Address Translation) und PAT (Port Address Translation) eingesetzt.
- Möglichkeiten zur effektiveren Ausnutzung der verfügbaren IP-Adressen stellt das Subnetting (Bilden von Subnetzen) und das CIDR-Verfahren (Classless Inter Domain Routing) zur Verfügung.

Übungen

1. Wie werden Endgeräte in einem IP-Netzwerk auch bezeichnet?
2. Nennen Sie mindestens drei Beispiele für Endgeräte eines IP-Netzwerks.
3. Was kennzeichnet einen Sender und was einen Empfänger?
4. Was muss in einem IP-Netzwerk eindeutig sein?
5. Wie lautet die aktuelle Version der IP-Adressen?
6. Wie sind IP-Adressen aufgebaut?
7. Welches Zahlenformat liefert die Basis für IP-Adressen?
8. Wie wird die Dezimalzahl 255 im Binärformat dargestellt?

Übungen

9. Nennen Sie die Binärzahl für die Dezimalzahl 129.

10. Schreiben Sie die folgende Binärzahl als Dezimalzahl: 01010101.

11. Verknüpfen Sie die beiden folgenden Binärzahlen mit AND (logische UND-Verknüpfung): 11000000, 10101000.

12. In welche Teile wird eine IP-Adresse aufgeteilt?

13. Wofür steht der Netzwerk- und wofür der Hostteil einer IP-Adresse?

14. Wie viele Klassen stehen bei der IP-Adressierung standardmäßig zur Verfügung und wie viele werden davon genutzt?

15. Ordnen Sie die folgenden IP-Adressen den einzelnen Klasseneinteilungen von IP zu:
192.168.1.44
190.34.23.45
77.55.123.234

16. Wie lautet der Netzwerkteil der Adresse 192.168.1.44, wenn es sich um ein Klasse-C-Netz handelt?

17. Wozu werden Subnetzmasken eingesetzt?

18. Wie erfolgt die Ermittlung des Netzwerkteils einer IP-Adresse?

19. Wandeln Sie die folgende IP-Adresse in das Binärformat um:
172.20.103.217

20. Ermitteln Sie den Netzwerkteil der folgenden IP-Adresse:
10101100 00010100 01100111 11011001 = 172.20.103.217
der die folgende Subnetzmaske zugeordnet wurde:
11111111 11111111 11111000 00000000 = 255.255.248.0

21. Welche Adresse darf es weltweit nur einmal geben?

22. Wofür wird eine Broadcast-Adresse eingesetzt?

23. Woran kann eine Broadcast-Adresse erkannt werden?

24. Kann die IP-Adresse 192.168.4.255 mit der Subnetzmaske 255.255.255.0 an ein Endgerät vergeben werden?

25. Wozu dienen Netzwerk-Adressen und wie sind sie charakterisiert?

26. Nennen Sie die Netzwerk-Adresse der folgenden IP-Adresse:
192.168.1.55 mit Subnetzmaske 255.255.255.0

27. Wie lautet die Loopback-Adresse eines lokalen Systems?

Übungen

28. Was sind offizielle und was sind reservierte (private) Adressbereiche?

29. Nennen Sie eine andere Schreibweise für die IP-Adresse 192.168.1.55 mit der Subnetzmaske 255.255.255.0.

30. Mit welchem Begriff wird die in der vorigen Aufgabe dargestellte Schreibweise der Subnetzmaske bezeichnet?

31. Was ist eine Knotenadresse?

32. Nennen Sie zwei Verfahren zur Umwandlung bzw. Zuweisung lokaler (privater) IP-Adressen in offizielle IP-Adressen.

33. Nennen Sie den entscheidenden Unterschied zwischen NAT und PAT.

34. Welchen Nachteil hat PAT gegenüber NAT?

35. Was ist ein Subnet?

36. Wofür wird das Prinzip des Subnetting eingesetzt?

37. Ihr Internet Service Provider (ISP) stellt Ihnen folgendes (offizielle) IP-Netz zur Verfügung: 212.241.153.64/29. Wie viele Adressen stehen Ihnen damit zur Verfügung?

38. Wofür steht die Abkürzung *CIDR*?

39. Was ist das wesentliche Merkmal von CIDR?

40. Zum Abschluss noch eine Übung, bei der Berechnungen durchgeführt werden müssen.
Gegeben ist folgende IP-Adresse und Subnetzmaske:
172.192.0.0, 255.255.255.0
Es sollen Subnetze gebildet werden, wobei pro Segment (Subnetz) 40 Hostadressen verfügbar sein müssen. Wie sieht die zugehörige Subnetzmaske aus und wie viele Subnetze können gebildet werden?

Die Lösungen zu diesen Aufgaben finden Sie im Anhang des Co@ches.

Modul 3

Dynamische Adressvergabe

Die starre bzw. statische Zuordnung von IP-Adressen an die Endgeräte eines entsprechenden Netzwerks hat Vor- und Nachteile. Nicht selten entstehen in einem Netzwerk sehr viele Probleme durch das Hinzufügen bzw. das Entfernen von Endgeräten und der daraus resultierenden Neu-Konfiguration. Andere Anwendungsszenarien lassen sich in diesem Zusammenhang auch durch den vermehrten Einsatz von mobilen Geräten abbilden.

Lernen Sie

- warum dynamische Adressen eingesetzt werden
- welche Typen es von Vergabemöglichkeiten es gibt
- wo die Unterschiede zwischen BootP und DHCP liegen
- wie ein DHCP-Server und ein DHCP-Client konfiguriert wird
- welche Betriebssysteme die dynamische Adressvergabe unterstützen

3.1 Einsatzzweck und Entstehung

Eines der Probleme, die sich bei der Erweiterung eines bestehenden IP-Netzwerks ergeben, ist die Zuweisung einer passenden IP-Adresse. Speziell in Netzwerken, die aus einer Vielzahl von IP-Segmenten bestehen und wo der Datenverkehr über eine Vielzahl aktiver Komponenten umgeleitet wird, können durch eine Falschzuweisung einer IP-Adresse sehr schnell Probleme entstehen. Aber auch das Entfernen eines Endgerätes hat zur Folge, dass diese Tatsache irgendwo dokumentiert werden muss. Denn die zugehörige IP-Adresse ist ja ab diesem Zeitpunkt wieder frei und kann anderweitig vergeben werden.

Hinweis

Die Adressvergabe in IP-Netzwerken folgt sehr stringenten Vorgaben, aus denen abgeleitet wird, dass in einem solchen Netzwerk keine IP-Adresse doppelt vergeben werden darf. Werden doppelte Adressen vergeben, führt dies in der Regel zu den merkwürdigsten Effekten bis hin zum Ausfall der betreffenden Endgeräte (Rechner o. Ä.).

BootP als Vorstufe zu DHCP

In den Anfängen der dynamischen Adresszuweisung gab es das so genannte *Bootstrap-Protokoll*, das abgekürzt als *BootP* dargestellt wurde bzw. auch heute noch wird, denn hier und da taucht dieses Verfahren auch heute noch auf. Es handelt sich bei BootP um eine sehr starre Möglichkeit der Adresszuweisung auf Basis von Knotenadressen. Dieses Verfahren entsprang ursprünglich dem Einsatz festplattenloser Rechner (diskless workstations), die ihre IP-Adresse während des Starts nicht kennen können, da diese nicht gespeichert werden. Dabei wird anhand der Knotenadresse des jeweiligen Endgeräts eine entsprechende IP-Adresse zugewiesen, die auf einem zentralen Server in einer Datei abgelegt ist.

Problematisch beim Einsatz von BootP ist die statische Zuordnung der IP-Adressen. So muss an einem Server, der die Zuordnung der IP-Adressen vornimmt, eine Tabelle oder Datenbank manuell gepflegt werden, aus der sich die Zuweisung der IP-Adressen zu Knotenadressen ergibt. Daraus ergibt sich zwangsläufig, dass die Zuordnung der IP- zu Knotenadressen sehr starr ist und keinerlei Dynamik folgt.

Um die Probleme der Rekonfiguration und die explizite Zuweisung statischer IP-Adressen (BootP), die fast zwangsläufig zu Fehlern führt, zu vermeiden, verfügt die TCP/IP-Protokollfamilie mit *DHCP* (*Dynamic Host Configuration Protocol*) über ein spezielles Protokoll, mit dem die Zuweisung der IP-Adressen in dynamischer Form realisiert werden kann. So hat BootP heutzutage so gut wie keine Bedeutung mehr, da es mehr und mehr durch DHCP abgelöst wird, das eine wesentlich flexiblere Zuweisung und Verwaltung der IP-Adressen ermöglicht.

Hinweis

BootP wird zwar auch heutzutage noch eingesetzt, hat aber bei weitem nicht mehr die überragende Bedeutung wie noch vor ein paar Jahren.

Mit DHCP wurde unter anderem auch die Tatsache, dass eine einmal zugewiesene IP-Adresse immer an ein bestimmtes Endgerät gebunden war, beseitigt. Bei DHCP wird eine solche Adresse nach Ablauf einer vorzugebenden Zeit (Lease-Zeit) wieder frei gegeben.

Die Zuweisung einer IP-Adresse erfolgt beim Start des jeweiligen Endgerätes (z. B. Start eines Rechners). In diesem Moment kennt beispielsweise ein Rechner nur die Nummer seiner Netzwerkkarte, die so genannte *Knotenadresse*. Diese Adresse ist in der Hardware festgelegt und wird nach einem internationalen Standard weltweit nur ein einiges Mal vergeben. Eine derartige Adresse kann beispielsweise wie folgt aussehen:

```
00.80.AE.A6.34.0E
```

Eine Knotenadresse, die in der Literatur auch oft als *MAC-Adresse* (*Media Access Layer*) bezeichnet wird, besteht aus sechs 2-stelligen Hexadezimalzahlen.

Das Endgerät (Client) fragt im Netz, nach einer IP-Adresse, wobei die Knotenadresse mit übergeben wird. Sofern entsprechend konfiguriert, findet der Client einen Server, der ihm dann eine IP-Adresse zuweist, mit der dieser sich dann im Netzwerk anmelden kann. Der Server merkt sich die Knotenadresse des Endgeräts und die zugewiesene IP-Adresse.

Allen Verfahren zur dynamischen Adressvergabe ist gemeinsam, dass es einen zentralen Dienst (Server) geben muss, der die IP-Adressen verwaltet, und auf der anderen Seite ein Endgerät (Client), das die entsprechenden Daten anfordert.

Hinweis

Neben DHCP gibt es ein weiteres Protokoll für die dynamische Adresszuordnung, das jedoch mittlerweile mehr und mehr von DHCP verdrängt wird: BootP (Bootstrap Protocol). BootP hat gegenüber DHCP den großen Nachteil, dass zu dessen Konfiguration die Knotenadresse des Endgerätes bekannt sein muss. Dies ist bei DHCP nicht der Fall. Aufgrund der mehr und mehr sinkenden Bedeutung von BootP, beschränken sich die weitergehenden Erläuterungen auf DHCP.

Vor- und Nachteile dynamischer Adressvergabe

Natürlich haben Verfahren wie BootP und DHCP zur dynamischen Adressvergabe Vor- und Nachteile. Da speziell die Nachteile für den praktischen Einsatz derartiger Verfahren eine nicht unwesentliche Rolle spielen, sollen diese ebenfalls aufgeführt werden. Als Erstes sollen jedoch einmal die Vorteile einer dynamischen Adressvergabe erläutert werden, wobei auch hier DHCP im Vordergrund steht:

- **Vereinfachte Client-Konfiguration**
  Einfache Konfiguration der Endgeräte (Rechner usw.). Es brauchen keine speziellen Zuweisungen an den einzelnen Endgeräten zu erfolgen. Entscheidende Kriterien in Bezug auf die IP-Adressierung können von einer zentralen Stelle aus vorgenommen werden.

- **Zentrale Verwaltung**
  In einem IP-Netzwerk gilt es nicht nur, die einzelnen Endgeräte mit einer IP-Adresse zu „versorgen", sondern es müssen darüber hinaus auch weitergehende Vorgaben wie Nameserver-Adressen, Subnetzmaske oder auch die Adresse des Standard-Gateways vorgegeben werden. Mit dem Einsatz einer dynamischen Adressvergabe können diese Informationen zentral verwaltet und von dort auch an die einzelnen Endgeräte verteilt werden.

Hinweis

Nähere Informationen zur Definition und zum Einsatz eines Nameservers und eines Standard-Gateways enthalten die nachfolgenden Kapitel dieses Buches.

- **Globale Änderung von Konfigurationen**
  Bedingt durch die zentrale Verwaltung von zentralen Vorgaben wie Nameserver, Subnetzmaske, Standard-Gateway usw. können diese auch jederzeit an zentraler Stelle geändert werden, ohne dass es dazu einer Neukonfiguration einzelner Endgeräte bedarf.

- **Flexible Endgeräte-Installation**
  Wird das Prinzip der dynamischen Adressvergabe flächendeckend eingesetzt, ist es ein Leichtes, einzelne Endgeräte von einem Subnetz in ein anderes umzusetzen. Die Anpassung der notwendigen Konfigurationseinstellungen wie IP-Adresse, Nameserver usw. erfolgt wiederum von zentraler Stelle aus.

- **Einsatz mobiler Endgeräte**
  Auch Endgeräte (Notebooks usw.), die nicht ständig mit dem Netzwerk verbunden sind, profitieren von einer dynamischen Adressvergabe. So brauchen diese bei einem Anschluss an das Netzwerk nicht separat konfiguriert zu werden, sondern holen sich Ihre Informationen von einem zentralen Server (DHCP-Server).

- **Fehlerminimierung**
  In Netzwerken, in denen IP-Adressen statisch vergeben werden, passiert es immer wieder, dass IP-Adressen doppelt vergeben werden oder auch dass Angaben zu den zentralen Servern (Nameserver usw.) falsch vorgegeben werden. Dies führt unweigerlich zu Problemen, die teilweise eine gewisse Phase der Fehlersuche nach sich ziehen. Durch eine zentrale Verwaltung dieser Konfigurationsmerkmale können derartige Fehler ausgeschlossen werden.

Wie bereits erwähnt, gibt es auch beim Einsatz einer dynamischen Adressvergabe einige Nachteile, deren Bedeutung nicht weniger wichtig ist, als die der Vorteile. Aus dem Grund sollen die zwei wesentlichen Nachteile an dieser Stelle nicht unerwähnt bleiben.

- **Keine feste Zuordnung**
  Bedingt durch das Prinzip der dynamischen Adressvergabe erfolgt keine feste Zuordnung von IP-Adressen zu bestimmten Endgeräten. Dies kann (speziell im Fehlerfall) sehr hinderlich sein, da nicht auf Anhieb bekannt ist, welche Gerät beispielsweise einen bestimmten Fehler verursacht. Deshalb ist es auch zu empfehlen, dass wichtigen Geräten in einem Netzwerk (Server usw.) immer feste IP-Adressen (über die dynamische Adressvergabe) zugewiesen werden. Dazu stellt beispielsweise DHCP entsprechende Mechanismen zur Verfügung.

- **Belastung des Netzwerkverkehrs**
  Bedingt durch die vielen Broadcast-Pakete, die die DHCP-Clients versenden, entstehen beim Einsatz einer dynamischen Adressvergabe wie DHCP teilweise enorme Belastungen des Netzwerks. Dies insbesondere um so mehr, je kürzer die Lease-Zeiten gewählt werden.

- **Ausfall des zentralen Servers**
  Fällt ein DHCP-Server aus, besteht keine Möglichkeit mehr, auf die dort abgelegten Konfigurationsdaten zuzugreifen. Somit entfällt eine Aktualisierung der Daten und eine Neuzuweisung ist für die Zeit des Ausfalls nicht möglich.

- **Mangelnde Unterstützung**
  Es wurde ja bereits dargestellt, dass in den Anfängen der dynamischen Adressvergabe eigentlich nur das BootP-Verfahren zum Einsatz kam. Mittlerweile hat sich dies in Richtung DHCP gewandelt, so dass die hier angeführte mangelnde Unterstützung des DHCP-Protokolls durch die verfügbaren Betriebssysteme mehr und mehr verschwindet. Es kann sich heutzutage eigentlich kein Systemhersteller mehr leisten, keine DHCP-Implementierung durchzuführen. Gleiches trifft im Übrigen auch auf die Hardwarekomponenten eines Netzwerks zu, denn auch diese müssen grundsätzlich ja zunächst einmal DHCP unterstützen, bevor dieses Verfahren netzwerkweit eingesetzt werden kann.

3.2 DHCP intern

Netzwerke unterliegen einem ständigen Wandel: ältere Geräte werden aussortiert, neue Geräte kommen hinzu, mobile Anwender greifen auf das Netzwerk zu. Bei manueller Konfiguration bedeutet dies einen erheblichen Aufwand. Dies ergibt sich einzig aus der Tatsache, dass in einem TCP/IP-basierten Netzwerk jeder Rechner zumindest eine IP-Adresse und eine Subnetzmaske besitzt, um mit anderen Geräten im Netzwerk zu kommunizieren, wobei die IP-Adresse immer eindeutig sein muss.

Daher lohnt es sich teilweise schon in einem kleinen Netzwerk, die Adressvergabe zentral zu steuern. Dabei wird sehr schnell klar, dass DHCP die Verwaltung eines IP-Netzwerks wesentlich vereinfachen kann. Indem IP-Adressen den Hosts automatisch zugewiesen werden können, entfällt der Aufwand, die Endgeräte manuell zu konfigurieren, und die Probleme des IP-Adresskonflikts treten nicht mehr auf, da die Adressen zentral vergeben werden.

Mit dem Einsatz von DHCP und damit einem zentralen Server zur Adressvergabe (DHCP-Server) können aber noch weitere Parameter an die Endgeräte übergeben werden. Dazu zählt beispielsweise die Angabe der Subnetzmaske, eines Standard-Gateways oder auch eines Nameservers (siehe nachfolgendes Kapitel); diese können somit ebenfalls zentral konfiguriert und mit der IP-Adresse übermittelt werden.

Voraussetzung für den Einsatz eines Verfahrens zur dynamischen Adressvergabe wie DHCP ist immer eine sorgfältige Planung. Dabei sollte das Bewusstsein im Vordergrund stehen, dass die Hauptaufgabe von DHCP (und natürlich auch von BootP) lediglich darin besteht, einem Endgerät in einem solchem Netzwerk eine IP-Adresse zuzuordnen. Nicht mehr und nicht weniger. Insbesondere kann mit DHCP keine direkte Strukturierung eines IP-Netzwerks realisiert werden.

DHCP basiert auf BootP, bietet aber gegenüber seinem Vorgänger verschiedene Vorteile. Der wohl interessanteste Aspekt ist die dynamische Vergabe von IP-Adressen. Dabei schöpft der DHCP-Server aus einem vorgegebenen Adressbereich (*Range* oder *Scope*) und weist den anfragenden Clients eine Adresse für einen bestimmten Zeitraum (*Lease*) zu.

Ein großer Vorteil von DHCP ist sicherlich, dass damit ein Endgerät von einem Segment eines Netzwerks (Subnetz) in ein anderes verbracht werden kann, ohne dass dieses neu konfiguriert werden müsste. Dabei ist es wichtig zu beachten, dass DHCP im Bereich des Routing nicht funktioniert. Obwohl DHCP dynamische Adresstabellen pflegt, mangelt es an einer Routing-Funktion und der Möglichkeit der Schaffung von Broadcast-Domänen. DHCP kann jedoch auch IP-Adressen für mehrere Subnetze liefern, wenn entsprechende Netzwerkkomponenten (Router) eingesetzt werden, die DHCP unterstützen.

Die Zuweisung von IP-Adressen an einzelnen Endgeräte folgt standardmäßig einem Zufallsprinzip. So werden die verfügbaren IP-Adressen aus dem definierten IP-Bereich wahlfrei an die Endgeräte zugewiesen. Darüber hinaus besteht aber auch die Möglichkeit, bestimmten Endgeräten feste IP-Adressen zuzuweisen, so wie dies auch bei BootP der Fall ist. Dies macht in der Regel aber nur bei bestimmten Endgeräten Sinn, die beispielsweise eine Steuerungsfunktion o. Ä. übernehmen. Hier zahlt es sich in der Praxis aus, wenn die IP-Adresse des betreffenden Gerätes bekannt ist.

Ablauf von DHCP-Anforderungen

Vorraussetzung für den DHCP-Einsatz ist zunächst einmal, dass es mindestens einen DHCP-Server gibt. Dieser zentrale Server beinhaltet sämtliche Informationen, die für die Zuweisung der IP-Adressen benötigt wird. Auf diesen DHCP-Server greifen dann die einzelnen Endgeräte zu, um sich von dort die IP-Adresse übermitteln zu lassen. Dabei wird auch sehr schnell klar, dass der DHCP-Server über Mechanismen verfügen muss, die eine Doppeltvergabe von IP-Adressen unterbinden.

Der DHCP-Server verfügt über einen Pool von IP-Adressen, die diesem einmal zugewiesen werden. Aus diesen IP-Bereichen (Range, Scope) bedienen sich dann die einzelnen Endgeräte, indem sie sich eine entsprechende IP-Adresse herausgreifen bzw. vom DHCP-Server zugewiesen wird. In diesem Zusammenhang gibt es noch einen weiteren wichtigen Parameter, der mit dem Begriff *Lease-Dauer* umschreiben wird.

Die Lease-Dauer (Lease-Zeit) gibt an, wie lange einem Client eine bestimmte IP-Adresse zugewiesen bleiben soll, wobei die Dauer mindestens für die Länge einer Sitzung Gültigkeit hat. So lange die Lease-Dauer noch Gültigkeit hat, fordert ein Client in der Regel keine neuen Informationen von den zentralen System an. Durch den Einsatz einer Lease-Dauer wird sichergestellt, dass Änderungen an der zentralen Konfiguration auch den Clients mitgeteilt werden. Spätestens, wenn diese eine neue IP-Adresse anfordern. Innerhalb der Lease-Dauer fordert ein DHCP-Client beim Systemstart vom Server keine neue Adresse, sondern lediglich eine Bestätigung über die bestehende Lease (Zeit) an.

Das Prinzip und die Notwendigkeit einer Lease-Dauer wird sehr schnell deutlich, wenn der Einsatz möglicher Name-Server (siehe nachfolgendes Kapitel) betrachtet wird. Sollten sich Änderungen an der Konfiguration des Name-Servers ergeben (beispielsweise weil diesem eine neue statische IP-Adresse zugewiesen wird), so erhalten die Endgeräte nur dann Kenntnis davon, wenn sie eine neue IP-Adresse anfordern. Daraus wird auch sehr schnell ersichtlich, dass DHCP nicht nur die Konfiguration der Endgeräte (Clients) wesentlich vereinfacht, sondern auch die Einrichtung zentraler Dienste und die Bekanntmachung im Netzwerk wird verbessert und sorgt für eine Arbeitsentlastung der Systemverwalter.

Hinweis

Mit der Lease-Dauer wird im Zusammenhang mit DHCP der Zeitraum definiert, für den einem Endgerät eine bestimmte IP-Adresse zugewiesen wird. Damit soll sichergestellt sein, dass die einzelnen Endgeräte Änderungen an der (zentralen) Konfiguration auch mitgeteilt bekommen. Die Lease-Dauer gilt immer mindestens für die aktuelle Sitzung, kann jedoch auch auf einen längeren Zeitraum bzw. sogar als permanent eingestellt werden.

Praktischer Ablauf

Der Hintergrund für den Einsatz eines Verfahrens wie DHCP ist, einem Endgerät bei der ersten Anmeldung im Netzwerk eine IP-Adresse zuzuordnen, um anschließend die Kommunikation im Netzwerk aufzunehmen. Dabei stellt sich der praktische Ablauf einer Anforderung einer IP-Adresse über einen zentralen Dienst wie folgt dar, wobei vorausgesetzt wird, dass das entsprechende Endgerät als DHCP-Client konfiguriert ist:

1. Sobald ein DHCP-Endgerät (z. B. Rechner) aktiviert wird, sucht es im lokalen Netz einen DHCP-Server. Dies erfolgt, indem es ein Broadcast-Paket versendet. Teil dieses Pakets ist unter anderem auch die MAC-Adresse (Knotenadresse) des Endgeräts.
2. Befindet sich im Netzwerk ein DHCP-Server, weist dieser dem anfragenden Endgerät aus einem Adresspool eine IP-Adresse zu.
3. Nach einer Bestätigung zur Übernahme der Adresse kann das Endgerät anschließend auf das IP-Netzwerk zugreifen.
4. Die zugewiesene IP-Adresse behält für eine durch den *Lease-Parameter* definierte Dauer, mindestens aber für die Dauer der gerade begonnenen Sitzung, ihre Gültigkeit für genau dieses Endgerät.

Ablauf intern

Nach der eher allgemeinen Darstellung der Anforderung von IP-Adressen bei einem zentralen Dienst, soll an dieser Stelle der Vorgang etwas näher betrachtet werden:

1. Wenn ein Endgerät (z. B. Rechner) aktiviert wird, sucht es im lokalen Netz einen DHCP-Server. Dies erfolgt, indem es im lokalen Netz auf der Basis von UDP ein Broadcast-Paket mit dem Namen *DHCPDISCOVER* (Entdeckung) versendet. Teil dieses Pakets sind Angaben zur Quelladresse (hier: 0.0.0.0), Zieladresse (255.255.255.255) und zur MAC-Adresse (Knotenadresse) des Endgerätes. Die Kommunikation auf UDP-Basis erfolgt dabei auf den beiden UDP-Ports 67 und 68.

Hinweis

Ein DHCPDISCOVER kann grundsätzlich auch über Router versendet werden, sofern diese DHCP- bzw. BootP-fähig sind (DHCP-Relay-Agent).

2. Landet das Paket DHCPDISCOVER bei einem DHCP-Server, macht dieser dem Endgerät ein Angebot in Form einer IP-Adresse. Dabei identifiziert der Server das Endgerät über dessen Knotenadresse und schickt ihm ein Paket mit dem Namen DHCPOFFER (Angebot). Neben der IP-Adresse beinhaltet ein DHCPOFFER-Paket auch noch die Subnetzmaske, Lease-Zeit und gegebenenfalls Angaben zu Nameservern, Subnetzmaske, Standard-Gateways usw.

Hinweis

Wenn ein Endgerät kein DHCPOFFER-Paket erhält, wird die Meldung (DHCPDISCOVER) nach 2, 4, 8 und 16 Sekunden, danach alle 5 Minuten wiederholt. Ist kein DHCP-Server verfügbar, wird der TCP/IP-Stack nicht initialisiert und das Netzwerk steht nicht zur Verfügung.

3. Erhält das Endgerät ein DHCPOFFER-Paket, kann es die darin angebotenen Konfigurationsmerkmale (IP-Adressen usw.) annehmen, indem es dem betreffenden DHCP-Server ein DHCPREQEUST (Anforderung) sendet. Damit erhält der DHCP-Server den Hinweis, dass er die IP-Adresse für das betreffende Endgerät reservieren muss.

4. Nachdem der DHCP-Server die Adresse reserviert hat, schickt er dem Endgerät ein Paket mit dem Namen DHCPACK (Bestätigung) zu. Dies versichert dem Endgerät, dass die angebotene IP-Adresse reserviert ist. Das DHCPACK-Paket beinhaltet noch einmal die IP-Adresse, die Lease-Zeit (Lebensdauer) und sonstige Konfigurationsdaten.

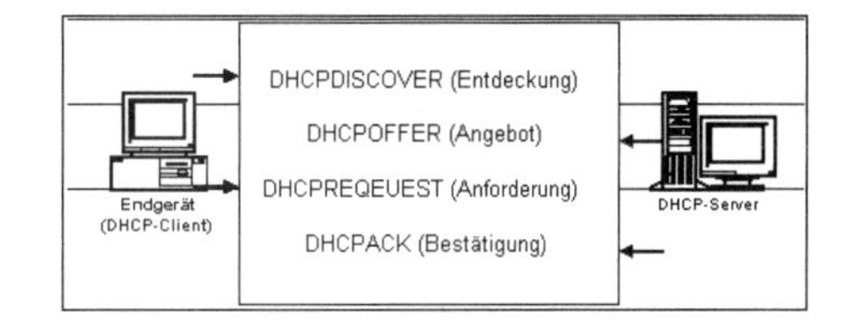

Auf diese Art und Weise lassen sich alle Endgeräte eines Netzwerks mit den notwendigen Vorgaben und Konfigurationsdaten auf eine sehr schnelle und einfache Art und Weise versorgen. Entscheidend ist einzig und allein, neben der Verfügbarkeit von DHCP-Servern, dass die Endgeräte DHCP-fähig sind und entsprechend konfiguriert wurden. Da es sich dabei aber um eine globale und allgemein gültige Konfiguration handelt, entfällt damit die individuelle Konfiguration der einzelnen Endgeräte.

Allgemeine Konfigurationsvorgaben

Auch wenn der Konfigurationsaufwand mit dem Einsatz von DHCP minimiert werden kann, müssen vor dem ersten Einsatz einige grundlegende Dinge überprüft bzw. konfiguriert werden. Die nachfolgenden Angaben können dabei helfen, den Einsatz eines DHCP-Servers zu planen, indem die grundlegenden Vorgaben und Konfigurationsmerkmale aufgeführt werden.

- **Festlegung der IP-Adressbereiche**
  Damit ein DHCP-Server die angeschlossenen Endgeräte mit IP-Adressen und den sonstigen Konfigurationsdaten versorgen kann, müssen ihm darüber entsprechende Informationen zur Verfügung gestellt werden. Die wichtigste Information sind in diesem Zusammenhang der oder die Adressbereiche, der oder die für die freie Adressvergabe zur Verfügung stehen. Ein Adressbereich wird in diesem Zusammenhang auch als *Range* oder *Scope* bezeichnet. Ein einzelner Adressbereich wird gekennzeichnet durch eine *Start-* und eine *Endadresse*.

- **Ausschlussbereich**
  Fast ebenso wichtig wie die zu vergebenden Adressbereiche sind bei einer DHCP-Konfiguration die so genannten *Ausschlussbereiche*. Es handelt sich dabei um einen Teil von Adressen, die nicht für die dynamische Adressvergabe herangezogen werden können. Bei diesen Adressen kann es sich beispielsweise um Adressen handeln, die bestimmten Geräten (per DHCP) zugewiesen werden, die diese Geräte aber immer behalten sollen (statische Adresszuordnung). Auf diese Weise ist sichergestellt, dass feste und dynamische IP-Adressen in einem Netzwerk problemlos nebeneinander existieren können.

- **Statische Adressen**
  Als *statische Adressen* werden die Adressen eines bestimmten Adressbereiches bezeichnet, die fest an bestimmte Endgeräte (Server usw.) vergeben werden. Der DHCP-Server selber zählt auch zu diesen speziellen Endgeräten. Statische Adressen dürfen nicht in dem Adresspool eines DHCP-Servers aufgenommen werden.

Hinweis

Der Unterschied zwischen Ausschlussadressen (Ausschlussbereich) und statischen Adressen liegt darin, dass die Ausschlussadressen vom DHCP-Server verwaltet werden. Dagegen werden statische Adressen direkt am Endgerät (Server usw.) zugewiesen. Die Adressvergabe bei statischen Adressen erfolgt somit unter Ausschluss eines DHCP-Servers.

- **IP-Adresse des DHCP-Servers**
  Einem Server, der als DHCP-Server eingesetzt wird, muss auf jeden Fall eine statische IP-Adresse zugewiesen werden. Dies muss also bei der Festlegung des Adresspools unbedingt berücksichtigt werden.

- **Übermittlung von Konfigurationsdaten**
  Jeder DHCP-Server kann neben der Übermittlung der IP-Adresse auch noch weitere Informationen zur Verfügung stellen. Dazu gehören Angaben wie Standard-Gateway, Subnetzmaske, Nameserver oder auch WINS-Server. Um diese Konfigurationsdaten den Endgeräten im Netzwerk zur Verfügung zu stellen, muss dies am DHCP-Server entsprechend eingestellt werden.

- **Betriebssystem**
  Das Betriebssystem spielt bei den ersten Überlegungen zur Konfiguration eines DHCP-Servers natürlich eine sehr wichtige Rolle. Hier stellt sich zum einen die Frage, ob das Betriebssystem des DHCP-Servers überhaupt in der Lage ist, DHCP zu verarbeiten. Häufig eingesetzte Netzwerkbetriebssysteme wie Novell NetWare, Windows NT 4 Server oder Windows 2000 Server unterstützen allesamt das DHCP-Verfahren.
  In Bezug auf die Desktop-Betriebssysteme (denn diese müssen auch DHCP-fähig sein) gilt dies eigentlich ebenfalls, zumindest für die aktuellen Systeme (Windows usw.).

- **Netzwerkkomponenten**
  Neben den unterschiedlichen Betriebssystemen müssen natürlich auch die sonstigen davon betroffenen Komponenten in der Lage sein, die DHCP-Informationen korrekt zu übermitteln. Um beispielsweise DHCP netzwerkweit einzusetzen, ist es notwendig, dass Komponenten wie Router o. Ä. DHCP-fähig sind und beispielsweise über einen DHCP-Relay-Agent verfügen.

- **Mehrere DHCP-Server**
  Aus Gründen der Ausfallsicherheit und aus Performance-Gründen sollte es in einem Netzwerk nicht nur einen DHCP-Server geben. Hier sollte durch eine gewisse Redundanz vorgesorgt werden.

Lease-Dauer

Die Lease-Dauer (Lease-Zeit) stellt einen der wichtigsten Aspekte bei der Konfiguration eines DHCP-Servers dar. Aus diesem Grund sollen die damit zusammenhängende Konfiguration und deren Möglichkeiten losgelöst von den übrigen Konfigurationsvorgaben erläutert werden.

> **Hinweis**
> Die Lease-Dauer gibt die Zeitspanne an, für die eine IP-Adresse einem bestimmten Endgerät zugewiesen wird, bevor diese wieder anderweitig vergeben werden kann.

Sobald einem Endgerät mit dem Verfahren der dynamischen Adressvergabe eine IP-Adresse mitgeteilt worden ist, bleibt diese für die vorgegebene Lebensdauer (Lease-Zeit) fest mit dem Endgerät verankert. Interessante Aspekte ergeben sich dabei, wenn das Endgerät deaktiviert wird und erst nach Ablauf der Lease-Zeit wieder aktiviert wird, oder auch, wenn ein Endgerät aktiv ist und die Lease-Zeit abläuft. Zu diesem Zweck stellt das DHCP-Verfahren einige Einrichtungen und Vorgaben zur Verfügung.

Die Lease-Dauer wird in der Regel durch die Angabe von Tagen, Stunden und Minuten definiert. Diese Einstellungen sollten auf Auslastung des Servers, das Verhalten der Endgeräte und auf die Netzwerkstabilität abgestimmt sein. Ein entscheidender Punkt ist sicherlich die Anzahl der Endgeräte. Als Richtwert kann gelten: Die Lease-Zeit ist doppelt so lange, wie die Zeitspanne, die beim Serverausfall für die Wiederinbetriebnahme benötigt wird.

Jedem DHCP-Endgerät, dem per DHCP-Server eine IP-Adresse zugewiesen wird, wird zusätzlich die Lease-Dauer mit übermittelt; es handelt sich dabei um eine zentrale Konfigurationseinstellung, die die Endgeräte nicht beeinflussen können. Bei der Festlegung der Lease-Dauer laufen im Hintergrund zwei Uhren: T1 entspricht der halben Lease-Zeitspanne, T2 ist auf 87,5 Prozent der maximalen Lease-Zeit gesetzt. Angenommen die Lease-Dauer ist auf 6 Tage festgesetzt, so entspricht T1 dem Wert 3 und T2 dem Wert 5,25.

Sobald T1 abgelaufen ist, sendet das Endgerät entsprechende Pakete bzw. Nachrichten an den DHCP-Server, die auch bei der Erstzuweisung der Daten zum Einsatz gekommen sind. So sendet das Endgerät (DHCP-Client) ein DHCPREQUEST-Paket (DHCP-Anforderung) an den DHCP-Server und fragt nach, ob dieser die Lease-Zeit verlängern kann. Dieser Zustand wird auch als *Renewing-Status* (Wieder-Erneuerung) bezeichnet. In der Regel antwortet der Server mit einer DHCPACK-Nachricht (DHCP-Bestätigung) und übermittelt dabei direkt die neue Lease-Dauer. Die Werte für T1 und T2 werden anschließend zurückgesetzt.

Wenn ein Endgerät (DHCP-Client) bis zum Ablauf der Zeit T2 keine DHCPACK-Nachricht vom DHCP-Server erhalten hat, beginnt der so genannte *Rebinding-Status*. Dabei muss das Endgerät ein DHCPREQUEST-Paket versenden, damit die Lease-Dauer verlängert wird. Diese Anforderung kann der Server durch DHCPACK bestätigen oder ignorieren (beispielsweise, weil die Adresse nach einem Neustart des Endgerätes anderweitig vergeben worden ist). Bleibt auch dieser Request (DHCPREQUEST) unbeantwortet, muss das Endgerät eine komplett neue IP-Adresse anfordern. Hierbei kommt der ursprüngliche Mechanismus zum Einsatz, der auch bei der Erstzuweisung aktiviert wird.

Hinweis

Da mit dem DHCP-Verfahren immer auch eine Belastung des Netzwerks einhergeht, sollte die Zeitdauer für die Lease-Zeit nicht zu knapp bemessen sein. Darüber hinaus sollten bei einer entsprechend großen Anzahl von DHCP-Clients Überlegungen zur Strukturierung des Netzwerks angestellt werden.

3.3 DHCP-Konfiguration in der Praxis

Nach den theoretischen Vorgaben der vorhergehenden Kapitel geht es in diesem Teil nun darum, die Konfiguration eines DHCP-Servers und eines entsprechenden Endgerätes (DHCP-Client) anhand eines praktischen Beispiels zu erörtern.

Im ersten Teil wird dargestellt, welche Konfigurationsarbeit an einem System mit dem Betriebssystem Linux notwendig ist und im zweiten Teil werden die Konfigurationseinstellungen eines Windows-2000-Servers erläutert. Da immer auch die Konfiguration eines Endgerätes notwendig ist, schließt sich dann im dritten Teil die Konfiguration von Desktop-Betriebssystemen (Windows 9x, Windows 2000 Professional) an.

DHCP-Server

Im Bereich der DHCP-Server gibt es heutzutage mehrere Systeme, die für derartige Verwaltungsaufgaben herangezogen werden. Zwei der bekanntesten sind sicherlich die Server der Windows-Familie und die diversen Linux-Systeme. Beide Varianten und deren jeweilige DHCP-Konfiguration sollen nachfolgend erläutert werden.

Linux

Für die nachfolgenden Erläuterungen wird vorausgesetzt, dass die Installation der Teilbereiche für den DHCP-Dienst bereits auf dem Linux-System installiert sind.

> **Hinweis**
> Die nachfolgenden Erläuterungen basieren auf dem Linux-Derivat SuSe-Linux. In dieser oder ähnlicher Form können Sie jedoch auch auf anderen Systemen zum Einsatz kommen.

Vorarbeiten

Im ersten Schritt muss auf dem betreffenden Linux-Server der Netzwerkkarte die Adresse 255.255.255.255 in Form einer Route (Broadcast-Route) zugeordnet werden. Dies erledigt eine Anweisung der folgenden Art:

```
route add 255.255.255.255 eth0
```

Damit wird der ersten Netzwerkkarte (eth0) die angegebene Adresse als Route für alle ankommenden Broadcast-Pakete des betreffenden Netzes zugeordnet.

> **Hinweis**
> Wie bereits erwähnt, versenden die Endgeräte (DHCP-Clients) bei der Anforderung einer IP-Adresse (DHCPDISCOVER) die Quelladresse 255.255.255.255. Dies muss natürlich vom DHCP-Server auch angenommen werden.

Da die obige Einstellung nur temporären Charakter hat, sollte sie besser direkt in ein Startskript eingetragen werden. Im Verzeichnis */sbin/init.d* gibt es eine Datei mit dem Namen *route*, in der beispielweise solche Einträge vorgenommen werden müssen. Eine andere Möglichkeit wäre der Eintrag in der Datei */etc/route.conf*.

Im nächsten Schritt muss dann im Verzeichnis */etc* eine Datei mit dem Namen *dhcpd.leases* angelegt werden, sofern es diese dort noch nicht gibt. In dieser Datei werden später die Lease-Zeiten der einzelnen DHCP-Clients abgelegt.

Das Anlegen der Datei *dhcpd.leases* kann mit folgender Anweisung durchgeführt werden:

```
touch /etc/dhcpd.leases
```

> **Hinweis**
> Bei dem Linux-Derivat Debian steht die Datei mit den Angaben zu den einzelnen Lease-Zeiten im Verzeichnis */var/dhcpd*. Dort muss die *touch*-Anweisung also entsprechend angepasst werden.

Damit sind die Vorarbeiten zum Einsatz des Linux-Systems als DHCP-Server erst einmal abgeschlossen. Im nächsten Schritt erfolgt nun die Konfiguration desselben, indem die variablen Parameter definiert und eingestellt werden. Bei den nachfolgenden Erläuterungen wird dabei explizit auf die Unterschiede zwischen der dynamischen und der festen Zuweisung von IP-Adressen eingegangen.

Dynamische Adressvergabe

Bei der dynamischen Adressvergabe werden allen DHCP-Clients IP-Adresse zugewiesen, die diese beim Server abholen müssen. Die Zuweisung der Konfiguration erfolgt dabei immer in der Datei *dhcpd.conf*, die sich im Verzeichnis */etc* befindet.

Angenommen, es steht für die dynamische Adressvergabe der IP-Adressbereich (Range) von 192.168.1.10 bis 192.168.1.230 zur Verfügung. Die dazu benötigten Einträge in der Datei *dhcpd.conf* sollten sich dann wie folgt darstellen:

```
# DHCP-Server Konfiguration
# Dynamische Vergabe
# /etc/dhcpd.conf
#
subnet 192.168.1.0 netmask 255.255.255.0
{
range 192.168.1.10 192.168.1.230;
default-lease-time 172800;
max-lease-time 2592000;
}
```

Mit dem Eintrag

```
subnet 192.168.1.0 netmask 255.255.255.0
```

wird festgelegt, welches Netzwerk (192.168.1.0) und welche Subnetzmaske eingesetzt wird.

Mit der Festlegung

```
range 192.168.1.10 192.168.1.230
```

wird der verfügbare Adressbereich von 192.168.1.10 bis 192.168.1.230 für die dynamische Adressvergabe zur Verfügung gestellt.

In der folgenden Zeile steht dann

```
default-lease-time 172800
```

Dies definiert die Lebensdauer (Lease-Dauer) von 172800 Sekunden (also 48 Stunden) für die Zuordnung der IP-Adressen fest. Ist diese Zeit abgelaufen, holt sich der DHCP-Client eine neue IP-Adresse vom DHCP-Server.

Mit der folgenden Zeile wird die maximale Lebensdauer der Zuweisungen festgelegt:

```
max-lease-time 2592000
```

Dies ist die Zeit, die die DHCP-Clients für die Lease-Dauer maximal anfordern können.

Auf diese Art und Weise sind die Konfigurationsvorgaben für den Einsatz einer dynamischen Adressvergabe erfüllt.

Feste Adressvergabe

In diesem Fall erfolgt eine feste Zuordnung von IP-Adressen. Die einzelnen DHCP-Clients rufen die Netzwerkkonfiguration ab und bekommen eine feste IP-Adresse zugewiesen. Diese wiederum ist abhängig von der jeweiligen Knotenadresse (MAC-Adresse). Eine solche Zuweisung macht Sinn für Geräte, die über eine feste IP-Adresse verfügen sollten (Server usw.).

Auch in diesem Fall werden die benötigten Konfigurationseinstellungen in der Datei *dhcpd.conf* im Verzeichnis */etc* vorgenommen. Der Inhalt einer solchen Datei kann sich beispielsweise wie folgt darstellen:

```
#  DHCP-Server Konfiguration
# Dynamische Vergabe
#  /etc/dhcpd.conf
#
# Folgende Optionen gelten für alle Rechner
option domain-name "dilaro.de";
option domain-name-servers dns.dilaro.de;
option subnet-mask 255.255.255.0;
option broadcast-address 192.168.1.255;
option routers 192.168.1.10;

# Verfallsdauer
default-lease-time 172800;
max-lease-time 25992000;

subnet 192.168.1.0 netmask 255.255.255.0
 {
    # Alle Clients bekommen IP-Adresse nach ihrer MAC-Adresse
    host dirk
    {
         hardware ethernet 00:12:5f:56:43:9b;
         fixed-address 192.168.1.20;
      }

    host hans
   {
      hardware ethernet 00:20:5f:67:3b:05;
      fixed-address 192.168.1.21;
     }

    }
```

Sämtliche Angaben, die hinter dem Schlüsselwort „option" stehen, beziehen sich auf zusätzliche Konfigurationsparameter und haben zunächst einmal mit der festen Zuordnung einer IP-Adresse nichts zu tun.

Mit den beiden Angaben

```
option domain-name "dilaro.de"
option domain-name-servers dns.dilaro.de
```

wird der Domainname und der Name des DNS-Servers festgelegt, der benutzt werden soll.

Mit der nächsten Anweisung wird die einzusetzende Subnetzmaske definiert:

```
option subnet-mask 255.255.255.0;
```

Als Nächstes wird definiert, welche Adresse als Broadcast-Adresse für Rundsendungen eingesetzt werden soll:

```
option broadcast-address 192.168.1.255;
```

Die letzte Option bezieht sich dann auf den Standard-Gateway, indem dessen Adresse angegeben wird:

```
option routers 192.168.1.10;
```

Hinweis

Nähere Angaben zum Einsatz eines Nameservers (DNS) und über die Definition eines Standard-Gateways enthalten die beiden nachfolgenden Kapitel.

Im Anschluss an die Optionen werden dann die Zeiten für die Lebensdauer (Lease-Zeit) der IP-Adressen definiert:

```
default-lease-time 172800;
max-lease-time 25992000;
```

Als Nächstes erfolgen die Zuweisungen der Knotenadressen zu IP-Adressen. Mit der folgenden Anweisung wird beispielsweise erreicht, dass dem DHCP-Client mit der Knotenadresse 00:12:5f:56:43:9b immer die IP-Adresse 192.168.1.20 zugewiesen wird.

```
host dirk
{
    hardware ethernet 00:12:5f:56:43:9b;
    fixed-address 192.168.1.20;
 }
```

Um die Lesbarkeit der Zuweisung zu erhöhen, wird der Hostname (hier: dirk) vorangestellt. Auf die gleiche Art und Weise wird in dem obigen Beispiel der zweiten Knotenadresse ebenfalls eine IP-Adresse zugewiesen.

Hinweis

Bei der Zuweisung von festen IP-Adressen ist unbedingt auf eine eindeutige Zuweisung zu achten. Somit empfiehlt sich dieses Verfahren in der Tat nur für wenige Endgeräte, bei denen dies notwendig ist (Server usw.).

Gemischte Adressvergabe

Während in den beiden vorhergehenden Kapiteln alternativ entweder das Prinzip der dynamischen bzw. das Prinzip der statischen Adressvergabe zum Einsatz kam, soll nachfolgend erläutert werden, auf welche Art und Weise unter Linux der gemischte Einsatz der beiden Verfahren möglich ist. Insbesondere das Prinzip der festen Adressvergabe erfordert sehr viel Konfigurationsaufwand.

Um eine gemischte Umgebung zu schaffen, muss auch hier wieder die Datei */etc/dhcpd.conf* bearbeitet werden. Innerhalb dieser Datei gibt es einen Bereich mit dem Namen *subnet*, der um die folgende Anweisung erweitert werden muss:

```
range 192.168.1.110 192.168.1.120;
```

Auf diese Art und Weise stehen 11 IP-Adressen zur Verfügung, die dynamisch vergeben werden können. Derartige IP-Adressen werden nur an Endgeräte vergeben, denen keine feste IP-Adresse zugeordnet wird.

Zusammenfassung

Um sich die Möglichkeiten der Konfiguration der Adressvergabe unter Linux noch einmal komplett ansehen zu können, sind nachfolgend die wichtigsten Anweisungen der einzelnen Bereiche der Konfigurationsdatei */etc/dhcpd.conf* zusammengefasst. Es handelt sich dabei um eine Konfigurationsdatei, die eine Vergabe fester und dynamischer Adressen ermöglicht:

```
# DHCP-Server Konfiguration
# /etc/dhcpd.conf
#
# Folgende Optionen gelten für alle Rechner
option domain-name "dilaro.de";
option domain-name-servers dns.dilaro.de;
option subnet-mask 255.255.255.0;
option broadcast-address 192.168.1.255;
option routers 192.168.1.10;

# Verfallsdauer
default-lease-time 172800;
max-lease-time 25992000;

subnet 192.168.44.0 netmask 255.255.255.0
{

# Alle Clients bekommen IP-Adresse nach ihrer MAC-Adresse
    host dirk
    {
         hardware ethernet 00:12:5f:56:43:9b;
         fixed-address 192.168.1.20;
      }

    host hans
  {
      hardware ethernet 00:20:5f:67:3b:05;
      fixed-address 192.168.1.21;
     }

# Die Adressen 192.168.1.110 bis 192.168..120 werden dynamisch vergeben
    range 192.168.1.110 192.168.1.120;

    }
```

Start des DHCP-Servers

Sobald die notwendigen Voreinstellungen und Konfigurationsarbeiten durchgeführt worden sind, kann der DHCP-Server auf dem entsprechenden Linux-System gestartet werden. Um dies zu bewerkstelligen muss eine Anweisung der folgenden Art eingesetzt werden:

```
/usr/sbin/dhcpd -cf /etc/dhcpd.conf -lf /etc/dhcpd.leases
```

Damit werden die einzelnen Konfigurationsdateien aktiviert bzw. ausgewertet. Dazu gehört die DHCP-Konfigurationsdatei (*/etc/dhcpd.conf*) und natürlich auch die Datei, in der die Lease-Zeiten (*/etc/dhcpd.leases*) abgelegt sind.

Hinweis

Die Konfigurationsdateien für den DHCP-Server werden, in Abhängigkeit vom Linux-Derivat, in verschiedenen Verzeichnissen abgelegt.

Nach dem Start des DHCP-Servers (DHCP-Daemon) steht dann dem Einsatz der Konfigurationsdateien und der Zuweisung von IP-Adressen per DHCP-Server nichts mehr im Weg. Um die Funktionsfähigkeit des DHCP-Servers zu überprüfen, empfiehlt es sich, die Datei */var/log/messages* zu überprüfen. Dort müssten bei Inanspruchnahme des DHCP-Servers Angaben der folgenden Art erscheinen:

```
May 22 15:13:22 server dhcpd: DHCPDISCOVER from 00:10:5f:58:43:9b via
 eth0
May 22 15:13:22 server dhcpd: DHCPOFFER on 192.168.1.20 to
 00:10:5f:58:43:9b via eth0
May 22 15:13:22 server dhcpd: DHCPREQUEST for 192.168.1.20 from
 00:10:5f:58:43:9b via eth0
May 22 15:13:22 server dhcpd: DHCPACK on 192.168.1.20 to
 00:10:5f:58:43:9b via eth0
```

Daraus ist ersichtlich, dass Anforderungen (DHCPDISCOVER) und auch entsprechende Zuweisungen (DHCPACK) von IP-Adressen statt gefunden haben. Der DHCP-Server scheint also zu funktionieren.

DHCP bei Windows-Servern

Auch die Windows-Server der aktuellen Generation (Windows NT, Windows 2000 Server, Windows Server 2003) ermöglicht die Definition und Konfiguration entsprechender DHCP-Dienste, mit denen diese Server als DHCP-Server eingesetzt werden können.

> **Hinweis**
>
> Voraussetzung für den Einsatz des DHCP-Dienstes auf einem Windows-Server ist natürlich, dass auf diesem Server der Protokollstack für TCP/IP installiert und konfiguriert ist. Die nachfolgenden Erläuterungen beziehen sich auf die Konfiguration des DHCP-Dienstes unter Windows 2000 Server sind in dieser Form jedoch auch jederzeit übertragbar auf die Konfiguration unter Windows Server 2003. Dabei ist zu beachten, dass dem DHCP-Server unbedingt eine feste (statische) IP-Adresse zugewiesen wird.

1. Zunächst einmal muss auf dem Windows-Server der entsprechende Dienst eingerichtet werden, um DHCP überhaupt nutzen zu können. Dazu muss als erstes über das *Startmenü* im Menü *Einstellungen* der Punkt *Systemsteuerung* gewählt werden.
2. Nach der Auswahl der Option *Software* muss im linken Teil des erscheinenden Fensters die Option *Windows-Komponenten hinzufügen/entfernen* ausgewählt werden.
3. Im nächsten Schritt muss dann der Punkt *Details* aus dem Bereich *Netzwerkdienste* angewählt werden.
4. In dem nachfolgenden Fenster muss dann in der Zeile *DHCP-Protokoll (Dynamic Host Configuration Protocol)* das vorgesetzte Kästchen angeklickt werden.
5. Diese Vorgaben müssen dann mit der Schaltfläche *OK* bestätigt werden.

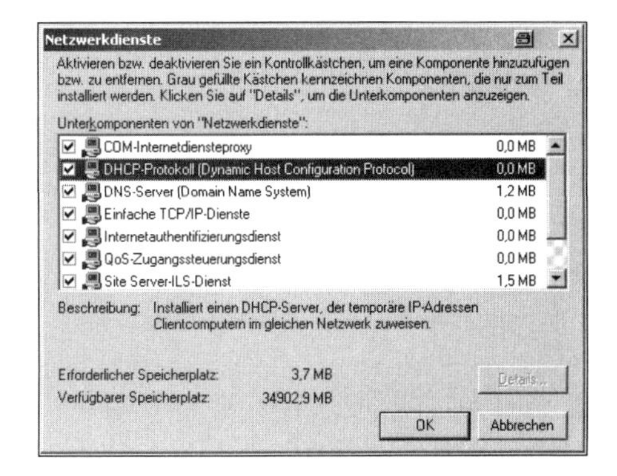

6. In dem nachfolgenden Fenster muss dies dann noch einmal mit der Schaltfläche *Weiter* bestätigt werden, worauf der DHCP-Dienst auf dem entsprechenden Server installiert wird. Dabei werden einige Dateien kopiert und im Systemverzeichnis abgelegt.

7. Nach dem Abschluss der Installation erscheint ein weiteres Fenster, in dem dann die Schaltfläche *Fertig stellen* angeklickt werden muss.

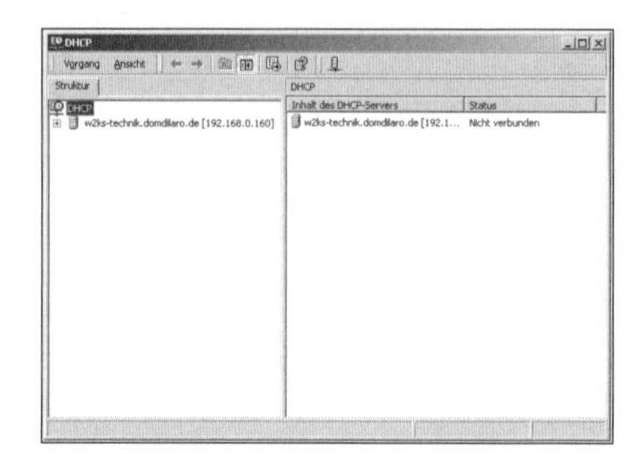

8. Im nächsten Arbeitsschritt muss anschließend die eigentliche Konfiguration des DHCP-Servers durchgeführt werden. Sofern die Installation des DHCP-Dienstes erfolgreich war, befindet sich im *Programme*-Menü unterhalb des Punktes *Verwaltung* ein Menüpunkt mit dem Namen *DHCP*. Dieser Punkt muss ausgewählt werden, um den DHCP-Manager aufzurufen.

9. Im ersten Schritt der Konfiguration muss ein Adressbereich zugewiesen werden. Dabei handelt es sich um einen Bereich von IP-Adressen, die für die dynamische Adressvergabe zur Verfügung stehen. Zu diesem Zweck muss nach der Anwahl des Serverobjekts im DHCP-Manager aus dem *Vorgang*-Menü der Menüpunkt *Neuer Bereich* aktiviert werden.

10. Es erscheint ein erstes Fenster des Assistenten, wo nach der Betätigung der Schaltfläche *Weiter* als Erstes ein Name für den Bereich vorgegeben werden muss. Neben dem Namen kann dabei auch noch eine weitergehende Beschreibung angegeben werden.

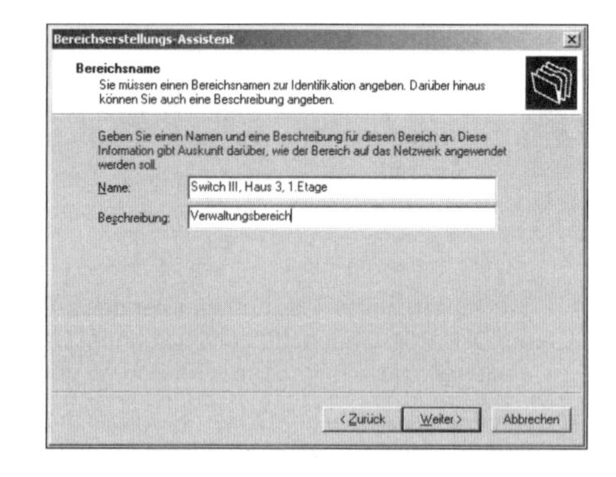

11. Nach Eingabe der benötigten Informationen muss dies anschließend mit *Weiter* bestätigt werden.

12. Im nächsten Fenster muss dann definiert werden, welcher Bereich von IP-Adressen festgelegt werden soll, um diesen den anfordernden DHCP-Clients zur Verfügung zu stellen. Dazu wird in die betreffenden Felder jeweils die Start- und die Endadresse eingegeben.
Dabei ist zu beachten, dass die Start- und auch die Endadresse für die dynamische Adressvergabe mit verwendet wird.

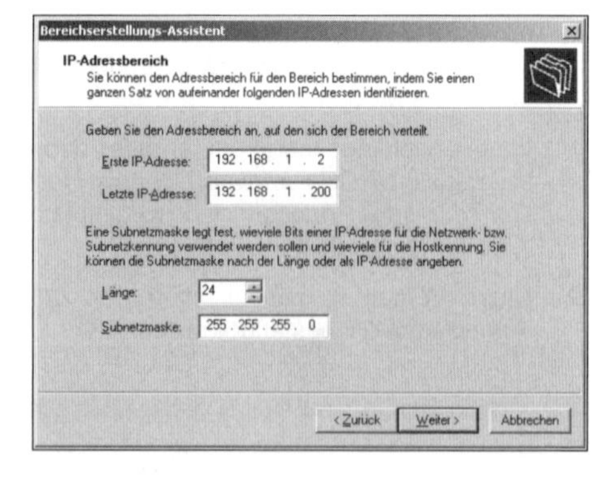

13. Auch diese Eingabe muss anschließend mit der Schaltfläche *Weiter* bestätigt werden.

14. Im nächsten Fenster können anschließend die so genannten Ausschluss-Adressen definiert werden. Dies sind Adressbereiche, die bei der dynamischen Vergabe zunächst einmal ausgespart bleiben. Dies bedeutet, dass diese Adressen keinen DHCP-Clients angeboten werden, die Adressen dynamisch anfordern. Stattdessen wird ein solcher Ausschlussbereich dazu eingesetzt, bestimmten Geräten feste IP-Adressen (per DHCP) zuzuweisen. Dies kann beispielsweise wichtig sein für Geräte, die unbedingt eine feste Adresse haben sollen, denen jedoch keine statischen Adressen zugewiesen werden sollen.

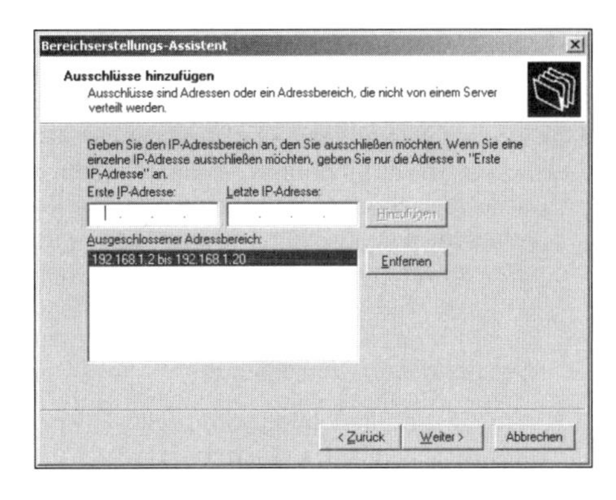

15. Nachdem die Festlegung der Ausschlussadressen mit *Weiter* bestätigt worden ist, geht es im nächsten Schritt um die Festlegung der Lease-Dauer. Hier wird ein Standardwert vorgegeben. Dieser kann entweder übernommen oder entsprechend angepasst werden.

16. Nach der Auswahl bzw. Festlegung der gewünschten Lease-Dauer für den definierten Adressbereich muss dies mit der Schaltfläche *Weiter* bestätigt werden.

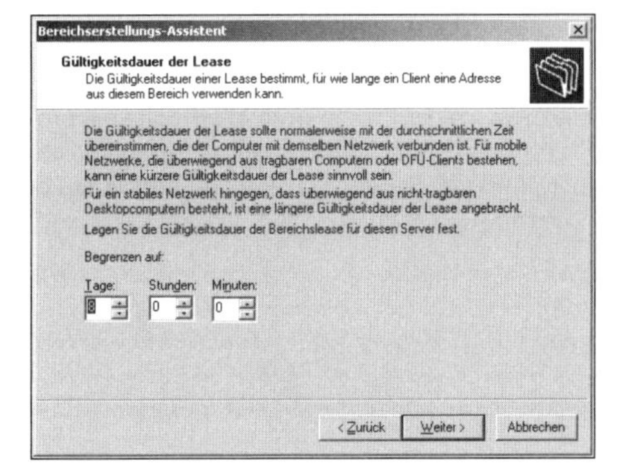

17. Danach erfolgt die Abfrage, ob weitere Konfigurationen vorgenommen werden sollen. Hier empfiehlt es sich, die Option *Ja* auszuwählen, da damit den einzelnen Endgeräten (Clients) Vorgaben wie Standard-Gateway, Subnetzmaske, Nameserver usw. von einem zentralen Punkt aus (dem DHCP-Server) zugewiesen werden können.

18. In erster Linie zählt zu den zusätzlichen Konfigurationsmerkmalen die Festlegung eines Standard-Gateways, das im ersten Konfigurationsfenster definiert werden kann. Das Standard-Gateway ist in Netzwerkumgebungen wichtig, die aus mehreren Subnetzen bestehen, die über Netzwerkkomponenten (Router) miteinander verbunden sind. Die Option der zentralen Steuerung verhindert die individuelle Konfiguration an den DHCP-Clients.

19. Nachdem die IP-Adresse des Standard-Gateways eingetragen und dies mit *Hinzufügen* zugewiesen wurde, kann danach die Schaltfläche *Weiter* betätigt werden.

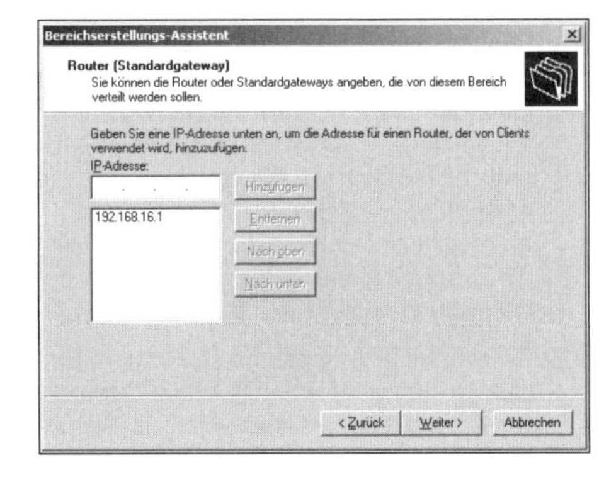

20. Im nächsten Schritt besteht die Möglichkeit, einen oder mehrere Nameserver zu benennen. Nameserver sind für die Auflösung der symbolischen Namen in IP-Adressen verantwortlich. In der Abbildung ist ersichtlich, dass dabei entweder die IP-Adresse des Servers eingetragen wird oder es wird der Servername vorgegeben und das System versucht anschließend diesen Namen aufzulösen (mit Einsatz der gleichnamigen Schaltfläche).

21. Auch diese Einstellung wird anschließend mit der Schaltfläche *Weiter* bestätigt.

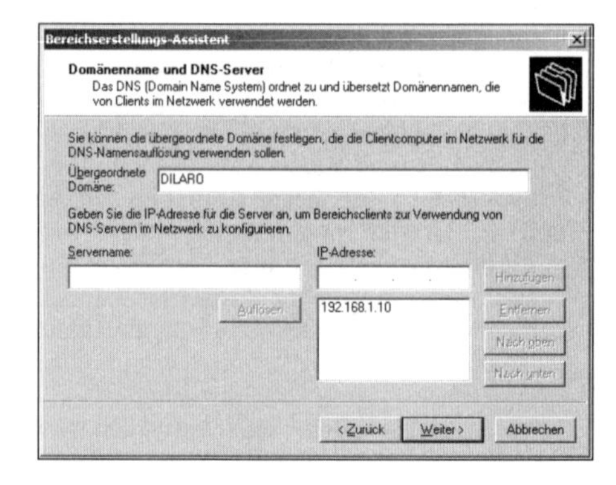

22. Das nächste Konfigurationsfenster ermöglicht die Festlegung der notwendigen Vorgaben für den Einsatz des WINS-Dienstes. Mit dem WINS-Dienst (Windows Naming Service) stellt die Firma Microsoft eine proprietäre Möglichkeit zur Verfügung, um NetBIOS-Namen in IP-Adressen aufzulösen.

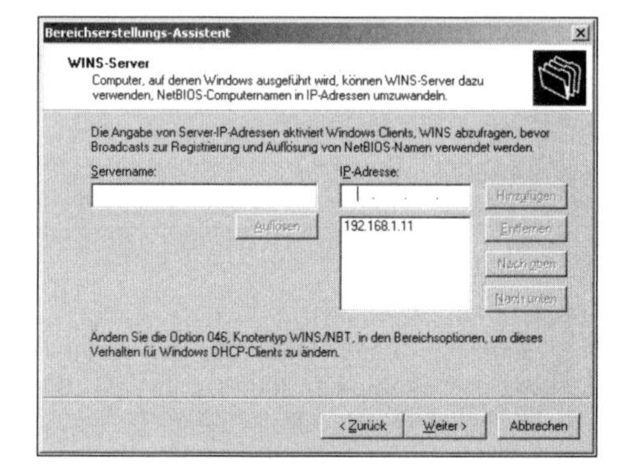

Hinweis

In reinen Windows-Netzwerken macht der WINS-Dienst durchaus Sinn. Es sollte jedoch versucht werden, die Namensauflösungen auf den (standardisierten) DNS-Dienst zu begrenzen.

23. Sobald alle notwendigen Einstellungen und Vorgaben durchgeführt worden sind, kann der DHCP-Server mit den einzelnen Einstellungen aktiviert werden. Dazu braucht lediglich im Abschlussfenster die entsprechende Frage bejaht zu werden.
Im Anschluss an die Aktivierung erscheint die Zuordnung des Adressbereiches in der Darstellung des DHCP-Managers.

24. Da ein DHCP-Adressbereich vor dem Einsatz im Verzeichnisdienst Active Directory Services muss dieser Dienst aus Sicherheitsgründen unter Windows 2000 Server entsprechend autorisiert werden. Dies erfolgt mit dem Menüpunkt *Autorisieren* im *Vorgang*-Menü.

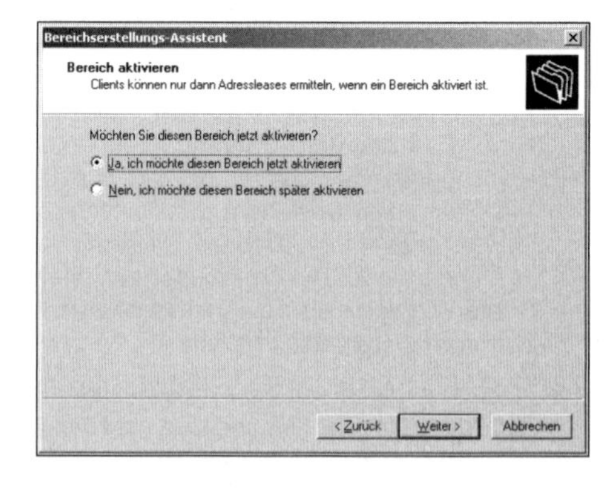

> **Hinweis**
>
> Um einen DHCP-Server in der ADS autorisieren zu können, muss dieser Server in die ADS eingebunden sein.

25. Dass ein Adressbereich autorisiert wurde und damit den DHCP-Endgeräten (Clients) zur Verfügung steht, ist im DHCP-Manager daran erkennbar, dass der Status im rechten Bereich der Darstellung auf *Aktiv* gesetzt ist. Dies bedeutet, dass alle notwendigen Konfigurationsschritte vorgenommen worden sind und dem Einsatz des DHCP-Servers nichts mehr im Wege steht.

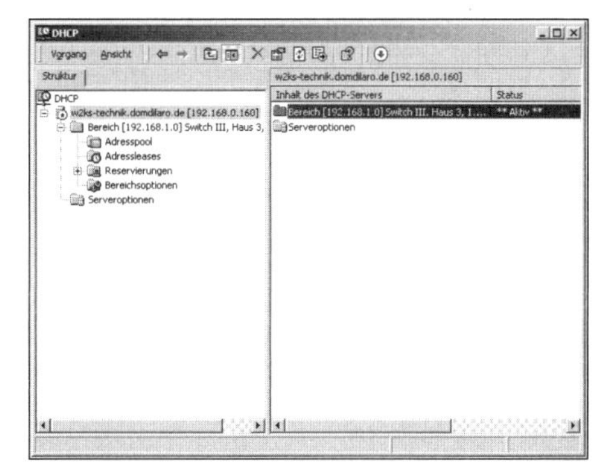

> **Hinweis**
>
> Der Einsatz der Autorisierung ermöglicht es, den DHCP-Dienst bzw. den Zugriff auf die Adressbereiche durch Clients zu aktivieren. Wird die Autorisierung aufgehoben, bedeutet dies, dass kein Zugriff auf die zugewiesenen Adressbereiche mehr möglich ist

26. Mit den einzelnen Optionen innerhalb des zugewiesenen Bereiches (Adresspool, Leases, Reservierungen, Bereichsoptionen) können diverse Einstellungen an der Konfiguration auch jederzeit nachträglich verändert werden.

So können beispielsweise mit dem Punkt *Reservierungen* Adressen definiert werden, die nicht dynamisch vergeben werden, sondern für bestimmte Geräte reserviert werden sollen (Server usw.). Dazu ist es wichtig zu wissen, dass zu einer Reservierung sowohl die gewünschte IP-Adresse benötigt wird als auch die Knotenadresse des Gerätes bekannt sein muss.

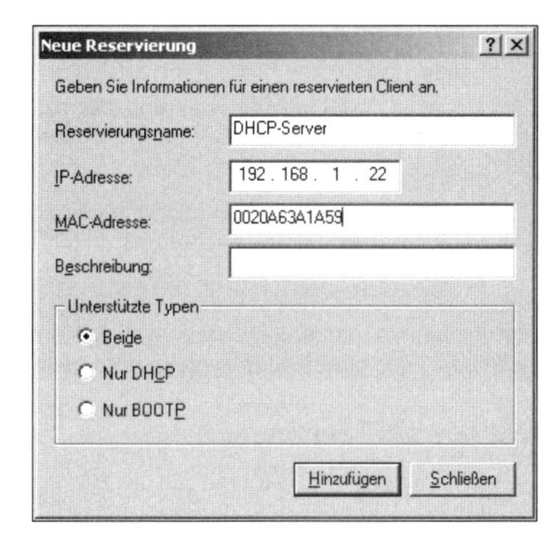

27. Die Zuweisung einer Reservierung erfolgt über den Menüpunkt *Neue Reservierung* aus dem *Vorgang*-Menü. Es wird anschließend ein Name für die Reservierung, die IP-Adresse und die Knotenadresse (MAC-Adresse) des betreffenden Endgerätes angegeben. Sobald Adressen für bestimmte Geräte reserviert sind, wird dies auch in der Gesamtdarstellung des DHCP-Managers dargestellt.

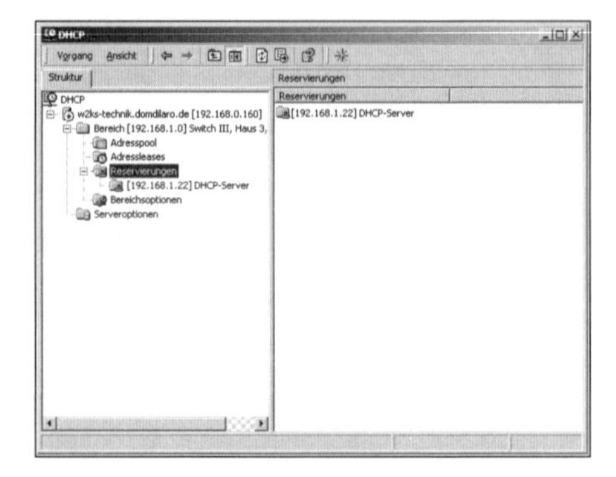

Hinweis

Es macht durchaus Sinn, wichtigen Geräten innerhalb eines Netzwerkverbundes feste IP-Adressen zuzuweisen. Dazu gehören beispielsweise Server oder andere wichtige Endgeräte.

Alle vom DHCP-Serverdienst benötigten Dateien befinden sich im Verzeichnis *\%systemroot%\SYSTEM32\DHCP*; in der Regel lautet dieses Verzeichnis also *\WINNT\SYSTEM32\DHCP*. Dabei ist zu beachten, dass die gesamte DHCP-Konfiguration aus verschiedenen Dateien besteht. Die beiden wichtigsten Dateien sind:

- **DHCP.MDB**
  Die eigentliche DHCP-Datenbank, in der die DHCP-Konfiguration samt Client-Einstellungen abgelegt ist.
- **DHCP.TMP**
  In dieser Datei werden während der aktiven Phase des DHCP-Servers diverse Daten zwischengespeichert.
- **SYSTEM.MDB**
  Diese Datei enthält Informationen über die Datenbankstruktur.
- **JET50.LOG**
  Protokolldatei des DHCP-Systems.

Neben den hier namentlich erwähnten Systemdateien werden zusätzlich auch noch diverse Protokolldateien und ein Backup-Verzeichnis angelegt.

Windows NT Server

Im vorhergehenden Kapitel wurden die notwendigen Installations- und Konfigurationsarbeiten erläutert, um einen Windows-2000-Server als DHCP-Server einsetzen zu können. Nachfolgend sind die entsprechenden Erläuterungen für einen Windows-NT-Server dargestellt, wobei sich die Vorgehensweise in einigen Punkten stark an Windows 2000 Server/Windows Server 2003 anlehnt.

Hinweis

Da die Installation des DHCP-Servers auf einem Windows-NT-Server vergleichbar ist mit der Installation auf einem Windows-2000-Server (siehe vorhergehendes Kapitel), erfolgt die Darstellung der NT-Installation nicht in der Ausführlichkeit wie bei Windows 2000 Server.

Bei der Einrichtung eines DHCP-Systems unter Windows NT Server ist zu beachten, dass trotz der Integration des DHCP-Serverdienstes in den DNS- und WINS-Server von Windows NT Server keine Mechanismen zur Redundanz oder Fehlertoleranz vorhanden sind. DHCP-Server tauschen untereinander keine Informationen aus, d.h., es gibt weder die Möglichkeit, den verwalteten Adressraum eines DHCP-Servers automatisch an einen zweiten weiterzuleiten, um die Ausfallsicherheit zu erhöhen, noch gibt es zwischen einzelnen Servern einen Abgleich des von ihnen verwalteten Adressraumes für einzelne Netzsegmente.

So muss generell die Vergabe von IP-Adressen mit Hilfe eines DHCP-Servers für ein Netzsegment durch eine exakte Definition der Subnetzmaske erfolgen. Dabei lässt sich die Ausfallsicherheit erhöhen, indem für ein Netzsegment die doppelte Anzahl von benötigten IP-Adressen vergeben wird und der zu verwaltende Adressraum auf zwei DHCP-Server aufgeteilt wird. Dies bedeutet, dass ein Server beispielsweise den Adressbereich von 1 bis 60 und ein zweiter den Bereich von 61 bis 120 verwaltet. Auf diese Art und Weise können auch beim Ausfall eines Servers gültige IP-Adressen vergeben werden.

Die Installation selbst erfolgt auch bei Windows NT Server über die Aktivierung des entsprechenden Dienstes der Netzwerksteuerung. Die anschließende Konfiguration kann dann mit dem DHCP-Manager durchgeführt werden, der sich in der Programmgruppe *Verwaltung* (*Allgemein*) befindet.

1. Die Installation des DHCP-Dienstes erfolgt durch Anwahl des Punktes *Eigenschaften* im Kontextmenü der *Netzwerkumgebung*.
2. Nach Auswahl der Registerkarte *Dienste* muss dann der Punkt *Hinzufügen* angeklickt werden.
3. Es erscheint eine Aufstellung der verfügbaren Dienste, die auf dem betreffenden Server bisher noch nicht installiert wurden. In dieser Liste muss der Punkt *Microsoft DHCP-Server* angewählt und dies mit der Schaltfläche *OK* bestätigt werden.
4. Sollten sich die benötigten Installationsdateien noch nicht auf dem Server befinden, wird im nächsten Schritt die Angabe des Installationspfades eingefordert. Nachdem diese Einstellung vorgegeben wurde, erfolgt das Kopieren der benötigten Dateien und die Installation des DHCP-Dienstes.
5. Sobald der Dienst installiert wurde, kann der Netzwerkdialog geschlossen werden. Nach einem Neustart des Servers ist der DHCP-Dienst dann aktiviert.
6. Die Konfiguration erfolgt anschließend über den DHCP-Manager. Dort muss also mindestens der Adressbereich festgelegt werden, der für die IP-Adressvergabe zur Verfügung steht. Zu dieser Bereichsdefinition zählt auch die Angabe der Subnetzmaske und der Lease-Dauer.
7. Der DHCP-Manager wird über die Programmgruppe *Verwaltung* innerhalb der Programmgruppe *Programme* des Startmenüs aufgerufen. In dem dortigen Dialog können anschließend die gewünschten bzw. benötigten Einstellungen vorgenommen werden.
8. Nachdem alle Konfigurationsarbeiten beendet wurden, kann dies abschließend mit der Schaltfläche *OK* bestätigt werden. Es erfolgt eine Abfrage, ob die Einstellungen sofort aktiviert werden sollen. Dies kann bejaht werden, um somit sofort einen Zugriff auf die festgelegten Adressbereiche zu ermöglichen.
9. Sobald ein Adressbereich aktiviert wurde, erscheint in der Auswahlliste unter dem Punkt *lokaler Server* ein Eintrag mit dem erstellten Bereich. Das Symbol mit der leuchtenden Glühlampe zeigt an, dass dieser Bereich aktiviert ist und für DHCP-Clients zur Verfügung steht.

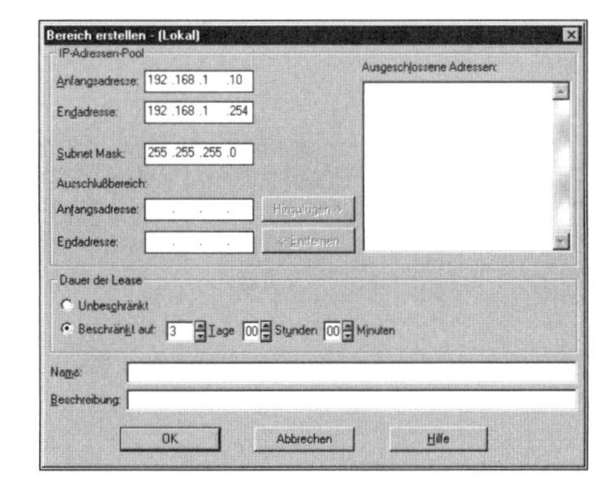

10. Als Nächstes können die verfügbaren Optionen konfiguriert werden. Hier besteht die Wahl zwischen *Bereich* und *Global*. Während *Global* Gültigkeit für alle einzurichtenden Bereiche hat, kann dies mit der Option *Bereich* auf einzelne Bereiche beschränkt werden.

> **Hinweis**
> Die Option *Bereich* hat an dieser Stelle Vorrang vor der Option *Global*. Darüber hinaus können diese Optionen nur noch durch lokale Einstellungen am Endgerät (Client) überschrieben werden.

11. Mit dem Menüpunkt *Optionen-Global* wird der Dialog zur Festlegung der Konfigurationseinstellungen aufgerufen. Dabei stehen in der linken Auswahlliste alle Optionen zur Verfügung, die durch *Hinzufügen* aktiviert werden können und dann auch konfigurierbar sind.

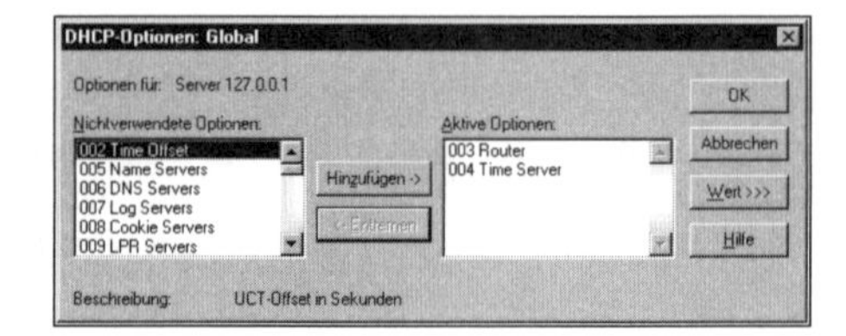

Bei einem Windows-NT-Server lauten die wichtigsten globalen Optionen wie folgt:

- **003-Router**
  Dies ist die Adresse des Standard-Gateways.
- **006-DNS-Server**
  Hier kann der Name eines Nameservers vorgegeben werden.
- **044-WINS/NBNS Servers**
  Wird ein WINS-Server zur Auflösung von NetBIOS-Namen eingesetzt, sollte dessen Adresse an dieser Stelle angegeben werden.
- **046-WINS/NBT Node Typ**
  Dies ist eine Besonderheit bei einem Windows-DHCP-Server. Der Wert sollte hier auf 0x8 eingestellt werden, da ein WINS-Server nur mit diesem Knotentyp optimal funktioniert.

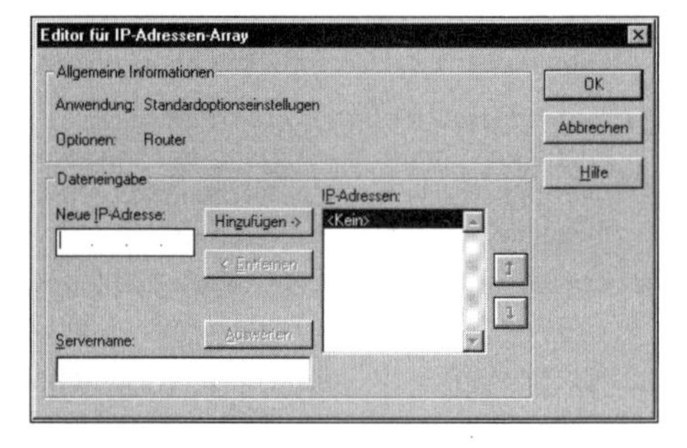

> **Hinweis**
> Die im Optionsbereich eingestellten bzw. vorgegebenen Werte der einzelnen Optionen werden dem DHCP-Client bei einer IP-Adress-Anforderung als Konfigurationsdaten übermittelt.

12. Nach dem Abschluss der Optionseinstellungen sollte sich die Anzeige des DHCP-Managers wie nebenstehend gezeigt darstellen.

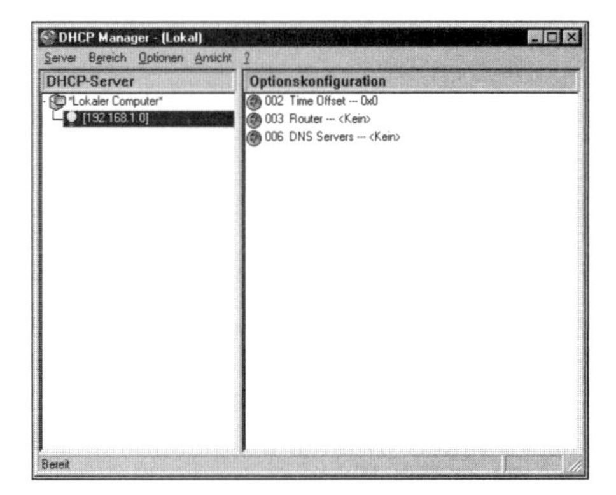

13. Damit ist die Installation und Konfiguration eines DHCP-Servers unter Windows NT Server zunächst einmal abgeschlossen. Sollten sich im Nachhinein Änderungen bzw. Notwendigkeiten zur Änderung ergeben, kann dies jederzeit über den DHCP-Manager erfolgen.

Hinweis

Genau wie unter Windows 2000 Server so befindet sich auch auf einem Windows-NT-Server die Systemdateien und Datenbanken des DHCP-Servers im Verzeichnis *\%systemroot%\SYSTEM32\DHCP*.

DHCP-Client

Wie bereits erwähnt, besteht die gesamte Konfiguration eines DHCP-Systems aus zwei Dingen. Zum einen muss es einen Server geben (DHCP-Server), der die notwendigen Dienste zur Übermittlung der Konfigurationsdaten zur Verfügung stellt. Der zweite Teil bezieht sich dann auf die einzelnen Endgeräte (DHCP-Clients), die Vorkehrungen treffen müssen, um eine IP-Adresse und die anderen Konfigurationsvorgaben von einem zentralen System aus abzurufen.

Nachfolgend sollen die Konfigurationseinstellungen eines Endgerätes exemplarisch an zwei Desktop-Betriebssystemen erläutert werden: Windows 9x und Windows 2000 Professional.

Windows 9x

Generell ist die Installation bzw. Konfiguration eines DHCP-Clients bei den einzelnen Windows-Desktopsystemen vergleichbar. Grundvoraussetzung für eine DHCP-Konfiguration ist natürlich auch hier, dass der Protokollstack TCP/IP in das jeweiligen System eingebunden ist.

1. Um einen Windows 9x-Rechner als DHCP-Client zu definieren, muss zunächst einmal das Kontextmenü des Symbols *Netzwerkumgebung* angewählt werden.
2. Aus dem dann erscheinenden Menü muss als Nächstes der Punkt *Eigenschaften* angewählt werden. Diese Auswahl kann alternativ auch über den entsprechenden Punkt in der *Systemsteuerung* erfolgen.
3. In dem erscheinenden Fenster muss dann die Option *TCP/IP* angeklickt und anschließend die Schaltfläche *Eigenschaften* angewählt werden.

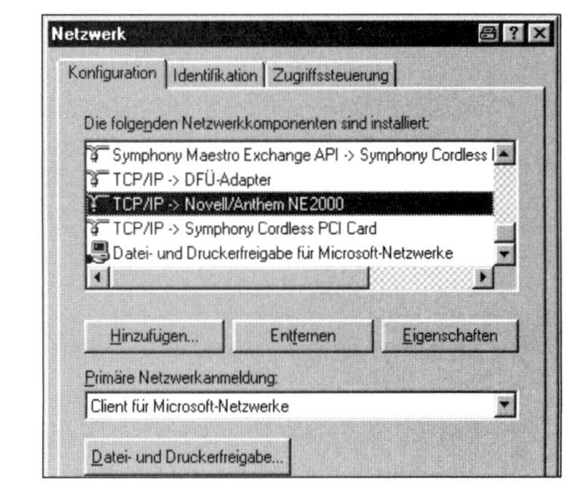

4. Es erscheint ein weiteres Fenster, in dem das Register (Karteikarte) *IP-Adresse* angewählt werden muss. Hier werden die IP-spezifischen Vorgaben eingestellt.
5. Um den Client als DHCP-Client einzurichten, braucht im nächsten Schritt nur noch die Option *IP-Adresse automatisch beziehen* ausgewählt zu werden.
6. Nach Bestätigung dieser Vorgabe mit der Schaltfläche *OK* kann das Fenster der Netzwerkumgebung anschließend wieder geschlossen werden.
7. Abschließend bleibt dann noch ein notwendiger Neustart des Clients, wodurch die Einstellungen wirksam werden.

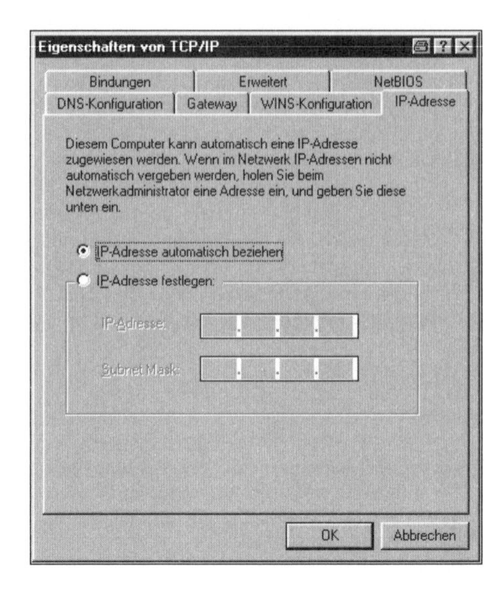

Hinweis

An einem Windows-9x-Client kann jederzeit überprüft werden, ob dem Client vom DHCP-Server eine Adresse zugewiesen wurde. Dies erfolgt auf der DOS-Ebene durch die Anweisung WINIPCFG.

XP Professionell

Die Konfiguration eines DHCP-Clients unter Windows 2000 Professional gestaltet sich vergleichbar mit den Einstellungen bei einem Windows-9x-Client (trifft im Übrigen auch auf Windows 2000 Professionell und Windows NT Workstation zu).

1. Als Erstes muss der Punkt *Eigenschaften* des Symbols *Netzwerkumgebung* angewählt werden.
2. Es erscheint das Fenster zur Verwaltung der *Netzwerk- und DFÜ-Verbindungen*. In diesem Fenster muss als Nächstes mit der rechten Maustaste das Kontextmenü des Punktes *LAN-Verbindung* (bzw. der lokal definierten Netzwerkverbindung) ausgewählt und dort der Punkt Eigenschaften angeklickt werden.

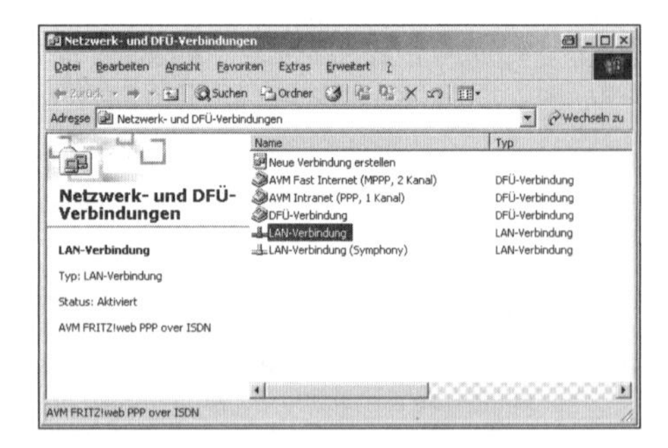

3. In dem Eigenschaftfenster der LAN-Verbindung muss dann die Option *Internetprotokoll (TCP/IP)* angeklickt werden.

4. Über die Schaltfläche *Eigenschaften* können an dieser Stelle die Vorgaben für das Protokoll TCP/IP definiert bzw. eingesehen werden.

5. Um den Client als DHCP-Client zu definieren, muss in dem Eigenschaftfenster des TCP/IP-Protokolls die Option *IP-Adresse automatisch beziehen* angewählt werden.

6. Damit sind im Prinzip alle notwendigen Einstellungen an einem Windows-2000-Client abgeschlossen. Nach einem Neustart des Rechners steht die geänderte Konfiguration zur Verfügung. Der Client sollte somit seine IP-Adresse und die sonstigen Konfigurationsvorgaben von einem (verfügbaren) DHCP-Server beziehen.

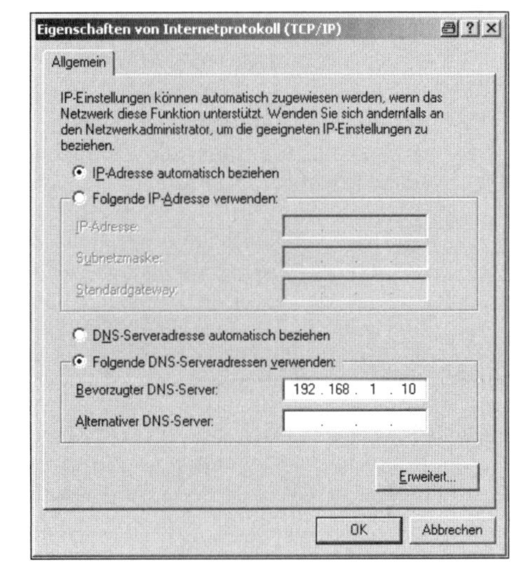

Hinweis

Um zu überprüfen, ob dem Client vom DHCP-Server eine Adresse zugewiesen wurde, kann unter Windows 2000/NT auf der DOS-Ebene die Anweisung *IPCONFIG /ALL* eingesetzt werden.

Zusammenfassung

- ✓ Bei der Zuordnung von IP-Adressen an Endgeräte in einem IP-Netzwerk kann dies sowohl statisch als auch dynamisch erfolgen.
- ✓ Durch die dynamische Zuordnung von IP-Adressen ergeben sich eine Reihe von Vorteilen wie zentrale Verwaltung, Fehlervermeidung und schnellere Konfiguration.
- ✓ Die dynamische Zuordnung von Adressen hat jedoch nicht nur Vorteile. Insbesondere die stärkere Belastung des Netzwerkverkehrs und die nur indirekt mögliche Zuordnung von IP-Adresse zu Endgerät fällt hierbei negativ ins Gewicht.
- ✓ Bei der dynamischen Adressvergabe existieren heute hauptsächlich die beiden Verfahren BootP (Bootstrap-Protokoll) und DHCP (Dynamic Host Configuration Protocol), wobei DHCP immer mehr Überhand gewinnt.
- ✓ Der Ablauf einer Adressanforderung über DHCP folgt einem streng festgelegten Schema, bei dem bestimmte Formen von Datenpaketen zum Einsatz kommen.
- ✓ Mittels der dynamischen Adressvergabe können nicht nur IP-Adressen, sondern auch weitergehende Vorgaben für die Endgeräte (DHCP-Clients) übermittelt werden. Dazu gehört neben der Subnetzmaske auch die Angabe eines Standard-Gateways oder auch eines Nameservers.
- ✓ Die Zuweisung einer IP-Adresse von einem DHCP-Server an einen DHCP-Client hat standardmäßig nur temporären Charakter (Ausnahmen sind möglich). Dabei bestimmt die so genannte Lease-Dauer die Zeitspanne, in der ein DHCP-Client über die zugewiesene Adresse verfügen kann.
- ✓ Netzwerkbetriebssysteme wie Novell NetWare, Windows oder auch Linux unterstützen den Einsatz bzw. die Konfiguration eines DHCP-Servers.
- ✓ Alle aktuellen Desktop-Betriebssysteme stellen heutzutage die Möglichkeit zur Nutzung der dynamischen Adressvergabe zur Verfügung.

Übungen

1. Wofür steht die Abkürzung *DHCP*?
2. Welche Funktion erfüllt DHCP?
3. Was bedeutet BootP?
4. Nennen Sie einen entscheidenden Vorteil für die dynamische Adressvergabe.
5. Welchen entscheidenden Nachteil weist BootP gegenüber DHCP auf?
6. Nennen Sie einige Vorteile der dynamischen Adressvergabe.

Übungen

7. Welche Nachteile weist die dynamische Adressvergabe auf?

8. Welche beiden Voraussetzungen sind für eine dynamische Adressvergabe unabdingbar?

9. Wie wird die Ablaufzeit einer IP-Adresse bezeichnet?

10. Nennen Sie einen anderen Begriff für Lease-Dauer.

11. Was gibt die Lease-Dauer (Lease-Zeit) an?

12. Warum wird bei der dynamischen Adressvergabe eine Ablaufzeit (Lease-Dauer) eingesetzt?

13. Welche anderen Informationen, außer der IP-Adresse, können bei der dynamischen Adressvergabe ebenfalls übermittelt werden?

14. Anhand welcher Adresse (Nummer) werden Endgeräte weltweit eindeutig identifiziert?

15. Wie wird der IP-Adressbereich bezeichnet, der bei der dynamischen Adressvergabe zur freien Verteilung zur Verfügung steht?

16. Was ist ein DHCP-Server und was ist ein DHCP-Client?

17. Skizieren Sie mit wenigen Stichworten das Verfahren zur dynamischen Adressvergabe per DHCP.

18. Was ist ein Ausschlussbereich?

19. Was sind statische Adressen?

20. Kann einem DHCP-Server selbst per DHCP eine IP-Adresse zugewiesen werden?

21. Können in einem Netzwerk mehrere DHCP-Server eingesetzt werden?

22. Warum sollten in einem Netzwerk mehrere DHCP-Server eingesetzt werden?

23. Welche Anforderungen müssen Netzwerkkomponenten für den Einsatz von DHCP erfüllen?

24. Nennen Sie die vier unterschiedlichen Pakettypen, die bei der dynamischen Adressvergabe eine wichtige Rolle spielen.

25. Welche Information liefert das Datenpaket DHCPACK?

26. Welche Einrichtung muss vorhanden sein, damit die Broadcast-Pakete der anfordernden Endgeräte auch über Router übertragen werden?

Übungen

27. Um mobile Endgeräte mit ständig wechselnden Einsatzgebieten in ein bestehendes Netzwerk einzubinden, sollten diesen jeweils statische IP-Adressen zugewiesen werden. Beurteilen Sie diese Absicht.

28. Nennen Sie mindestens zwei Netzwerkbetriebssysteme, die DHCP unterstützen.

29. Was muss außer der Konfiguration eines DHCP-Servers zusätzlich noch eingestellt werden?

30. Welche zwei wesentlichen Arbeitsschritte müssen bei der Einrichtung eines DHCP-Servers auf einem Windows-System beachtet werden?

31. Wie heißt auf einem Windows-Server die Datenbank, in der die Konfigurationsdaten abgelegt werden, und wo wird diese abgelegt?

32. Kann ein Windows-System mit Windows 9x, Windows NT Workstation, Windows 2000 Professional oder Windows XP Professionell als DHCP-Client eingesetzt werden?

Die Lösungen zu diesen Aufgaben finden Sie im Anhang des Co@ches.

Modul 4

Namensauflösung

Lernen Sie

- wie Namen IP-Adressen zugeordnet werden (und umgekehrt)
- welche Verfahren zur Namensauflösung zur Verfügung stehen
- wie das Domain Name System funktioniert
- warum DNS das Standardverfahren zur Namensauflösung darstellt
- wie die Namensauflösung im Internet funktioniert
- wie DNS an einem Windows- und Linux-System konfiguriert wird

Für jeden Anwender in einem IP-System stellt sich die Frage, auf welche Art und Weise er sich die vielen IP-Adressen merken soll, um beispielsweise bestimmte Endgeräte (Rechner) in einem solchen System direkt ansprechen zu können. Schnell wird dabei klar, dass sich ein Anwender Namen wie *LINUX01* oder *DILARO.DE* wesentlicher besser merken kann als kryptische IP-Adressen wie *192.112.34.44* oder *156.234.127.167*.

Sich der Problematik der schwierigen Zuordnung von IP-Adressen zu Endgeräten bewusst, haben die Entwickler des TCP/IP-Protokollstacks schon sehr frühzeitig (Ursprung im ARPANET) ein Verfahren überlegt, mit dem dies umgangen werden kann.

Die Lösung liegt im Einsatz eines Systems zur Namensauflösung, mit dem eine Zuordnung von (sprechenden) Namen zu IP-Adressen möglich ist. Oder anders herum ausgedrückt: Den IP-Adressen werden Namen zugewiesen, die sich jeder Anwender besser merken kann, die dann mit einem bestimmten Mechanismus (Namensauflösung) wieder in die zugehörigen IP-Adressen konvertiert werden.

4.1 Verfahren zur Namensauflösung

Es stehen heutzutage in einem IP-basierenden Netzwerk generell mehrere Verfahren für die Auflösung von Namen zur Verfügung. Neben einem dateibasierten System auf Basis der so genannten *Hostdatei* zählen dazu insbesondere die beiden Verfahren *DNS* (*Domain Name System*) und *WINS* (*Windows Internet Naming Service*).

Hinweis

Voraussetzung für den Einsatz eines Verfahrens zur Namensauflösung ist natürlich, dass das Protokoll TCP/IP zum Einsatz kommt und die Server und Endgeräte (Clients) entsprechend konfiguriert wurden (Netzwerkeigenschaften).

Somit ergibt sich die folgende Aufstellung von verfügbaren Verfahren zur Namensauflösung:

- DNS (Domain Name System)
- WINS (Windows Internet Naming Service)
- Hostdatei

Auch wenn die beiden letztgenannten diejenigen Verfahren sind, die heutzutage am häufigsten eingesetzt werden, soll zunächst einmal die Darstellung der Namensauflösung per Datei erläutert werden. Dabei ist zu beachten, dass es sich bei DNS und WINS um dynamische Verfahren zur Namensauflösung handelt, wohingegen der Einsatz einer Hostdatei streng statisch ist.

Hinweis

Das *Domain Name System* wird in der Literatur auch oft als *Domain Name Service* bezeichnet. Letztlich bezeichnen beide Begriffe dasselbe Verfahren.

Somit lässt sich bereits an dieser Stelle eine Einteilung der verschiedenen Verfahren zur Namensauflösung vornehmen:

- Hostdatei: kleine Netzwerke mit wenig wechselnden Endgeräten
- WINS: in sich geschlossenes Netzwerk auf Basis eines Windows-Systems
- DNS: alle übrigen Netzwerke

Hinweis

Das bekannteste System (Dienst) zur Namensauflösung, das heutzutage als standardisiertes Verfahren betrachtet werden kann, ist das Domain Name System (DNS).

Hostdatei

In den Anfängen erfolgte die Namensauflösung mit Hilfe einer speziellen Datei, die auf jedem System verfügbar sein musste. Diese Datei mit dem Namen *hosts* beinhaltet sämtliche Zuordnungen von Hostnamen zu den jeweiligen IP-Adressen in Form einer statischen Datei. Im Extremfall sind in einer solchen Datei somit sämtliche Angaben zu allen Hosts eines Netzwerks abgelegt.

Speziell in den Anfangszeiten des Internets gab es tatsächlich eine solche Hostdatei, die den Namen *hosts.txt* trug und alle Hostnamen des Internets samt IP-Adressen enthielt. Jeder Systemverwalter am Netz musste diese Datei regelmäßig herunterladen, um so auf alle Rechnernamen zugreifen zu können. Durch das rasche Wachstum des Internets war diese Möglichkeit bald überholt. Zudem mussten alle Rechnernamen eindeutig sein, was bei der riesengroßen Anzahl von Rechnern nicht einfach war.

Hinweis

Der Einsatz einer Hostdatei kann bis zu einer gewissen Anzahl von Endgeräten durchaus Sinn machen. In größeren Netzwerken sollten jedoch unbedingt DNS- oder WINS-Server an Stelle der Hostdatei eingesetzt werden.

Windows-Hostdatei

Unter UNIX (Linux usw.) ist die Hostdatei im Verzeichnis */etc* abgelegt. Auf einem Windows-System befindet sich die Datei *hosts* im Verzeichnis *\%systemroot%\system32\drivers\etc*. Der Inhalt der entsprechenden Dateien ist jedoch durchaus vergleichbar, wobei nachfolgend einmal beispielhaft der Inhalt einer Hostdatei eines Windows-System dargestellt wird.

```
# Copyright (c) 1993-1999 Microsoft Corp.
#
# Dies ist eine HOSTS-Beispieldatei, die von Microsoft TCP/IP
# für Windows 2000 verwendet wird.
#
# Diese Datei enthält die Zuordnungen der IP-Adressen zu Hostnamen.
# Jeder Eintrag muss in einer eigenen Zeile stehen. Die IP-
# Adresse sollte in der ersten Spalte gefolgt vom zugehörigen
# Hostnamen stehen.
# Die IP-Adresse und der Hostname müssen durch mindestens ein
# Leerzeichen getrennt sein.
#
# Zusätzliche Kommentare (so wie in dieser Datei) können in
# einzelnen Zeilen oder hinter dem Computernamen eingefügt werden,
# aber müssen mit dem Zeichen '#' eingegeben werden.
#
# Zum Beispiel:
#
#       102.54.94.97     rhino.acme.com          # Quellserver
#        38.25.63.10     x.acme.com              # x-Clienthost

127.0.0.1         localhost
192.168.1.55      dirk
192.168.1.56      hans
192.168.1.57      linux01 s1
```

Zunächst einmal ist erkennbar, dass am Anfang der Datei eine Vielzahl von Kommentarzeilen eingefügt sind; diese Zeilen beginnen grundsätzlich alle mit dem vorangestellten Kommentarzeichen (#).

Die entscheidenden Einträge in dieser Beispieldatei befinden sich am Ende. Dort erfolgt die Zuordnung von Hostnamen zu den jeweiligen IP-Adressen. So wird damit beispielsweise dem Host mit dem Namen dirk die IP-Adresse 192.168.1.55 zugeordnet.

Auffallend ist hier die letzte Zeile, in der die Zuordnung zur IP-Adresse 192.168.1.57 erfolgt. Dieser Adresse sind an dieser Stelle zwei Hostnamen zugeordnet; zum einen *linux01* und als zweiter Name *s1*. Auch dies ist in einer Hostdatei möglich: Mehrfachzuordnung von Namen zu einer IP-Adresse.

UNIX-Hostdatei

Im nachfolgenden Beispiel soll anhand des Betriebssystems Linux dargestellt werden, auf welche Art und Weise eine Auflösung von Namen mit Hilfe einfacher Einträge in einer Hostdatei auf einem UNIX-System erfolgen kann. Dabei trägt diese Datei den gleichen Namen wie auf einem Windows-System, wird aber in der Regel in einem anderen Verzeichnis abgelegt.

Die Datei, in der eine Zuordnung von Namen zu IP-Adressen erfolgen kann, wird unter UNIX standardmäßig im Verzeichnis */etc* abgelegt. Der Inhalt einer solchen Datei kann sich beispielsweise wie folgt darstellen:

```
# hosts          This file describes a number of hostname-to-address
#                mappings for the TCP/IP subsystem.  It is mostly
#                used at boot time, when no name servers are running.
#                On small systems, this file can be used instead of a
#                "named" name server.
# Syntax:
#
# IP-Address  Full-Qualified-Hostname  Short-Hostname
#
```

```
127.0.0.1       localhost
192.168.1.55    dirk  dirk.dilaro.de
192.168.1.56    hans
192.168.1.57    linux01 s1
```

Genau wie auf einem Windows-System so erfolgt auch unter UNIX eine Zuweisung von Namen zu IP-Adressen. Auffallend ist an diesem Beispiel wiederum die Möglichkeit der Mehrfachzuordnung, wobei beispielsweise der IP-Adresse 192.168.1.55 die beiden Hostnamen *dirk* und *dirk.dilaro.de* (kompletter Name mit Domäne) zugewiesen werden.

Mit der Zuordnung von Hostnamen zu IP-Adressen können dann beispielsweise Anweisungen der folgenden Art eingesetzt werden:

```
ping dirk
ftp dirk.dilaro.de
telnet hans
```

Hinweis

Nähere Angaben zu den hier erwähnten Dienstprogrammen wie PING, TELNET und FTP enthalten die nachfolgenden Kapitel dieses Buches.

In allen Fällen erfolgt eine Namensauflösung der jeweiligen Hostnamen und eine Zuweisung an die in der Hostdatei zugeordnete IP-Adresse. In diesem Zusammenhang ist jedoch unbedingt zu beachten, dass die Namensauflösung immer explizit an das Endgerät (Rechner o.Ä.) gebunden ist, auf dem die Hostdatei generiert bzw. gepflegt wird.

Hinweis

Mit dem Einsatz einer Hostdatei ist es notwendig, dass auf jedem Host (Rechner im Netzwerk) eine entsprechende Datei gepflegt wird. Darüber hinaus wird ein solches Verfahren auch sehr schnell unübersichtlich. Aus dem Grund wurden Nameserver-Verfahren wie WINS und DNS (Domain Name System) entwickelt.

Merkmale einer Hostdatei

Die wesentlichen Punkte bei der Behandlung einer Hostdatei sind nachfolgend noch einmal zusammengefasst:

- Der Name der Hostdatei ist auf allen Systemen immer *hosts*.
- Der Einsatz einer Hostdatei sollte in Netzwerken mit mehr als 20 Endgeräten nicht mehr zum Einsatz kommen.
- Die Hostdatei ist der Vorläufer des Nameserver-Dienstes DNS.
- In einer Hostdatei erfolgt pro Zeile jeweils ein Eintrag.
- Die einzelnen Zeilen einer Hostdatei müssen jeweils mit Carriage Return (CR) abgeschlossen werden.
- Jede Zeile beginnt mit einer IP-Adresse, gefolgt von dem Hostnamen.
- Zwischen der IP-Adresse und dem Hostnamen muss mindestens ein Leerzeichen stehen.
- Ein Hostname darf maximal 255 Zeichen lang sein, wobei alphanumerische Zeichen und einige Sonderzeichen eingesetzt werden dürfen. Ein Hostname, der nur aus Ziffern besteht, ist nicht zulässig.

Hinweis

Der Unterstrich ist zwar als gültiges Zeichen eines Hostnamens zulässig, sollte aber vermieden werden, da dies unter Umständen zu Problemen führen kann.

- Die Groß-/Kleinschreibung bei Hostnamen wird auf UNIX-Systemen beachtet.
- Häufig benutzte Hosts sollten oben in der Datei stehen, da diese von oben nach unten gelesen wird.
- Pro IP-Adresse können mehrere Hostnamen zugeordnet werden, wobei mehrere Namenseinträge mindestens durch ein Leerzeichen getrennt sein müssen
- Kommentarzeilen werden in einer Hostdatei immer mit dem Zeichen „#“ eingeleitet.
- Die Hostdatei wird unter UNIX im Verzeichnis */etc* und auf einem Windows-System im Verzeichnis *\%systemroot\system32\drivers\etc* abgelegt.

Hinweis

Neben der Hostdatei wird in der Literatur hin und wieder auch die Datei *lmhosts* erwähnt. Dies ist eine Datei, in der eine Zuordnung von NetBIOS-Namen zu IP-Adressen abgelegt werden kann.

Bei Betrachtung der Vielzahl von Adressen, die heutzutage im Internet verfügbar sind, wird sehr schnell deutlich, dass der Einsatz einer Hostdatei in einem solchen Fall nicht zu empfehlen und auch nicht zu verwalten ist. Hier müssen andere Mechanismen eingesetzt werden, wie beispielsweise ein Nameserver (DNS).

WINS

Wie bereits erwähnt, sind Hostnamen Bezeichnungen, mit denen ein Endgerät in einem IP-Netzwerk konfiguriert wurde. In einer Windows-Umgebung entspricht der Hostname in der Regel dem *NetBIOS-Namen* des jeweiligen Rechners. Allerdings kann ein Hostname auch abweichend von NetBIOS-Namen eingerichtet werden.

Zur Auflösung von NetBIOS-Namen (Hostnamen) in einem Windows-Netzwerk kommt sehr oft der WINS-Dienst (Windows Internet Naming Service) zum Einsatz. Es handelt sich dabei um eine spezielle Form der Namensauflösung in Windows-Umgebungen. Dies bedeutet, dass ein solches Verfahren beispielsweise auf einem UNIX-System standardmäßig nicht verfügbar ist.

Hinweis

Obwohl es sich bei dem WINS-Dienst um ein proprietäres System der Firma Microsoft handelt, das nur in reinen Windows-Umgebungen Bedeutung erlangt hat, soll hier dennoch die entsprechende Verfahrensweise erläutert werden, um somit die Abgrenzung zu den sonstigen Systemen zur Namensauflösung zu ermöglichen.

Darüber hinaus stellt ein Windows-System ein weiteres Verfahren zur Namensauflösung zur Verfügung. Dieser Browser-Dienst bezieht sich jedoch nur auf die Verwaltung der Ressourcen (Arbeitsstationen, Drucker usw.) in einem Netzwerk und soll deshalb hier nicht Gegenstand weiterer Betrachtungen sein.

In einem Windows-Netzwerk werden den einzelnen Objekten eines solchen Netzwerks jeweils eindeutige Namen zugewiesen. Ein solcher Name ist beispielsweise die Bezeichnung einer Arbeitsstation. Ein anderes Beispiel sind die Namen der Arbeitsgruppen, die ebenfalls eindeutig sein müssen und, genau wie die Namen der Arbeitsstationen (Computername) als NetBIOS-Name bezeichnet werden.

Beim WINS-Dienst handelt es sich nun um ein System mit einer verteilten Datenbank, das die in einem Netzwerk auftretenden Namen dynamisch erfasst und in die Datenbank übernimmt. Bei den Namen selbst handelt es sich um die bereits erwähnten NetBIOS-Namen, die in einem Windows-Netzwerk verfügbar sind. Diese Namen werden samt zugehöriger IP-Adresse in der WINS-Datenbank gespeichert und stehen somit für die Namensauflösung zur Verfügung.

Hinweis

Das Internet Protocol (IP) arbeitet ausschließlich mit IP-Adressen, wodurch die entsprechenden Schnittstellen (Winsock) nur IP-Adressen zur Kommunikation benutzen können. Das den Windows-Systemen zugrunde liegende Protokoll NetBEUI arbeitet jedoch mit NetBIOS-Namen.
NetBIOS ist eine Softwareschnittstelle, die von unterschiedlichen Programmen für die Kommunikation genutzt wird.

Ein NetBIOS-Name kann grundsätzlich maximal 16 Zeichen lang sein und dient der Kennzeichnung in einem Windows-Netzwerk, wobei eine automatische Zuordnung der entsprechenden IP-Adresse eines Endgerätes zu dem jeweiligen NetBIOS-Namen erfolgt. Die ersten 15 Zeichen eines NetBIOS-Namens können frei definiert werden, solange der Name im Netzwerk eindeutig ist. Das 16. Zeichen hat einen Wert zwischen 00 und FF und kennzeichnet den entsprechenden NetBIOS-Dienst.

In der nachfolgenden Tabelle ist die Zuordnung des 16. Zeichens zu der entsprechenden Funktion dargestellt:

NetBIOS-Name	16. Zeichen	Bedeutung
<Computername>	00h	Arbeitsstations-Dienst
<Computername>	03h	Name der Arbeitsstation (Nachrichten-Dienst)
<Computername>	06h	RAS-Server
<Computername>	1Fh	Netzwerk-DDE-Dienst
<Computername>	20h	Server-Dienst
<Computername>	21h	RAS-Dienst
<Computername>	Beh	Netzwerk-Monitor-Agent
<Computername>	BFh	Netzwerk-Monitor-Dienst
<Benutzername>	03h	Name des Benutzers (Nachrichten-Dienst)
<Benutzername>	1Dh	Computer-Suchdienst
<Benutzername>	1Bh	Name der Domäne (Domänen-Suchdienst)
<Benutzername>	00h	Arbeitsstations-Dienst
<Benutzername>	1Ch	Domänen-Controller
<Benutzername>	1Eh	Auswahl des Suchdienstes

Ein Server, auf dem der WINS-Dienst aktiviert ist, wird als WINS-Server bezeichnet. Dabei hat ein solcher WINS-Server drei wesentliche Aufgaben zu erfüllen:

- Registrierung von NetBIOS-Namen
- Aktualisierung von NetBIOS-Namen
- Auswertung von NetBIOS-Namen
- NetBIOS-Namen freigeben

Damit NetBIOS-Namen (Hostnamen) aufgelöst werden können, kommen unterschiedliche Mechanismen zur Anwendung. Die jeweilige Methode zur Namensauflösung hängt vom eingegebenen Befehl bzw. der Anforderung ab.

Hinweis

NetBIOS-Namen sind, im Gegensatz zu Hostnamen, nur in einer geschlossenen Windows-Umgebung bekannt und einsetzbar. Für den netzwerkweiten Einsatz von Namen und den eventuellen Zugriff auf Internet-Dienste werden Hostnamen benötigt. Darüber hinaus können Hostnamen auch hierarchisch angeordnet werden.

Der generelle Ablauf einer Registrierung von Namen in einer WINS-Datenbank gestaltet sich wie folgt:

1. Sobald ein WINS-Client initialisiert wird, sendet NetBT (*NetBIOS over TCP/IP*) eine Namensanfrage in Form eines entsprechenden Datenpakets (NAMEREGISTRATIONREQUEST) an den primären WINS-Server. Diese Anfrage enthält die IP-Adressen des Endgerätes (Client) und des Servers, sowie den NetBIOS-Namen des Clients.
2. Der WINS-Server registriert den NetBIOS-Namen in seiner Datenbank und sendet dem Client eine Namensauswertung (NAMEREGISTRATIONRESPONSE). Diese Nachricht enthält die IP-Adressen des Servers und des Clients, den registrierten NetBIOS-Namen und die TTL (Time to Live) für die Namensregistrierung.

Hinweis

NetBT (*NetBIOS over TCP/IP*) wurde entwickelt, um die Übermittlung von WINS-Datenpaketen über einen Router an andere Netzwerke zu ermöglichen. Von Hause aus ist NetBIOS (NetBEUI) nämlich nicht routingfähig, weshalb der WINS-Dienst nicht funktionieren würde. So kann NetBIOS in diesem Fall jedoch zusammen mit TCP/IP eingesetzt werden und somit *Router-Grenzen* überwinden.

3. Nach Ablauf einer vorgegebenen Zeitdauer (TTL = Time to live) wird die Namensregistrierung aus der WINS-Datenbank gelöscht, falls der WINS-Client die Namensregistrierung nicht erneuert.
4. Versucht ein Client einen NetBIOS-Namen zu registrieren der bereits in der WINS-Datenbank existiert, sendet der WINS-Server in Abständen von 500 Millisekunden 3 mal eine Anfrage an der Besitzer der derzeitigen Namensregistrierung (NAMEQUERYREQUEST). An den Besitzer des NetBIOS-Namens sendet der WINS-Server bis zu drei Abfragen. Die Abfrage wird sofort gestoppt, wenn der WINS-Server eine Antwort erhält.
5. Erhält der WINS-Server eine positive Antwort auf die Anfrage (NAMEQUERYREQUEST), so sendet er dem Client, der versucht den bereits vorhandenen Namen zu registrieren, eine Absage (NAMEQUERYRESPONSE) in Form einer Fehlermeldung.
6. Reagiert ein WINS-Server nicht auf die erste Anforderung einer Namensregistrierung, so wiederholt der Client die Anfrage bis zu dreimal. Danach wird bist zu dreimal versucht, einen sekundären WINS-Server zu erreichen, sofern ein solcher konfiguriert worden ist. Antwortet kein

WINS-Server, versucht der Client mittels einer Rundsendung (Broadcast) seinen Namen im lokalen Netzwerk zu registrieren.

7. Nach der ersten Namensregistrierung am WINS-Server muss der WINS-Client innerhalb einer vorkonfigurierten Zeitdauer (TTL) seine Namensregistrierung beim WINS-Server erneuern. Nach Ablauf von 50 Prozent der anfänglichen TTL versucht der Client die Erneuerung der Namensregistrierung bei einem sekundären WINS-Server. Antwortet dieser auch nicht wird wieder eine Erneuerung beim primären WINS-Server versucht. Erst bei einer Erneuerung der ursprünglichen Namensregistrierung erhält der Client eine TTL-Zeit vom WINS-Server mitgeteilt. Ist 50 Prozent der TTL abgelaufen, muss der Client seine Namensregistrierung wieder erneuern.
8. Wird ein Client heruntergefahren, sendet er eine Freigabeanforderung an den WINS-Server. Dieser prüft die Datenbank auf das Vorhandensein des NetBIOS-Namens und sendet dem Client eine Nachricht mit der TTL 0. Erhält der Client keine Antwort zur Namensfreigabe vom WINS-Server so sendet er bis zu drei Rundsendungen an das lokale Netzwerk. Alle Clients, die diese Rundsendung erhalten, entfernen darauf hin den Namen aus dem lokalen NetBIOS-Zwischenspeicher (Name-Cache).

Bei der Reihenfolge der Namensauswertung auf einem Windows-System erfolgt eine Einteilung in unterschiedliche Klassen oder Knotentypen. Dabei wird die Reihenfolge der Namensauflösung durch den jeweiligen NetBIOS-Knotentyp festgelegt.

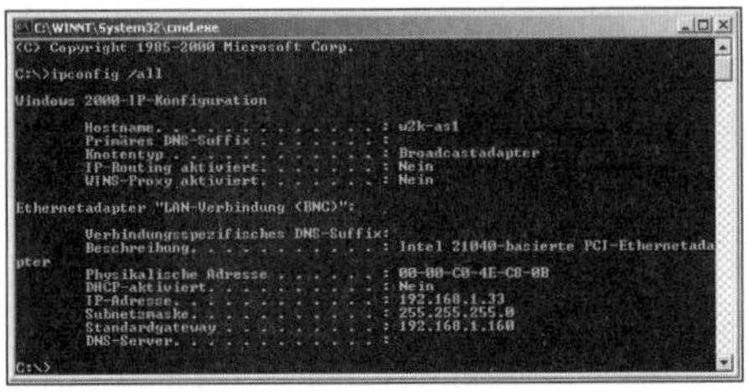

Bei der Festlegung der Knotentypen gilt generell die folgende Zuordnung, wobei der Knotentyp B auf einem System ohne WINS-Server als Standard vorgegeben wird.

Knotentyp	Bedeutung
B	Broadcast
P	Peer-Peer (NetBIOS-Nameserver)
M	Mixed (erst Broadcast, dann NetBIOS-Nameserver)
H	Hybrid (erst NetBIOS-Nameserver, dann Broadcast)
<Benutzername>	Auswahl des Suchdienstes

Auch wenn sich der Einsatz des WINS-Dienstes auf den ersten Blick als vorteilhaft darstellt, birgt dieser Dienst zur Auflösung von NetBIOS-Namen in mittleren bis großen Netzwerken erhebliche Nachteile in sich. Denn mit der Anzahl der Endgeräte (Arbeitsstationen) steigt auch die Zahl der Broadcasts in einem solchen Netzwerk, weil das komplette NetBIOS-System auf Broadcasts aufbaut. Dies führt unweigerlich zu Bandbreitenverlusten im Netzwerk und verbraucht nicht unerheblich CPU-Leistung der Arbeitsstationen. Dies ergibt sich aus der Tatsache, dass der NetBIOS-Dienst in der Anwendungsschicht implementiert ist. Dies bedeutet, dass eine Arbeitsstation nicht nur die Broadcasts empfängt, sondern diese durch den gesamten Protokollstapel leiten und verarbeiten muss.

Ein weiterer Nachteil des Einsatzes eines WINS-Servers ist, dass jeder WINS-Client entsprechend konfiguriert werden und diesem jeweils die IP-Adresse des WINS-Servers mitgeteilt werden muss.

Soll trotz der Nachteile in einem größeren Netzwerk ein WINS-Server eingesetzt werden, so ist es sinnvoll und sehr zu empfehlen, mehrere WINS-Server einzusetzen. Insbesondere bei langsamen

WAN-Verbindungen sollte für jedes Teilnetz ein separater WINS-Server installiert werden. Nach Möglichkeit sollten aber auf jeden Fall mindestens zwei WINS-Server installiert werden; schon allein aus Gründen der Ausfallsicherheit. Diese Server sollten so konfiguriert werden, dass sie gegenseitig die Datenbank replizieren.

Hinweis

Die Firma Microsoft hat mittlerweile das überholte Konzept des WINS-Dienstes erkannt und setzt in den aktuellen Betriebssystemversionen (ab Windows 2000) auf das standardisierte DNS (Domain Name System) als Dienst zur Auflösung von Namen in IP-Adressen.

Domain Name System

Die Probleme, die sich durch die Verwaltung von Internet-Hosts mittels einer Hostdatei ergaben, wurden bereits an anderer Stelle beschrieben. Als Folge dessen wurde *DNS* (*Domain Name System*) entwickelt.

Hinweis

In der Literatur wird das Domain Name System (DNS) auch oft als *Domain Name Service* bezeichnet.

Auflösung von Namen

Das Domain Name System (DNS) stellt heutzutage das wichtigste System für die Verwaltung und Zuweisung von IP-Adressen zu Namen (Namensauflösung) dar. Dies sicherlich nicht zuletzt aus der Tatsache heraus, dass es sich um ein standardisiertes Verfahren handelt, das in diversen RFCs immer wieder verfeinert und optimiert worden ist.

Hinweis

DNS hat nichts mit Routing zu tun, denn es ist daraus grundsätzlich nicht abzuleiten, wo die einzelnen Endgeräte platziert sind. Es geht bei DNS ausschließlich um die Verwaltung von Namen und der zugehörigen IP-Adressen.

Dabei ist die Idee, die DNS zugrunde liegt, zunächst einmal sehr einfach. Da das Internet zu groß ist, um seine Namen und IP-Adressen zentral zu verwalten, muss eine Aufteilung in dezentrale Teilbereiche vorgenommen werden. Diese Teilbereiche werden dabei als *Domain* (Domäne) bezeichnet.

Hinweis

DNS basiert auf der Idee von Domains (Domänen), also unterteilten Bereichen, die organisatorisch für die Verwaltung der Hostnamen zuständig sind. Dabei haben diese Domänen keine Gemeinsamkeit mit Domänen, die beispielsweise in einem Windows-System zum Einsatz kommen.

Ganz allgemein ausgedrückt handelt es sich bei dem *Domain Name System* (DNS) um eine verteilte, hierarchische Datenbank, in der verschiedenste Informationen über die Endgeräte eines IP-Netzwerks gespeichert werden. So erfolgt per DNS beispielsweise die Auflösung von Rechnernamen, die besser zu merken sind, in IP-Adressen, die wiederum für die weitere Verarbeitung benötigt werden.

Nahezu alle Netzwerkdienste im Internet nutzen das DNS; so ist es beispielsweise viel einfacher als Web-Adresse (ULR) folgendes einzugeben, anstatt einer entsprechende IP-Adresse:

```
http://www.dilaro.de
```

Internet-Adressen in der dargestellten Form kennen sicherlich die meisten, obwohl es sich streng genommen überhaupt nicht um Adressen handelt. Denn wie an anderer Stelle dieses Buches erläutert, stellen sich „echte“ Internet-Adressen in folgender Form dar:

```
212.227.109.208
```

Da sich Menschen naturgemäß schwer tun, sich Zahlenfolgen zu merken, wurde eine Systematik entwickelt, die es ermöglicht, einer Internet-Adresse einen Namen zuzuweisen. So verbirgt sich in dem obigen Beispiel hinter *www.dilaro.de* nichts anderes als die IP-Adresse 212.227.109.208. Die entsprechende Eingabe in der Adresszeile eines Web-Browser könnte sich demnach auch wie folgt darstellen:

```
http://212.227.109.208
```

Bei der Frage nach der Verwaltung entsprechender Internet-Adressen und der zugeordneten Namen, wie beispielsweise *www.dilaro.de*, ergibt sich automatisch die Verbindung zum DNS. DNS ermöglicht, dass für die einzelnen Endgeräte eines IP-Netzwerks symbolische Namen (Hostnamen) vergeben werden. Auf diese Art und Weise ergibt sich der Zugriff auf ein Gerät nicht über die IP-Adresse, sondern über den zugewiesenen Namen; dies ist in den meisten Fällen wesentlich bequemer und schneller.

Damit DNS eine Namensauflösung (so wird die Konvertierung symbolischer Namen in IP-Adressen bezeichnet) durchführen kann, werden so genannte Nameserver benötigt, wobei alle Adressen in einer großen, hierarchischen, weltweit verteilten Datenbank abgelegt sind. Wenn ein Nameserver eine Adresse nicht umsetzen kann, gibt er die Anfrage an einen ihm übergeordneten Nameserver weiter. Durch dieses Verfahren sind die Adressen leichter zu merken (aussagekräftige Namen statt Zahlenkolonnen) und leichter zu verwalten. Sobald ein Rechner eine andere IP-Adresse bekommt, muss nur der Eintrag auf dem Nameserver geändert werden, der Name, unter dem er zu erreichen ist, bleibt gleich.

Organisationen mit eigenen Domains müssen einen Nameserver unterhalten, der die Namen in Internet-Adressen umsetzt. Dies ist notwendig, damit alle Rechner des Internets die symbolischen Rechnernamen einer Organisation in Internet-Adressen umsetzen lassen können, ohne die eine Kommunikation nicht möglich ist. Dabei sind Nameserver zunächst einmal nichts anderes als Rechner, die Datenbanken über Namen und die dazugehörigen IP-Adressen der betreffenden Domain verwalten. Ist ein Nameserver ein TLD-Server, so verfügt er über alle Adressen aller anderen Top-Level-Nameserver.

Im Gegensatz zu den Nameservern werden die Programme, die die Informationen eines Nameservers nutzen, mit dem Begriff *Resolver* (Auflöser) umschrieben. Es handelt sich dabei in der Regel um Programme, die in die Anwendungen eingebunden werden und so die Funktionen nutzen (z.B. TELNET). Die Resolver-Software stellt Anfragen an den lokalen Nameserver, um Namen in IP-Adressen zu übersetzen. Entweder sind die dazu benötigten Informationen im lokalen Nameserver vorhanden oder dieser muss seinerseits andere Nameserver konsultieren, um die gewünschte Umsetzung zu leisten.

Hinweis

Im Gegensatz zu WINS, bei dem eine flache Datenbank zum Einsatz kommt, ermöglicht der Einsatz des Domain Name Systems den Aufbau einer hierarchisch strukturierten Datenbasis.

Für die Umsetzung der symbolischen Namen in IP-Adressen (und auch für den umgekehrten Fall) werden so genannte *Nameserver* eingesetzt.

DNS-Struktur

Die Entwicklung zum Domain Name System ergab sich aus der Tatsache, dass bis zum Jahr 1984 die Zuordnung von Namen zu IP-Adressen von einer zentralen Stelle gepflegt wurde, für alle weltweit vergebenen (offiziellen) IP-Adressen. Dies erfolgte beim Network Information Centre (NIC) in den USA. Da dieses Verfahren mit dem Anwachsen des Internets zu unübersichtlich wurde, wurde das DNS-Verfahren eingeführt.

So spielt in Zeiten täglich zunehmender Internet-Nutzung der Einsatz eines Namensdienstes wie DNS eine immer wichtigere Rolle. Jedoch auch im lokalen Netzwerk eines Unternehmens (LAN, WAN) ist DNS ein unverzichtbarer Dienst. Dabei indiziert DNS die Hostnamen in einer hierarchischen Datenbank, die wiederum verteilt verwaltet werden kann.

Das Grundlegende beim DNS ist, dass alle Namen (und deren IP-Adressen) in einer Domäne verwaltet werden. Dabei ist die hierarchische Organisation einer DNS-Datenbank vergleichbar mit der Verzeichnisstruktur eines Dateisystems. Es ist eine umgekehrte baumartige Struktur, bei der die Wurzel oben und die Zweige unten stehen. Namen, die alle Knoten zwischen dem Wurzel- und dem Endknoten enthalten, werden als *vollqualifizierte Domänennamen* (FQDN, *Fully Qualified Domain Name*) bezeichnet.

Hinweis

Die gesamte Struktur einer hierarchisch organisierten DNS-Datenbank wird auch als *Domain Name Space* (Domänen-Namensraum) bezeichnet. Der Wurzelknoten (Ursprung des Baums) im Domain Name Space wird als *Root* (Wurzel) oder *Hauptdomäne* (*Root Domain*) bezeichnet.

Domänen (Knoten), die direkt dem Wurzelverzeichnis untergeordnet sind, werden als *Top Level Domain* (Top Level Domänen) bezeichnet. Jeder Top Level Domain (TLD) können wiederum weitere Domänen (Subdomains) untergeordnet sein.

Hinweis

In der Literatur wird die oberste Ebene eines DNS-Baums auch oft als Top Level Domain bezeichnet. Dies ist jedoch nicht ganz richtig, da die oberste Ebene immer das Wurzelverzeichnis (Root) darstellt.

Bei der Betrachtung der heutzutage im Internet eingesetzten Namen wird sehr schnell deutlich, dass der Domain Name Space (also letztlich das weltweite DNS) zu umfangreich ist, um zentral verwaltet zu werden. Es ist daher erforderlich, die Verwaltung des Domain Name Space an entsprechende Subdomains zu delegieren. Auf diese Art und Weise wird der gesamte Domänen-Namensraum in Zonen unterteilt; diese Zonen wiederum sind Untermengen des DNS-Baumes.

Die Forderung nach Eindeutigkeit wird bei DNS auf den Bereich einer Subdomain beschränkt. So können in unterschiedlichen Subdomains durchaus gleiche Bezeichnungen (Namen) vergeben werden. Um eine große Anzahl von Namen zu verwalten und gleichzeitig den Organisationen Freiheit in der Namenswahl zu ermöglichen, wurde eine hierarchische Struktur entworfen.

Jeder Knoten im DNS-Baum trägt einen Namen der bis zu 63 Zeichen lang sein kann. Die vollqualifizierten Domänennamen (FQDN) beginnen immer mit dem Zielnamen und gehen zurück zur Root, wobei die einzelnen Knoten jeweils durch Punkte getrennt werden. Das Wurzelverzeichnis wird (laut Standard) durch einen nachgestellten Punkt gekennzeichnet, der jedoch in der Regel nicht mit angegeben wird. Ein vollständiger FQDN könnte somit beispielsweise wie folgt aussehen:

```
www.dilaro.doc.de
```

Korrekt (nach Standard) wäre jedoch eigentlich die folgende Schreibweise:

```
www.dilaro.doc.de.
```

In diesem Beispiel ist *de* die Top Level Domain und jedes weitere Level definiert eine Subdomain (z.B. *doc*) bzw. einen Netzknoten (z.B. *dilaro*).

Jede Zone eines DNS-Baums muss mindestens über einen primären Nameserver verfügen. Ein zweiter (sekundärer) Nameserver sollte aus Redundanz-Gründen eingerichtet werden. Auf einem primären Nameserver werden in einem solchen Fall dann sekundäre Zonen eingerichtet, die als primäre Zonen auf dem sekundären Nameserver existieren. Umgekehrt werden die primären Zonen des sekundären Nameserver als sekundäre Zonen auf dem primären Nameserver eingerichtet. Die einzelnen Nameserver müssen die jeweiligen Zonendaten untereinander austauschen.

Den größten Domain Name Space stellt das Internet dar. Dort sind eine Reihe so genannter *Root-Nameserver* in Betrieb (z.B. im NFSnet, MILNET, SPAN), die für die Top Level Domains verantwortlich sind. Die weitere Verwaltung der Nameserver in den unteren Zonen wird delegiert. In der zweiten und dritten Ebene sind hier juristische Personen wie Behörden und Universitäten mit dem Betrieb der Nameserver betraut. Diese sind jeweils für die Verwaltung ihrer Zweige im DNS-Baum verantwortlich.

Domain-Verwaltung

Die Verwaltung bestehender TLDs (Top Level Domains) und Subdomains und die Vergabe neuer TLDs bzw. Subdomains ist heutzutage ein sehr wichtiges Thema geworden, das sich teilweise auch politischen Einflüssen nicht mehr entziehen kann.

Verwaltet werden die Top Level Domains von einem zentralen Institut mit dem Namen *Network Information Center* (NIC). Das NIC verwaltet die Top Level Domains und vergibt Subdomains an Organisationen. Eine solche Organisation darf dann die Labels unterhalb der zugewiesenen Subdomain selbstständig verwalten, um somit beispielsweise weitere Subdomains einzurichten. Entweder ist das nächste Label ein Hostname oder die Organisation unterteilt ihre Domain in weitere Subdomains. Die Anzahl der Subdomains ist zunächst einmal keiner Einschränkung unterlegen.

Hinweis

Die TLDs für die jeweiligen Länderkennungen (z.B. *.de* für *Deutschland*) sind in der ISO-3166 definiert.

In der folgenden Aufstellung sind einige der wichtigsten Top Level Domains aufgeführt. Die Einteilung geht auf die Zeit zurück, als das Internet noch eine rein amerikanische Angelegenheit war.

TLD	Einsatzort
com	Kommerzielle Organisation
edu	Bildungs- und Forschungseinrichtungen
gov	Regierungsbehörden (amerikanisch)
Mil	Militärische Organisationen (amerikanisch)
net	Sonstige Internet-Organisationen
org	Sonstige Organisationen

Mit der rasanten Ausbreitung des Internets haben alle angeschlossenen Länder eigene Domains (TLDs) bekommen, die jeweils durch die ISO-Landeskennung dargestellt wird. Also wurde Deutschland beispielsweise *de*, Österreich *at* und der Schweiz *ch* als TLD-Landeskennung zugewiesen.

Wie bereits erwähnt, werden die bisher genannten Domains als Top Level Domains (TLDs) bezeichnet, da diese noch weiter in Subdomains unterteilt werden können. So enthält beispielsweise die TLD *edu* Subdomains für jede amerikanische Universität. Beispielsweise hat die Universität von North-Carolina die Subdomain *unc*. Ein Rechner mit Namen *dirk* in der Subdomain *unc* der TLD *edu* kann somit unter folgender Adresse (FQDN) erreicht werden: *dirk.unc.edu*.

Speziell in den letzten Jahren hat sich herausgestellt, dass die Anzahl der Top Level Domains erhöht werden muss. Im November 2000 hat die Vereinigung ICANN nach jahrelangen Diskussionen die Einführung von sieben neuen „generic Top Level Domains" (gTLDs) beschlossen. Im Jahr 2001 konnten diese TLDs registriert werden und sind seitdem verfügbar.

Hinweis

ICANN steht für *Internet Corporation for Assigned Names and Numbers*. Es handelt sich bei ICANN um eine Organisation ohne jeglichen finanziellen Hintergrund, der vom amerikanischen Wirtschaftsministerium die technische Organisation des Internets und hier insbesondere der Namensvergabe im DNS übertragen wurde. ICANN ist trotz teilweise fehlender Kompetenz und finanzieller Ausstattung der anerkannte Ansprechpartner und Entscheidungsträger bei allen Regelungen, die das Internet betreffen.

Die Top Level Domains, die Ende 2000 vom ICANN verabschiedet worden sind, sind in der folgenden Tabelle zusammengefasst:

TLD	Einsatzort
aero	Organsiationen im Luftverkehr
biz	Allgemein verfügbar
coop	Genossenschaftliche Organisationen
info	Allgemein verfügbar
museum	Reserviert für Museen
name	Zum Aufbau personalisierter TLDs
Pro	Rechtsanwälte, Ärzte, Buchhalter

Insbesondere mit Einführung der neuen TLD *name* soll Privatpersonen eine nicht zugangsbeschränkte virtuelle Heimat im Internet geboten werden. Doch es zeichnet sich bereits ab, dass die Domain nicht gewohnten Pfaden folgen wird. Da sich der Anbieter Global Name Registry (GNR) die Rechte an der Second Level Domain (SLD) bei der Registrierung vorbehält, werden TLDs unter der TLD *name* nicht im Format *larisch.name* vergeben, sondern auch den Vornamen enthalten, also etwa *dirk.larisch.name*.

Auf diese Art und Weise soll eine sehr große Anzahl an registrierbaren Domains geschaffen werden. Ob dann die Verwendung der Domain auf große Gegenliebe stößt, wenn E-Mail-Adressen umständlich etwa *dirk.larisch@dirk.larisch.name* lauten, darf zur Zeit mindestens angezweifelt werden.

Neben den hier bereits genannten und verabschiedeten TLDs standen auch noch lange Zeit folgende Domains zur Diskussion:

- *geo*
- *health*
- *kids*
- *sex*
- *tel*
- *travel*
- *union*
- *web*

Ausschlaggebend für die Ablehnung einer Vielzahl dieser Domains war (zumindest im Jahr 2001), dass die dahinter stehenden Inhalte nur schwer zu kontrollieren sind. Bei Vorschlägen wie *tel* sollen einheitliche Standards geschaffen werden.

DNS-Anfragen

Nachdem das Prinzip des DNS-Dienstes erläutert wurde, stellt sich die Frage, wie eine entsprechende Namensauflösung in der Praxis abläuft. Wenn beispielsweise ein Endgerät ein Datenpaket an ein anderes Endgerät versendet, muss es zuerst herausfinden (lassen), welche IP-Adresse das andere Endgerät hat. Erst dann kann die eigentliche Wegewahl (Routing) beginnen, denn die Tabellen zur Wegewahl basieren allesamt auf IP-Adressen.

Um die Auflösung eines Hostnamens zu bewerkstelligen wird ein entsprechender Nameserver (DNS-Server) eingesetzt. Es wurde bereits erwähnt, dass ein Anwendungsprogramm, das auf die Daten eines DNS-Systems zugreift, sich dabei den Einsatz des so genannten *Resolvers* zunutze macht.

Hinweis

Der Vorgang, einen Nameserver abzufragen wird als *Nameserver-Lookup* oder *DNS-Lookup* oder auch als *Forward DNS-Lookup* bezeichnet. Der *Resolver* ist die Software, die auf einem DNS-Client für den Zugriff auf einen Nameserver sorgt.

Ein Resolver erzeugt auf einem DNS-Client (Host) eine DNS-Anfrage und sendet diese an den Nameserver. Der Nameserver sendet die Antwort (Auflösung des Namens) zurück an den Resolver, der die Daten verarbeitet und an die Anwendung liefert.

Der Nameserver liefert die IP-Adresse zu einem vom Resolver übermittelten Namen, sofern sie ihm bekannt ist. Kennt er die IP-Adresse nicht bzw. kann er den Namen nicht auflösen, wird die Anfrage zum übergeordneten Nameserver weitergeleitet. Wenn nötig, wird die Anfrage zur obersten Ebene von Nameservern weitergeleitet, bis die Anfrage aufgelöst werden kann.

Die Ergebnisse der letzten Namensauflösung speichert der Nameserver in einem lokalen Zwischenspeicher. Dies verkürzt die Anfrage wenn die IP-Adresse zur Namensauflösung sonst mehrere Nameserver durchlaufen müsste. Auch sind dem Nameserver hierdurch Adressen anderer Nameserver in anderen Zonen des DNS-Baums bekannt. Dadurch kann die Anfrage direkt an einen Nameserver in einer anderen Zone geleitet werden ohne den Umweg über die oberste Ebene von Nameservern zu gehen.

Der Resolver an einem DNS-Client muss mit mindestens einer IP-Adresse eines Nameservers konfiguriert werden. Wenn der Resolver eine IP-Adresse zu einem Namen (Hostnamen) benötigt, so nimmt er Kontakt zu dem Nameserver auf, dessen IP-Adresse ihm bekannt ist.

Der Ablauf einer Namensauflösung ist grundsätzlich ein sehr aufwändiges Verfahren, das hier jedoch in vereinfachter Form dargestellt werden soll, um den generellen Ablauf zu verdeutlichen:

- Sobald eine Namensanfrage erfolgt (z.B. durch eine Anweisung der Form TELNET LINUX01) wird als Erstes überprüft, ob der lokale Name des betreffenden Endgerätes identisch ist dem Hostnamen (hier: LINUX01).
- Ist dies nicht der Fall, wird in der lokalen Hostdatei ein Eintrag für den Host (LINUX01) gesucht. Ist ein entsprechender Eintrag vorhanden, wird die zugehörige IP-Adresse an die Anwendung (hier: TELNET) zurück übermittelt.
- Kann der Hostname in der lokalen Hostdatei nicht aufgelöst werden, wird als Nächstes ein DNS-Server (Nameserver) angesprochen. Dies setzt natürlich voraus, dass das anfragende Endgerät auch als DNS-Client konfiguriert worden ist.
- Der DNS-Server (primärer DNS-Server) sucht den übermittelten Hostnamen in seiner Datenbank.
- Findet er den Namen in seiner Datenbank, sucht er die dazugehörige IP-Adresse heraus und übermittelt diese an den anfragenden Host.
- Kann der (primäre) DNS-Server den Hostnamen nicht auflösen, gibt er die Anfrage weiter an einen übergeordneten DNS-Server. Dies kann bis zu einem DNS-Server auf oberster Ebene gehen.
- Besteht keine Möglichkeit, den angeforderten Namen aufzulösen, erscheint eine entsprechende Fehlermeldung (Unbekannter Host, Zeitüberschreitung o. Ä.).

Umgekehrte Auflösung

In der Regel werden Nameserver eingesetzt, um vorgegebene Namen in IP-Adressen umzuwandeln bzw. diesen Namen die entsprechenden IP-Adressen zuzuordnen. In der Praxis wird aber auch hin und wieder der umgekehrte Fall, also die Zuordnung eines Hostnamens zu einer vorgegebenen IP-Adresse, benötigt.

Für den speziellen Anwendungsfall der umgekehrten Auflösung steht im Internet die Domäne mit dem Namen ARPA zur Verfügung, die als *in-addr.arpa.* konfiguriert wird. Das Wesentliche bei der umgekehrten Zuordnung von IP-Adressen zu Namen ist, dass den einzelnen Knoten jeweils die IP-Adresse zugewiesen wird.

Die Domäne *in-addr.arpa.* kann insgesamt bis zu 256 Subdomains verwalten. Diese entsprechen dem ersten Oktett der IP-Adresse. Diese Subdomains (des ersten Oktetts) können jeweils 256 Subdomains haben, die dem zweiten Oktett der IP-Adresse entsprechen. Diese wiederum können 256 Subdomains entsprechend dem dritten Oktett der IP-Adresse besitzen. Die letzte Subdomain kann 256 Datensätze entsprechend dem letzten Oktett der IP-Adresse besitzen. Somit entspricht der Wert eines Datensatzes aus dem vierten Oktett der IP-Adresse dem FQDN der IP-Adresse.

Hinweis

Der umgekehrte Vorgang der Auflösung einer IP-Adresse in einen Hostnamen wird auch als *Reverse DNS-Lookup* bezeichnet.

Fazit

Es gibt drei mögliche Verfahren, eine Auflösung von Hostnamen in IP-Adressen durchzuführen: Hostdatei, WINS und DNS. Der Einsatz einer Hostdatei fällt dabei als Alternative in der Regel weg, da sie keine Strukturierung der Daten ermöglicht und zudem sehr schwer zu pflegen ist. Die weitere Betrachtung reduziert sich somit auf DNS und WINS.

Heutzutage herrscht teilweise noch die Meinung vor, dass ein DNS-System mit entsprechenden Nameservern nur für große Netzwerke Sinn macht. Diese Meinung ist eigentlich längst überholt, denn auch in kleinen Netzwerken kann dieses Verfahren sehr schnell wertvolle Dienste leisten. Zudem hat DNS den unbestrittenen Vorteil, dass es auf Standards (RFCs) basiert und es sich nicht um eine proprietäre Lösung eines Softwareanbieters handelt.

Es ist damit zu rechnen, dass WINS zukünftig vollständig verschwindet und auch auf den Windows-Servern der DNS-Dienst dessen Aufgaben übernehmen wird. Zudem wird auch die Softwareschnittstelle NetBIOS in zukünftigen Betriebssystem-Versionen ebenfalls nicht mehr implementiert, so dass dann nur noch Standards wie TCP/IP und DNS eine entscheidende Rolle spielen werden.

Noch einmal zur Klarstellung: Wenn in einem Netzwerk ausschließlich Windows-Systeme zum Einsatz kommen, kann auf DNS vollständig verzichtet werden. WINS kann hier die Aufgabe der Namensauflösung einfacher verrichten. DNS wird erst dann notwendig, wenn auch andere Betriebssysteme, wie z.B. UNIX, in einem Netzwerk verwendet werden, die nicht mit WINS kommunizieren können, oder wenn eine Anbindung an das Internet benötigt wird.

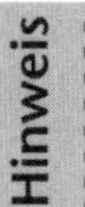

Der Einsatz von NetBIOS und WINS reduziert sich auf eine geschlossene Windows-Umgebung. Im Internet wird auf jeden Fall eine Namensauflösung per DNS-System benötigt.

4.2 Namensauflösung in der Praxis

Der Einsatz eines DNS-Systems bedingt, vergleichbar mit DHCP, das Einrichten eines Servers (DNS-Server) und die entsprechende Konfiguration der einzelnen Clients (DNS-Clients). Wie beides unter den gängigen Betriebssystemen erfolgt, wird nachfolgend erläutert. Dabei wird auf Serverseite sowohl die Einrichtung eines Windows-2000-Servers als auch eines Linux-Systems betrachtet. Die notwendigen Einstellungen eines DNS-Clients werden beispielhaft an Windows 2000 Professional dargestellt, wobei sich dies auch beliebig auf andere Windows-Systeme übertragen lässt.

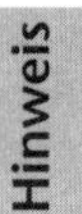

Betriebssysteme wie Novell NetWare, Linux oder die aktuellen Windows-Server-Systeme verfügen standardmäßig über Funktionen zur Einrichtung eines DNS-Servers.

DNS-Server

Genau wie bei DHCP (siehe vorhergehendes Modul) so ist auch beim Einsatz eines DNS-Systems zwingende Voraussetzung, mindestens eine DNS-Server (Nameserver) einzurichten. Nachfolgend soll dies an einem Windows-2000-Server erläutert werden. Ergänzend dazu folgen dann entsprechende Angaben und Hinweise zur Konfiguration eines Linux-Systems.

Windows 2000 Server/Windows Server 2003

Die Installation des DNS-Dienstes und die nachfolgende Einrichtung des DNS-Systems auf einem Server unter Windows 2000 Server/Windows Server 2003 gestaltet sich wie folgt:

1. Als Erstes einmal muss auf dem Windows-Server der entsprechende Dienst eingerichtet werden, um DNS einsetzen zu können. Dazu muss zunächst über das *Startmenü* im Menü *Einstellungen* der Punkt *Systemsteuerung* angewählt werden.
2. Nach der Auswahl der Option *Software* muss dann im linken Teil des erscheinenden Fensters die Option *Windows-Komponenten hinzufügen/entfernen* angewählt werden.
3. Im nächsten Schritt muss dann bei der Option *Netzwerkdienste* die Schaltfläche *Details* angewählt werden.

4. In dem nachfolgenden Fenster muss dann in der Zeile *DNS-Server (Domain Name System)* das Kästchen angeklickt werden, um diese Option zu aktivieren.
5. Diese Vorgaben müssen abschließend dann mit der Schaltfläche *OK* bestätigt werden.
6. Im nächsten Fenster muss dies dann noch einmal mit der Schaltfläche *Weiter* bestätigt werden, worauf der DNS-Dienst auf dem entsprechenden Server installiert wird. Dabei werden einige Dateien kopiert und im Systemverzeichnis abgelegt.

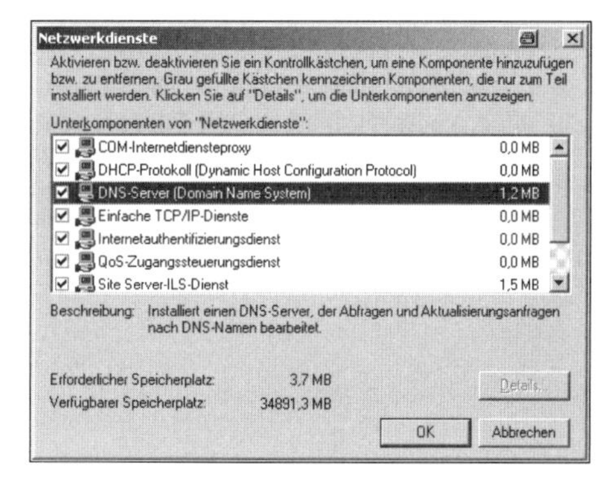

7. Nach dem Abschluss der Installation erscheint ein weiteres Fenster, in dem die Schaltfläche *Fertig stellen* betätigt werden muss. Die Grundinstallation des DNS-Dienstes ist damit abgeschlossen.

8. Als Nächstes kann dann die Einrichtung bzw. Konfiguration des DNS-Managers durchgeführt werden. Wenn die Installation des DNS-Dienstes erfolgreich war, befindet sich im *Programme*-Menü unterhalb des Punktes *Verwaltung* ein Menüpunkt mit dem Namen *DNS*. Dieser Punkt muss jetzt angewählt werden, um die DNS-Konsole aufzurufen.
9. Für die Erstkonfiguration eines DNS-Servers stellt Windows 2000 Server/Windows Server 2003 einen entsprechenden Assistenten zur Verfügung. Dieser Assistent kann mit Einsatz des Menüpunktes *Server konfigurieren* im Menü *Vorgang* der DNS-Konsole aktiviert werden.

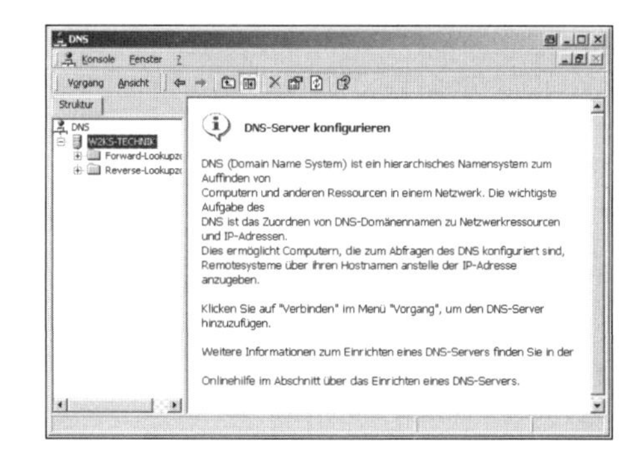

10. Das Startfenster des DNS-Assistenten kann mit der Schaltfläche *Weiter* ausgeblendet werden.

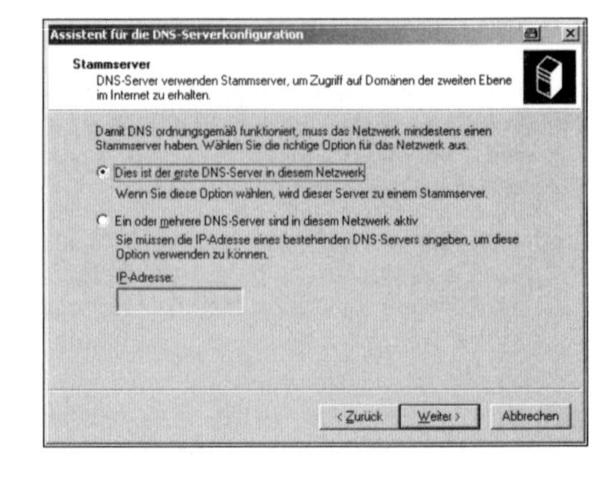

11. Auf der ersten Konfigurationsseite des DNS-Assistenten muss festgelegt werden, ob dies der erste DNS-Server im Netzwerk ist, oder ob es eventuell schon andere DNS-Server gibt. Für die weiteren Erläuterungen wird vorausgesetzt, dass der einzurichtende DNS-Server der erste Nameserver im Netzwerk ist. Die Auswahl muss auch hier mit der Schaltfläche *Weiter* bestätigt werden.

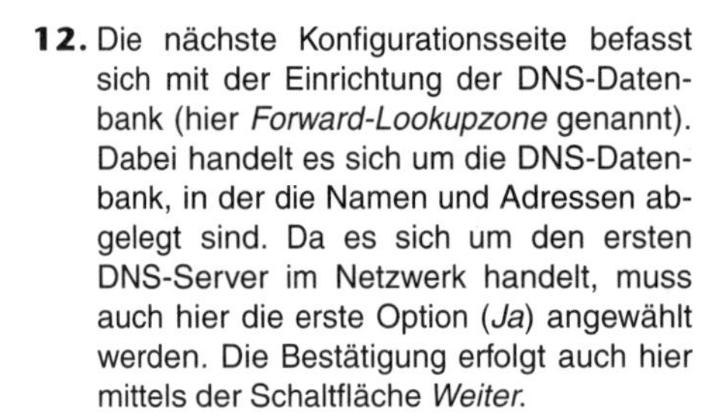

12. Die nächste Konfigurationsseite befasst sich mit der Einrichtung der DNS-Datenbank (hier *Forward-Lookupzone* genannt). Dabei handelt es sich um die DNS-Datenbank, in der die Namen und Adressen abgelegt sind. Da es sich um den ersten DNS-Server im Netzwerk handelt, muss auch hier die erste Option (*Ja*) angewählt werden. Die Bestätigung erfolgt auch hier mittels der Schaltfläche *Weiter.*

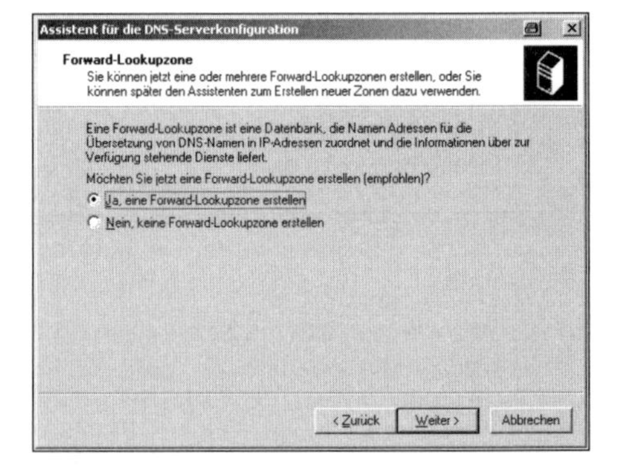

13. Im nächsten Arbeitsschritt wird der jeweilige Zonentyp festgelegt. Beim Einsatz von Active Directory Services (ADS) empfiehlt Microsoft, die DNS-Zone auch in dem ADS-Verzeichnisdienst zu speichern (Erste Option: *Active-Directory-integriert*). Mit der zweiten Option (*Primär*) wird der zu installierende DNS-Server als primärer Server installiert und mit der dritten Option (Sekundär) als sekundärer Nameserver. Für die weiteren Erläuterungen wird an dieser Stelle der primäre Typ angewählt und dies mit *Weiter* bestätigt. Die Einteilung nach Zonentypen kann jederzeit nachträglich geändert werden.

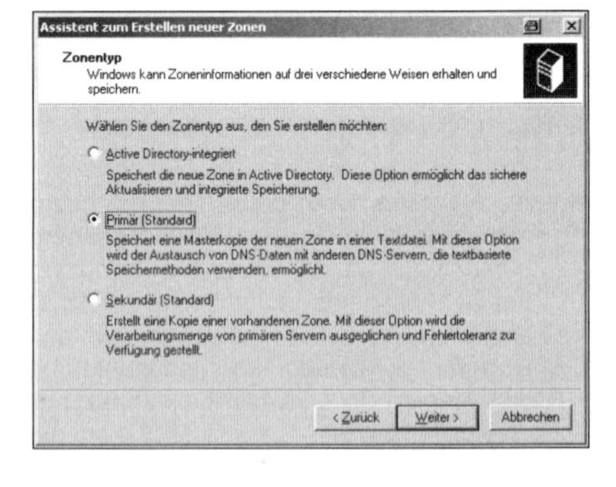

14. Im nächsten Fenster muss dann der Name für die DNS-Zone festgelegt werden. Die Eingabe wird auch hier mit *Weiter* bestätigt.

15. Im Anschluss daran kann definiert werden, ob für die definierte Zone eine neue Datei erstellt werden soll, oder ob auf eine bestehende Datei (z.B. eines anderen Systems) zugegriffen werden soll. Auch dies muss mit *Weiter* bestätigt werden.

16. Es wurde bereits erwähnt, dass ein Nameserver nicht nur Hostnamen in Adressen auflösen kann, sondern auch den umgekehrten Weg gehen kann (*Reverse DNS-Lookup*). Um dies zu erreichen, muss im nächsten Konfigurationsfenster die entsprechende Option (*Ja*) angewählt werden. Bestätigung der Auswahl auch hier mit der Schaltfläche *Weiter*.

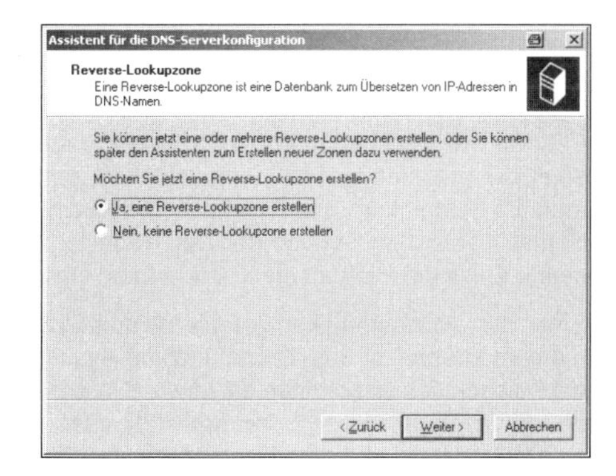

17. Wird die Frage nach dem Reverse-Lookup-Server bejaht, muss als Nächstes auch hier der Zonentyp bestimmt werden; Bestätigung ebenfalls mit *Weiter*.

18. Im nächsten Arbeitsschritt muss dann die Netzwerkadresse (nicht die IP-Adresse) bzw. der Name der Reverse-Lookupzone angegeben werden. Auch dies muss mit *Weiter* bestätigt werden.

19. Danach kann dann abschließend festgelegt werden, ob eine entsprechende Zonendatei angelegt werden soll, oder ob diese von einem anderen System übernommen werden soll. Vergleichbar sind die einzelnen Arbeitsschritte mit dem Anlegen der Forward-Lookupzone.

20. Damit ist die Ersteinrichtung des DNS-Servers abgeschlossen. Nach der Bestätigung des letzten Fensters mit der Schaltfläche *Fertig stellen*, wird der Server gemäß den Vorgaben konfiguriert.

21. Die neu eingerichteten Zonen werden auf der DNS-Konsole angezeigt und können dort auch direkt überprüft werden. Mit der DNS-Konsole besteht auch jederzeit die Möglichkeit, nachträglich Änderungen an einer bestehenden Konfiguration vorzunehmen bzw. weitergehende Anpassungen durchzuführen. So können beispielsweise bestehende Zonen geändert oder gelöscht bzw. neue Zonen hinzugefügt werden.

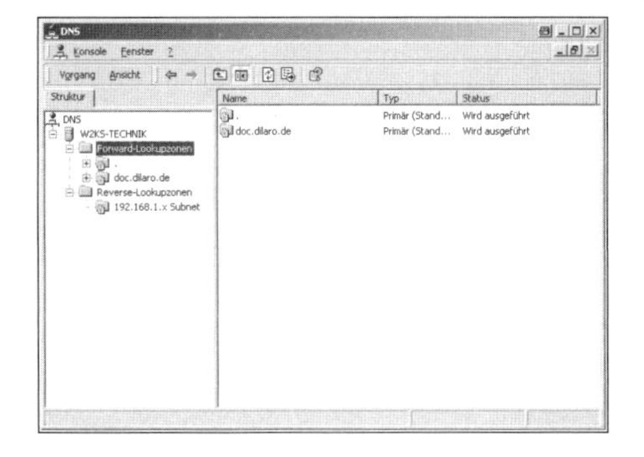

Hinweis

Im Rahmen dieses Buches kann natürlich nur die Grundeinrichtung eines DNS-Servers dargestellt werden. Ergänzende Erläuterungen zum DNS-Server von Windows 2000 Server/Windows Server 2003 würden den Rahmen sprengen, weshalb an dieser Stelle auf weiterführende Literatur verwiesen wird.

Linux

Sehr oft werden heutzutage auch Systeme auf Basis von Linux als DNS- oder Nameserver eingesetzt. Die entsprechende Funktionalität ist, genau wie bei Novell NetWare oder den Windows-Systemen, im Systemkern des Betriebssystems Linux implementiert. Da Linux ein sehr weit verbreitetes Betriebssystem im Bereich der Server darstellt, die Internet-Dienste zur Verfügung stellen, soll an dieser Stelle beispielhaft die Konfiguration eines entsprechenden Nameserver dargestellt werden.

Einer der wichtigsten Dienste eines Linux-Systems in Unternehmensnetzwerken aber auch immer mehr im Internet ist das Domain Name System (DNS). Nachfolgend wird exemplarisch dargestellt, mit welchen Arbeitsschritten ein Linux-System als Nameserver eingerichtet werden kann. Dabei wird der Einfachheit halber vorausgesetzt, dass der Nameserver der Rechner mit der IP-Adresse 192.168.1.95 und mit dem Hostnamen *linux01* sein soll.

Hinweis

Die weiteren Erläuterungen orientieren sich an einem SuSE-Linux-System, können jedoch in ähnlicher Form auch auf andere Linux-Systeme angewandt werden.

Im ersten Schritt muss die Datei */etc/resolv.conf* entsprechend angepasst werden, in die jeweils der Nameserver der einzelnen Hosts eingetragen wird. Der Inhalt einer solchen Datei kann sich unter Linux beispielsweise wie folgt darstellen:

```
# /etc/resolv.conf
#
search dilaro
nameserver 192.168.1.95
```

Aus den beiden Einträgen in der Datei */etc/resolv.conf* geht hervor, dass der Suchpfad auf die Domäne *dilaro* gesetzt wird und dass dem Nameserver die IP-Adresse 192.168.1.95 zugeordnet worden ist.

Als Nächstes muss dann die Datei */etc/host.conf* gemäß den gewünschten Vorgaben angepasst werden. Hier wird festgelegt, in welcher Reihenfolge die verfügbaren Dienste zum Auflösen der Namen eingesetzt werden. Dies könnte sich beispielsweise wie folgt darstellen:

```
# /etc/host.conf
#
order hosts bind
multi on
```

Mit den hier dargestellten Einträgen in der Datei */etc/host.conf* wird definiert, dass zur Auflösung von Namen zunächst die lokale Hostdatei des Servers und anschließend der DNS-Server herangezogen wird.

Im nächsten Schritt muss die Datei */etc/named.boot* angepasst werden, wobei nachfolgend wieder ein mögliches Beispiel dargestellt wird:

```
; Beispielkonfiguration für den Nameserver linux01
#
directory /var/named

primary     linux01.dilaro
primary     192.168.1.95.in-addr.arpa
primary     localhost
primary     192.168.1.95.in-addr.arpa
#
cache . root.cache
slave
```

Mit diesen Einträgen werden der Nameserver und das Verzeichnis definiert, in dem die Nameserver-Dateien abgelegt werden.

Im nächsten Schritt müssen dann in der Steuerdatei */etc/named.hosts* alle Rechner des betreffenden Netzes mit den zugehörigen IP-Adressen eingetragen werden, die über den Nameserver verwaltet werden sollen. Nachfolgend ist ein Muster für den möglichen Inhalt einer solchen Datei dargestellt:

```
@     IN    SOA   linux01.dilaro.  hostmaster.linux01. (
                  2001082303  ; serial number
                  86400       ; refresh, seconds
                  3600        ; retry, seconds
                  864000          ; expire, seconds
                  43200 )         ; minimum, seconds
      IN    NS    linux01.dilaro.
      IN    MX    100 mail.dilaro

hans        IN    A     192.168.1.90
server02    IN    A     192.168.1.100
larisch     IN    A     192.168.1.102
meier       IN    A     192.168.1.103
```

In dieser Datei sind somit sämtliche IP-Adressen abgelegt, die über den Nameserver verwaltet werden. Diese Adressen werden in der Regel vom Systemverwalter manuell erfasst. Die Angabe serial number dient dabei lediglich der Kennzeichnung, wann die letzte Änderung vorgenommen wurde; hier wird das Datum (amerikanische Schreibweise) und eine fortlaufende Nummerierung für jeden Tag eingetragen. Anhand dieser Nummer erfolgt dann der Abgleich mit weiteren Nameservern.

Die nächste Datei, die editiert werden muss, trägt den Namen *named.local* und wird ebenfalls im Verzeichnis */var/named* abgelegt. Der Inhalt dieser Datei sollte beispielhaft wie folgt aufgebaut sein:

```
@     IN    SOA   linux01.dilaro.  hostmaster.linux01. (
                  2001082201  ; serial number
                  86400       ; refresh, seconds
                  3600        ; retry, seconds
                  864000          ; expire, seconds
                  43200 )         ; minimum, seconds
      IN    NS    linux01.dilaro.

1     IN    PTR   localhost.
```

Im gleichen Verzeichnis wie *named.local* muss auch noch eine Datei mit dem Namen *named.local-rev* angelegt werden. Deren Inhalt sollte wie folgt aufgebaut sein:

```
@     IN    SOA   linux01.dilaro.  hostmaster.linux01. (
                  2001082002  ; serial number
```

```
                    86400       ; refresh, seconds
                    3600        ; retry, seconds
                    864000          ; expire, seconds
                    43200 )         ; minimum, seconds
        IN    NS    linux01.dilaro.
0       IN    PTR   loopback.
100     IN    PTR   mail.dilaro.
```

Die letzte Datei, die zur Konfiguration des Linux-Nameservers noch benötigt wird, ist die Datei *root.cache*. Diese Datei muss ebenfalls im Verzeichnis */var/named* abgelegt sein und sollte beispielsweise in einfacher Form wie folgt aufgebaut sein:

```
.                   99999999        IN    NS    linux01.dilaro
linux01.dilaro.     99999999        IN    A      192.168.1.95
```

Sobald die benötigten Konfigurationsdateien angepasst worden sind, kann im Anschluss daran der Nameserver gestartet werden. Standardmäßig wird der Prozess (Daemon) für den Nameserver durch den Internet-Daemon (inetd) aktiviert. Um den Nameserver explizit neu zu starten, kann an der Linux-Konsole die folgende Anweisung eingegeben werden:

```
sh /usr/sbin/named.restart
```

Hinweis

Aus den vorhergehenden Ausführungen ist ersichtlich, dass die Konfiguration und die Einrichtung eines Nameservers unter Linux mit einigem Aufwand verbunden ist. Wo immer sich eine Möglichkeit ergibt, einen solchen Nameserver unter Novell NetWare oder einem Windows-System einzurichten, sollte diese Option bevorzugt werden, da die Einrichtung und Verwaltung dort wesentlich komfortabler erfolgen.

Sobald ein Linux-System als Nameserver eingesetzt wird, stehen unterschiedliche Anweisungen zur Verfügung, um den Zustand des Nameservers zu testen bzw. zu überwachen. Beispielhaft sollen die Anweisungen dig, host oder auch nslookup genannt werden. So dient die Anweisung *dig* (*Domain Information Groper*) beispielsweise dazu, diverse Informationen von einem bestehenden Nameserver abzurufen.

DNS-Client

Wie bereits oben erwähnt, soll die Installation und Konfiguration eines Nameserver-Clients exemplarisch am Desktop-System Windows XP Professional dargestellt werden.

Hinweis

Die Konfiguration eines DNS-Clients unter Windows 9x gestaltet sich vergleichbar mit den Einstellungen bei einem Client mit Windows XP Professional (trifft im übrigen auch auf Windows NT 4 Workstation bzw. Windows 2000 Professionell zu).

1. Zunächst einmal muss der Punkt *Eigenschaften* des Symbols *Netzwerkumgebung* angewählt werden.

2. Es erscheint das Fenster zur Verwaltung der *Netzwerk- und DFÜ-Verbindungen*. In diesem Fenster muss als Nächstes das Kontextmenü (rechte Maustaste) des Punktes *LAN-Verbindung* angewählt werden.
3. In dem nachfolgenden Eigenschaftfenster der LAN-Verbindung muss dann die Option *Internetprotokoll (TCP/IP)* angeklickt werden.
4. Durch Einsatz der Schaltfläche *Eigenschaften* können an dieser Stelle die Vorgaben für das Protokoll TCP/IP definiert bzw. eingesehen werden.
5. Um den Client als DNS-Client zu definieren, muss in dem Eigenschaftfenster des TCP/IP-Protokolls die Schaltfläche *Erweitert* angewählt werden.
6. Es erscheint ein weiteres Fenster mit diversen Registern, von denen das Register mit dem Namen *DNS* angewählt werden muss.

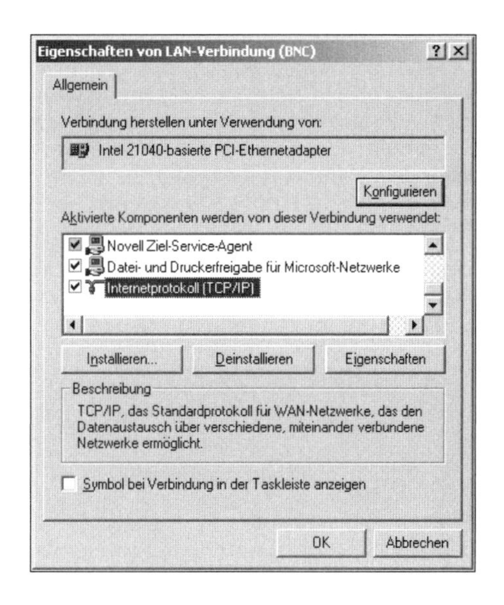

7. Innerhalb des DNS-Fensters kann dann mit der Schaltfläche *Hinzufügen* die IP-Adresse eines Nameservers ergänzt werden. Auf diese Art und Weise können auch mehrere Nameserver (sekundärer Nameserver usw.) hinzugefügt werden, sofern diese vorhanden sind.
8. Im letzten Schritt muss nun noch in der Zeile *DNS-Suffix für diese Verbindung* der Name der Domäne eingetragen werden, auf den sich die Namensauflösung bezieht, also beispielsweise *dilaro.de*.
9. Auf diese Art und Weise sind die notwendigen Konfigurationseinstellungen an einem Windows-XP-Client abgeschlossen. Nach der Bestätigung der Eingaben und einem Neustart des Rechners (sicherheitshalber) steht die geänderte Konfiguration zur Verfügung.

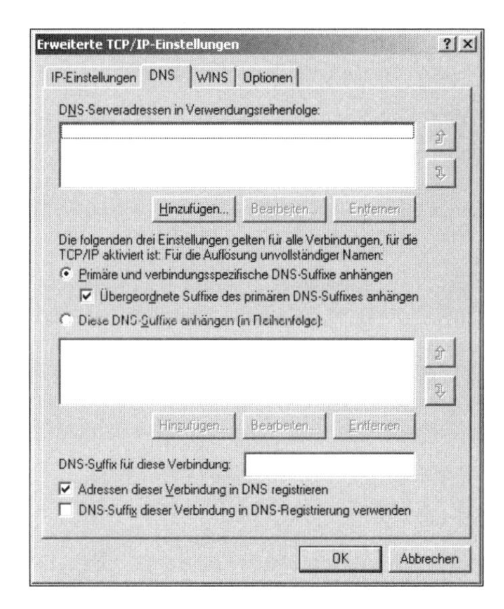

Zur Überprüfung, ob dem Client DNS-Server zugewiesen wurden, kann unter Windows 2000/NT auf der DOS-Ebene die folgende Anweisung eingesetzt werden:

```
IPCONFIG /ALL
```

In der nachfolgenden Aufstellung sollte eine Angabe wie *DNS-Server* und dahinter die IP-Adresse der zugewiesenen Nameserver angezeigt werden.

Nachdem auf die geschilderte Art und Weise die notwendigen Einrichtungen an den beteiligten Systemen vorgenommen wurden, steht dem Einsatz des Nameserver-Dienstes nichts mehr im Wege. Auf diese Art und Weise kann ein Anwender (symbolische) Hostnamen verwenden und benötigt keine IP-Adressen mehr, um ein anderes Endgerät (z.B. Rechner) oder einen Dienst auf einem anderen System anzusprechen. So besteht mit einem Nameserver die Möglichkeit, eine TELNET-Sitzung mit folgendem Aufruf zu starten:

```
telnet linux01
```

Dies ist sicherlich wesentlich angenehmer, als hinter der TELNET-Anweisung die IP-Adresse des Rechners *linux01* angeben zu müssen.

Zusammenfassung

- ✔ Die Namensauflösung ermöglicht die Zuweisung von IP-Adressen zu Hostnamen und umgekehrt eine Zuweisung von Namen zu IP-Adressen.
- ✔ Der Einsatz eines Dienstes zur Namensauflösung kann den Programmaufruf und den Zugriff auf Dienste in einem IP-Netzwerk wesentlich vereinfachen.
- ✔ Es gibt heutzutage drei Verfahren zur Namensauflösung: Hostdatei, WINS (Windows Internet Naming Service) und DNS (Domain Name System).
- ✔ Der Einsatz einer Hostdatei bietet sich nur in kleinen Netzwerken mit sehr wenigen Endgeräten an, da dieses System schwer zu pflegen ist.
- ✔ Der WINS-Dienst ist ein proprietärer Dienst der Firma Microsoft, der nur in geschlossenen Windows-Umgebungen zum Einsatz kommen sollte.
- ✔ DNS stellt heutzutage das Standardsystem für die Auflösung von Namen und IP-Adressen dar und sollte nach Möglichkeit immer zum Einsatz kommen.
- ✔ Ein DNS-System ist ein hierarchisches Datenbanksystem, dass auf so genannten Top Level Domains basiert, die weiter unterteilt werden in Subdomains und Labels.
- ✔ Die bereits seit Anfangszeiten des Internets im Einsatz befindlichen Top Level Domains *com*, *edu*, *org*, *net* usw. werden mehr und mehr durch neue TLDs ergänz (*name*, *aero* usw.).
- ✔ Netzwerkbetriebssysteme wie Novell NetWare, Linux oder auch die Windows-Systeme unterstützen die Einrichtung eines DNS-Servers zur Auflösung von Namen und IP-Adressen in dem zugehörigen Netzwerk.

Übungen

1. Was bewirkt das Prinzip der Namensauflösung?
2. Nennen Sie die drei bekanntesten Verfahren zur Namensauflösung.

Übungen

3. Worin unterscheiden sich DNS und WINS vom Einsatz einer Hostdatei?
4. Was bedeutet DNS?
5. Wo wird die Hostdatei auf einem UNIX-System standardmäßig abgelegt?
6. Die Hostdatei auf einem Windows-System wird wo abgelegt?
7. Warum ist der Einsatz einer Hostdatei in einem großen Netzwerk schwer zu verwalten?
8. Ist der Eintrag
   192.168.1.99 webdienst1 w1 web1
   in einer Hostdatei möglich?
9. Wie werden in einer Hostdatei Kommentarzeilen eingeleitet?
10. Wie werden die IP-Adresse und der Hostname in einer Hostdatei voneinander getrennt?
11. Wofür steht die Abkürzung *WINS*?
12. Was ist NetBIOS?
13. Was ist ein NetBIOS-Name?
14. Aus welchem Grund wurde NetBIOS over TCP/IP (NetBT) entwickelt?
15. Welchen Nachteil haben Rundsendungen (Broadcasts) von Datenpaketen in einem Netzwerk?
16. Warum ist der Einsatz eines WINS-Servers in einem größeren Netzwerk nicht sinnvoll?
17. Worin unterschieden sich NetBIOS-Namen von Hostnamen?
18. Welchen Nachteil hat ein WINS-Server in Bezug auf die Client-Konfiguration?
19. Sollte auf einem Windows-2000-Server ein WINS-Dienst installiert werden?
20. Was wird mit dem Begriff *Namensauflösung* bezeichnet?
21. Was sind so genannte *Fully Qualified Domain Names* (FQDN)?
22. Was wird bei einem DNS-System mit Domain Name Space bezeichnet?
23. Wie wird der Ursprungspunkt eines DNS-Systems bezeichnet?
24. Was ist ein Resolver?

Übungen

25. Wie setzt sich eine Web-Adresse zusammen?

26. Wie wird der Vorgang bezeichnet, bei dem auf einen Nameserver zwecks Auflösung eines Namens zugegriffen wird?

27. Wofür wird die Domäne *in-addr.arpa.* eingesetzt?

28. Wie wird der Vorgang der Auflösung von IP-Adressen in Hostnamen bezeichnet?

29. Mit welcher Anweisung kann auf einem Windows-System (NT/2000) überprüft werden, ob das System für den Nameserver-Zugriff eingerichtet wurde?

Die Lösungen zu diesen Aufgaben finden Sie im Anhang des Co@ches.

Modul 5

Routing

Bereits in den vorhergehenden Modulen wurden die Begriffe *Routing*, *Leitwegbestimmung* oder auch *Wegewahl* benutzt, ohne diese an den entsprechenden Stellen näher zu erläutern. Da es sich dabei jedoch um ein Thema handelt, das beim Einsatz des TCP/IP-Protokolls einen sehr wichtigen Stellenwert einnimmt, soll diesem ein eigenes Kapitel gewidmet werden.

Beim Einsatz und bei der Konfiguration des TCP/IP-Protokollstacks wird sich immer wieder die Frage oder Notwendigkeit der Wegewahl (Routing) ergeben. So kommt dem TCP/IP-Protokoll beim Routing in einem Netzwerk eine wesentliche Bedeutung zu.

Lernen Sie

- was sich hinter dem Begriff *Routing* verbirgt
- warum Routing bei TCP/IP so wichtig ist
- welche Routing-Verfahren es gibt
- warum Switches immer wichtiger werden
- welche Routing-Protokolle in der Praxis eingesetzt werden

Hinweis

Da das Routing sowohl in einem lokalen Netzwerk als beispielsweise auch im Internet zum Einsatz kommt, sollen im weiteren Verlauf mit dem Begriff *Netz* oder *Netzwerk* alle heute verfügbaren Konstellationen bezeichnet werden, in denen TCP/IP und damit auch Routing zum Einsatz kommen kann.

5.1 Routing-Prinzip

Netzwerke werden heutzutage aus den verschiedensten Gründen auf- bzw. unterteilt (in Subnetze). Dies kann aufgrund technischer Notwendigkeiten erfolgen, weil beispielsweise unterschiedliche physikalische Netzstrukturen (z.B. Ethernet und Token Ring) zum Einsatz kommen. Dies ist auch der Fall, wenn eine Außenstelle eines Unternehmens oder einer Organisation über Modem oder ISDN angekoppelt werden soll. Ein weiterer Grund kann das Ziel sein, die Netzlast im gesamten Netzwerk zu reduzieren.

Somit ist ein wesentlicher Punkt der Betrachtung des TCP/IP-Protokollstacks der, dass alle Endgeräte in einem Netzwerkverbund über eindeutige Adressen erreicht werden können. Und diese Erreichbarkeit muss auch über Grenzen von (logischen und physikalischen) Netzwerkgrenzen hinweg gewährleistet werden.

Solange sich die Endgeräte im gleichen Netzwerk befinden, kann jedes Endgerät einen anderen Host direkt über seine Internetadresse erreichen. Dagegen ist die IP-Adresse eines fremden Netzes (Subnetzes) nur dann verfüg- und nutzbar, wenn die Pakete weitervermittelt werden. Dazu dient ein Gateway, das heutzutage in der Regel in Form eines Routers zum Einsatz kommt.

Dabei ergibt sich dann zwangsläufig die Frage, woher weiß ein Endgerät, dass sich ein bestimmtes anderes Endgerät in einem anderen Netzwerk befindet. Es muss also einen Mechanismus geben, der die unterschiedlichen Netze verwaltet und dafür sorgt, dass die Daten eines Endgerätes (Quelladresse) der gewünschten Zieladresse zugeführt werden. Und genau hier kommt das Routing zum Einsatz.

Ganz allgemein ausgedrückt lässt sich das Prinzip des Routings wie folgt umschreiben: Die Wegewahl (Routing) sorgt dafür, dass die Daten an das gewünschte Ziel kommen. Und dies auf dem schnellstmöglichen Weg. Das Routing kann somit als Kernprozess von TCP/IP bezeichnet werden.

Vereinfacht dargestellt verbindet Routing (genauer: verbinden die Router) zwei physikalisch getrennte Netzwerke, wobei sich die unterschiedlichen Wege der einzelnen Datenpakete aus einer so genannten *Routing-Tabelle* ergeben. Somit kennzeichnet Routing das Prinzip zur Verbindung zwischen Endgeräten auf der Basis von Adressen der Netzwerkschicht (IP-Adressen). Das Ergebnis einer entsprechenden Wegewahl (Routing) sind Informationen, aus denen hervorgeht, welchen Weg das zu übertragende Datenpaket zu durchlaufen hat, wobei grundsätzlich jedes Paket als Einheit betrachtet und separat übertragen wird.

Der permanent vorhandene Speicher mit Adressinformationen optimiert die Wegewahl (Routing). Dabei wird das erste Paket analysiert und die Quell- und Zieladresse gespeichert. Diese Adressen werden allen nachfolgenden Paketen zugewiesen, wodurch sich eine höhere Verarbeitungsgeschwindigkeit ergibt.

Hinweis

Der Begriff *Routing* wird auch mit den Begriffen *Wegewahl* oder *Leitwegbestimmung* umschrieben.

Wegewahl

In lokalen Netzwerken (LAN) verfügt jedes Endgerät über eine (weltweit) eindeutige Knotenadresse (MAC-Adresse), die von den Herstellern der Netzwerkkarten vergeben werden. Mit diesen eher unsystematisch vergebenen Adressen kann jedoch nur in kleinen Netzwerken gearbeitet werden, da diese Adresse zu jedem Endgerät bekannt sein muss. In Netzwerken größerer Ausdehnung funktioniert dies nicht. Dort wird ein Adresssystem benötigt, das in der Lage ist, den Weg zum Empfänger zu finden. Und genau an dieser Stelle kommen routingfähige Protokolle wie beispielsweise TCP/IP zum Einsatz. Weil die IP-Adressen nicht aus der Hardware ausgelesen, sondern logisch vergeben werden, müssen diese auch entsprechend konfiguriert werden.

Ein weiterer Aspekt soll die Notwendigkeit einer Wegewahl (Routing) verdeutlichen: In einem beliebigen Netzwerk (auch *Internetwork* genannt) kann ein Datenpaket entweder direkt an sein Ziel im gleichen Netzwerk gesendet werden (sofern sich das empfangende Endgerät im gleichen Netz befindet) oder es muss auf dem Weg zu seinem Ziel mindestens eine Komponente (Router, Gateway) passieren, die ihm den Weg weist. Das Verfahren, mit dem der Weg, den ein Paket zwischen Quelle und Ziel nimmt, bestimmt wird, wird als *Wegewahl* oder *Routing* bezeichnet.

Sendet ein Endgerät (z.B. Rechner) Datenpakete zu einem System, das sich im gleichen Netzwerk befindet, besteht das Routing lediglich in der Umsetzung der Internet-Adresse in die physikalische Adresse (Knotenadresse) des Zielrechners. Dies erfolgt mittels des *Address Resolution Protocols* (ARP). Sobald das Ziel des Datenpakets jedoch in einem anderen Netzwerk liegt, wird das Paket über ein Transportsystem (Gateway) zu diesem Netzwerk gesendet.

Hinweis

Routing muss dort eingesetzt werden, wo zwei physikalisch voneinander getrennte Netzwerke miteinander verbunden werden sollen. Solange sich die Endgeräte in einem (physikalischen) Netzwerk befinden, wird kein Routing benötigt.

Ein solches Transportsystem ist in der Regel eine spezielle Hardwarekomponente, die mit mindestens zwei Netzwerken verbunden ist und Datenpakete von einem Netzwerk in ein anderes überträgt. Dieser Prozess setzt sich so lange fort, bis ein Transportsystem erreicht wird, welches im gleichen Netzwerk liegt wie der Zielrechner. Das Transportsystem oder der Vermittler zwischen den unterschiedlichen Netzen ist in aller Regel ein Router (Gateway). Der eigentliche Routing-Prozess findet auf der zweiten Schicht (Internet Layer) des TCP/IP-Schichtenmodells bzw. auf Schicht 3 des OSI-Referenzmodells (Network Layer) statt.

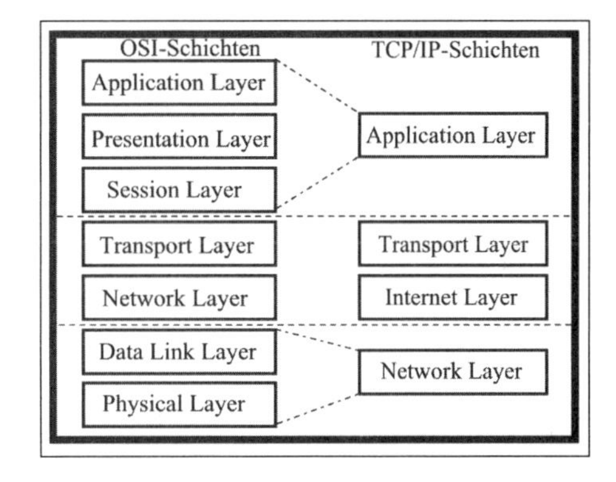

Standard-Gateway

Bei den Erläuterungen zum Prinzip des Routings wird ein Begriff immer wieder verwendet, der auch bereits in den vorhergehenden Kapitel dieses Buches angesprochen wurde: *Standard-Gateway*. Ein Standard-Gateway (Standard-Router) spielt bei der Betrachtung des Routing-Prinzips eine sehr wesentliche Rolle.

Ein Gateway ist zunächst einmal ein Endgerät in einem Netzwerk, das einzelne Netzwerke mit unterschiedlichen Protokollen und Adressierungen miteinander verbindet. Solche Gateways ermöglichen die Kommunikation zwischen verschiedenen Architekturen und Umgebungen, indem die Datenpakete entsprechend der eingesetzten Umgebung aufbereitet werden. Bei diesem Vorgang werden die Daten mit dem Protokoll des Zielsystems kombiniert. Dabei wird das Format der Nachricht so geändert, dass sie vom Anwendungsprogramm auf der empfangenden Seite der Übertragung gelesen werden kann.

Hinweis

Ein Gateway verbindet zwei Systeme miteinander, die sich im Protokoll, in der Architektur und/oder im Dateiformat unterschieden.

Wenn ein Endgerät in einem IP-Netzwerk mit einem Host in einem anderen Netzwerk (Remote-Netzwerk) kommunizieren muss, erfolgt dies in der Regel über einen Router. Bei TCP/IP wird ein Router, der das Teilnetz mit anderen Netzwerken verbindet, als *Standard-Gateway* bezeichnet.

Bei einem Standard-Gateway (Standard-Router) handelt es sich um ein Endgerät innerhalb eines Netzwerks, das die Netzwerk-Adressen der angeschlossenen Netzwerke kennt. Wenn ein Endgerät (anhand der Subnetzmaske) erkennt, dass sich der Ziel-Host nicht in seinem lokalen Netz befindet, sendet das Endgerät die Pakete an das Standard-Gateway.

Das Standard-Gateway wiederum kann die Pakete an andere Gateways weiterleiten, bis die Daten letztlich an die gewünschte Zieladresse gelangen. Somit erfolgt eine Verlagerung des erweiterten Routings auf einen anderes Endgerät, eben das Standard-Gateway, wodurch die einzelnen Endgeräte entlastet werden. Die Pflege eigener (lokaler) Routing-Tabellen entfällt somit.

Hinweis

Ein Standard-Gateway wird auch mit den Begriffen *Standard-Router* oder *Default-Gateway* umschrieben.

Hinweis

Ein Netzwerk, das nicht dem lokalen Netzwerk eines Endgerätes entspricht, wird in der IP-Terminologie auch als *Remote-Netzwerk* bezeichnet.

Sobald ein Endgerät versucht, über TCP/IP mit einem anderen Gerät zu kommunizieren, vergleicht es die definierte Subnetzmaske und die IP-Adresse des Zielsystems mit der eigenen Subnetzmaske und IP-Adresse. Aus dem Ergebnis dieses Vergleichs kann das Endgerät feststellen, ob es sich bei dem Ziel um einen lokalen Host oder um einen Host in einem anderen Netzwerk handelt (erkennbar an der unterschiedlichen Netzadresse).

Ist das Ziel ein lokaler Host, dann sendet das Endgerät das Datenpaket einfach auf das lokale Teilnetz. Wird festgestellt, dass das Ziel ein Host in einem anderen Netzwerk (andere Netzadresse) ist, leitet das Endgerät das Paket an den Standard-Gateway weiter. Daraufhin übergibt der Router (Standard-Gateway) das Paket an das entsprechende Teilnetz. Das Standard-Gateway auf den einzelnen Endgeräten (z. B. Rechner) wird in den TCP/IP-Eigenschaften definiert.

Hinweis

IP-Adressen, die ein Endgerät nicht dem eigenen Netzwerk zuordnen kann, werden an das Standard-Gateway übergeben.

Um die Kommunikation mit dem Host in einem anderen Netzwerk zu ermöglichen, sollte für ein Standard-Gateway immer eine feste IP-Adresse konfiguriert werden. Ist auf dem lokalen Endgerät (z. B. Rechner) keine Route zu dem jeweiligen Zielnetzwerk konfiguriert, sendet TCP/IP die für das Remote-Netzwerk bestimmten Datenpakete an das Standard-Gateway.

In der Regel verfügt ein jedes IP-Endgerät über eine (lokale) Routing-Tabelle, in der die Zuordnungen zu den anderen Teilnetzen abgelegt sind. Sobald einem Endgerät ein Standard-Gateway zugewiesen wurde, wird diesem standardmäßig die Route 0.0.0. zugewiesen. Dies wiederum hat zur Folge, dass alle Adressen, die nicht in der lokalen Routing-Tabelle zu finden sind, an die Adresse des Standard-Gateways übermittelt werden. Im Standard-Gateway wird dann die Routing-Tabelle auf einen möglichen Eintrag für die Zieladresse untersucht. Ist eine entsprechende Netzwerk-Adresse vorhanden, wird das Paket dorthin versendet.

Hinweis

Wurde auf einem Endgerät, das ein Datenpaket zu einem Remote-Netzwerk versenden möchte, kein Standard-Gateway definiert, bleibt die Kommunikation auf das lokale Netzwerk beschränkt.

Routing-Tabellen

Damit die Transportsysteme (Router, Gateways) die Datenpakete auf dem Weg zum Ziel richtig weiterleiten können, benötigen diese Informationen über die Wegewahl, die so genannten *Routing-Informationen*. Diese Informationen sind innerhalb der Transportsysteme in speziellen Routing-Tabellen gespeichert.

Eine Routing-Tabelle enthält paarweise Einträge aus Netzwerk-Adressen (Ziel, Subnetzmaske usw.) und zugehörigen Transportsystemen (Router, Gateways). Um ein Datenpaket weiterleiten zu können, wird der Netzwerkteil der Zieladresse in der Routing-Tabelle nachgeschlagen und das Paket dem zugehörigen Router oder Gateway zugesandt.

Da diese Art der Wegewahl auf Netzwerk-Adressen (Netzwerkteil der IP-Adresse) und nicht auf Rechneradressen basiert, kann die Routing-Tabelle relativ kurz gehalten werden. Auf diese Art und Weise dienen die Routing-Tabellen dazu, den schnellsten Weg von der Quell- zur Zieladresse zu ermitteln.

Routing-Verfahren

Bei den heute verfügbaren Routing-Verfahren wird zwischen zwei möglichen Varianten unterschieden:

- statisches Routing
- dynamisches Routing

Beim *statischen Routing* ist den einzelnen Datenpaketen (Datagrame) ein festgelegter Weg vorgeben. Im Gegensatz dazu verwendet das *dynamische Routing* einen wesentlich flexibleren Mechanismus, bei dem sich Router untereinander über den Weg einigen. Die Kommunikation zwischen den Routern erfolgt beim dynamischen Routing über spezielle Router-Protokolle wie *RIP* (*Routing Information Protocol*), *OSPF* (*Open Shortest Path First*) oder *IGRP* (*Interior Gateway Routing Protocol*).

Hinweis

Statisches Routing bedeutet manuelle Pflege der Routing-Tabellen durch einen Systemverwalter. Beim dynamischen Routing werden die entsprechenden Informationen zwischen den beteiligten Endgeräten (Routern) automatisch mittels spezieller Routing-Protokolle ausgetauscht.

Statisches Verfahren

Das statische Routing-Verfahren basiert auf einer festen Vorgabe des Weges zwischen zwei beliebigen Endgeräten. Diese Vorgabe wird bei der Einrichtung, d.h. die Installation des Netzwerkes getroffen und als fester Eintrag in einer Routing-Tabelle gespeichert. Auf diese Art und Weise sind alle Endgeräte jeweils einem Router zugeordnet, über den sie erreichbar sind und andere Ziele erreichen können. Bei der Festlegung muss die Konfiguration des Netzes, die Anzahl und die Standorte der Router und die eingesetzten Leitungen und deren Übertragungskapazität bekannt sein.

Das statische Routing-Verfahren erfordert die manuelle Erstellung und Pflege der Routing-Tabellen innerhalb eines Gateways (Routers). Dieses Verfahren ist bereits aus dieser Tatsache heraus ein sehr fehlerbehaftetes und aufwändiges Verfahren, um die Wege (Routen) der Datenpakete von einem Netz in ein anderes Netz festzulegen.

Wenn sich das Netz dann auch noch über eine Vielzahl von Endgeräten mit einigen Routern erstreckt, wird die Pflege sehr schnell unübersichtlich und schwierig. Denn sobald sich eine Route ändert (bedingt beispielsweise durch das Ändern von IP-Adressen), muss dies manuell in allen davon betroffenen Geräten angepasst werden.

Statisches Routing ist ohne weitere Vorgaben oder Zusatzprotokolle direkt unter TCP/IP einsetzbar. Wird beispielsweise ein Windows-System als Router eingesetzt, können mit dem Befehl *route* beliebige statische Routen konfiguriert werden. Eine Anzeige der aktuell verfügbaren Routen liefert unter Windows die Anweisung *route print*.

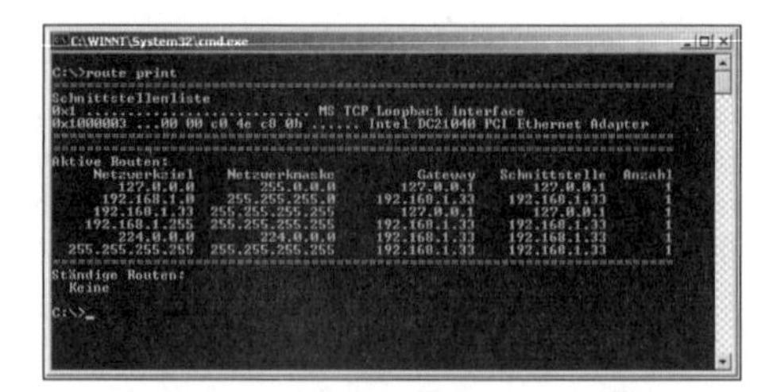

Hinweis

Der Einsatz eines statischen Verfahrens zur Festlegung und Pflege der Routing-Tabellen sollte grundsätzlich nur in sehr kleinen Netzwerken eingesetzt werden. Dennoch wird das Prinzip des statischen Routings heutzutage sehr häufig (auch in größeren Netzen) eingesetzt.

Dynamisches Routing

Spätestens mit dem (bereits mehrfach erwähnten) rasanten Wachstum des Internets mit seinen vielen Teilnetzen und der ständigen Veränderung wurde der Ruf nach einem Routing-Verfahren immer lautet, das sich den dynamischen Veränderungen schnell anpasst. Aus diesen Anforderungen ergaben sich Entwicklungen in Richtung moderner und flexibler Routing-Protokolle, die eine dynamische Zuordnung von Routen ermöglichten. Entsprechende Veränderungen werden automatisch festgestellt und selbstständig in die entsprechenden Routing-Tabellen eingepflegt.

Damit beim dynamischen Routing die notwenigen Informationen (Routing-Informationen) zwischen den beteiligten Routern ausgetauscht werden, kommen spezielle Routing-Protokolle zum Einsatz. Diese gewährleisten die automatische Erstellung und Pflege der Routing-Tabellen in den einzelnen Routern. Somit entfällt beim dynamischen Routing gänzlich die manuelle Pflege der Routing-Tabellen. Nachteilig wirkt sich in diesem Zusammenhang aber auf jeden Fall die stärkere Netzbelastung aus, denn durch die Fülle von benötigten Informationen, die übermittelt werden, ergeben sich unter Umständen spürbare Beeinträchtigungen der Netzperformance.

Die bekanntesten Routing-Protokolle, die heutzutage eingesetzt werden, sind RIP (Routing Information Protocol) und OSPF (Open Shortest Path First). Nähere Angaben dazu enthält das nachfolgende Kapitel.

Hinweis

Das Verfahren des dynamischen Routings sollte in größeren Netzwerken grundsätzlich zum Einsatz kommen. In einem lokalen Netzwerk (LAN), das keine Verbindung zum Internet hat und nicht über mehrere Ausfallrouten verfügt, ist der Einsatz solcher dynamischer Routing-Protokolle in der Regel nicht sinnvoll.

Statisch oder dynamisch?

Werden viele Rechner (oder viele Netze) zusammengeschlossen, gibt es mehrere Möglichkeiten, das Ziel zu erreichen. Deshalb wird anhand eines bestimmten Kriteriums (Leitungsauslastung, Übertragungskosten, Priorität der Daten usw.) eine Route ausgesucht. Die Aktualisierungshäufigkeit dieser Aktion bestimmt die Art des Routings: Beim dynamischen Routing werden die Daten ständig automatisch aktualisiert (teilweise im Sekundenbereich), während beim statischen Routing die Daten von einem Systemverwalter manuell gepflegt werden. Durch die redundanten Wege zu einem bestimmten Ziel können partielle Ausfälle des Netzes umgangen werden.

Da sich keine allgemein gültige Festlegung für das eine oder andere Routing-Verfahren definieren lässt, sollen nachfolgend noch einmal einige Argumente für oder wider das eine bzw. andere Routing-Verfahren zusammengefasst werden:

- Bedingt durch den ständigen Informationsaustausch erhöht sich beim dynamischen Routing die Belastung des Netzwerkverkehrs.
- Die manuelle Pflege der Routing-Tabellen ist grundsätzlich fehlerbehaftet.
- Fehlinformationen in Routing-Tabellen führen zu Fehlfunktionen.
- Statisches Routing ist nur „sauber" pflegbar in kleinen bis mittleren Netzen.
- Das statische Routing stellt keine Backup-Pfade (Wege) zur Verfügung, die beim Ausfall einer Route zum Einsatz kommen könnten.
- Änderungen statischer Routen sind unter Umständen sehr umfangreich.

Routing-Protokolle

Wie bereits erwähnt, dienen die Routing-Protokolle der Kommunikation zwischen Gateways (Routern). Sie sorgen zum einen dafür, dass sich die beteiligten Geräte (Gateways, Router) überhaupt finden, und zum anderen werden über die Routing-Protokolle die einzelnen Routing-Tabellen aktualisiert. Die bekanntesten Routing-Protokolle sind RIP und OSPF.

Routing Information Protocol (RIP)

Das *Routing Information Protocol* ist ein sehr weit verbreitetes Routing-Protokoll, da es sehr einfach gehalten ist. Das dahinter stehende Prinzip ist, dass jedes Gateway in regelmäßigen Abständen (alle 30 Sekunden) seine Routing-Tabelle als Broadcast versendet. Diese Broadcasts werden von allen Gateways (Routern) am lokalen Netzwerk mitgehört und die Routing-Tabellen somit auf den neuesten Stand gebracht. Wenn eine neue Verbindung mitgeteilt wird, wird die lokale Routing-Tabelle automatisch erweitert. Meldet sich ein Gateway (Router) nach 180 Sekunden nicht mehr, werden alle Routing-Einträge dieses Gateways aus der Routing-Tabelle gelöscht.

RIP wird als *Distanz-Vektor-Protokoll* bezeichnet, da damit eine eindeutige Verbindung zwischen einem Netzwerk x und einem Netzwerk y hergestellt werden kann. Es gibt RIP mittlerweile in zwei unterschiedlichen Versionen: RIP1 und RIP2, wobei sich RIP grundsätzlich für kleinere bis mittlere Netze eignet. Die maximale Anzahl der Netze sollte dabei die Zahl 15 nicht überschreiten.

Auch wenn das RIP-Protokoll eine sehr weite Verbreitung hat und ein relativ einfaches Verfahren für das dynamische Routing darstellt, überwiegen doch in der Summe die Nachteile. Die gravierendsten Gründe, die gegen den Einsatz von RIP sprechen, sind deshalb nachfolgend zusammengestellt:

- Erzeugt Broadcast-Verkehr, der nur bei RIP2 durch Multicast-Broadcasts minimiert wird (RIP2 unterstützt aber auch normale Broadcasts).
- Änderung der Routing-Tabellen kann lange dauern, was besonders problematisch bei WAN-Verbindungen ist.
- Der Abgleich der beteiligten Router folgt einer sehr langsamen Konvergenz. Dies bedeutet, dass zusätzliche Änderungen, die ja per Broadcast bzw. Multicast bekannt gemacht werden, erst weiter gegeben werden, wenn die vorhergehende Änderung auch beim letzten Router eingetragen worden ist.
- Die Größe der zu verbindenden Netzwerke ist auf 15 beschränkt. Netzwerke, die mehr als 15 Routersprünge (Hops) entfernt liegen, werden nicht erreicht.
- RIP unterstützt grundsätzlich nur eine Netzmaske (Subnetzmaske) und eine Metrik.

> **Hinweis**
> Mit *Hop* wird das Weiterleiten eines Datenpaketes durch ein Gateway (Router) bezeichnet. *Metrik* kennzeichnet den Zustand eines Netzes. So charakterisiert Metrik beispielsweise die zur Verfügung stehende Bandbreite oder auch die Anzahl der zu überquerenden Router auf dem Weg zum Ziel (Hops).

- Keine vollständige Implementierung von Subnetting in RIP, Version 1. Es wird keine Subnetzmaske mit übertragen; Subnetting wird erst ab RIP2 unterstützt.
- Authentifizierung wird nur bei RIP2 unterstützt, dadurch ergeben sich unter Umständen Probleme bei RIP1.

Open Shortest Path First (OSPF)

Im direkten Vergleich zum RIP ist OSPF kein Distanz-Vektor-Protokoll, sondern ein dynamisches Routing-Protokoll mit Verbindungsstatus (Verbindungszustands-Protokoll). Dies bedeutet, dass aus den ankommenden Verbindungszuständen der anderen Gateways (Router) die Topologie des Netzwerkes als eine Art Landkarte aufgebaut wird. Mit dieser Karte wird der jeweils günstigste Weg berechnet, den ein Datenpaket auf dem Weg durch das Netz nehmen kann. Das automatische Erzeugen der Netzwerktopologie in Kartenform ist sehr komplex und hängt immer von der Güte der Implementierung des OSPF-Protokolls ab.

> **Hinweis**
> Die Implementierung eines Routing-Protokolls wie OSPF stellt hohe Anforderungen an den jeweiligen Systemverwalter.

Bei OSPF werden keine Routing-Tabellen ausgetauscht (wie bei RIP), sondern die einzelnen Verbindungen werden in einer zentralen Datenbank gespeichert. Diese Datenbank heißt *OSPF-LSDB* (*Link State Database*) und beinhaltet alle Informationen der benachbarten Router. Aus diesen Angaben wird dann anhand eines SPF-Algorithmus (Shortest Path First) der kürzeste Weg von der Ziel- zur Quelladresse berechnet.

Ab einer bestimmten Netzwerkgröße wird die zentrale Datenbank (OSPF-LSDB) in mehrere kleine Datenbanken aufgeteilt und auf die angeschlossenen Router verteilt. Zwischen den verteilten Datenbanken erfolgt dann eine Synchronisation der Daten.

> **Hinweis**
> Da die Einrichtung und Konfiguration von OSPF nicht ganz einfach ist, beschränkt sich der Einsatzbereich auf große bis sehr große Netzwerke.

Die grundlegenden Vorteile von OSPF sind nachfolgend zusammengefasst:

- OSPF bietet eine schnelle Konvergenz der Daten (schneller Informationsfluss), da die Routing-Informationen in einer Datenbank gespeichert werden.
- Netzbelastung bleibt in verträglichem Rahmen, da keine Broadcasts versendet werden.
- Bei OSPF sind verschiedene Metriken einsetzbar (Bandbreite, Anzahl der Hops usw.).
- Unterstützung mehrerer Netzmasken.

- Einfache und schnelle Eingrenzung auftretender Probleme.
- OSPF unterstützt Subnetting und sichere Authentifizierung.

Auch ein System wie OSPF hat natürlich einige Nachteile aufzuweisen, die jedoch bei weitem nicht die Vorteile überwiegen. Der Vollständigkeit halber sollen sie hier erwähnt werden:

- Die Implementierung eines Protokolls wie OSPF ist von hoher Komplexität geprägt.
- Die Rechenkapazität der eingesetzten Geräte muss für den Einsatz von OSPF ausgelegt sein.

5.2 Netzwerkkomponenten als Routing-Basis

Es wurde in den vorhergehenden Abschnitten bereits mehrfach betont, dass das Weiterleiten von Daten von einem Netzwerk in ein anderes Netzwerk als *Routing* bezeichnet wird. Als logische Konsequenz dessen ergibt sich, dass die Komponenten (Transportsysteme), die diese Funktionalität zur Verfügung stellen, als *Router* bezeichnet werden. Dabei handelt es sich bei einem Router (Gateway) immer um eine Kombination aus Hard- und Software.

Verfügbare Netzwerkkomponenten

Um eine bessere Einordnung der Router im Zusammenhang mit den heute verfügbaren Netzwerkkomponenten vornehmen zu können, sollen nachfolgend die sonstigen verfügbaren Systeme kurz mit ihrer jeweiligen Funktionsweise dargestellt werden. So kommen in einem Netzwerk eine Vielzahl von aktiven Komponenten zum Einsatz. Neben den Routern sind dies auch Repeater, Brücken, Hubs, Switches usw.

Repeater

Ein *Repeater* ist ein einfacher Signalverstärker, der ein ankommendes Datensignal so verstärkt, dass es wieder auf den Pegel des Ausgangssignals gesetzt wird. Das Signal wird dann wieder zurück auf das Übertragungsmedium gegeben. Innerhalb des OSI-Referenzmodells ist die Funktionalität eines Repeaters grundsätzlich auf der ersten Schicht (Physical Layer) anzusiedeln, hat also auf die Übertragung per TCP/IP-Protokoll keine unmittelbare Auswirkung.

Mit einem Repeater erfolgt die Übertragung der Daten von einem beliebigen Sender zu einem Empfänger, wobei die erwähnte Signalverstärkung zum Einsatz kommt, sobald der Repeater beispielsweise Übertragungsfehler o.Ä. erkennt. Auf diese Art und Weise können auch unterschiedliche Netzwerksegmente zu einem einzigen Netzwerk verbunden werden. Allerdings stellen die Repeater in der ursprünglichen Funktionalität grundsätzlich keine Möglichkeit zur Filterung der Daten zur Verfügung. So ermöglichen Repeater zwar die Überwindung der Längenbegrenzung, eine Lasttrennung oder gar die Integration von Filterfunktionen ist jedoch nicht möglich.

Heutzutage existiert eine gewisse Uneinheitlichkeit in Bezug auf die Bezeichnung und die Funktionalität der Repeater. Während einige Fachleute diese Komponenten als *dumme Geräte* bezeichnen, die in der heutigen strukturierten Verkabelung keine Daseinsberechtigung mehr haben, erweitern wiederum andere Fachleute den Begriff *Repeater* und dehnen ihn auch auf Sternkoppler und ähnliche Komponenten aus.

Brücke

Die aktive Netzwerkkomponente *Brücke* (*Bridge*) ist innerhalb des OSI-Referenzmodells der zweiten Schicht (*Data Link Layer*) zuzuordnen. Brücken teilen ein Netzwerk in kleinere, besser überschaubare Einheiten, kümmeren sich dabei aber grundsätzlich nicht um die höheren Netzwerkprotokolle (wie beispielsweise TCP/IP).

Eine Brücke ist protokolltransparent, d. h., sie überträgt alle auf dem Netz laufenden Protokolle. Die beiden beteiligten Netze erscheinen also für eine Station wie ein einziges Netz. Die wesentlichen Merkmale einer Brücke lassen sich wie folgt charakterisieren:

- Erweiterung eines Netzwerks durch Kopplung einzelner Segmente
- Lasttrennung durch Verwaltung der Adressen der einzelnen Endgeräte
- Transparenz für den Einsatz bestimmter Übertragungsprotokolle
- Möglichkeit zum Aufbau redundanter Verbindungen
- erkennen von Quell- und Zieladresse eines Datenpakets
- selbstständiges Lernen von Adressen (Learning Bridge)
- Weiterleitung von Datenpaketen an die entsprechenden Segmente
- fehlerhafte Datenpakete werden nicht übertragen
- Zugriffsschutz durch entsprechende Filtermöglichkeiten

Eine Brücke ermöglicht grundsätzlich die Verbindung (oder auch die Trennung) von zwei oder mehr unterschiedlichen Netzwerken. Es handelt sich um eine aktive Komponente, bei der für die Übermittlung der Datenpakete ausschließlich die jeweiligen Knotenadressen (MAC-Adressen) der beteiligten Endgeräte (Rechner, Drucker usw.) ausschlaggebend sind. Diese Adressen werden in der jeweiligen Brücke verwaltet, die damit wiederum die so genannten *Bridge-Tabellen* aufbaut.

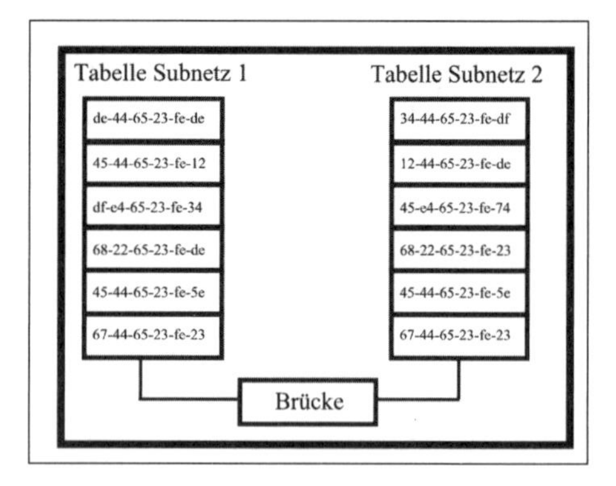

Brücken sind somit jederzeit in der Lage, zwischen dem Verkehr innerhalb eines Netzes und dem Verkehr von einem in ein anderes Netzwerk zu unterscheiden. Zu diesem Zweck werden ganz bestimmte Wegewahlverfahren eingesetzt. Bei den Wegewahlverfahren wiederum kommt bei Brücken in Form des so genannten *Spanning Tree* ein spezielles Verfahren zur Leitwegoptimierung (Wegewahl) zum Einsatz. Dieses Verfahren optimiert die Wege, die die Datenpakete in einem Gesamtnetzwerk nehmen. Damit ist unter anderem auch sichergestellt, dass beispielsweise beim Ausfall einer Brücke automatisch der nächstgünstigste Weg gesucht und geschaltet wird.

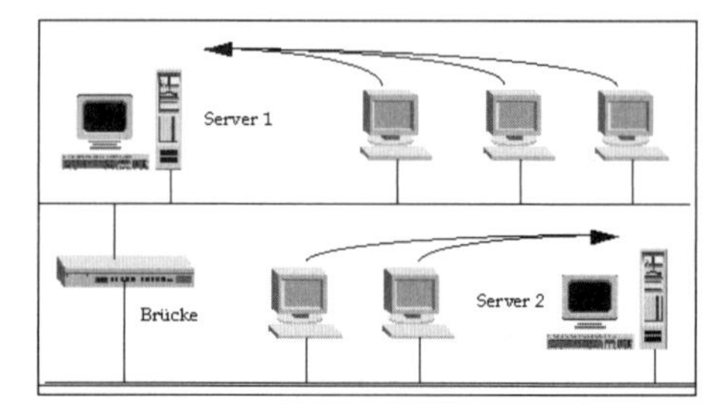

Aus den dargestellten Funktionen ergibt sich, dass eine Brücke zur Lasttrennung eingesetzt werden kann. Dies ist beispielsweise dann von Interesse, wenn an ein Netzwerk viele Endgeräte (Rechner u. Ä.) mit einem entsprechend hohen Datenaufkommen angeschlossen sind. Durch den Einsatz von

Brücken können solche Netzwerke segmentiert werden, wodurch sich dann in der Regel der Datenverkehr auf den einzelnen Segmenten reduziert. Dabei werden die Daten an den anderen Netzwerkbereich (an das andere Segment) nur dann übergeben, wenn sich dort die betreffende Zieladresse (MAC-Adresse) befindet.

Hinweis

Ein wesentlicher Unterschied zwischen einer Brücke und einem Router ist, dass Datenpakete, die einer Brücke (laut Bridge-Tabelle) nicht bekannt sind, einfach in die benachbarten Netze weitergeleitet werden. Dies verursacht entsprechenden Broadcast-Verkehr, den nur eine aktive Komponente auf OSI-Schicht 3 (Router, Switch) vermeiden kann.

Hub

Hubs (engl. Nabe) werden als Koppelelemente eingesetzt, um eine Verteilung der Datensignale auf die einzelnen Anschlüsse vorzunehmen. Dabei wird generell zwischen aktiven und passiven Hubs unterschieden. Ein Aktiv-Hub ermöglicht das Verstärken und Aufteilen eines ankommenden Signals, während ein Passiv-Hub ausschließlich für die Verteilung (keine Verstärkung) eines Signals zuständig ist.

Im Bereich der heutigen Netzwerktechnik kommen Hubs praktisch bei allen Netzwerktypen zum Einsatz. Dabei sind diese Hubs in der Regel nicht mehr vergleichbar mit den Hubs aus den Anfangstagen, sondern in wesentlichen Teilen weiterentwickelt worden. Die Hubs heutiger Prägung sind sehr umfangreiche und komplexe Koppelelemente, die für die Optimierung der Verbindung zwischen Endgeräten und den einzelnen Netzwerksegmenten eingesetzt werden. Die Entwicklung ergab sich aus der Forderung nach einer einheitlichen, strukturierten Verkabelung, ohne dass damit jedoch gleichzeitig das Netzwerkverfahren bzw. der Netzwerktyp festgelegt werden sollte. Gleichzeitig soll mit einem Hub die Leistungsfähigkeit des gesamten Netzwerks erhöht werden, ohne dazu jedoch die einzelnen Segmente anpassen oder ändern zu müssen.

Switch

Nicht selten werden heutzutage höchste Anforderungen an ein Verkabelungssystem gestellt. Die Gründe sind vielschichtig, ergeben sich jedoch größtenteils aus dem Einsatz entsprechender Anwendungen mit einem höheren Bandbreitenbedarf. Als klassische Schlagworte werden in diesem Zusammenhang Begriffe wie *Multimedia*, *Bildübertragung* oder auch *Videokonferenzen* genannt.

Bandbreitenengpässe ergeben sich sehr oft aus der Tatsache, dass immer mehr Geschäftsprozesse durch Anwendungen auf das Netzwerk verlagert werden. Dies hat zur Folge, dass eine schnelle Kommunikationsbasis benötigt wird. Zudem sind getätigte Investitionen in Hardware und Anwendungen nur dann sinnvoll, wenn die Netzwerk-Infrastruktur optimal aufgebaut ist.

Ein Bereich, dem in diesem Zusammenhang eine enorme Bedeutung zukommt, ist die *Switch*-Technologie. Dabei handelt es sich noch nicht einmal um eine grundlegend neue Technik, sondern Switches sind, von der Funktionalität her betrachtet, im Grunde genommen Weiterentwicklungen von Brücken. So nutzt das Prinzip des Switching die vorhandene Bandbreite besser aus, da jedes Datenpaket nur an den Empfänger gesendet wird, für den es bestimmt ist. Dies steht vollkommen konträr zu der Technologie des Shared Media (geteiltes Medium). Das Entscheidende ist, dass die Switching-Technik auch auf bestehende Netzwerk-Infrastrukturen aufsetzen kann und dass andere Techniken, wie beispielsweise Shared-Ethernet, problemlos angebunden werden können.

Der Grundgedanke der Switch-Technologie, die auch als Direktvermittlung (vergleichbar mit dem Telefonnetz) bezeichnet werden kann, ist, dass einem Endgerät die maximal verfügbare Bandbreite zugewiesen wird. Es wird also nicht die Bandbreite des Gesamtsystems erhöht, sondern die Verteilung und Zuweisung wird optimiert. Die eingehenden Datenpakete werden auf ihre Zieladresse hin überprüft. Anhand dieser Adresse werden dann die einzelnen Pakete an die jeweiligen Empfänger weitergeleitet. Es erfolgt eine generelle Aufteilung des Netzwerks in mehrere Segmente (Collision Domains). Als Folge dessen gelangt beispielsweise nicht mehr jedes Datenpaket zu jedem verfügbaren Endgerät des Netzwerks.

Von vielen Fachleuten werden Switches auch als *schnelle Brücken* bezeichnet. Dies kommt der Funktion und Arbeitsweise von Switches sehr nahe. Der große Vorteil der Switching-Technik liegt darin, dass in der Regel weder die Verkabelung (sofern sie bereits strukturiert ist) noch die eingesetzten aktiven Komponenten ausgetauscht werden müssen. Es wird lediglich eine zusätzliche Komponente benötigt (der Switch), die eine entsprechende Optimierung der verfügbaren Bandbreite bewirkt.

Mittlerweile gibt es bei den verfügbaren Switches enorme Unterschiede in der Leistungs- und damit Einsatzfähigkeit. Die in vielen Netzwerken eingesetzten Layer-2-Switches (OSI-Schicht 2) transportieren die Daten anhand der Schicht-2-Adressen. Layer-2-Switches arbeiten protokollunabhängig (vergleichbar mit Brücken) und garantieren eine transparente Verbindung zwischen den Endgeräten. Layer-2-Switches sind in der Lage, die MAC-Adressen und die zugehörigen Ports automatisch zu lernen.

Switches, die auf OSI-Schicht 2 arbeiten, stoßen schnell an ihre Grenzen, da sie eben nur schnelle Brücken darstellen. Eine Lösung für die dabei entstehenden Probleme ist das so genannte Layer-3-Switching. Layer-3-Switche kombinieren dabei die Eigenschaften eines Switches und eines Routers.

Hinweis

Sobald die positiven Eigenschaften eines Routers mit dem leistungsstarken Prinzip eines Switches in einer Komponente zusammengeführt werden, ergeben sich Übersetzungsqualitäten eines Routers kombiniert mit der Geschwindigkeit eines Switches.

Ein Switch lernt die IP-Adressen der beteiligten Netze und entscheidet auf dieser Informationsbasis, von welchem Eingangsport des Switches das Datenpaket zu welchem Ausgangsport übermittelt wird. Sobald vom Sender ein Paket zu einem Empfänger im selben Subnetz übermittelt wird, erfolgt auf der Senderseite zuerst eine Überprüfung des lokalen ARP-Cache. Dabei untersucht der Sender, ob im Cache die der Ziel-IP-Adresse zugehörige Knotenadresse (MAC-Adresse) bekannt ist. Ist dies der Fall, leitet der Sender das Datenpaket mit der IP- und der MAC-Adresse des Ziel-Gerätes weiter. Kann die MAC-Adresse des Zielgerätes im ARP-Cache nicht gefunden werden, übermittelt der Sender einen ARP-Request per Broadcast auf das Netz. Dieses Broadcast-Paket wird von sämtlichen Endgeräten im lokalen Netz gelesen. Erkennt ein Endgerät seine eigene IP-Adresse im ARP-Request, bearbeitet es das Paket weiter. In einem ARP-Reply sendet das betreffende Endgerät dann seine eigene MAC-Adresse an den ursprünglichen Sender zurück. Dieser legt nach dem Empfang des ARP-Replies die darin enthaltenen Adressinformationen in seiner lokalen ARP-Tabelle ab. Erst nach vollständigem Abschluss des ARP-Prozesses kann der Sender das betreffende Datenpaket an den Zielrechner über das Netz transportieren.

Auf die beschriebene Art und Weise wird der Durchsatz eines Netzes deutlich erhöht. Ein Layer-3-Switch lernt im transparenten Routing-Modus die einzelnen IP-Adressen. Sobald die IP-Adressen in die Forwarding-Tabelle aufgenommen sind, wird der gesamte Datenverkehr vom Layer-3-Switch weitergeleitet.

Den Layer-3-Switches fehlt die direkte Verbindung zu den Anwendungen (OSI-Schicht 4). Um eine transparente Datenübertragung zwischen Endsystemen zu realisieren, muss auch diese Schicht vom Switch-System umgesetzt werden; hier kommen Layer-4-Switches zum Einsatz. Die Transportprotokolle der OSI-Schicht 4 sorgen dabei für eine Aufteilung der seriellen Datenströme der unteren Schichten auf die spezifischen Anwendungen. Dazu werden Sockets verwendet, wobei ein Socket ja immer eine Kombination aus Port (Anwendung) und IP-Adresse darstellt.

Sockets ermöglichen eine Unterscheidung der Datenströme nach Anwendungen bzw. Arten von Diensten. Zur Weiterleitung der Daten nutzt der Layer-4-Switch die im Datenstrom eingefügte Portnummer. Dabei kann das Datenpaket anhand folgender Kriterien weitergeleitet werden:

- IP-Adresse des Empfängers
- Zielport des Empfängers
- IP-Adresse des Senders
- Zielport des Senders

Router als Wegbereiter

Obwohl heutzutage die Funktionalität von Routern mehr und mehr in andere Netzwerkkomponenten (z.B. Switches) übertragen wird, soll die generelle Arbeitsweise hier separat dargestellt werden. Daraus wird dann auch sehr schnell ersichtlich, wie die Wegewahl in einem IP-basierten Netzwerk unter praktischen Gesichtspunkten abläuft.

Funktionsweise

Router repräsentieren eine aktive Netzwerkkomponente, mit der sich ein strukturiertes Netzwerk mit heterogenen Anbindungen aufbauen und verwalten lässt. Router kommen dabei zum Einsatz, da sie äußerst flexibel sind. Sie werden innerhalb des OSI-Referenzmodells auf der dritten Schicht (Network Layer) eingeordnet. Dabei ergibt sich aus der Arbeitsweise bzw. aus den einzelnen Diensten der dritten Schicht die Unabhängigkeit von der physikalischen Ebene. Während es beispielsweise Brücken egal ist, welche Netzwerkpakete (z.B. IP, IPX o. Ä.) transportiert werden sollen, müssen Router alle Netzwerkprotokolle, die sie befördern sollen, kennen.

Hinweis

Router sind grundsätzlich protokollabhängig; im Gegensatz beispielsweise zu Brücken.

Die generellen Funktionen eines Routers ergeben sich aus der folgenden Aufstellung:

- Strukturierter Aufbau eines Netzwerks
- Aufteilung segmentierter LANs in einzelne Bereiche (Broadcast-Domänen)
- Erweiterung der physikalischen Netzwerkgrenzen
- Ausdehnung eines Netzes hinsichtlich der Länge und der Anzahl der Endgeräte
- Verbindung unterschiedlicher Subnetze
- Auswertung der Wege anhand der Protokolle (TCP/IP, IPX, DECnet u.a.)
- Behandlung fehlerhafter Datenpakete
- Vermeidung von unnötigem Datenverkehr in anderen Netzen (Broadcast-Unterdrückung)
- Routing-Funktionen zwischen Netzwerken mit unterschiedlichen Zugriffsverfahren
- Optimale Wegewahl für die Übertragung der Datenpakete

Aus dieser Übersicht ist bereits ersichtlich, dass Router wesentlich mehr Aufgaben übernehmen (können), als beispielsweise nur die Wahl einer geeigneten Route (Wegewahl). Während mit einer Brücke mehrere Netzwerke (Segmente) zu einem Gesamtnetzwerk zusammengefasst werden, erfolgt bei einem Router zwar ebenfalls eine Verbindung unterschiedlicher Netzwerke (auch heterogener), jedoch bleibt dabei jedes Netz für sich als separates Segment erhalten (Eindeutigkeit der Netzwerk-Adresse).

Ein Router funktioniert wesentlich effektiver als eine Brücke. So werden bei einem Router, obwohl er ebenfalls unterschiedliche Netzwerke verbinden kann (Brücken-Funktion), grundsätzlich nicht die Adressen der einzelnen Endgeräte, sondern ausschließlich die Adressen der beteiligten Netzwerke (Netzwerk-Adressen) in Form einer so genannten Routing-Tabelle angelegt. Der Einsatz eines Routers dient vornehmlich dazu, zwei oder mehr Netzwerke (Segmente) miteinander zu koppeln, wobei jedoch jedes einzelne Netzwerk für sich bestehen bleibt. Dies wird durch die Auswertung der Netzwerk-Adressen im Router ermöglicht. Besteht dabei das gesamte (gekoppelte) Netzwerk nicht nur aus zwei, sondern aus mehreren Segmenten, so verfügt grundsätzlich jeder Router über sämtliche Adressen der beteiligten Netzwerke. Auf diese Art und Weise kann ein Router sehr schnell feststellen, ob ein angesprochenes Netzwerk verfügbar ist und kann dann aufgrund der Routing-Tabellen den kürzesten Weg für den Datenpfad ermitteln.

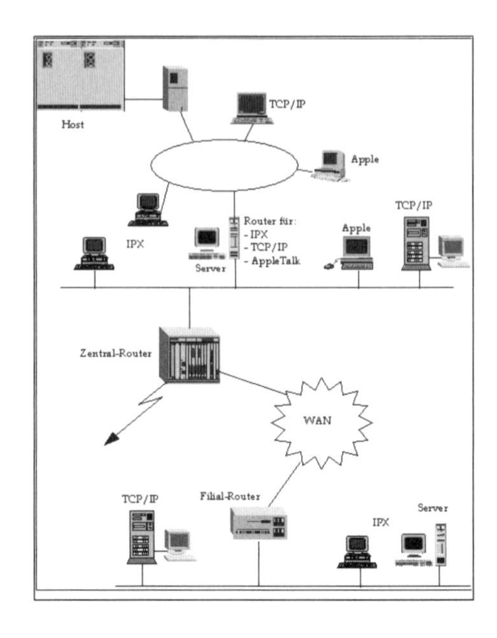

Es wurde bereits erwähnt, dass Router grundsätzlich nicht protokolltransparent sind (im Gegensatz beispielsweise zu Brücken). Entweder werden Router einer bestimmten Protokollfamilie zugeordnet oder es handelt sich um so genannte Multiprotokoll-Router, die mehrere unterschiedliche Protokolle verarbeiten können. Ein Router, der nur das Internet Protocol (IP) verarbeiten kann, ist deshalb für alle Nicht-IP-Protokolle (etwa XNS, IPX, DECnet oder LAT) nicht durchlässig. Da das Gerät jedes Paket bis zur Ebene drei auspacken muss, eignet es sich hervorragend zur Verbindung unterschiedlicher Netzwerktopologien wie Ethernet mit Token Ring, FDDI, ISDN oder X.25.

Hinweis

Der Einsatz von Routern bietet sich immer dann an, wenn Daten über mehrere Netzwerkbereiche mit unterschiedlichen Zugriffsverfahren und Protokollen übertragen werden sollen.

Firewall als spezieller Router

Der Vollständigkeit halber, soll an dieser Stelle auch kurz der Einsatz eines Firewalls dargestellt werden. Ein Firewall ist nämlich von der Funktion her nichts anderes als ein Router. So dient ein solcher Firewall dazu, das interne Netz (LAN) gegenüber dem öffentlichen Netz abzuschotten und eine kontrollierte Kommunikation mit der Außenwelt zu ermöglichen.

„Kontrolliert" bedeutet in diesem Zusammenhang, dass durch Einstellungen des Firewalls entschieden wird, welche Internet-Dienste sich vom eigenen Netz aus nutzen lassen und wer aus dem Internet auf welche Weise auf das lokale Netz (LAN) zugreifen darf. Hierbei bietet sich die Möglichkeit, bestimmte Absender oder andere Netze von der Kommunikation auszuschließen, indem entsprechende Verbindungen von oder zu den entsprechenden Netzadressen abgewiesen werden.

> **Hinweis**
> Firewalls erlauben den Zugang nur an einer definierten Stelle. Damit lässt sich der Datenverkehr von und nach außen kontrollieren.

Sobald ein lokales Netzwerk permanent über eine Standleitung mit dem Internet verbunden ist, kann dies unter Umständen weitreichende Konsequenzen in Bezug auf die *innere Sicherheit* nach sich ziehen. Zur Trennung des lokalen Netzwerks von dem öffentlichen Netz kommt dabei sehr häufig ein Firewall zum Einsatz. Ein Firewall kanalisiert die Kommunikation, indem alle Daten von und nach außen über dieses System laufen müssen. Die Kanalisierung erhöht zudem die Chancen, einen Einbruchversuch anhand ausführlicher Protokoll-Dateien zu erkennen, da der Eindringling erst den Firewall passieren muss.

Wie bereits erwähnt, stellen Firewalls grundsätzlich eine spezielle Form von Routern dar, wobei dieser entweder aus einem einzelnen System oder aus einer mehrstufigen Anordnung bestehen kann. Eine mehrstufige Anordnung ist vor allem dann sinnvoll, wenn bestimmte Dienste zur Verfügung gestellt werden sollen, beispielsweise einen WWW- oder FTP-Server. Die entsprechenden Hosts können dann in einem Zwischennetz isoliert werden.

Die Anbindung bzw. der Anschluss eines Firewalls kann auf zwei Arten erfolgen. Die erste Möglichkeit ist das Einbinden ins lokale Netz. Der Router dieses Netzes wird so konfiguriert, dass alle Datenpakete nur an den Firewall weitergegeben werden, der auch als einziges System nach außen sichtbar ist.

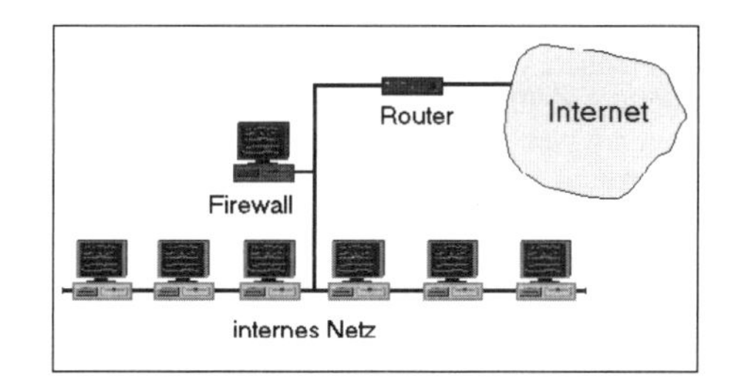

Die zweite Möglichkeit besteht darin, den Firewall mit zwei Netzwerk-Schnittstellen (Netzwerkkarten) auszurüsten, so dass das interne und das externe Netz durch den Rechner getrennt werden. Der Firewall routet dann nur die erlaubten Datenpakete. Router und Firewall sind somit in einem Gerät kombiniert. Dies ist eine Lösung, die heutzutage sehr oft zum Einsatz kommt (beispielsweise auf Linux-Basis).

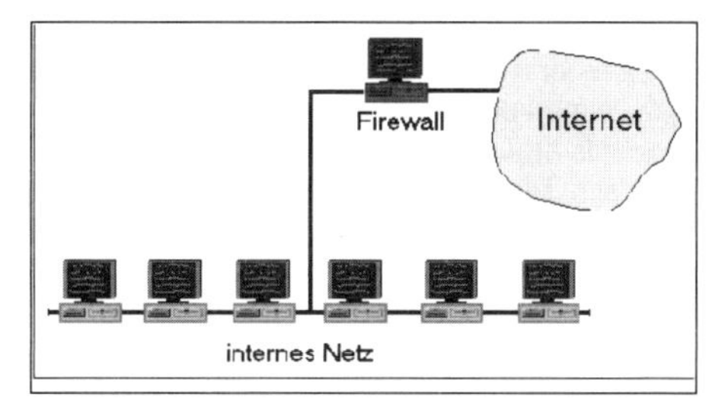

Heutzutage stehen generell unterschiedliche Typen von Firewalls zur Verfügung, die wichtigsten sind:

- Application Gateways
- Paketfilter
- Circuit Level Gateways

Bei dem *Application Gateway* (auch als *Proxy* bezeichnet) wird auf dem Firewall-Host für jede zulässige Anwendung ein eigenes Gateway-Programm installiert. Der Client muss sich dabei oftmals gegenüber dem Proxy-Programm authentifizieren. Dieser Proxy führt dann alle Aktionen im LAN stellvertretend für den Client aus. Damit lassen sich zum einen benutzerspezifische Zugangsprofile erstellen, zum anderen kann damit die Festlegung der zulässigen Verbindungen vorgenommen werden. Die daraus resultierenden separaten kleinen Regelsätze bleiben besser überschaubar als der komplexe Regelsatz eines Paketfilters.

Application Gateways sind typische Vertreter der *Verboten-was-nicht-erlaubt-Strategie* und sind als die sicherste, aber auch aufwändigste Lösung zu betrachten. Da beim Proxy alle Zugriffe nach außen über eine Instanz laufen, kann ein solcher Proxy gleichzeitig als Cache (Pufferspeicher) benutzt werden. Der Proxy speichert beispielsweise alle abgerufenen WWW-Seiten zwischen, so dass er bei einem erneuten Zugriff darauf keine erneute Verbindung nach außen aufgebaut werden muss.

Die *Paketfilter* überprüfen die Quell- und Zieladresse (IP-Adresse und TCP/UDP-Port) eines Pakets und entscheiden daraufhin, ob es passieren darf oder nicht. Der Vorteil besteht in der Transparenz für den Anwender. Diese Transparenz ist aber zugleich ein entscheidender Nachteil, denn Paketfilter können nicht zwischen Nutzern und deren Rechten unterscheiden.

Paketfilter sind in der Regel auf Routern angesiedelt und werden heute von den meisten Herstellern mitgeliefert. Intelligente Paketfilter analysieren zusätzlich den Inhalt der Pakete und erkennen auch die Zulässigkeit von Verbindungen, die einfache Paketfilter nicht erlauben würden (z. B. Datenverbindung bei FTP).

Die Firewalls vom Typ *Circuit Level Gateway* sind mit Paketfiltern vergleichbar, arbeiten jedoch auf einer anderen Ebene des Protokollstacks. Verbindungen durch solch ein Gateway erscheinen einem entfernten Endgerät, als bestünden sie mit dem Firewall-Host. Somit lassen sich Informationen über geschützte Netzwerke verbergen.

Der Einsatz von Firewalls bietet sich an, um Bereiche unterschiedlicher Sensitivität voneinander abzugrenzen. Firewalls bieten jedoch niemals eine hundertprozentige Sicherheit! Sie schützen insbesondere nicht vor dem Fehlverhalten eines authorisierten Anwenders und können, beispielsweise durch eine zusätzliche, externe Verbindung (z. B. Modem, ISDN), umgangen werden.

5.3 Subnetze zur Routing-Optimierung

Möchte ein Endgerät in einem Netzwerk mit einem anderen Endgerät (Host) kommunizieren, so muss es erst einmal herausfinden, ob sich das Ziel-Endgerät auf dem gleichen Netzwerk befindet. Dazu nimmt es die Zieladresse und blendet mit Hilfe der Subnetzmaske den Rechneranteil aus; als Ergebnis ergibt sich die Netzwerk-Adresse. Ist die so erhaltene Netzwerk-Adresse mit der eigenen identisch, liegt das Ziel-Endgerät im gleichen Netzwerk und kann direkt erreicht werden (ARP usw.). Anderenfalls (unterschiedliche Netzwerk-Adresse) muss die Kommunikation über ein Gateway (Router) erfolgen, der dann eine entsprechende Zuordnung der ermittelten Netzwerk-Adresse durchzuführen versucht.

Der dargestellte Vorgang schildert den Ablauf einer Zielzuordnung und einer eventuell benötigten Wegewahl (Routing). Ein solcher Vorgang kommt in den Netzen heutzutage unzählige Male vor. Der Grund ist, dass die Netze durch den Aufbau von Subnetzen immer mehr strukturiert und damit segmentiert werden. Dies bedeutet, dass durch den Einsatz aktiver Komponenten in sich getrennte Bereiche (Broadcast-Domänen) geschaffen werden. Diese wiederum erfordern von den eingesetzten Komponenten die Möglichkeit der Wegewahl (Routing).

Subnetze verhindern das Problem der schnell anwachsenden Routing-Tabellen, da die Teilnetzstruktur eines Netzwerkes nie außerhalb der Organisation sichtbar ist. Die Route jeder IP-Adresse zu jedem der Subnetze ist immer die gleiche, unabhängig davon, in welchem Subnetz sich das Endgerät ist. Alle Subnetze haben immer das gleiche Netzwerk-Präfix und unterscheiden sich nur in der Subnetznummer. Die Router müssen die verschiedenen Subnetznummern natürlich unterscheiden.

5.4 Routing praktisch

Um besser nachvollziehen zu können, welche Arbeitsschritte bei der Übermittlung von Daten in einem IP-Netzwerk (Internetwork) erfolgen, soll der generelle Vorgang nachfolgend noch einmal anhand eines praktischen Beispiels zusammenfassend dargestellt werden.

Der Sender eines IP-Datenpaketes (Datagram) kennt ausschließlich die Adresse des Empfängers (Zieladresse), nicht aber den Weg dorthin. Jede Station auf dem Weg des Datenpaktes zum Empfänger muss eine Entscheidung über die Wahl des weiteren Weges fällen, womit das Prinzip des Routings umschrieben wird.

Wahl des Weges

Die Wahl einer bestimmten Route ist von verschiedenen Kriterien abhängig. Wenn sich Sender und Empfänger in unterschiedlichen Netzen befinden, übergibt der Sender die Aufgabe des Routings in der Regel einem Standard-Router (Standard-Gateway), der für die Zustellung von Datenpaketen in andere Netze zuständig ist. Zwischen dem Sender und dem Empfänger können sich dabei durchaus mehrere Router befinden. Jeder Router verfügt über eine Routing-Tabelle, auf Grund derer der Router die nächste Station für das Datenpaket bestimmt.

Jeder Eintrag in einer Routing-Tabelle ist durch folgende Informationen spezifiziert:

- **Zieladresse**
  Dabei kann es sich entweder um eine IP-Adresse oder um ein Subnetz handeln. Der Router vergleicht die Zieladresse des Datenpaktes mit diesem Eintrag, um festzustellen, ob die Route für das Datenpakete passt.
- **IP-Adresse des Standard-Gateways**
  Angabe des Routers, der die IP-Datenpakete für diese Route entgegennimmt und an seinen Bestimmungsort oder den nächsten Router weiterleitet.
- **Zusatzangaben (Flags)**
  Diese bestimmen, ob es sich bei der Zieladresse um eine einzelne IP-Adresse oder um ein Subnetz handelt.
- **Netzwerkschnittstelle**
  Schnittstelle, an die das Datenpaket (Datagram) gesendet wird, beispielsweise ein Netzwerkadapter.

Beim eigentlichen Routing-Vorgang werden drei Aktionen ausgeführt. Zunächst sucht der Router nach einem Eintrag in seiner Routing-Tabelle, der die IP-Adresse (Netzwerk- und Host-Adresse) des Ziels beinhaltet. Falls ein solcher Eintrag vorhanden ist, wird das Datenpaket an den entsprechenden Router zur direkten Übermittlung übergeben.

Ist ein direkter Eintrag der Zieladresse nicht vorhanden, sucht der Router nach dem Netzwerkteil der Zieladresse. Dies erfolgt mittels eines logischen UND-Vergleichs mit der Subnetzmaske.

Gelingt auch das nicht, wird der Standard-Router gesucht und das Paket an diesen übergeben. Sollte ein entsprechender Standard-Router nicht vorhanden sein, ist das Paket nicht zustellbar und wird verworfen.

Kontrolle

Treten bei der Übertragung eines Datenpakets Fehler auf, kommt das *Internet Control Message Protocol* (*ICMP*) zum Einsatz. ICMP unterscheidet dabei zwischen Fehler- und Statusmeldungen. Ist beispielsweise ein Host nicht erreichbar, wird die folgende ICMP-Meldung zum Absender übermittelt:

```
destination unreachable
```

Die Auswertung einer solchen Nachricht ist vom Absender der Fehlermeldung abhängig. Wurde die Nachricht von einem Router generiert, ist das Ziel-Endgerät nicht erreichbar. Die gleiche Nachricht von einem Ziel-Endgerät bedeutet, dass ein angegebener Zielport (einer Anwendung) nicht ansprechbar ist.

Hinweis

Neben der Fehlerübermittlung dient ICMP auch zur laufenden Kontrolle der Verbindungen. So verwendet der Befehl *PING* ICMP-Pakete, um die Laufzeit einer Nachricht zwischen zwei Hosts zu ermitteln.

Die Übermittlung von ICMP-Nachrichten erfolgt innerhalb von IP-Datagramen. Sie bestehen aus drei Headerfeldern und dem Datenblock. Das Headerfeld *type* gibt dabei den Nachrichtentyp an, wobei zwischen Fehler- und Statusmeldungen unterschieden wird. Im Feld *code* sind die Fehlercodes für das jeweilige Datagram (Datenpaket) enthalten, wobei die Asuwertung vom jeweiligen Nachrichtentyp abhängt. Das Headerfeld *checksum* schließlich enthält eine Prüfsumme.

Zusammenfassung

- ✓ Das Prinzip des Routings sorgt für die Wahl des richtigen Weges eines Datenpaketes.
- ✓ Aktive Netzwerkkomponenten, die das Routing ermöglichen, werden als Gateway, Router oder auch Switch (ab Layer 3) bezeichnet.
- ✓ Ein Standard-Gateway (Standard-Router) sorgt für die Übermittlung von Datenpaketen in andere Subnetze.
- ✓ Beim Routing wird unterschieden zwischen statischem und dynamischem Verfahren.
- ✓ Für das dynamische Routing stehen spezielle Routing-Protokolle zur Verfügung.
- ✓ Beim dynamischen Routing in einem lokalen Netz (LAN) kommen in der Regel die beiden Routing-Protokolle RIP (Routing Information Protocol) oder OSPF (Open Shortest Path First) zum Einsatz.
- ✓ OSPF ist ein schwer zu implementierendes und komplexes Routing-Protokoll.
- ✓ RIP verursacht durch das Versenden der Routing-Tabellen eine hohe Netzwerkbelastung (Broadcast).

Zusammenfassung

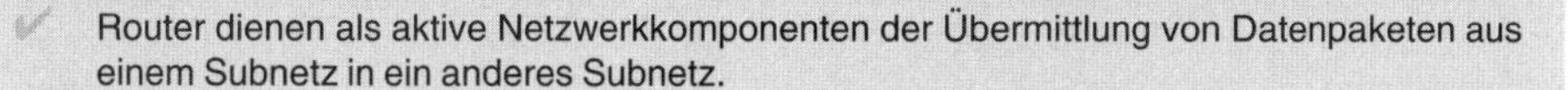

- ✔ Router dienen als aktive Netzwerkkomponenten der Übermittlung von Datenpaketen aus einem Subnetz in ein anderes Subnetz.
- ✔ Die Funktion eines Routers übernehmen heutzutage auch immer mehr Switches, die auf Layer 3 bzw. Layer 4 des OSI-Referenzmodells angesiedelt sind.

Übungen

1. Was wird (ganz allgemein) mit dem Begriff *Routing* bezeichnet?
2. Nennen Sie zwei andere Begriffe für Routing.
3. Wann kommt das Routing zum Einsatz?
4. Was ist ein Gateway?
5. Worum handelt es sich bei einem Standard-Gateway?
6. Was ist die Aufgabe eines Standard-Gateways?
7. Nennen Sie einen anderen Begriff für Standard-Gateway.
8. Verfügen auch Endgeräte (z.B. Rechner) in einem Netzwerk über Routing-Tabellen?
9. Was bedeutet der Eintrag 0.0.0.0 innerhalb einer Routing-Tabelle?
10. Was ist eine Remote-Netzwerk?
11. Was sind Routing-Tabellen?
12. Welche Verfahren zum Aufbau der Routing-Tabellen kennen Sie?
13. Was ist der grundlegende Unterschied zwischen statischem und dynamischem Routing?
14. Nennen Sie die zwei wichtigsten Routing-Protokolle?
15. Nennen Sie drei grundlegende Nachteile von RIP.
16. Was bedeutet der Begriff *Hop*?
17. Nennen Sie mindestens zwei Vorteile von OSPF.
18. Warum kommt das Routing-Protokoll OSPF eher selten zum Einsatz?
19. Nennen Sie mindestens zwei aktive Netzwerkkomponenten.

Übungen

20. Als was werden Switches auch bezeichnet?

21. Was ist das besondere Merkmal eines Layer-3-Switches?

22. Welche aktiven Netzwerkkomponenten werden heutzutage für die Wegewahl eingesetzt?

23. Auf welcher Schicht des OSI-Referenzmodells sind Router und (intelligente) Switches angesiedelt?

24. Welche Aufgabe hat ein Router?

25. Wann sollte ein Router eingesetzt werden?

26. Nennen Sie eine spezielle Form eines Routers.

27. Wofür werden Firewalls eingesetzt?

Die Lösungen zu diesen Aufgaben finden Sie im Anhang des Co@ches.

Modul 6

Protokolle und Dienste

TCP/IP repräsentiert nicht nur eines der wichtigsten Übertragungsprotokolle in der heutigen EDV-Landschaft, sondern darauf aufbauend kommen eine Vielzahl von zusätzlichen Diensten (Services), Dienstprogrammen und Verfahren zum Einsatz. Diese basieren auf speziellen Anwendungen oder Protokollen. Sie dienen entweder dazu, zusätzliche Dienste zur Verfügung zu stellen, oder sie unterstützen einen Anwender bei der Fehlersuche. Die *wichtigsten* dieser Dienste und Zusatzoptionen sollen nachfolgend dargestellt werden.

Lernen Sie

- welche Zusatzprogramme TCP/IP zur Verfügung stellt
- wie mit NFS der Zugriff auf andere Dateisysteme ermöglicht wird
- den Remote-Zugriff per TELNET kennen
- wie in einem IP-Netzwerk mit FTP Dateien übertragen werden
- welche Zusatzdienste und Programme zur Fehlersuche und Diagnose zur Verfügung stehen

6.1 Zusatzprogramme und -optionen

Mit Anwendungen wie TELNET, FTP, E-Mail oder auch dem WWW-Dienst stellt TCP/IP einige grundlegende Anwendungen zur Verfügung. Dazu gehören auch Optionen wie NFS (Network File System) oder auch das SNMP-Protokoll, mit dem das Management eines IP-Netzwerks wesentlich vereinfacht werden kann. Was sich im Einzelnen hinter diesen Möglichkeiten verbirgt, wird nachfolgend erläutert.

Network File System

Durch Einsatz des *Network File Systems* (*NFS*) steht in einer TCP/IP-Umgebung eine Möglichkeit zur Verfügung, einen transparenten Zugriff von einem Rechner auf die Daten eines anderen Systems zu realisieren. Dabei besteht der große Vorteil von NFS im direkten (lesenden und schreibenden) Zugriff auf die Daten. Der betreffende Bereich wird dazu (beispielsweise unter Linux) einfach in das eigene Dateisystem eingehängt (gemountet).

Hinweis

Vornehmlich wird NFS eingesetzt, um beliebigen Desktop-Systemen Zugriff auf das Dateisystem eines UNIX-Systems zu ermöglichen.

Mit NFS ist es möglich, Daten an einem zentralen Ort (zentraler Datenserver) abzulegen und den entsprechenden Bereich an den einzelnen Arbeitsstationen zur Verfügung zu stellen (mounten). Auf diese Art und Weise besteht jederzeit Zugriff auf bestimmte Daten (z.B. eines UNIX-Systems) von unterschiedlichen Rechnern aus. Somit ist der NFS-Einsatz sinnvoll und vorteilhaft dort, wo mehrere Rechner auf gleiche Datenbestände zugreifen müssen bzw. wo Daten mehreren Benutzern zur Verfügung stehen sollen.

Um das Prinzip von NFS darzustellen, soll die Einrichtung und Konfiguration beispielhaft an dem UNIX-System Linux dargestellt werden. Dabei hat Linux den Vorteil, dass dieses System sowohl als *NFS-Client* als auch als *NFS-Server* eingesetzt werden kann. Somit steht mit dem Einsatz des NFS unter Linux eine echte Client-/Server-Funktionalität zur Verfügung.

Hinweis

Die weiteren Erläuterungen orientieren sich an einem SuSE-Linux-System, können jedoch in ähnlicher Form auch auf andere Linux-Systeme angewandt werden.

Konfiguration

Auf einem System, auf dem NFS-Datenträger zur Verfügung gestellt werden sollen, müssen generell folgende Programme (Daemons) aktiviert sein:

- RPC-Portmapper (*rpc.portmap*)
- RPC-Mount-Daemon (*rpc.mountd*)
- RPC-NFS-Daemon (*rpc.nfsd*)

Der Aufruf der benötigten Programme ist dabei standardmäßig in den entsprechenden Startup-Skriptdateien hinterlegt (z. B. in der Datei */sbin/init.d/nfsserver* bei der Linux-Version der Firma SuSE).

Das Network File System (NFS) unter Linux basiert auf so genannten *Remote Procedure Calls*, für deren Verwaltung der RPC-Portmapper zuständig ist. Das Zusatzprogramm *RPC-Portmapper*, das vor dem Zugriff auf NFS-Datenträger aktiviert werden muss, ordnet die Programmnummern jeweils freien TCP-Ports zu.

Die entsprechenden Nummern sind in der Datei */etc/rpc* abgelegt, deren Inhalt sich beispielsweise wie folgt darstellt (auszugsweise):

```
#ident      "@(#)rpc     1.11  97/07/14 SMI"     /* SVr4.0 1.2       */
#
#     rpc
#
rpcbind           100000      portmap sunrpc rpcbind
rstatd            100001      rstat rup perfmeter
rusersd           100002      rusers
nfs               100003      nfsprog
ypserv            100004      ypprog
mountd            100005      mount showmount
ypbind            100007
walld             100008      rwall shutdown
sunisamd          100065
debug_svc         100066  dbsrv
ypxfrd            100069  rpc.ypxfrd
sadmind           100232
nisd              100300      rpc.nisd
nispasswd         100303      rpc.nispasswdd
ufsd              100233      ufsd
pcnfsd            150001
```

```
amd                 300019  amq
bwnfsd              545580417
fypxfrd             600100069 freebsd-ypxfrd
```

Die Aktivierung der RPC-Programme ist standardmäßig Bestandteil fast aller Linux-Distributionen, so dass hier in der Regel keine separaten Anpassungen nötig sind.

Sofern die notwendigen RPC-Programme gestartet worden sind, kann im nächsten Schritt eine weitere, wichtige Datei überprüft werden. Es handelt sich um die Datei */proc/filesystems*, in der festgelegt wird, welche Dateisysteme auf dem betreffenden Rechner verfügbar sind. Der Inhalt einer solchen Datei kann sich beispielsweise wie folgt darstellen:

```
      ext2
      minix
      umsdos
      msdos
      vfat
nodev proc
      nfs
      iso9660
      hpfs
nodev devpts
```

In dieser Datei ist ein entsprechender Eintrag für die NFS-Aktivierung enthalten. Sollte in dieser Datei ein Eintrag für NFS fehlen, so muss zunächst ein neuer Systemkernel mit NFS-Unterstützung generiert und compiliert werden (alternativ kann auch nur das NFS-Kernel-Modul geladen werden). Andernfalls brauchen hier keine weiteren Einstellungen vorgenommen zu werden.

Im nächsten Schritt der Konfiguration muss anschließend die Datei */etc/exports* editiert werden. In dieser Datei werden die Systeme eingetragen, denen ein Zugriff auf den entsprechenden Rechner per NFS gewährt werden soll (NFS-Server). Der Inhalt einer solchen Datei kann sich beispielsweise wie folgt darstellen:

```
# See exports(5) for a description.
# This file contains a list of all directories exported to other
computers.
# It is used by rpc.nfsd and rpc.mountd.
/user 192.168.1.94 (rw)
/daten      dirk (ro)
```

Aus einer solchen Aufstellung geht hervor, dass von dem Rechner mit der IP-Adresse 192.168.1.94 auf den NFS-Server (aktueller Rechner) zugegriffen werden kann. Dieser Zugriff ist jedoch auf das Verzeichnis */user* beschränkt. Der Zugriff selber kann sowohl lesend als auch schreibend erfolgen; gekennzeichnet durch die Angabe *rw* (*Read-Write*).

Des Weiteren kann von dem Rechner mit dem Namen *dirk* ebenfalls auf den NFS-Server zugegriffen werden, wobei sich dieser Zugriff auf den lesenden Zugriff (*ro* = *Read Only*) auf das Verzeichnis */daten* beschränkt.

Hinweis

Es muss eine Möglichkeit bestehen, dass der Hostname *dirk* in die zugehörige IP-Adresse aufgelöst werden kann (entweder in einer Hostdatei oder per DNS).

Neben der Angabe der Systeme, die Zugriff haben sollen, und der Festlegung der verfügbaren Dateiverzeichnisse, wird in der Datei */etc/exports* auch die Art des Zugriffs definiert. Im obigen Beispiel ist einmal ein lesender und schreibender Zugriff (*rw*) und im zweiten Fall ein nur lesender Zugriff (*ro*) definiert.

Nachfolgend sind die wichtigsten Optionen aufgeführt, die in der Datei */etc/exports* zum Einsatz kommen können:

- *ro*
  Nur lesender Zugriff.
- *rw*
  Lesender und schreibender Zugriff.
- *root_squash*
  Erfolgt die Anmeldung mit der Kennung *root*, so werden dieser auf dem betreffenden Rechner nicht die typischen Sonderrechte dieser Kennung zugewiesen. Dies wird dadurch erreicht, dass die User-ID in dem Fall von *0* auf *-2* gesetzt wird, womit ein weiterer Sicherheitsaspekt für den Fernzugriff auf ein Linux-System erzielt wird.
- *no_root_squash*
  Wird diese Option eingesetzt, erfolgt keine Umsetzung der User-ID der Benutzerkennung *root*. Dies hat zur Folge, dass mit einer NFS-Anmeldung mit der Kennung *root* auf dem NFS-Server die typischen Rechte eines Systemverwalters verbunden werden. Dies stellt unter Umständen ein Sicherheitsrisiko dar.

Sobald die gewünschten Eintragungen in der Datei */etc/exports* durchgeführt worden sind, ist es wichtig, dass anschließend der RPC-Portmapper (RPC Portmap Daemon) neu gestartet wird. Erst dadurch werden die neuen Eintragungen in der Datei */etc/exports* aktiviert und ausgewertet.

Der Neustart des RPC-Portmap-Daemon unterscheidet sich je nach Linux-Distribution. Bei der SuSE-Distribution kann er beispielsweise durch die beiden folgenden Anweisungen neu aktiviert werden:

```
/sbin/init.d/rpc stop
/sbin/init.d/rpc start
```

Wird die Linux-Distribution RedHat eingesetzt, müssen folgende Anweisungen zum Einsatz kommen:

```
/etc/rc.d/init.d/nfs stop
/etc/rc.d/init.d/nfs start
```

Hinweis

Der sicherste Weg, um neue Eintragungen in der Datei */etc/exports* an den RPC-Portmapper zu übergeben, besteht im Neustart des Rechners, obwohl natürlich grundsätzlich auch eine erneute Aktivierung der jeweiligen Prozesse bzw. Programme ausreicht.

Der generelle Ablauf der Konfiguration einer NFS-Umgebung auf einem Linux-System stellt sich wie folgt dar:

1. Inhalt der Datei */proc/filesystems* auf NFS-Eintrag überprüfen; eventuell neuen Kernel generieren.
2. Eintragen der notwendigen Vorgaben in der Datei */etc/exports*.
3. Neustart des RPC-Portmappers (z. B. durch Neustart des Rechners).

Mounten eines NFS-Dateisystems

Sobald die notwendigen Konfigurationsarbeiten abgeschlossen worden sind, kann im nächsten Schritt der Zugriff auf einen entsprechend vorbereiteten NFS-Server eingerichtet werden. Dies kann in der Regel durch die einzelnen Anwender erfolgen und stellt sich am Beispiel eines Linux-Desktop-System so dar, dass an dem System eine Anweisung der folgenden Art eingegeben werden muss:

```
mount -t nfs linux01:/daten /mnt/daten-linux01
```

Mit einer solchen Anweisung wird das Verzeichnis */daten* auf dem Rechner *linux01* an das Dateisystem des aktuellen Rechners (NFS-Client) in Form eines NFS-Dateisystems (*-t nfs*) angehängt. Der Zugriff auf die Daten erfolgt dabei über das Verzeichnis */mnt/daten-linux01* (Verzeichnis muss vorher existent sein); dies ist der so genannte *Mount-Point*.

Die Angabe eines Mount-Point (temporäres Verzeichnis für den Zugriff) ist vollkommen frei wählbar. Entscheidend ist nur, dass das entsprechende Verzeichnis auch tatsächlich existiert. Darüber hinaus kann auf eventuell in dem als Mount-Point genannten Verzeichnis vorhandene Daten nicht zugegriffen werden, solange der Mount-Vorgang noch aktiv ist.

Hinweis

Voraussetzung für den Zugriff auf ein entsprechendes Verzeichnis ist natürlich, dass dieses auf dem NFS-Server entsprechend zur Verfügung gestellt wird.

Sobald das *Anhängen* des fremden Systems per MOUNT-Anweisung erfolgt ist, kann wie gewohnt auf die Daten zugegriffen werden; so als lägen diese auf der Festplatte des lokalen Systems.

In Zusammenhang mit NFS-Dateisystemen stellt die Anweisung MOUNT einige wichtige Optionen zur Verfügung:

- *rsize=x, wsize=x*
  Legt die Größe der Datenpakete (Datagrame) für das Lesen und Schreiben fest; Vorgabe ist 1024 Byte.
- *time=x*
  Zeitspanne, für die Reaktion auf eine Anfrage (Angabe in 1/10 Sekunden); Vorgabe ist 7.
- *hard*
  Wenn ein Dateisystem als „hard" gemountet wird, wird ständig versucht, nach einem Ausfall das System wieder anzuhängen, bis der Server wieder verfügbar ist. Diese Option, die im Übrigen voreingestellt ist, hat den Vorteil, dass nach einem Verbindungsabbruch ein automatisches Mounten durchgeführt wird und die angehängten Dateisysteme automatisch wieder zur Verfügung stehen.
- *soft*
  Diese Option stellt das Gegenteil der Option *hard* dar und hängt Dateisysteme bei einem Verbindungsabbruch direkt ab.

Um ein angehängtes Dateisystem wieder abzuhängen kommt beim NFS-Einsatz der *umount*-Befehl zum Einsatz. Eine entsprechende Anweisung kann sich beispielsweise wie folgt darstellen:

```
umount /mnt/daten-linux01
```

Mit einer solchen Anweisung wird ein angehängtes Dateisystem, das dem Mount-Point */mnt/daten-linux01* zugewiesen wurde, wieder abgehängt und steht somit dann nicht mehr zur Verfügung.

Hinweis

Das Abhängen eines Dateisystems mit der Anweisung UMOUNT kann nicht durchgeführt werden, wenn im Moment des Ausführens der Anweisung der Mount-Point als aktuelles Verzeichnis ausgewählt ist oder wenn sich im NFS-Bereich noch offene Dateien befinden.

Besonderheiten

An dieser Stelle soll auf einige Besonderheiten hingewiesen werden, die sich beim Zugriff per Network File System (NFS) ergeben können. So besteht beispielsweise eine Möglichkeit, die bei einer MOUNT-Anweisung benötigten Parameter auf dem NFS-Client in einer speziellen Konfigurationsdatei abzulegen. Dies bietet sich insbesondere dann an, wenn gleiche MOUNT-Anweisungen immer wieder benötigt werden.

Die Konfigurationsdatei, in der entsprechende Informationen hinterlegt werden können, trägt den Namen */etc/fstab*. Der Inhalt einer solchen Datei kann sich beispielsweise wie folgt darstellen.

```
/dev/hda2        /                    ext2       defaults    1  1
/dev/hda3        swap                 swap       defaults    0  0
/dev/hdc         /cdrom               iso9660    ro,noauto,user 0   0
/dev/fd0         /floppy              auto       noauto,user 0   0
proc             /proc                proc       defaults    0  0
linux01:/daten   /mnt/daten-linux01   nfs        root_squash
```

Neben den Standardzuordnungen im oberen Bereich bezieht sich die letzte Zuweisung auf das bereits oben dargestellte Beispiel. Zunächst wird definiert, welches Verzeichnis vom NFS-Server gemountet werden soll. Als Nächstes wird dann ein Mount-Point definiert (*/mnt/daten-linux01*). Der dritte Eintrag bezieht sich auf den Typ des Dateisystems (*nfs*). Die letzte Spalte enthält wiederum die Optionen, wobei hier lediglich die Option *root_squash* angegeben ist (siehe oben).

Ein Eintrag der obigen Art hätte beispielsweise zur Folge, dass eine gekürzte Form der MOUNT-Anweisung zum Einsatz kommen kann:

```
mount linux01:/daten
```

Beim Aufruf dieser MOUNT-Anweisung erfolgt eine Überprüfung der Datei */etc/fstab*. Ist dort ein entsprechender Eintrag zu finden, der den Vorgaben entspricht (*linux01:/daten*), so werden die weiteren Angaben in der Zeile ausgewertet. Im konkreten Fall hätte dies zur Folge, dass das Verzeichnis */daten* auf dem Rechner *linux01* im Verzeichnisbaum des NFS-Clients in das Verzeichnis */mnt/daten-linux01* angehängt wird. Dabei wird mit dem Parameter *root_squash* festgelegt, dass bei einer Anmeldung mit der Kennung *root* grundsätzlich nicht sämtliche Rechte des Systemverwalters zur Verfügung stehen.

Obwohl durch entsprechende Einträge in der Datei */etc/fstab* der Vorgang des Mountens vereinfacht werden kann, ist es dennoch recht mühsam, benötigte NFS-Zuweisungen immer wieder per Hand vorgeben zu müssen. Aus dem Grund stehen im Bereich von Linux so genannte *Auto-Mounter* zur Verfügung, die diesen Vorgang automatisieren. So minimieren diese den Aufwand insbesondere auch beim Zugriff auf viele unterschiedliche Datenträger.

Ein solcher Auto-Mounter bewirkt, dass die NFS-Dateisysteme (Volumes) automatisch gemountet werden und nach einer gewissen Zeit wieder abgehängt werden, wenn der entsprechende Bereich nicht mehr benötigt wird und demzufolge keine Zugriffe darauf stattfinden. Der bekannteste Auto-Mounter für den Linux-Bereich trägt die Bezeichnung *amd*.

TELNET

TELNET (*TErminal emuLation over NET*) ist ein spezielles Dienstprogramm, mit dem der Zugriff von einem Endgerät auf ein anderes Endgerät realisiert werden kann. Dieses Programm wird eingesetzt, um eine Verbindung zu einem anderen System aufzubauen und dieses dann aus der Ferne zu bedienen (Remote Konsole bzw. Fernwartung).

Die generelle Funktionsweise von TELNET ermöglicht es, dass die am eigenen System vorgenommenen Eingaben an dem anderen System, zu dem eine TELNET-Verbindung aufgebaut wurde, zur

Ausführung gebracht werden (Echo-Betrieb). Auf diese Art und Weise kann ein System, zu dem per TCP/IP-Protokoll eine Verbindung aufgebaut wurde und das TELNET unterstützt, aus der Ferne bedient werden.

In einer TELNET-Sitzung kann auch auf sämtliche Ressourcen des anderen Systems zugegriffen werden, so als würde der Anwender direkt an diesem System sitzen. Dies wiederum hängt ab von den zugewiesenen Rechten, denn beim TELNET-Einsatz muss natürlich eine Anmeldung an dem Fremdsystem durchgeführt werden.

Mögliche Einsatzmöglichkeiten von TELNET ergeben sich, neben der Fernwartungs-Funktion, beispielsweise auch in der gemeinsamen Nutzung von Hochleistungsrechnern (z. B. bei der Programmgenerierung).

Der Einsatz von TELNET erfolgt heutzutage im Bereich von TCP/IP-Umgebungen sehr häufig auf den eingesetzten UNIX-Systemen. Aber grundsätzlich kann diese Form des Remote-Zugriffs auch zwischen einem Windows- und einem UNIX-Rechner eingesetzt werden, sofern dazu die Voraussetzungen erfüllt sind (TCP/IP-Protokollstack, TELNET-Client usw.).

Die verfügbare TELNET-Software ist sehr oft zeichenorientiert und ähnelt in der Anwendung der Eingabeaufforderung einer DOS-Oberfläche. Auch für das Anmelden am Remote-System und die generelle Arbeit an dem Fremdsystem werden auch heute noch zeichenorientierte Programme verwendet. Mittlerweile stehen jedoch auch Möglichkeiten zur Verfügung, den TELNET-Dienst unter einer grafischen Oberfläche zu nutzen.

TELNET-Server-Konfiguration

Der Einsatz und die Konfiguration eines TELNET-Servers lässt sich am besten anhand eines Linux-Systems erläutern. Aus dem Grund sollen nachfolgend die grundlegenden Konfigurationsschritte anhand eines solchen Systems dargestellt werden. Dabei wird bei einer Linux-Installation die Terminalemulation in der Regel automatisch mit installiert, so dass nachträgliche Konfigurationsschritte fast gänzlich entfallen. Sollte dies an dem betreffenden System nicht der Fall sein, müssen natürlich zunächst die notwendigen Installationsschritte durchgeführt werden.

Hinweis

Die weiteren Erläuterungen orientieren sich an einem SuSE-Linux-System, können jedoch in ähnlicher Form auch auf andere Linux-Systeme angewandt werden.

Um zu überprüfen, ob an einem Linux-System die notwendigen Dateien installiert und die Konfigurationen für den TELNET-Einsatz (TELNET-Server) durchgeführt worden sind, kann dies beispielsweise anhand der Dateien */etc/inetd* bzw. */etc/inetd.conf* überprüft werden. Dort müssen entsprechende Einträge für den TELNET-Dienst eingetragen sein; dies sollte sich (unter Linux) beispielsweise wie folgt darstellen:

```
# These are standard services.
#
ftp   stream     tcp   nowait     root /usr/sbin/tcpd    wu.ftpd -a
# ftp stream     tcp   nowait     root /usr/sbin/tcpd    proftpd
# ftp stream     tcp   nowait     root /usr/sbin/tcpd    in.ftpd
#
# If you want telnetd not to "keep-alives" (e.g. if it runs over a ISDN
# uplink), add "-n".  See 'man telnetd' for more deatails.
telnet     stream tcp    nowait root    /usr/sbin/tcpd in.telnetd
# nntp     stream     tcp    nowait     news  /usr/sbin/tcpd
      /usr/sbin/leafnode
# smtp     stream tcp    nowait root    /usr/sbin/sendmail
```

```
sendmail -bs
# printer   stream      tcp  nowait  root /usr/sbin/tcpd
      /usr/bin/lpd -i
```

Sollten die Angaben zum TELNET-Dienst fehlen, muss auf dem Linux-System zunächst einmal der TELNET-Dienst installiert werden.

> **Hinweis**
> Für den TELNET-Einsatz wird ein TELNET-Server und ein TELNET-Client benötigt.

TELNET-Aktivierung

Nachdem überprüft wurde, ob das System, auf das der Zugriff erfolgen soll, als TELNET-Server eingerichtet ist, kann der Zugriff per TELNET-Client erfolgen. Standardmäßig beinhalten die gängigen Desktop-Betriebssysteme heutzutage alle eine Software, die als TELNET-Client eingesetzt wird.

Der Aufbau bzw. die Aktivierung einer TELNET-Verbindung erfolgt dabei mit einer Anweisung der folgenden Art:

```
telnet 192.168.1.94
```

Mit dieser Anweisung wird eine Verbindung zu dem Rechner mit der IP-Adresse 192.168.1.94 aufgebaut. Neben der Angabe einer IP-Adresse kann natürlich auch ein Name eingegeben werden (z. B. *telnet linux01*), sofern dieser entsprechend konfiguriert ist (DNS, Hostdatei o. Ä.).

> **Hinweis**
> An einem Windows-System muss eine solche Anweisung auf der DOS-Ebene eingegeben werden.

Sobald die Verbindung zu dem anderen Rechner (TELNET-Server) erfolgreich aufgebaut worden ist, wird eine Benutzerkennung (und ein Passwort) abgefragt. Dabei muss die verwendete Kennung natürlich auf dem anderen System verfügbar und für TELNET-Sitzungen freigegeben sein.

Nach der Anmeldung an dem Fremdsystem kann an diesem System ganz normal gearbeitet werden, als wäre die Konsole lokal verfügbar. Zudem stehen auch alle Möglichkeiten und Funktionen im Rahmen der jeweiligen Benutzerkennung, mit der die Anmeldung erfolgt ist, zur Verfügung. Die nebenstehende Abbildung verdeutlicht das Prinzip einer TELNET-Sitzung.

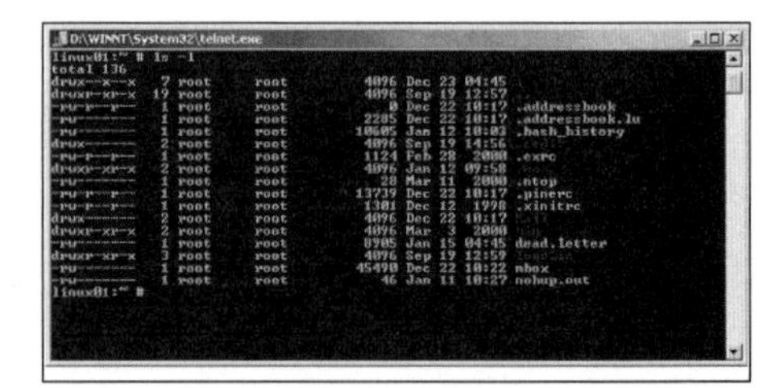

Um eine TELNET-Sitzung zu beenden, kann auf dem Fremdsystem die Anweisung LOGOUT oder EXIT eingegeben werden. Die Verbindung wird damit unterbrochen, was am Bildschirm mit der folgenden Meldung dokumentiert wird:

```
Connection closed by foreign host
```

Besonderheiten beim TELNET-Einsatz

Beim TELNET-Einsatz gibt es einige Besonderheiten zu beachten. Wird beispielsweise eine Verbindung zu einem entfernten System unterbrochen, werden auch alle während der Sitzung gestarteten Prozesse beendet.

Oft besteht jedoch der Wunsch, Prozesse auch nach einem Verbindungsabbau weiter laufen zu lassen (z. B. bei Compilerläufen). Um zu erreichen, dass ein in einer TELNET-Sitzung gestarteter Prozess zu Ende geführt wird, kann unter UNIX die spezielle Anweisung NOHUP (oder SCREEN) eingesetzt werden. Die Anweisung NOHUP ermöglicht das Abarbeiten eines Prozesses, auch dann, wenn die Verbindung bereits wieder beendet wurde. Mit der nachfolgenden Anweisung wird dies beispielhaft demonstriert:

```
nohup make -d -f prg-dat
```

Damit wird erreicht, dass die Anweisung (*make -d -f prg-dat*) ausgeführt wird, wobei eine Unterbrechung dieser Programmausführung beim Ende der TELNET-Sitzung nicht stattfindet.

Die Anweisung NOHUP legt im aktuellen Verzeichnis des Fremdrechners eine Protokolldatei mit dem Namen *nohup.out* an (z.B. unter Linux), in der sämtliche Bildschirmmeldungen hinterlegt werden. Der Inhalt dieser Datei kann dann bei einem nachfolgenden Verbindungsaufbau zu Kontrollzwecken herangezogen werden.

Standardmäßig wird TELNET die Portadresse 23 zugewiesen. Daneben besteht aber auch die Möglichkeit, eine TELNET-Sitzung über andere Ports abzuwickeln. Nachfolgend sind beispielhaft einige Möglichkeiten aufgeführt:

- 7*echo* (jedes Zeichen wird ge-echot)
- 9*discard* (gesendete Zeichen werden nicht angezeigt)
- 13*daytime* (Anzeige von Datum und Uhrzeit des Fremdrechners)
- 25*smtp* (direkte Kommunikation mit der SENDMAIL-Anweisung)

FTP

In einer TCP/IP-Umgebung spielt der FTP-Dienst bzw. das FTP-Protokoll eine ebenfalls sehr wichtige Rolle. *FTP* (*File Transfer Protocol*) war eines der ersten Protokolle im Bereich der TCP/IP-Netzwerke. Dabei ermöglicht FTP die Übertragung von Dateien (ASCII, Binärdateien) von einem System auf einen anderes. Insbesondere eignet sich FTP zur Dateiübertragung zwischen Systemen mit unterschiedlichen Betriebssystemen, so zum Beispiel zwischen Rechnern mit UNIX-Betriebssystem (wie Linux) auf der einen und einem DOS- oder Windows-Systeme auf der anderen Seite.

Mit FTP können Dateien beliebiger Formate ausgetauscht werden. Dabei spielt es auch keine Rolle, ob es sich um Dokumente, Multimedia- oder Anwendungsdateien handelt. Genau wie bei TELNET, so erfordert auch der FTP-Dienst, dass sich ein Benutzer zuerst anmeldet, bevor er den Dienst nutzen kann. Nach der Anmeldung kann ein solcher Benutzer dann die mit FTP zur Verfügung gestellten Verzeichnisse durchsuchen. Spezielle FTP-Clients gestatten es, Dateien zu kopieren und sonstige FTP-Befehle auszuführen.

Der Einsatz des FTP-Dienstes bietet sich da an, wo hin und wieder ein Datenaustausch durchgeführt werden soll. Insbesondere eignet sich FTP nicht für Dateidienste im herkömmlichen Sinne. Hier sollten andere Möglichkeiten zum Einsatz kommen (z. B. das Network File System). FTP kann dort sinnvoll eingesetzt werden, wo einzelne Rechner sehr weit auseinander stehen (z. B. nur über das Internet verbunden sind) und diese Rechner einzelne Dateien austauschen müssen.

Auch heute noch ist die FTP-Software sehr oft zeichenorientiert und ähnelt in der Anwendung der Eingabeaufforderung einer DOS-Oberfläche, z. B. beim Anzeigen und Kopieren von Dateien. Für die

Anmeldung am Remote-System, das Durchsuchen von Verzeichnissen und die anschließende Dateiübertragung werden auch in Zeiten von Windows noch zeichenorientierte Programme verwendet. Mittlerweile stehen jedoch auch Möglichkeiten zur Verfügung, diesen Dienst unter einer grafischen Oberfläche zu nutzen.

Das für das WWW (World Wide Web) verwendete HTTP-Protokoll (Hypertext Transport Protocol) hat inzwischen die meisten Funktionen von FTP ersetzt. Unter den verfügbaren Internet-Diensten ist FTP ein Protokoll, mit dem Dateien von einem Client auf einen Server kopiert werden können; eine Alternative stellt ein HTTP-Upload dar. Möchten die Remote-Benutzer einen FTP-Kopiervorgang durchführen, so sollte hierfür FTP eingesetzt werden.

FTP ist besonders gut geeignet, um Benutzern, die remote angebundenen sind, auf einem Server gespeicherte Dateien zur Verfügung zu stellen. Es ist leicht zu installieren und zu verwalten. Nach einer Installation kann mit Hilfe des FTP-Dienstes einfach auf die Dateien zugegriffen werden. Eine zusätzliche Konfiguration ist in der Regel nicht erforderlich.

Der Einsatz von FTP ist natürlich nicht nur auf die Anbindung von UNIX-Systemen wie Linux beschränkt, sondern damit können beispielsweise auch Daten zwischen einem Windows- und einem Linux-Rechner ausgetauscht werden, sofern dazu die Voraussetzungen erfüllt sind (TCP/IP-Protokollstack, FTP-Server, FTP-Client usw.).

Hinweis

Für den FTP-Einsatz wird ein FTP-Server und ein FTP-Client benötigt. Die weiteren Erläuterungen orientieren sich an einem SuSE-Linux-System, können jedoch in ähnlicher Form auch auf andere Linux-Systeme angewandt werden.

FTP-Server-Konfiguration

Ebenso wie TELNET wird auch der FTP-Dienst in der Regel auf einem UNIX-System (Linux) standardmäßig installiert. Somit sind nur noch einige wenige Konfigurationsarbeiten durchzuführen, bevor der Dienst genutzt werden kann.

Ob auf dem entsprechenden Linux-System bei der Installation die notwendigen Eintragungen für den FTP-Dienst vorgenommen wurden, kann beispielsweise anhand der Datei *inetd* bzw *inetd.conf* überprüft werden. Dort müssen entsprechende Einträge für den FTP-Dienst vorhanden sein. Nachfolgend ist der Inhalt der Datei */etc/inetd.conf* (Linux) beispielhaft dargestellt (auszugsweise):

```
# chargen   stream     tcp   nowait     root internal
# chargen   dgram udp  wait   root internal
time  stream     tcp   nowait     root   internal
time  dgram udp  wait  root  internal
# These are standard services.
#
ftp   stream     tcp   nowait      root /usr/sbin/tcpd    wu.ftpd -a
# ftp stream     tcp   nowait      root /usr/sbin/tcpd    proftpd
# ftp stream     tcp   nowait      root /usr/sbin/tcpd    in.ftpd
```

Sollten die Angaben zum FTP-Dienst fehlen, muss auf dem System zunächst einmal der FTP-Dienst installiert werden.

Zur eigentlichen Konfiguration des FTP-Dienstes stellt Linux diverse Konfigurationdateien zur Verfügung, die allesamt im Verzeichnis */etc* abgelegt sind. So wird in der Datei */etc/ftpaccess* festgelegt, welche Funktionen beim Einsatz von FTP zur Verfügung stehen. Der Inhalt kann sich beispielsweise wie folgt darstellen:

```
# email of the responsible person for the %E-cookie
email ftp-admin@localhost
```

```
class   local     real              *
class   remote    guest,anonymous          *
readme       README*     login
readme       README*     cwd=*

# limit of 20 connections
limit   local   20   Any    /usr/local/ftp/msgs/msg.dead
limit   remote  20   Any    /usr/local/ftp/msgs/msg.dead

# output /usr/local/ftp/msgs/welcome.msg on login and all ".message"
files
# in subdirectories
banner       /usr/local/ftp/msgs/welcome.msg

#message /msgs/welcome.msg         login
#message /usr/local/ftp/msgs/welcome.msg login local
#message /msgs/welcome.msg         login remote
message .message               cwd=*

# allow compression/tar for all users
compress       yes             local,remote
tar            yes             local,remote

# log all transfers
log transfers anonymous,real inbound,outbound

# do not give those files. do not give "core"-files in any directory.
noretrieve /etc/passwd /etc/group core
# Anweisungen, die FTP-Benutzer nicht einsetzen können
# do not allow these commands for anonymous users
chmod no guest,anonymous
delete no guest,anonymous
overwrite no guest,anonymous
rename no guest,anonymous
umask no guest,anonymous
#shutdown /etc/shutmsg

# do not check password for anonymous logins
passwd-check none

#passwd-check rfc822 warn
```

In der Konfigurationsdatei */etc/ftpusers* sind unter Linux die Kennungen derjenigen Benutzer hinterlegt, die FTP auf dem jeweiligen Rechner nicht benutzen dürfen; die also keinen Anmeldezugang per FTP erhalten. Der Inhalt einer solchen Datei kann sich beispielsweise wie folgt darstellen:

```
#
# ftpusers  This file describes the names of the users that may
#           _*NOT*_ log into the system via the FTP server.
#           This usually includes "root", "uucp", "news" and the
#           like, because those users have too much power to be
#           allowed to do "just" FTP...
#
root
lp
```

```
news
uucp
games
man
at
mdom
gnats
nobody
```

Aus Sicherheitsgründen werden in der Regel diejenigen Benutzer vom FTP-Zugang ausgenommen, die auf dem betreffenden Rechner über umfangreiche Rechte verfügen (z. B. die Kennung *root*). Grundsätzlich kann jedoch jede beliebige Benutzerkennung, die auf dem entsprechenden Linux-System existiert, in diese Datei eingetragen werden, um den Zugang zu dem System per FTP zu unterbinden.

Hinweis

Vergleichbar mit der Datei */etc/ftpusers* kann auf einem Linux-System auch eine Datei mit dem Namen */etc/ftpgroups* angelegt werden, in der entsprechende Restriktionen für Benutzergruppen definiert werden.

Eine weitere Konfigurationsdatei für den FTP-Zugang ist die Datei */etc/ftpconversions*. Diese Datei enthält Regeln und Hinweis darauf, wie bei einem Datentransfer mit komprimierten Dateien zu verfahren ist. Der Inhalt bzw. der Aufbau dieser Datei soll an dieser Stelle nicht weiter betrachtet werden, da in der Regel die Standardeinstellung ausreichend ist.

Aktivierung des FTP-Zugriffs

Nach den notwendigen Vorarbeiten und Konfigurationseinstellungen kann der FTP-Dienst von jedem berechtigten Benutzer und von jedem FTP-fähigen Arbeitsplatz (FTP-Client) durch eine Anweisung der folgenden Form aktiviert werden:

```
ftp 192.168.1.94
```

Mit dieser Anweisung wird versucht, eine Verbindung zu dem Rechner (Host) mit der genannten IP-Adresse aufzubauen. Der Fremdrechner ist in diesem Fall der FTP-Server und der eigene Rechner ist der FTP-Client.

Statt der Angabe einer IP-Adresse kann bei der Aktivierung einer FTP-Verbindung natürlich auch ein Name eingegeben werden (z. B. *ftp linux01*), sofern dies entsprechend konfiguriert ist (DNS, NIS o. Ä.).

FTP-Anweisungen

Eine FTP-Sitzung verfügt über eine eigene Befehlsoberfläche (siehe nebenstehende Abbildung) und auch über separate Anweisungen. Zur Anzeige der verfügbaren Anweisungen kann auf der FTP-Oberfläche ein Fragezeichen eingegeben werden. Nach Bestätigung mit der Taste [↵] erscheinen die verfügbaren Anweisungen.

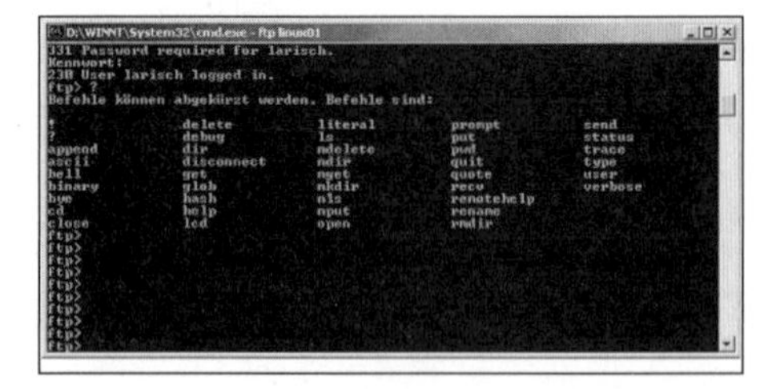

Hinweis

Generell wird beim Einsatz der FTP-Anweisung unterschieden zwischen der Kommando- und der Datenverbindung.

Nachfolgend werden einige der wichtigsten FTP-Anweisungen aufgeführt und deren Bedeutung kurz erläutert:

- *bye*
  Aktuelle Verbindung und FTP beenden.
- *cd*
  Wechsel des Verzeichnisses (auf dem FTP-Server).
- *close*
  Verbindung beenden.
- *dir*
  Anzeige des Inhaltsverzeichnisses.
- *exit*
  Aktuelle Verbindung und FTP beenden.
- *get*
  Dateien vom FTP-Server holen.
- *lcd*
  Wechsel des Verzeichnisses auf dem lokalen Rechner (FTP-Client).
- *ls*
  Anzeige des Inhaltsverzeichnisses.
- *mget*
  Mehrere Dateien vom Server holen.
- *mput*
  Mehrere Dateien zum Server übertragen.
- *open*
  Verbindung zu einem anderen FTP-Server herstellen.
- *put*
  Datei zum Server übertragen.
- *quit*
  Verbindung beenden und FTP verlassen.
- *status*
  Anzeige von Statusinformationen.

Um von einem FTP-Server eine Datei auf den eigenen (lokalen) Rechner (FTP-Client) zu kopieren, kann auf der FTP-Oberfläche beispielsweise eine Anweisung der folgenden Art eingesetzt werden:

```
get /tmp/test.txt
```

Damit wird eine Datei mit dem Namen *test.txt*, die auf dem FTP-Server im Verzeichnis */tmp* abgelegt ist, auf den lokalen Rechner (in das aktuelle Verzeichnis) kopiert.

Netzwerk-Management

Die zunehmende Größe der Netze und die Vielfalt der eingesetzten Komponenten machen es für einen Systemverwalter immer schwieriger, den Überblick zu behalten. Fehlerursachen und Problemquellen lassen sich teilweise nur mit sehr viel Aufwand ausfindig machen. Dies insbesondere dann, wenn keine strukturierte Verkabelung vorliegt und neue Arbeitsstationen je nach Bedarf hinzugefügt werden.

Aus diesem Grund werden spezielle Methoden und Verfahren zur Verwaltung, Fehlerbeseitigung und Überwachung eines Netzwerks benötigt. Allgemein wird dieses spezielle Aufgabengebiet mit dem Begriff *Netzwerk-Management* umschrieben, wobei die Hauptaufgabe nicht nur in der Beseitigung aktueller Störungen oder Probleme liegt, sondern insbesondere auch in der Beobachtung signifikanter Messstellen im Netzwerk.

Im Bereich des Netzwerk-Managements stellt speziell der TCP/IP-Protokollstack einige interessante Ansätze und Verfahren zur Verfügung, die an dieser Stelle nicht unerwähnt bleiben sollen. Insbesondere ein Protokoll mit dem Namen *SNMP* (*Simple Network Management Protocol*) spielt hier eine nicht unerhebliche Rolle. Eine neuere Entwicklung unter einer weborientierten Oberfläche trägt den Namen *WBEM* (*Web Based Enterprise Management*).

SNMP

Beim Einsatz von SNMP werden von den einzelnen Endgeräten eines IP-Netzwerks bestimmte Verwaltungsinformationen weiter gegeben. Diese Informationen werden über einen so genannten *SNMP-Agenten* gesammelt, von dort an eine Management-Konsole weitergegeben und entsprechend ausgewertet. Obwohl auch heute noch lange nicht jedes Gerät über SNMP verwaltbar ist, wurde es dennoch mittlerweile in einer Vielzahl von Hardware (Netzwerk-Komponenten) unterschiedlicher Hersteller implementiert.

SNMP wurde ursprünglich nur für Netze konzipiert, in denen das TCP/IP-Protokoll zum Einsatz kam. SNMP selbst ist unabhängig davon, wie in einem Netzwerk adressiert bzw. übertragen wird. Daher kommt SNMP, obgleich ursprünglich für das TCP/IP-Protokoll konzipiert, in vielen verschieden Netzwerktypen zum Einsatz. Grundsätzlich benötigt SNMP die Dienste der Präsentationsschicht (Presentation Layer), um die verfügbaren Daten in eine verwaltbare Form umzuwandeln, ohne Rücksicht darauf, um welches Netz es sich dabei handelt. Das UDP-Protokoll wird dabei von SNMP für den Transport genutzt.

Hinweis

Im Gegensatz zu den sonstigen Protokollen des TCP/IP-Protokollstacks werden bei SNMP keine Nutz-, sondern Kontrolldaten übermittelt, um so die notwendigen Informationen zur Verfügung stellen zu können.

Zu Beginn der Internet-Wachstumsphase benutzten die jeweiligen Interessengruppen, die einen Teil des Internets verwalteten, verschiedene Werkzeuge, Einrichtungen und Verfahren zum Management des Internets. Ende der 80er-Jahre entwickelten mehrere unabhängige Gruppen von Entwicklern unterschiedliche Netzwerk-Management-Modelle, die eine einfache Verwaltung der Internet-Hardware ermöglichen sollten.

Neben *HEMS* (*High Level Entity Management System*), das niemals zum Einsatz kam, handelte es sich dabei um *CMIP* (*Common Management Information Protocoll*) der OSI-Gruppe, das *CMOT* (*CMIP over TCP*) als eine Form des CMIP, das jedoch ebenfalls keine Verbreitung erfuhr. Darüber hinaus entwickelte eine Gruppe das *Simple Network Gateway Protocol* (*SGMP*), das später zusammen mit CMOT als Grundlage von Simple Network Management Protocol (SNMP) dienen sollte. Im Frühjahr 1990 schließlich wurde das bereits sehr stabil laufende SNMP als der Standard für das Netzwerk-Management deklariert.

SNMP wurde im Laufe der Zeit weiterentwickelt (verbesserte Sicherheitsmerkmale usw.). Seitdem trägt SNMP in der Version 2 die Bezeichnung *SNMPv2*, wobei jedoch SNMPv2 nicht kompatibel ist zu SNMP, wodurch sich enorme Umstellungs- bzw. Anpassungsprobleme ergeben. Da die Akzeptanz der Hersteller für SNMPv2 ausblieb, wurden im Jahr 1999 erste Entwürfe für eine neue Version mit dem Namen *SNMPv3* veröffentlicht. Mittlerweile gibt es über 55 RFCs für SNMP, wobei die Aktualisierungen oder Ergänzungen nicht berücksichtigt sind. Daraus wird ersichtlich, dass SNMP eine recht komplexe Angelegenheit darstellt.

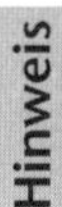

SNMPv1 ist auch heute noch das empfohlene Standardprotokoll. SNMPv2 ist ein Update von SNMPv1, das mehrere neue Funktionen beinhaltet.

Der SNMP-Datenraum ist zumindest theoretisch universell und erweiterbar. Große Teile sind für zukünftige Erweiterungen reserviert, und die herstellerspezifischen Ergänzungen sind lokalisiert und werden überwacht, um Konflikte zu vermeiden. Das grundlegende Format des Namensraums heißt *SMI* (*Structure of Management Information*).

SMI spezifiziert eine Hierarchie, die einem Dateisystem ähnelt, wobei jedoch ein Punkt als Trennzeichen eingesetzt wird und jeder Knoten statt eines Namens eine Nummer erhält. Der Pfad zu einem Knoten lautet dabei *OID* (*Object Identifier*). Die Wurzel (Root) einer SMI-Hierarchie teilt sich auf in einen Unterbaum, der vom CCITT verwaltet wird, einem Unterbaum, der von der ISO verwaltet wird, und einem Unterbaum, der zusammen von ISO und CCITT verwaltet wird.

Der eigentliche Inhalt des Namensraums setzt sich aus den so genannten MIBs (Management Information Bases) zusammen, die die verschiedenen Daten-Domains beschreiben, auf die über SNMP zugegriffen werden kann. Die obersten Ebenen der SMI-Hierarchie werden für die Zuweisung der Berechtigungen an einzelne Gruppen verwendet und enthalten in der Regel keine sinnvollen Daten.

Die grundlegende SNMP-MIB für TCP/IP (MIB-I) beschreibt den Zugriff auf grundlegende Verwaltungsdaten: Informationen über das System, seine Schnittstellen, Adressumformung und Protokolloperationen (IP, ICMP, TCP, UDP). In der Zwischenzeit wurde eine vollständigere Überarbeitung dieser MIB bereitgestellt: MIB-II. Die meisten Hersteller, die einen SNMP-Server anbieten, unterstützen auch MIB-II.

Neben den grundlegenden MIBs gibt es solche auch für spezielle Hardware-Schnittstellen und Protokolle; so gibt es MIBs für einzelne Hersteller und für bestimmte Hardwareprodukte. Die Regeln und Prozeduren für die Installation einer neuen MIB in der Hierarchie sind eindeutig spezifiziert. Dabei ist eine MIB grundsätzlich nur eine Konvention für die Namensgebung von Verwaltungsdaten.

Da die SNMP-Nachrichten möglicherweise Konfigurationsinformationen modifizieren, wird ein Sicherheitsmechanismus benötigt. Die Version 1 des SNMP-Standards weist nur eine minimale Sicherheitsumgebung auf. In der Version 2 des SNMP-Standards gibt es ein spezifischeres Sicherheitsmodell, bei dem auch Tabellen als Ganzes gelesen werden können. Darüber hinaus werden neue Versionen des SMI und grundlegender MIBs bereitgestellt.

Die meisten Hersteller verkaufen die SNMP-basierte Netzwerkverwaltungssoftware als separates Produkt; kostenlose SNMP-Clients sind kaum verfügbar. Im Vergleich zu CMIP (Common Management Information Protocol), das als OSI-Protokoll eher ein Schattendasein fristet, hat sich SNMP mittlerweile jedoch sehr stark verbreitet.

WBEM

In Erweiterung bzw. als (mögliche) Ablösung für SNMP existiert eine neue Spezifikation mit dem Namen *WBEM* (*Web-Based Enterprise Management*). Geht es nach den Entwicklern, soll WBEM SNMP mittelfristig als Management-Protokoll ablösen. Entwickelt wurde WBEM von der *Distributed Management Task Force* (*DMTF*), in der sich mehrere Hersteller zusammengeschlossen haben.

Der Hauptvorteil beim Einsatz der WBEM-Technologie ergibt sich dadurch, dass im Gegensatz zu anderen Verfahren keine proprietären APIs und Snap-in-Architekturen verwendet werden. Statt dessen kommen bei WBEM Standardprotokolle zum Einsatz. Dabei kann die Management-Konsole selbst ein Browser oder auch eine traditionelle Windows- oder X-Window-Konsole sein.

Das Ziel von WBEM ist es, Netzwerk-Management-Daten auf Basis des Common Information Modells (CIM) mit dem CMIP-Protokoll über das HTTP-Protokoll auszutauschen. In diesem Fall könnte WBEM das mittlerweile veraltete Simple Network Management Protocol (SNMP) ablösen.

HTTP

Als eines der wichtigsten Protokolle im Bereich des Internet kommt heutzutage *HTTP* (*Hypertext Transport Protocol*) zum Einsatz, und dies sehr oft in Unwissenheit der Anwender bzw. Nutzer des Internets.

Grundlage des WWW

Landauf, landab wird heutzutage das *World Wide Web* (*WWW*) mit dem Begriff *Internet* gleichgesetzt bzw. umschrieben. Dabei handelt es sich beim WWW um einen der vielen Dienste bzw. Möglichkeiten, die auf dem TCP/IP-Protokollstack aufsetzen.

Beim World Wide Web (weltweites Gewebe) handelt es sich nicht, wie der Name nahe legt, um eine völlig neuartige Netzwerkstruktur, die auf dem Internet aufsetzt. Die Entwickler des WWW am Schweizer CERN (Centre Européen de Recherches Nucléaires, Genf) hatten eine ganz andere Intention: Sie schufen ein Werkzeug, das die verschiedensten verteilten Informationsquellen unter einer Benutzeroberfläche zusammenführt. Im einfachsten Fall befinden sich diese Informationsquellen im lokalen Dateisystem eines Rechners. Um darauf zuzugreifen, wird zunächst einmal ein so genannter WWW-Browser benötigt (z.B. Netscape Communicator, Internet Explorer, Mosaic). Der Browser arbeitet vergleichbar einem Dateimanager mit integriertem Dateibetrachter, der die Inhalte von Dateien der unterschiedlichsten Formate darstellen kann. Dank der für das WWW entworfenen Hypertextsprache HTML kann der Benutzer sich aus Steuerdateien ein sehr leistungsfähiges lokales Informationssystem aufbauen, und das sehr kostengünstig: WWW-Software ist gratis für verschiedene Betriebssysteme und Hardwareplattformen wie UNIX, DOS/Windows und Mac erhältlich.

Zum weltweiten Netz wird das WWW (Internet) dadurch, dass es per Software-Gateway den Zugriff auf fast alle erdenklichen Internet-Dienste ermöglicht. Auf dieser Stufe benötigt der Benutzer allerdings naturgemäß auch einen Zugang zum Internet (z.B. per Modem). Damit kann er dann mit seinem WWW-Browser auf verschiedene Informationsquellen zugreifen.

Neben Universitäten und öffentlichen Einrichtungen haben auch zahlreiche kommerzielle Anbieter das WWW entdeckt. So bieten viele Firmen mit mehreren Servern weltweit jederzeit eine aktuelle Übersicht ihrer Produkte an. Auf besonderes Interesse stößt das WWW auch im Verlagswesen. So legen einzelne Verlage komplette Bücher zum Probelesen auf ihren WWW-Servern ab. Allein die Integration der bisher bestehenden Internet-Dienste macht das WWW so wertvoll und nützlich. Es ist heutzutage kaum noch ein Problem, Informationen in elektronischer Form zu bekommen, sondern eher, aus der Datenfülle das wirklich Wichtige und Interessante zu extrahieren. Das gilt für private Notizen ebenso wie für Online-Informationssysteme.

Das Internet mit den verfügbaren Diensten (z.B. WWW) bietet derzeit wohl die größten öffentlich zugänglichen Online-Informationsquellen. Ursprünglich als ein Verbund von Universitätsrechnern gegründet und derzeit mit fast exponentiellem Wachstum, basieren eine Vielzahl unterschiedlicher Dienste auf der Internet-Protokoll-Suite TCP/IP.

Wahrscheinlich als ersten Dienst lernt ein neuer Nutzer des Internets die elektronische Post oder E-Mail kennen. Sie ist zwar eine der ältesten, aber auf absehbare Zeit auch eine der wichtigsten Formen des elektronischen Informationsaustausches. Aus der Möglichkeit, neben den persönlichen Mitteilungen an eine Person auch allgemeine Informationen an eine Gruppe von Interessenten zu senden, haben sich bald die so genannten Mailing-Listen gebildet.

Die in Mailing-Listen und News anfallenden Informationen und vor allem die verfügbaren PD- und Shareware-Programme werden im Internet auf verschiedenen Archiv-Servern gesammelt, wobei das Angebot mittlerweile überwältigend ist. Daneben liegen aber auch noch weitere Daten und Dokumente auf im Internet verteilten Rechnern vor. Den Transport der archivierten Dateien vom und zum eigenen Rechner bewerkstelligt im Allgemeinen der FTP-Dienst (File Transfer Protocol). Waren es vor wenigen Jahren noch vorwiegend Universitäten, die Daten und Programme von allgemeinem Interesse auf diesem Wege anboten, betreiben heute in zunehmendem Maße auch Firmen FTP-Server, so zum Beispiel Firmen wie Novell oder auch Microsoft.

HTML als WWW-Basis

Als Grundlage für den Einsatz und die Verbreitung von Informationen über das WWW stellt TCP/IP das Hypertext Transport Protocol (HTTP) zur Verfügung. HTTP ist ein Protokoll der Anwendungsschicht, das alle Möglichkeiten der Übertragung so genannter *Hypermedia-Informationen* bietet. Dabei ist ein großer Vorteil von HTTP, das es grundsätzlich nicht hardware- oder systemabhängig ist. HTTP sorgt für den reibungslosen Transport der Web-Seiten im Internet, die wiederum auf der Seitenbeschreibungssprache *HTML* basieren.

HTML (*Hypertext Markup Language*) wird für die Darstellung der Web-Seiten benötigt. WWW-Dokumente unterliegen der Spezifikation des HTML-Formats. HTML-Dateien sind als SGML-Derivate beinahe normale Textdateien und so mit jedem beliebigen Texteditor zu erstellen und zu warten. Bestandteil des World Wide Webs werden sie aber erst, wenn sie auf einem WWW-Server mit Internet-Zugang eingebettet sind. Dazu ist eine spezielle Server-Software vonnöten, vergleichbar mit der Software zum Betrieb einer Mailbox. Diese Software übermittelt vorliegende HTML-Dokumente über das HTTP-Protokoll an von außerhalb anfragende WWW-Clients. Dabei können selbstverständlich Teile des Dateisystems für den Zugriff von außerhalb gesperrt werden.

Mit *SGML* (*Standard Generalized Markup Language*) entstand schon 1988 ein Standard zur Definition plattformunabhängiger Dokumenttypen. Die Hypertext Markup Language (HTML) ist so ein Dokumenttyp. Als SGML-Sprache dient HTML der Gestaltung von Strukturelementen wie Kapitel, Überschriften und Aufzählungen. Sie kümmert sich also nicht um Layoutfragen, sondern ist nur für die Document Type Definition (Dokumenttyp-Definition, DTD) zuständig. Für die Umsetzung der Dokumentenstruktur in ein Layout, welches die Web-Seiten auf dem Bildschirm anzeigt, ist der jeweilige Browser verantwortlich.

Mittlerweile ist es klar geworden, dass die Seitenbeschreibungssprache HTML nicht nur zur weltweiten Informationsverbreitung, sondern auch als Informationsmedium innerhalb einer Firma oder Organisation prädestiniert ist. Telefonlisten, Raumpläne oder Projektplanungen können ohne großen Aufwand allen oder einem Teil der Kollegen in Form eines *Intranets* zur Verfügung gestellt werden. Wenn man dann noch den Beteiligten die Möglichkeit gibt, sich selbst und die eigene Abteilung darzustellen, erhöht dies die Akzeptanz eines solchen Systems.

Funktionen

Informationssysteme benötigen heutzutage weit mehr Funktionen als das einfache Senden und Empfangen von Nachrichten. Die Entwicklung von HTTP wurde deshalb immer weiter vorangetrieben und es stellt mittlerweile weitere Funktionen zur Verfügung. Die Adressierung der einzelnen Ressourcen bei HTTP erfolgt mittels so genannter *URLs* (*Uniform Ressource Locator*), die Orte bzw. Adressen (URL) oder Bezeichner (URN) sein können; diese zeigen gleichzeitig den gewünschten Übertragungsmechanismus an. Nachrichten werden in der gleichen Form übertragen, wie sie auch bei normalem Mail-Transport verwendet werden. Dabei ist HTTP auch für den Zugriff auf Server mit anderen Protokollen geeignet. So ist es durchaus möglich, mit Servern und Gateways per SMTP, NNTP, FTP, Gopher und WAIS zu kommunizieren.

Die grundlegende Funktionsweise von HTTP läuft so ab, dass ein bestimmtes Programm (Web-Browser) eine Verbindung zu einem anderen Programm (Web-Server) aufbaut und diesem eine Anfrage übermittelt (HTTP-Botschaften). Die Anfrage enthält Angaben zur Methode, zur URL, die Protokollversion, Informationen über den Dienst und unter Umständen den Inhalt in Form einer Nachricht. Der Server antwortet auf diese Frage mit einer Statusmeldung, die Informationen über den Server und eventuell schon das angefragte Dokument enthält. Im Anschluss wird die Verbindung wieder abgebaut, um so die Leitungskapazitäten zu schonen.

Bei dieser Art der Übertragung müssen beide Seiten in der Lage sein, auf den vorzeitigen Abbruch der Kommunikation durch die andere Seite zu reagieren. Vorzeitiger Abbruch kann durch Aktionen von Benutzern, Programmfehler oder Überschreiten der Antwortzeiten ausgelöst werden. Durch den Abbruch der Verbindung wird der gesamte Vorgang abgebrochen.

HTTP-Anfragen

Bei den Anfragen eines HTTP-Clients an einen Server wird zwischen einfachen und komplexen Anfragen unterschieden. Eine einfache Anfrage besteht nur aus einer Zeile, die angibt, welche Information gewünscht wird. Eine solche Anfrage kann sich beispielsweise wie folgt darstellen:

```
GET http://www.dilaro.de/index.html
```

In diesem Beispiel wird nur die Methode (GET) und die URL des Dokumentes angegeben (*www.dilaro.de/index.html*). Es werden keine weiteren Felder erwartet, und vom adressierten Server wird auch nur ein ganz einfacher Antwortkopf zurückgesendet. Es kann aber auch eine komplexere Anfrage erzeugt werden. Dabei muss der Zeile aus dem obigen Beispiel noch die Version des HTTP-Protokolls angehängt werden. Die Anfügung der HTTP-Version ist also der einzige Unterschied zwischen einer einfachen und einer komplexen HTTP-Anfrage. Der Unterschied zwischen einfacher und komplexer Anfrage wird aus Gründen der Kompatibilität gemacht.

Hinweis

Ein Browser, auf dem noch eine alte HTTP-Version implementiert ist, wird nur eine einfache Anfrage senden können. Ein Server mit einer aktuellen HTTP-Version muss in dem Fall die Antwort auch im angeforderten HTTP-Format zurücksenden.

Zur näheren Spezifizierung einer HTTP-Anfrage wurden weitere Felder eingeführt. In den Anfragefeldern stehen beispielsweise Informationen über den Server und den benutzten Browser. Weiterhin können dort auch Informationen über den Gegenstand der Übertragung abgelegt werden. In der folgenden Übersicht sind die möglichen Felder einer Anfrage aufgeführt:

- **Anfragezeile (Request-Line)**
  Informationsanfrage wie oben geschildert. Die zugehörigen Methoden folgen im nächsten Abschnitt.
- **Allgemeiner Kopf (General-Header)**
  Im allgemeinen Kopf werden Informationen über die Nachricht übermittelt.
- **Anfragekopf (Request-Header)**
  In diesen Feldern kann der Browser weitere Informationen über die Anfrage und über den Browser selbst absetzen. Diese Felder sind optional und müssen nicht erscheinen.
- **Gegenstandskopf (Entity-Header)**
  In diesem Feld werden Einträge übermittelt, welche den Inhalt der Nachricht näher beschreiben.
- **Gegenstand der Nachricht (Entity-Body)**
  Vor dem eigentlichen Inhalt muss definitionsgemäß eine Leerzeile stehen. Der Inhalt ist dann in dem Format codiert, das in den Gegenstandsfeldern definiert wurde (meist HTML).

HTTP-Methoden

Das Wort, das in einer HTTP-Anfragezeile (Request-Line) an erster Stelle steht, beschreibt die Methode, die mit der nachfolgenden URL angewendet werden soll. Die Methodennamen müssen dabei immer groß geschrieben werden, wobei generell folgende Methoden zur Verfügung stehen:

- **GET**
  Diese Methode gibt an, dass alle Informationen, die mit der nachfolgenden URL beschrieben werden, zum rufenden Client geholt werden sollen. Zeigt die URL auf ein Programm (z.B. CGI-Script), dann soll dieses Programm gestartet werden und die produzierten Daten liefern. Handelt es sich bei dem referenzierten Datum um eine Datei, dann soll diese übertragen werden.
- **HEAD**
  Im Unterschied zur Methode GET, bei der ein komplettes Dokument übertragen wird, werden bei HEAD nur die Meta-Informationen gesendet. Dies ist nützlich, um Links auszuprobieren oder um die Erreichbarkeit von Dokumenten zu testen. Bei Anwendung der Methode HEAD wird der Kopf des referenzierten HTML-Dokuments nach bestimmten Elementen (link, meta) durchsucht.
- **POST**
  Die POST-Methode wird hauptsächlich bei größeren Datenmengen angewandt. Bei einem HTML-Dokument, das beispielsweise ein komplexes Formular enthält, wird dem Server per POST angezeigt, dass er auch die Daten im Körper der Botschaft bearbeiten soll. POST wird hauptsächlich bei Datenblöcken verwendet, die zu einem verarbeitenden Programm übertragen werden. Die Funktion, die durch POST auf dem adressierten Rechner angestoßen wird, wird durch die URL bestimmt.
- **PUT**
  Die mit der Methode PUT übertragenen Daten sollen unter der angegeben URL gespeichert werden. Das soll ermöglichen, dass WWW-Seiten auch ohne direkten Zugriff auf den anbietenden Rechner erstellt und angeboten werden können. Wird ein Dokument mit der Methode PUT übertragen, dann wird unter dieser Adresse ein Dokument mit dem übertragenen Inhalt angelegt. War die Aktion erfolgreich, wird die Meldung *created* zurückgegeben. Existiert unter dieser Adresse schon ein Dokument, dann wird dieses überschrieben.
  Der Hauptunterschied zwischen POST und PUT besteht darin, dass bei POST die URL eine Adresse eines Programms referenziert, das mit den Daten umgehen kann. Bei PUT hingegen wird die URL als neue Adresse des Dokumentes gesehen, das gerade übertragen wurde. Meist jedoch ist die Methode PUT ausgeschaltet, weil Server-Betreiber befürchten, dass die Sicherheit des Systems dadurch nicht mehr gewährleistet ist.
- **DELETE**
  Mit der Methode DELETE kann der Inhalt einer URL gelöscht werden. Diese Methode ist neben der Methode PUT eine der gefährlichsten. Wenn Server nicht richtig konfiguriert wurden, kann es mitunter vorkommen, dass jedermann die Berechtigung zum Löschen von Ressourcen hat.
- **LINK**
  Mit dieser Methode können eine oder mehrere Verbindungen zwischen verschiedenen Dokumenten erzeugt werden. Es werden dabei keine Dokumente erstellt, sondern nur schon bestehende miteinander verbunden.
- **UNLINK**
  Die Methode UNLINK entfernt Verbindungen zwischen verschiedenen Ressourcen. Dabei werden nur die Verbindungen gelöscht, die Dokumente bleiben bestehen. Mit diesen Methoden können alle möglichen Ressourcen erreicht werden, welche die verschiedenen Server zur Verfügung stellen.

Weiterentwicklung

Die aktuellen Versionen von HTTP stellen eine Vielzahl von Verbesserungen gegenüber den Ursprungsversionen zur Verfügung. Dennoch wird ständig an Neukonzeptionen entwickelt, was speziell vom *W3C* (*World Wide Web Consortium*) vorangetrieben wird.

Entscheidend bei allen Weiterentwicklungen des HTTP-Protokolls ist auf jeden Fall eine Kompatibilität zu den Vorgängerversionen, um einem solchen System zum Erfolg zu verhelfen. Selbst wenn das neue System noch so viele Neuerungen bietet, werden sicherlich die wenigsten Anwender freiwillig eine Neugestaltung ihrer Web-Seiten in Kauf nehmen.

Domain Name System

In Zeiten täglich zunehmender Internet-Nutzung spielt insbesondere der Einsatz eines Namensdienstes wie *DNS* (*Domain Name System*) eine immer wichtigere Rolle. Jedoch auch im lokalen Netzwerk eines Unternehmens (LAN, WAN) ist DNS ein unverzichtbarer Dienst zur Namenauflösung.

Hinweis

DNS wird in der Literatur auch sehr oft mit dem Begriff *Domain Name Service* umschrieben.

Wenn in einem Browser eine Internet-Adresse angegeben wird, erfolgt dies in der Regel mit einer Angabe der folgenden Form:

```
www.dilaro.de
```

Internet-Adressen in der dargestellten Form kennen sicherlich die meisten, obwohl es sich streng genommen überhaupt nicht um Adressen handelt. Denn Internet-Adressen stellen sich in der Regel immer in folgender Form dar:

```
212.227.109.208
```

Um sich nicht endlose Ansammlungen von Internet-Adressen merken zu müssen, wurde eine Systematik entwickelt, die es ermöglicht, einer Internet-Adresse einen Namen zuzuweisen. So verbirgt sich in dem obigen Beispiel hinter *www.dilaro.de* nichts anderes als die IP-Adresse 212.227.109.208. Möglich macht eine solche Vorgehensweise der Einsatz eines Namensdienstes wie DNS, der zum Standardumfang des TCP/IP-Protokollstacks gehören.

Hinweis

Nähere Angaben zum Einsatz von DNS enthalt das Modul 4 dieses Buches.

DHCP

Vergleichbar mit dem Domain Name System (DNS), so stellt der TCP/IP-Protokollstack mit dem Protokoll DHCP (Dynamic Host Configuration Protocol) eine Möglichkeit zur Verfügung, um IP-Adressen dynamisch zuzuweisen.

Mit DHCP erübrigt sich eine starre und statische Zuweisung von IP-Adressen an die Endgeräte eines IP-Netzwerks. In Form einer zentralen Datenbank werden den einzelnen Endgeräten auf Anforderung die benötigten IP-Adressen zugewiesen.

Hinweis

Nähere Angaben zum Einsatz von DHCP enthalt das Modul 3 dieses Buches.

6.2 Diagnose und Fehlersuche

TCP/IP ist das bekannteste und mittlerweile auch am weitesten verbreitete Protokoll in der EDV-Welt. Daraus ergibt sich auch, dass es das Protokoll ist, das am meisten Kontrollmöglichkeiten für den Fehlerfall benötigt.

Speziell bei der Diagnose und Fehlersuche stellt TCP/IP einige Zusatzoptionen und Dienste zur Verfügung, die das Auffinden entsprechender Fehler oder Probleme wesentlich vereinfachen können. Neben so einfachen Dingen wie PING oder TRACEROUTE gehören dazu auch spezielle Dienste bzw. Anweisungen wie ARP, NETSTAT oder IFCONFIG (IPCONFIG), die wichtige Angaben zu dem Status der TCP/IP-Verbindungen liefern können.

Hinweis

Neben der allgemeinen Darstellung von Anweisungen und Zusatzoptionen zur Diagnose und Fehlersuche werden nachfolgend beispielhaft spezielle Anweisungen der Windows- und Linux-Systeme erläutert.

Verbindungstest mit PING

Die Grundvoraussetzung für die Übertragung von Daten in einem IP-Netzwerk ist natürlich, dass eine hardwaremäßige Verbindung zu einem anderen System (per Netzwerkkomponenten und Kabel) besteht und die notwendige Konfiguration (Endgeräte verfügen über TCP/IP-Protokollstack) durchgeführt worden ist.

Sobald dies gewährleistet ist, besteht in einem solchen Netzwerk mittels der Anweisung PING eine sehr einfache und schnelle Möglichkeit, die generelle Verbindung zwischen zwei Endgeräten zu überprüfen. PING ist eine Anwendung, die auf den unteren Schichten des OSI-Referenzmodells angesiedelt ist und eine Überprüfung der physikalischen Verbindung und der IP-Konfiguration ermöglicht.

Hinweis

Mit PING kann nicht nur die Verbindung zwischen zwei IP-Endgeräten überprüft werden, sondern damit kann auch die IP-Konfiguration des lokalen Endgeräts erfolgen.

Selbsttest

PING ist ein Dienst bzw. Hilfsprogramm, mit dessen Hilfe die Erreichbarkeit auf IP-Ebene überprüft werden kann. Dabei wird zunächst ein ARP-Broadcast versendet, um die MAC-Adresse des Endgerätes herauszufinden. Nachdem die Antwort des Zielrechners eingetroffen ist, wird ein ICMP-Echo-anforderung (ICMP = Internet Control Message Protocol) an die MAC-Adresse des anderen Endgeräts geschickt. Dieses beantwortet die Anforderung (Request) mit ICMP-Echo-Reply-Paketen.

Mit PING kann jedoch nicht nur die Verbindung zu anderen Endgeräten getestet, sondern damit kann auch jederzeit die Konfiguration des lokalen Rechners überprüft werden. Auf diese Art besteht die Möglichkeit, mögliche Fehlerquellen des lokalen Rechners auszugrenzen.

Sobald Probleme mit der Verbindungsaufnahme zu einem anderen Rechner auftreten, sollte zunächst einmal der lokale Rechner und dessen Netzwerkkonfiguration (IP-Konfiguration) überprüft werden. Zu diesem Zweck kommt die bereits an anderer Stelle dieses Buches erwähnte *Loopback-Adresse* bzw. *Loopback-Schnittstelle* zum Einsatz.

Mit einer der beiden folgenden Anweisungen wird die Konfiguration des aktuellen Rechners überprüft:

`ping loopback` **bzw.** `ping 127.0.0.1`

Auf einem Windows-System kann die PING-Anweisung in einer DOS-Box eingesetzt werden.

Während bei der ersten Anweisung der Name *loopback* eingesetzt wird (dieser wird in der Hostdatei aufgelöst), wird bei der zweiten Anweisung die tatsächliche Loopback-Adresse eingesetzt (127.0.0.1).

Als Ergebnis einer erfolgreich durchgeführten IP-Konfiguration auf dem lokalen Rechner erscheint eine Darstellung der folgenden Art:

```
Ping w2k-as1 [127.0.0.1] mit 32 Bytes Daten:

Antwort von 127.0.0.1: Bytes=32 Zeit<10ms TTL=128
Antwort von 127.0.0.1: Bytes=32 Zeit<10ms TTL=128
Antwort von 127.0.0.1: Bytes=32 Zeit<10ms TTL=128
Antwort von 127.0.0.1: Bytes=32 Zeit<10ms TTL=128

Ping-Statistik für 127.0.0.1:
    Pakete: Gesendet = 4, Empfangen = 4, Verloren = 0 (0 % Verlust),
Ca. Zeitangaben in Millisek.:
    Minimum = 0ms, Maximum =  0ms, Mittelwert =  0ms
```

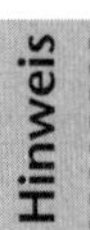

Sobald ein PING auf die Loopback-Adresse des lokalen Rechners (Systems) erfolgreich durchgeführt wurde, kann davon ausgegangen werden, dass das lokale System für den Einsatz von TCP/IP korrekt konfiguriert wurde.

Test anderer Endgeräte

Die einfachste Form der Überprüfung einer Verbindung zwischen unterschiedlichen IP-Endgeräten erfolgt mit der PING-Anweisung auf die folgende Art:

```
ping 192.168.1.94
```

Damit wird von dem lokalen Rechner eine Verbindung zu dem Rechner mit der IP-Adresse 192.168.1.94 aufgebaut. Es werden dabei Datenpakete gesendet, die von dem anderen System bestätigt werden müssen.

Sobald die Verbindung hergestellt werden kann, erscheinen am Bildschirm Angaben der folgenden Form:

```
PING 192.168.1.95 (192.168.1.95): 56 data bytes
64 bytes from 192.168.1.95: icmp_seq=0 ttl=64 time=0.3 ms
```

```
64 bytes from 192.168.1.95: icmp_seq=1 ttl=64 time=0.2 ms
64 bytes from 192.168.1.95: icmp_seq=2 ttl=64 time=0.2 ms
64 bytes from 192.168.1.95: icmp_seq=3 ttl=64 time=0.2 ms

--- linux01.dilaro ping statistics ---
4 packets transmitted, 4 packets received, 0 % packet loss
round-trip min/avg/max = 0.2/0.2/0.3 ms
```

Hinweis

Mit dem Parameter *TTL* (*Time To Live*) wird die Lebensdauer eines IP-Pakets bezeichnet. Kann das Paket das Ziel in der vorgegebenen Zeit nicht erreichen, wird dieses verworfen.

Auf einem Windows-System stellt sich die Anzeige eines erfolgreich durchgeführten Verbindungstests wie folgt dar:

```
Ping wird ausgeführt für 192.168.1.94 mit 32 Bytes Daten:

Antwort von 192.168.1.94: Bytes=32 Zeit<10ms TTL=255
Antwort von 192.168.1.94: Bytes=32 Zeit<10ms TTL=255
Antwort von 192.168.1.94: Bytes=32 Zeit<10ms TTL=255
Antwort von 192.168.1.94: Bytes=32 Zeit<10ms TTL=255

Ping-Statistik für 192.168.1.94:
    Pakete: Gesendet = 4, Empfangen = 4, Verloren = 0 (0 % Verlust),
Ca. Zeitangaben in Millisek.:
    Minimum = 0ms, Maximum =  0ms, Mittelwert =  0ms
```

Aus den oben dargestellten Angaben geht hervor, dass die Verbindung besteht und der Versand der Pakete von der Gegenseite bestätigt wurde.

Hinweis

Neben der Angabe einer IP-Adresse kann natürlich auch ein Name eingegeben werden (z. B. *ping linux01*), sofern eine Namensauflösung per DNS oder Hostdatei konfiguriert ist.

Sollte die Gegenstelle nicht erreichbar sein, erscheint eine Darstellung der folgenden Art:

```
PING 192.168.1.94 (192.168.1.94): 56 data bytes

--- 192.168.0.99 ping statistics ---
4 packets transmitted, 0 packets received, 100 % packet loss
```

Daraus ist ersichtlich, dass Testpakete übertragen wurden, diese jedoch verloren gegangen sind (*100 % packet loss*). Ursache kann entweder eine fehlerhafte IP-Adresse, ein fehlerhafter Hostname oder auch die Tatsache sein, dass das angesprochene Endgerät deaktiviert (ausgeschaltet) worden ist.

Unter einem Windows-System sieht die Darstellung eines fehlgeschlagenen Verbindungsversuches wie folgt aus:

```
Ping wird ausgeführt für 192.168.1.94 mit 32 Bytes Daten:

Zeitüberschreitung der Anforderung.
```

```
Zeitüberschreitung der Anforderung.
Zeitüberschreitung der Anforderung.
Zeitüberschreitung der Anforderung.

Ping-Statistik für 192.168.1.94:
    Pakete: Gesendet = 4, Empfangen = 0, Verloren = 4 (100 % Verlust),
Ca. Zeitangaben in Millisek.:
    Minimum = 0ms, Maximum =  0ms, Mittelwert =  0ms
```

Vorgehensweise im Fehlerfall

Treten Verbindungsprobleme mit IP-Endgeräten auf, sollte in einem solchen Fall eine bestimmte Vorgehensweise eingeschlagen werden, um dem Fehler auf den Grund zu gehen.

1. Zunächst einmal sollte das PING-Signal an das lokale System (Rechner) gesendet werden, um so dessen IP-Konfiguration zu überprüfen (*ping loopback*).
2. Im nächsten Schritt sollte dann eine PING-Anweisung auf die Netzwerkkarte des lokalen Systems erfolgen. Dies geschieht mittels einer PING-Anweisung, bei der die lokale IP-Adresse angegeben wird.
3. Anschließend sollte dann das andere Endgerät, zu dem es Verbindungsprobleme gibt, mittels PING angesprochen werden.

Somit ergibt sich im Falle eines Fehlers die generelle Vorgehensweise wie folgt:

1. PING auf das Loopback-Interface
2. PING auf die lokale Netzwerkkarte
3. PING auf das andere System (Endgerät)

Wenn in diesem Zusammenhang das PING-Signal mittels IP-Adresse des anderen Endgeräts versendet werden kann, dies jedoch mit dem Hostnamen fehlschlägt, so deutet das darauf hin, dass ein Problem mit der Namensauflösung (DNS, Hostdatei usw.) besteht. Dies ist also dann kein Problem der Verbindung, sondern ein Konfigurationsproblem der Namensauflösung.

Sollten beim Einsatz der PING-Anweisung Fehlermeldungen der folgenden Art erscheinen

`Network is unreachable` bzw. `Zielhost nicht erreichbar`

so deutet dies darauf hin, dass eine falsche Route zum Netzwerk definiert wurde bzw. überhaupt nicht gesetzt worden ist.

Hinweis

Mit der Anweisung *ping -?* können jederzeit die verfügbaren Optionen bzw. Parameter angezeigt werden.

Informationen per NETSTAT

Mit NETSTAT stellt der TCP/IP-Protokollstack eine Möglichkeit zur Überwachung der aktuell laufenden Netzwerkfunktionen zur Verfügung. So liefert NETSTAT unter anderem Informationen über Netzwerkschnittstellen und es zeigt Routing-Informationen und den Status der aktiven Verbindungen an.

Wird die Anweisung NETSTAT ohne weitere Parameter eingesetzt, liefert diese beispielsweise unter einem Linux-System eine Anzeige der folgenden Art (auszugsweise):

```
Active Internet connections (w/o servers)
Proto Recv-Q Send-Q Local Address           Foreign Address
State
tcp        0      0 localhost:1051          localhost:1052
ESTABLISHED
tcp        0      0 localhost:1052          localhost:1051
ESTABLISHED
tcp        0      0 localhost:1028          localhost:1027
ESTABLISHED
tcp        0      0 localhost:1024          localhost:1026
ESTABLISHED
tcp        0      0 localhost:1026          localhost:1024
ESTABLISHED
Active UNIX domain sockets (w/o servers)
Proto RefCnt Flags       Type       State         I-Node Path
unix  2      [ ]         STREAM                   3679   /dev/log
unix  2      [ ]         STREAM     CONNECTED     3678
unix  2      [ ]         STREAM                   3373   /dev/log
unix  2      [ ]         STREAM                   3286   /dev/log
unix  2      [ ]         STREAM     CONNECTED     3285
Active IPX sockets
Proto Recv-Q Send-Q Local Address              Foreign Address
State
Activate AX.25 sockets
Dest       Source     Device  State        Vr/Vs  Send-Q  Recv-Q
Activate NET/ROM sockets
User       Dest       Source     Device  State        Vr/Vs  Send-Q
Recv-Q
```

Die Anweisung NETSTAT verfügt über eine Vielzahl von Parametern, die mit der Option „-H" angezeigt werden können. Mit der folgenden Anweisung kann beispielsweise die Routing-Tabelle des aktuellen Rechners angezeigt werden:

```
netstat -r
```

Eine solche Anzeige kann sich unter Linux beispielsweise wie folgt darstellen:

```
Kernel IP routing table
Destination     Gateway         Genmask         Flags   MSS Window  irtt
Iface
linux01.dilaro   *               255.255.255.255 UH      1500 0
0 dummy0
192.168.1.0    *               255.255.255.0   U      1500 0          0
eth0
loopback        *               255.0.0.0       U      3584 0          0
lo
```

Bei einem Windows-System kann sich die Routing-Tabelle des lokalen Rechners beispielsweise wie folgt darstellen:

```
===========================================================================
Schnittstellenliste
0x1 ........................... MS TCP Loopback interface
0x1000003 ...00 01 02 ab 66 55 ...... 3Com EtherLink PCI
===========================================================================
===========================================================================
```

```
Aktive Routen:
    Netzwerkziel   Netzwerkmaske          Gateway   Schnittstelle  Anzahl
         0.0.0.0         0.0.0.0    192.168.0.107   192.168.0.217       1
       127.0.0.0       255.0.0.0        127.0.0.1       127.0.0.1       1
     192.168.1.0   255.255.255.0    192.168.0.217   192.168.0.217       1
   192.168.0.217 255.255.255.255        127.0.0.1       127.0.0.1       1
   192.168.0.255 255.255.255.255    192.168.0.217   192.168.0.217       1
       224.0.0.0       224.0.0.0    192.168.0.217   192.168.0.217       1
 255.255.255.255 255.255.255.255    192.168.0.217   192.168.0.217       1
Standardgateway:   192.168.0.107
=========================================================================
```

Mit der Option *-s* der NETSTAT-Anweisung können die Statistiken der diversen Protokolle angezeigt werden, was sich beispielsweise wie folgt darstellen kann:

```
IP-Statistik
  Empfangene Pakete                      = 6862
  Empfangene Vorspannfehler              = 0
  Empfangene Adressfehler                = 355
  Weitergeleitete Datagrame              = 0
  Empfangene unbekannte Protokolle       = 0
  Empfangene verworfene Pakete           = 0
  Empfangene übermittelte Pakete         = 6862
  Ausgabeanforderungen                   = 3452
  Verworfene Routingpakete               = 0
  Verworfene Ausgabepakete               = 0
  Ausgabepakete ohne Routing             = 0
  Reassemblierung erforderlich           = 0
  Reassemblierung erfolgreich            = 0
  Reassemblierung erfolglos              = 0
  Erfolgreiche Datagramfragment.         = 0
  Erfolglose Datagramfragment.           = 0
  Erzeugte Fragmente                     = 0

ICMP-Statistik
                                 Empfangen Gesendet
  Meldungen                      1            1
  Fehler                         0            0
  Ziel nicht erreichbar          0            0
  Zeitüberschreitung             0            0
  Parameterprobleme              0            0
  Quelldrosselung                0            0
  Umleitungen                    0            0
  Echos                          0            1
  Echoantworten                  1            0
  Zeiteinträge                   0            0
  Zeiteintragantworten           0            0
  Adressmasken                   0            0
  Adressmaskenantworten          0            0

TCP-Statistik
  Aktiv geöffnet                          = 63
  Passiv geöffnet                         = 0
  Erfolglose Verbindungsversuche          = 1
  Zurückgesetzte Verbindungen             = 10
  Aktuelle Verbindungen                   = 6
  Empfangene Segmente                     = 3753
```

```
  Gesendete Segmente                   = 3251
  Erneut übertragene Segmente          = 2

UDP-Statistik
  Empfangene Datagrame = 2887
  Keine Anschlüsse      = 223
  Empfangsfehler        = 0
  Gesendete Datagrame  = 197
```

Um sich die zur Zeit aktiven TCP/IP-Verbindungen anzeigen zu lassen, muss die Option *-a* eingesetzt werden, was eine Darstellung der folgenden Art bewirkt:

```
Aktive Verbindungen
  Proto  Lokale Adresse          Remoteadresse          Status
  TCP    larisch:epmap           larisch:0              ABHÖREN
  TCP    larisch:microsoft-ds    larisch:0              ABHÖREN
  TCP    larisch:1025            larisch:0              ABHÖREN
  TCP    larisch:1032            larisch:0              ABHÖREN
  TCP    larisch:1033            larisch:0              ABHÖREN
  TCP    larisch:1034            larisch:0              ABHÖREN
  TCP    larisch:1036            larisch:0              ABHÖREN
  TCP    larisch:1037            larisch:0              ABHÖREN
  TCP    larisch:1038            larisch:0              ABHÖREN
  TCP    larisch:1039            larisch:0              ABHÖREN
  TCP    larisch:1043            larisch:0              ABHÖREN
  TCP    larisch:netbios-ssn     larisch:0              ABHÖREN
  TCP    larisch:427             larisch:0              ABHÖREN
  TCP    larisch:1028            192.168.1.104:524    WARTEND
  TCP    larisch:1032            192.168.1.105:524    HERGESTELLT
  TCP    larisch:1033            192.168.1.105:524    HERGESTELLT
  TCP    larisch:1036            192.168.1.161:524    HERGESTELLT
  TCP    larisch:1037            192.168.1.104:524    HERGESTELLT
  TCP    larisch:1038            192.168.1.105:524    HERGESTELLT
  TCP    larisch:1039            192.168.1.161:524    HERGESTELLT
  TCP    larisch:1043            192.168.1.162:524    HERGESTELLT
  UDP    larisch:epmap           *:*
  UDP    larisch:microsoft-ds    *:*
  UDP    larisch:1029            *:*
  UDP    larisch:netbios-ns      *:*
  UDP    larisch:netbios-dgm     *:*
  UDP    larisch:427             *:*
  UDP    larisch:isakmp          *:*
  UDP    larisch:1026            *:*
```

Neben der Anzeige der einzelnen Verbindungen wird daraus beispielsweise auch ersichtlich, welche Ports den einzelnen Verbindungen (lokal) zugeordnet sind.

ROUTE zur Wegewahl

Die *ROUTE*-Anweisung wird verwendet, um die Routing-Tabelle anzuzeigen oder zu modifizieren. Eine Liste aller bekannten Schnittstellen und Angaben dazu, wie diese von dem lokalen System zu erreichen sind, kann mit der Anweisung ROUTE abgerufen werden. Eine Liste aktueller Routen, die IP für den lokalen Host bekannt sind, kann mit der Anweisung ROUTE PRINT abgerufen werden. Eine mögliche Anzeige kann sich unter Linux) beispielsweise wie folgt darstellen:

```
Kernel IP routing table
Destination     Gateway     Genmask          Flags Metric Ref    Use
Iface
192.168.1.0   *           255.255.255.0   U      0      0      0 eth0
loopback        *           255.0.0.0       U      0      0       1 lo
```

Aus dieser Aufstellung ist ersichtlich, dass es auf dem entsprechenden System zur Zeit zwei aktive Schnittstellen gibt (lo, eth0); die Angabe *lo* steht dabei für die Loopback-Adresse. Eine Vergleichbare Anzeige auf einem Windows-System sieht wie folgt aus:

```
===========================================================================
Schnittstellenliste
0x1 ........................... MS TCP Loopback interface
0x1000003 ...00 45 76 0b 23 7f ...... 3Com EtherLink PCI
===========================================================================
===========================================================================
Aktive Routen:
     Netzwerkziel      Netzwerkmaske          Gateway   Schnittstelle  Anzahl
         0.0.0.0            0.0.0.0      192.168.1.1    192.168.1.94    1
       127.0.0.0          255.0.0.0        127.0.0.1       127.0.0.1    1
     192.168.1.0      255.255.255.0     192.168.1.94    192.168.1.94    1
    192.168.1.94    255.255.255.255        127.0.0.1       127.0.0.1    1
   192.168.1.255    255.255.255.255     192.168.1.94    192.168.1.94    1
       224.0.0.0          224.0.0.0     192.168.1.94    192.168.1.94    1
 255.255.255.255    255.255.255.255     192.168.1.94    192.168.1.94    1
Standardgateway:        192.168.1.1
===========================================================================
Ständige Routen:
  Keine
```

Während mit ROUTE PRINT die aktuelle Routen-Zuweisung abgerufen werden kann, können mit ROUTE ADD der lokalen Routing-Tabelle neue Routen hinzugefügt und mit ROUTE DELETE bestehende Routen aus der Tabelle entfernt werden.

Hinweis

Damit zwei Hosts IP-Datagrame austauschen, müssen beide eine Route zum jeweils anderen haben oder ein Standard-Gateway verwenden, das eine Route kennt. Normalerweise tauschen Router untereinander Informationen mit einem Routing-Protokoll wie RIP (Routing Information Protocol) oder OSPF (Open Shortest Path First) aus.

Wegeermittlung per TRACEROUTE

Bei *TRACEROUTE* handelt es sich um ein Dienstprogramm bzw. eine Anweisung für die Verfolgung aktueller Routen. Es können damit die Knotenpunkte (Router-Hops) zu einem entfernten System angezeigt werden. Die Anweisung verwendet das TTL-Feld (TTL = Time To Live) von ICMP-Fehlermeldungen, um die Route von einem Host zu einem anderen durch ein Netzwerk zu ermitteln.

Hinweis

An einem Windows-System lautet die Anweisung zur Wegeermittlung TRACERT.

Ein Beispiel für die Ausgabe des Befehls TRACEROUTE ist in der nebenstehenden Abbildung beispielhaft dargestellt. Aus einer solchen Anzeige bzw. Ausgabe des TRACEROUTE-Befehls ist ersichtlich, welchen Weg die Datenpakete zu dem angegebenen Zielhost nehmen.

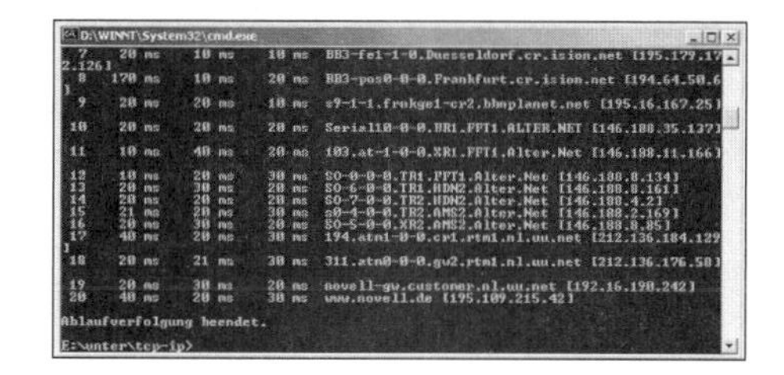

Knotenadressen per ARP

An anderer Stelle dieses Buches wurde bereits erläutert, dass das Protokoll ARP (Address Resolution Protocol) dazu dient, einzelne Namen in ihre jeweilige MAC-Adresse (Knotenadresse) aufzulösen. Dies bedingt automatisch eine Darstellung der Adresse zu einem vorgegebenen Namen. Der TCP/IP-Protokollstack unterstützt diese Möglichkeit mit einer gleichlautenden Anweisung.

Wird beispielsweise auf der Linux-Systemebene die folgende Anweisung eingegeben:

```
arp -a
```

so hat dies eine Anzeige der entsprechenden IP- und MAC-Adressen zur Folge. Das Ergebnis einer solchen Anweisung kann sich auf einem Windows-System beispielsweise wie folgt darstellen:

```
Schnittstelle: 192.168.1.94 on Interface 0x1000303
    Internetadresse        Physikal. Adresse     Typ
    192.168.1.96          00-01-02-ab-65-76     dynamisch
    192.168.1.1           00-10-5a-69-5f-d9     dynamisch
    192.168.1.161         00-90-27-8a-48-e0     dynamisch
```

Aus dieser Aufstellung ist ersichtlich, mit welchen Hosts zur Zeit eine Verbindung besteht; zusätzlich wird zu jedem Host die zugehörige MAC-Adresse angezeigt.

Aktuelle Konfiguration mit IFCONFIG

Mit der Anweisung *IFCONFIG* (*IPCONFIG*) können die verfügbaren (lokalen) Schnittstellen mit einem Blick überprüft werden. Um beispielsweise unter Linux die erste Ethernet-Schnittstelle (eth0) zu überprüfen, muss folgende Anweisung eingesetzt werden:

```
ifconfig eth0
```

Als mögliche Anzeige erscheint eine Darstellung der folgenden Art:

```
eth0      Link encap:Ethernet  HWaddr 00:00:C0:4E:C8:0B
          inet addr:192.168.1.94  Bcast:192.168.0.255
Mask:255.255.255.0
          UP BROADCAST RUNNING MULTICAST  MTU:1500  Metric:1
          RX packets:0 errors:0 dropped:0 overruns:0 frame:0
          TX packets:0 errors:0 dropped:0 overruns:0 carrier:0
          collisions:0
          Interrupt:11 Base address:0xe000
```

Aus dieser Aufstellung ist erkennbar, dass die Schnittstelle *eth0* aktiv ist (UP) und es werden die zugewiesenen Adressen und sonstigen Vorgaben (z. B. MTU für die Paketgröße) angezeigt.

Eine vergleichbare Anzeige auf einem Windows-System (IPCONFIG) kann sich beispielhaft wie folgt darstellen:

```
Windows 2000-IP-KonfigurationEthernetadapter "LAN-Verbindung":
Verbindungsspezifisches DNS-Suffix: dilaro.de
        IP-Adresse. . . . . . . . . . . . : 192.168.1.94
        Subnetzmaske. . . . . . . . . . . : 255.255.255.0
        Standardgateway . . . . . . . . . : 192.168.1.1
```

Um einen Überblick über sämtliche lokalen Schnittstellen und deren Zuordnungen zu erhalten, muss die Anweisung IFCONFIG (Linux) bzw. IPCONFIG (Windows) um die Option *-all* erweitert werden. Eine entsprechende Anzeige auf einem Windows-System würde sich dann wie folgt darstellen:

```
Windows 2000-IP-Konfiguration
        Hostname. . . . . . . . . . . . . : larisch
        Primäres DNS-Suffix . . . . . . . :
        Knotentyp . . . . . . . . . . . . : Broadcastadapter
        IP-Routing aktiviert. . . . . . . : Nein
        WINS-Proxy aktiviert. . . . . . . : Nein
        DNS-Suffixsuchliste . . . . . . . : dilaro.de
Ethernetadapter "LAN-Verbindung":
        Verbindungsspezifisches DNS-Suffix: dilaro.de
        Beschreibung. . . . . . . . . . . : 3Com EtherLink XL 10/100 PCI
für vollständige PC-Verwaltung-NIC (3C905C-TX)
        Physikalische Adresse . . . . . . : 00-04-34-0B-37-7F
        DHCP-aktiviert. . . . . . . . . . : Nein
        IP-Adresse. . . . . . . . . . . . : 192.168.1.94
        Subnetzmaske. . . . . . . . . . . : 255.255.255.0
        Standardgateway . . . . . . . . . : 192.168.1.1
        DNS-Server. . . . . . . . . . . . : 192.168.1.1
```

NSLOOKUP zur Nameserver-Suche

Die Anweisung NSLOOKUP ist ein Programm für die Behandlung von DNS-Problemen, wenn beispielsweise bestimmte Hostnamen nicht aufgelöst werden können. Nach dem Aufruf von NSLOOKUP werden der Hostname und die IP-Adresse des DNS-Servers angezeigt, der für das lokale System konfiguriert worden ist. Danach wird eine Eingabeaufforderung angezeigt. Mit der Eingabe eines Fragezeichens (?) werden die verfügbaren Befehle angezeigt. Um eine der IP-Adressen eines Hosts nachzusehen, der das DNS verwendet, muss an der Eingabeaufforderung der Hostname eingegeben und dies anschließend mit [↵] betätigt werden.

NSLOOKUP verwendet standardmäßig den DNS-Server, der für das entsprechende Endgerät (Rechner) konfiguriert worden ist, auf dem es ausgeführt wird. Es kann aber auch ein anderer DNS-Server verwendet werden, indem der Name des Servers nach der entsprechenden NSLOOKUP-Option angegeben wird.

Eine besonders hilfreiche Funktion zur Problembehandlung ist der Debug-Modus, der mit der NSLOOKUP-Anweisung *set debug* aktiviert werden kann. Im Debug-Modus listet NSLOOKUP sämtliche Schritte auf, die bei der Ausführung der diversenen Befehle ausgeführt werden.

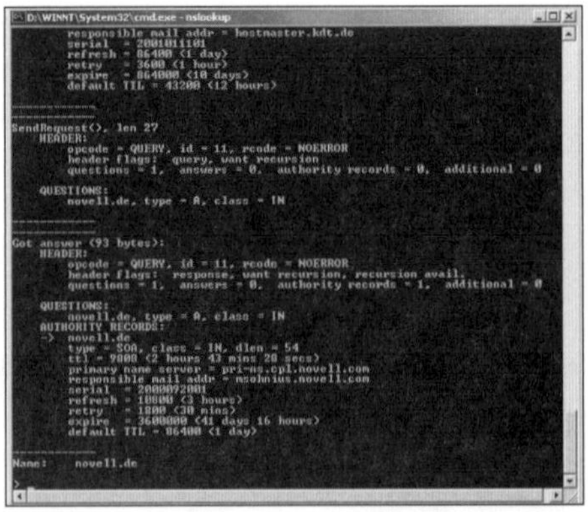

Hinweis

Noch ausführlicher ist der spezielle Debug-Modus, der mit der NSLOOKUP-Anweisung *set d2* aktiviert werden kann. Zudem unterscheiden sich die Zusatzoptionen bzw. Anweisungen von NSLOOKUP zwischen einem UNIX- und einem Windows-System.

Zusammenfassung

- ✓ Der TCP/IP-Protokollstack stellt eine Reihe von Zusatzprogrammen und -diensten zur Verfügung.
- ✓ Die Zusatzprogramme und -dienste dienen zusätzlichen Funktionen, aber auch der Fehlersuche und Diagnose.
- ✓ Anweisungen und Dienste unterscheiden sich auf den unterschiedlichen Systemen (z.B. Linux, Windows) geringfügig.
- ✓ Der TELNET-Dienst dient der Fernwartung anderer IP-Systeme und mit FTP können in einem IP-Netzwerk Dateien übertragen werden.
- ✓ Auch für das Netzwerk-Management und die Übertragung von Internet-Seiten stellt TCP/IP entsprechende Dienste, Verfahren und Protokolle zur Verfügung.
- ✓ Die schnellste Möglichkeit zur Überprüfung einer Verbindung zwischen zwei IP-Endgeräten ermöglicht die Anweisung PING.
- ✓ Auch die Wegewahl und die Ermittlung bestimmter Routen wird direkt vom TCP/IP-Protokollstack mit entsprechenden Möglichkeiten unterstützt.

Übungen

1. In welche grundlegenden Bereiche lassen sich die spezifischen TCP/IP-Anwendungen einteilen?
2. Wofür steht die Abkürzung *NFS*?
3. Welche Funktion erfüllt NFS?
4. Wo kommt NFS sehr häufig zum Einsatz?
5. Welche Zugriffsmöglichkeiten stehen bei NFS standardmäßig zur Verfügung?
6. Was ist der Unterschied zwischen einem NFS-Server und einem NFS-Client?
7. Welcher Vorgang geht dem Zugriff auf die Daten eines zentralen Systems voraus? Wie heißt dieser Vorgang?
8. Was ist ein Mount-Point?

Übungen

9. Wofür steht die Abkürzung *TELNET*?
10. Wofür kann TELNET eingesetzt werden?
11. Mit welcher Anweisung wird eine TELNET-Verbindung zu einem TELNET-Server aufgebaut?
12. Wird für eine TELNET-Sitzung ein Anmeldename benötigt?
13. Wie wird eine TELNET-Verbindung beendet?
14. Wofür steht die Abkürzung *FTP*?
15. Welchen Zweck erfüllt FTP?
16. Was erfolgt nach der Aktivierung einer FTP-Sitzung mittels der Anweisung *ftp* als Nächstes?
17. In welcher Datei werden auf einem UNIX-System (z.B. Linux) Informationen darüber abgelegt, wer per FTP auf dieses System zugreifen darf?
18. Mit welcher FTP-Anweisung kann eine Datei von einem FTP-Server auf das lokale System kopiert werden?
19. Welche beiden Verfahren bzw. Protokolle bestimmen heutzutage das Netzwerk-Management?
20. Worum handelt es sich bei dem Wort, das in einer HTTP-Anfrage am Anfang einer URL steht?
21. Was wird mit den Methoden einer HTTP-Anfrage umschrieben?
22. Mit welchem Dienst bzw. Verfahren kann in einem IP-Netzwerk eine Namensauflösung durchgeführt werden?
23. Welches Protokoll stellt TCP/IP zur Verfügung, um eine dynamische Zuweisung von IP-Adressen zu realisieren?
24. Wozu dient die Anweisung PING?
25. Welche Adresse muss angegeben werden, um die IP-Konfiguration des lokalen Systems (Rechners) zu überprüfen?
26. Wie wird die PING-Anweisung auf einem Windows-System eingesetzt?
27. Mit welcher Anweisung können Informationen über die aktuellen IP-Verbindungen eines Systems abgerufen werden?
28. Welche Anweisung liefert ausführliche Angaben zu der lokalen Konfiguration eines IP-Systems? Nennen Sie bitte die entsprechende UNIX-Anweisung und das Windows-Pendant.
29. Mit welcher Anweisungen können Angaben zu den definierten Nameservern abgerufen werden?

Die Lösungen zu diesen Aufgaben finden Sie im Anhang des Co@ches.

Modul 7

TCP/IP im Internet

Das Internet, oder besser: das, was als Internet bezeichnet wird, kann heutzutage als das Netz der Netze bezeichnet werden. Es richten auch immer mehr Organisationen und Unternehmen ihre Geschäftsbemühungen am Internet aus. Dabei ist landläufig mit dem Begriff *Internet* in der Regel immer nur ein Teilbereich des Internets gemeint, nämlich das *World Wide Web* (WWW).

Das World Wide Web ist nur einer von vielen Diensten innerhalb des Internets, wobei noch andere Dienste und Verfahren zur Verfügung stehen, die teilweise schon in früheren Modulen dieses Buches erläutert wurden (TELNET, FTP, E-Mail usw.).

Lernen Sie

- worum es sich beim Internet eigentlich handelt
- den prinzipiellen Aufbau des Internets kennen
- welchen Einfluss TCP/IP auf die Internet-Dienste nimmt
- wie das Internet aufgebaut ist
- welche Dienste im Internet zur Verfügung stehen
- wie ein Internet-Zugang in der Praxis realisiert werden kann

Hinweis

Das WWW kennzeichnet die Aufbereitung der Daten des Internets in einer grafisch orientierten Form, wodurch sich diese wesentlich einfacher handhaben lassen.

Zur Betrachtung des Einflusses von TCP/IP auf das Internet und zur Darstellung der wesentlichen Funktionen des Internets, sollen nachfolgend Netze wie *Intranets* und *Extranets* als gleichbedeutend betrachtet werden. Intranets sind nichts anderes als lokale Netzwerke, in denen die Funktionen und Dienste des Internets zum Einsatz kommen. Dies trifft auch auf Extranets zu, wobei dies eine spezielle Netzwerkform darstellt, bei der (über das Internet) bestimmte Partner in einem abgeschlossenen Bereich miteinander kommunizieren.

7.1 Was ist das Internet?

„Das Internet ist IP bzw. IP ist das Internet." Solche oder ähnliche Aussagen ergeben sich nicht selten, wenn eine Definition des Begriffs *Internet* vorgenommen wird. In beiden Aussagen liegt eine gewisse Wahrheit, denn ohne das Protokoll TCP/IP wäre das Internet nicht entstanden, aber genau so gut hat das Internet dafür gesorgt, dass das IP-Protokoll heutzutage das Standardprotokoll schlechthin ist.

Es wurde bereits an anderer Stelle darauf hingewiesen, dass das Protokoll, das im Internet für die Übertragung der Daten zuständig ist, TCP/IP ist. Dieses Protokoll ist aus einem Projekt des amerikanischen Verteidigungsministeriums (*ARPA = Advanced Research Projects Agency*) hervorgegangen und bildet heute das Rückgrat des Internets. Hauptziel des ARPA-Projekts war es, ein Netz zu schaffen, bei dem der Ausfall einzelner Teile nicht zum Ausfall des Gesamtsystems führt. Im Projektverlauf wurde sehr schnell ersichtlich, dass nur ein Netz mit dezentraler Verwaltung (Administration) diese Bedingung erfüllen kann. Als Quintessenz gibt es somit heute kein Unternehmen oder keine Organisation, die behaupten kann, das Internet zu betreiben bzw. zu verwalten. Das Internet hat eine Art Eigenleben und eine Dynamik, die sehr fest verbunden ist mit dem Einsatz des TCP/IP-Protokolls.

Rein technisch gesehen ist das Internet eine Ansammlung von Millionen von Systemen (Rechner usw.), die weltweit in Tausenden von Unternehmen und Organisationen verteilt sind. Die Systeme selbst sind über verschiedenste Datenleitungen miteinander verbunden. Diese Datenleitungen können unterschiedlich realisiert sein: von der Verbindung mittels Modem durch die herkömmliche Telefonleitung, über Kabelverbindungen bis hin zur Standleitung, die das gesamte Netzwerk eines Unternehmens dauerhaft mit dem Internet verbindet. Auch über Funk oder Satellit können Internet-Anbindungen realisiert werden.

Der globale Netzverbund aus den unterschiedlichen Systemen stellt sich für die einzelnen Anwender als eine Art *virtuelle Wolke* dar, über die Informationen empfangen, aber auch weitergegeben werden können. Für den einzelnen Anwender ist es dabei vollkommen unerheblich, wo die einzelnen Daten abgelegt sind bzw. werden.

Auf ähnliche Art und Weise wie im lokalen Netzwerk kann ein Benutzer auch im Internet seine Daten an jeden Rechner versenden bzw. Informationen von anderen Rechnern abrufen. Der einzige Unterschied zum lokalen Netzwerk besteht darin, dass im Internet keine zentrale Organisation für den Betrieb zuständig ist. Dies bedeutet, dass sich die einzelnen Systemverwalter im Internet lediglich darauf geeinigt haben, dass sie untereinander mit dem gleichen Kommunikationsprotokoll (TCP/IP) kommunizieren. Die weitere Verwaltung der Ressourcen obliegt dann wieder jeweils den beteiligten Partnern.

In den Anfangstagen wurde das Internet ursprünglich als ein weltweiter Kommunikationsverbund (*Backbone*) für Universitäten, Forschungsstätten und Schulen eingerichtet. Dieses Netzwerk sollte der Bildung vorbehalten sein und einen freien Datenaustausch unter Wissenschaftlern, Studenten und Schülern ermöglichen. Insbesondere gab es in den Anfangszeiten keine Bestrebungen, dieses Netz kommerziellen Zwecken zur Verfügung zu stellen. Durch den massenhaften Anschluss von Universitäten und Firmen folgten nach und nach weitere, kommerziell orientierte Organisationen und auch private Anwender. Heute ist eine Trennung zwischen reiner Wissenschaft und kommerzieller Nutzung im Internet nicht mehr möglich. Alle Internet-Benutzer haben das gleiche Ziel: aus den Unmengen an Informationen, die in elektronischer Form im Internet gespeichert sind, die benötigten Angaben herauszusuchen bzw. dem bestehenden Informationspool weitere Informationen hinzuzufügen.

Neben der Internet-Nutzung ist darüber hinaus auch die Nutzung dieser Technologien innerhalb von Unternehmen oder Organisationen beliebiger Größe möglich, in den so genannten *Intranets*. Das Internet (Intranet) vereinheitlicht Protokolle und Formate und ermöglicht dadurch ungestörte Kommunikation innerhalb des Unternehmens und die einheitliche, sichere Kommunikation mit anderen Unternehmen.

Sämtliche Netzwerkhersteller unterstützen inzwischen TCP/IP, das Netzwerkprotokoll des Internets, jede aktuelle Textverarbeitung kann HTML-Dateien (Seitenbeschreibungssprache zur Darstellung von Informationen in einem Browser) lesen und verarbeiten. Des Weiteren wird für die Mail-Standards aus dem Internet MIME, POP3 und IMAP keine Konvertierung mehr benötigt, sofern eine geeignete Mail-Software eingesetzt wird.

Hinweis

Die Grundlage jeglicher Kommunikation im Internet (Intranet) bildet die TCP/IP-Protokollfamilie. TCP/IP ist die allgemeingültige Sprache, über die die Systeme in einem Internet (Intranet) Daten austauschen.

Das Übertragungsprotokoll, das im Internet eingesetzt werden soll, muss grundsätzlich zwei Bedingungen erfüllen: Zum einen muss dieses Protokoll für alle weltweit verfügbaren Betriebssysteme

Gültigkeit haben. Des Weiteren muss es in der Lage sein, ausgefallene Strecken oder Systeme zu umgehen. Die letzte Forderung ergibt sich aus der Tatsache, dass das Internet nicht aus geraden, regelmäßig miteinander verbundenen Netzwerken besteht, sondern aus kreuz und quer miteinander verbundenen Datenleitungen, die zum Teil sehr störanfällig sind. Beide Bedingungen erfüllt TCP/IP in der heutigen Form.

Das Problem der korrekten Zustellung von Datenpaketen trotz zeitweiligem Ausfall von Verbindungen wird bei TCP/IP derart gelöst, dass die Daten einfach in kleine Pakete aufgeteilt werden, die jeweils mit einem Absender versehen werden. Ist der kürzeste Weg von A nach B aus irgendeinem Grund nicht möglich, sucht sich das einzelne Datenpaket selbstständig seinen Weg durch das Internet. Am Zielpunkt werden die Daten wieder zusammengesetzt und entsprechen somit den ursprünglich versendeten Daten.

7.2 Aufbau des Internets

Durch den Internet-Einsatz und den Informationsaustausch über das World Wide Web (WWW), E-Mail, Chat, News, Groupware und Videokonferenzen ergibt sich zwangsläufig, dass das Internet nicht nur zum Austausch von textbasierten Nachrichten eingesetzt wird. Multimedia und grafikorientierter Informationsaustausch sind Schlagworte, mit denen ausgedrückt wird, dass aufwändige Grafiken ein Gestaltungselement der Datenübertragung im Internet sind. Somit werden die Vorzüge der Kommunikation nicht nur mit trockenen Mails und News demonstriert.

TCP/IP als Grundlage

Die Vorteile einer standardisierten Plattform sind so überzeugend, dass heutzutage in den weltweit existierenden Netzwerken TCP/IP als das Standardprotokoll eingesetzt wird, so eben auch (oder gerade) im Internet. Die unterschiedlichsten Systeme (Rechner) können mit TCP/IP problemlos miteinander kommunizieren und spezielle Hilfsmittel wie Browser, E-Mail-, News- und Chat-Programme sind für nahezu alle Plattformen verfügbar. Jeder Dienst, jedes Angebot von Texten, Bildern, Tönen und Tabellen lässt sich mit diesen Mitteln auf dem Computer darstellen. Damit werden die zahlreichen technischen Kommunikationshindernisse zwischen verschiedenen Computersystemen überbrückt.

Dienste im Internet

Der Träger oder Mittler, der im weltweiten Verbund der unterschiedlichsten Systeme für den Transport der Daten zuständig ist, ist das IP-Protokoll. Dieses Protokoll ist die Basis für eine Vielzahl unterschiedlicher Dienste im Internet, die überhaupt erst den eigentlichen Nutzen des Internets ausmachen. Dazu gehören im Einzelnen:

- World Wide Web (WWW)
- E-Mail
- Newsgroups
- FTP-Dateiübertragung
- Chat
- IP-Telefonie

Was sich hinter den einzelnen Diensten verbirgt, wurde bereits an anderer Stelle dieses Buches ausführlich erläutert. Der Vollständigkeit halber soll hier dennoch noch einmal kurz darauf eingegangen werden.

In diesem Zusammenhang ist jedoch wichtig, dass die verfügbaren Dienste und Verfahren auf zwei Voraussetzungen basieren:

- Es werden Protokolle eingesetzt, die auf dem TCP/IP Protokoll aufbauen (HTTP, FTP, SMTP, usw.).
- Es wird eine Software benötigt, mit der die jeweilige Kommunikation gesteuert wird und die Daten verwaltet werden. Um beispielsweise die E-Mail-Funktion nutzen zu können, wird ein spezieller E-Mail-Client benötigt; für die Darstellung der Web-Seiten wird ein Browser benötigt usw.

E-Mail

Bereits kurze Zeit nach der Entstehung des Internets wurde der heute am meisten verwendete Dienst eingeführt: *E-Mail* (*Electronic Mail*). Mit E-Mail (fälschlicherweise auch oft als *eMail* geschrieben) können Nachrichten oder sonstige Daten über das Internet an einen oder mehrere Empfänger versendet werden.

Beim E-Mail-Einsatz können eingehende Nachrichten archiviert, Adresslisten abgerufen und ausgehende Nachrichten an eine beliebige Zahl von Empfängern verschickt werden. Briefköpfe und Fußleisten sind speicher- und abrufbar, wobei die Nachricht auch jederzeit aus Textverarbeitungsprogrammen importiert werden kann.

Um eine E-Mail zu verfassen und über das Internet zu versenden, wird, neben den softwaremäßigen Vorraussetzungen, lediglich grundlegendes Wissen zur Texteingabe vorausgesetzt. Darüber hinaus wird natürlich auch die E-Mail-Adresse des Empfängers benötigt, die wiederum weltweit eindeutig sein muss.

Hinweis

Eine E-Mail-Adresse muss weltweit eindeutig sein und darf nicht doppelt vergeben werden. Sie setzt sich zusammen aus einem (eindeutigen) Namen und dem Domain-Namen der Organisation oder des Unternehmens; getrennt durch das Zeichen *@*.

Eine Sonderform von E-Mails sind die so genannten *E-Mail-Listen*, von denen es weltweit verteilt mehrere Tausend gibt, die sich mit privaten oder öffentlichen Themen beschäftigen. Um an einer Diskussion zu einem bestimmten Thema teilzunehmen, muss an einen zentralen Rechner eine Anforderung gesendet werden. Sobald die (eigene) E-Mail-Adresse dort vermerkt ist, wird jede Nachricht eines Teilnehmers an alle anderen Adressen der Liste gesendet.

Mit ein wichtiger Grund für die explosionsartige Verbreitung von E-Mail ist, dass sie auf sehr einfachen, gut dokumentierten und seit vielen Jahren unveränderten Standards basiert. Der Kernstandard, auf dem das heutige Mail-System beruht (RFC 822), gilt noch immer und beschreibt E-Mails als reine Textdateien. Weltweit können Mail-Programme auf den unterschiedlichsten Rechnern und über Betriebssystemgrenzen hinweg miteinander kommunizieren. Die grafischen Benutzeroberflächen machen den Versand einer E-Mail extrem einfach.

Eine E-Mail besteht aus einem *Header* (Kopf), der Informationen über Absender und Empfänger enthält (entfernt vergleichbar mit einem Briefumschlag). Es folgt eine Leerzeile sowie der *Body* (Körper) mit der eigentlichen Nachricht. Die wichtigsten Header sind nachfolgend aufgeführt:

- *From:*
  Absender
- *To:*
  Empfänger
- *Date:*
  Absendedatum
- *Cc:*
  Weitere Empfänger, die die Mail als Durchschlag (Carbon Copy) erhalten.
- *Bcc:*
  Versand von heimlichen Kopien (Blind Carbon Copy), ohne dass der Empfänger dies mitbekommt. Die Header werden aus der Nachricht entfernt, so dass die anderen Empfänger nichts von der zusätzlichen Kopie mitbekommen.
- *Subject:*
  Betreff der E-Mail.

Der Körper (*Body*) einer E-Mail besteht aus beliebig vielen ASCII-Zeichen (7-Bit-Code); nur Zeichen mit Codes zwischen 0 und 127 sind zulässig. Ausführbare Programmdateien, Bilder oder Audiodateien können jedoch beliebige Bytes zwischen 0 und 255 enthalten. Um solch eine Binärdatei per E-Mail übertragen zu können, muss der Datenstrom so codiert werden, dass er sich im ASCII-Code abbilden lässt. Dies erfolgte in den Anfängen von E-Mail mit Programmen wie *uuencode*. Es wandelte die Dateien für den Mail-Versand in eine Folge druckbarer ASCII-Zeichen um. Das entsprechende Gegenstück *uudecode* stellte daraus wieder die Originaldateien her.

Die heutzutage eingesetzten aktuellen Mail-Programme haben mit Umlauten kein Problem mehr und können beliebige Dateien als Zusatz (*Attachments*) an E-Mails anhängen. Seit 1996 gibt es hierfür einen Standard namens *MIME* (*Multipurpose Internet Mail Extensions*). Er erweitert den RFC 822 und führt innerhalb des Bodys eine Struktur ein, die durch speziell formatierte Zeilen nach ähnlichem Muster wie im Header vorgegeben ist. Eine E-Mail lässt sich auf diese Weise in mehrere Teile einteilen, wobei jedem Teil selbst eine Art Header vorangestellt wird. Dieser gibt wiederum an, um welche Art von Information es sich handelt und wie sie codiert ist.

Neben den Inhalten bzw. den Bestandteilen einer E-Mail ist es darüber hinaus ebenfalls von großem Interesse, wie die E-Mail vom Sender zum Empfänger gelangt. Basis dafür bildet das Protokoll mit dem Namen *Simple Mail Transfer Protocol* (*SMTP*); ein Protokoll der TCP/IP-Protokollfamilie. SMTP beschreibt einen einfachen Dialog, mit dem sich eine Mail über eine Punkt-zu-Punkt-Verbindung zwischen zwei Systemen übermitteln lässt. Bezogen auf das Internet handelt es sich dabei um eine TCP-Verbindung zum SMTP-Port 25 des Zielrechners. Dabei weiß der Absender anhand des in der Mailadresse angegebenen Domain-Namens, wohin die E-Mail zu senden ist. E-Mail-Adressen bestehen aus einem Benutzernamen, gefolgt von einem @ und einem Domain-Namen, dessen Aufbau einem Rechnernamen gleicht. In der E-Mail-Adresse *dirk.larisch@dilaro.de* stellt der Teil *dilaro.de* den so genannten Domain-Namen dar. Der Teil *.de* wird dabei als *Top-Level-Domain* (TLD) bezeichnet und *dilaro* stellt in diesem Beispiel den Unterdomain-Namen (Subdomain) dar.

Um den symbolischen Domain-Namen in eine IP-Adresse aufzulösen, wird der nächstgelegene DNS-Server abgefragt. Dabei speichert das *Domain Name System* (DNS) zu einem vorgegebenen Namen nicht nur eine IP-Adresse, sondern auch unterschiedliche Typen von Informationen in verschiedenen so genannten *Resource Records*. Einer davon ist der MX-Record (*Mail eXchange*). Ein Programm, das eine E-Mail an den Benutzer *dirk.larisch@dilaro.de* senden möchte, fragt zunächst den DNS-Server nach dem MX-Record von *dilaro.de*. Es erhält eine Liste so genannter *Mail-Exchanger*, die bereit sind, Mails für *dilaro.de* entgegenzunehmen. Dabei existiert eine ganz klare Aufgabenteilung zwischen den Clients und den Servern. Der Mail-Client (Mail-User Agent) kümmert sich um die Kommunikation mit dem Benutzer und übergibt zu versendende E-Mails zum eigentlichen Transport an einen *Mail Transfer Agent* (*MTA*). Dabei kann es passieren, dass eine E-Mail auf dem Weg durch das Internet über mehrere MTAs läuft, bevor sie am Ziel ankommt.

Hinweis

Nähere Angaben zum Einsatz des Domain Name Systems (DNS) enthält das Modul 4 dieses Buches.

Zur Kommunikation mit dem MTA stehen unterschiedliche Möglichkeiten zur Verfügung. Unter UNIX läuft als MTA üblicherweise SENDMAIL. Wenn der Client auf demselben Rechner arbeitet, kann er SENDMAIL aufrufen und ihm die Mail übergeben. Viele Anwender kommunizieren heute über eine Wählverbindung mit ihrem Internet-Provider. Die verbreitetste Schnittstelle zwischen Mail-Client und dem beim Provider stationierten MTA ist daher SMTP. Die Konfiguration ist relativ einfach, da dabei ein Benutzer in seinem Mail-Client nur den Rechner des Internet-Providers eintragen muss. Alle abgehenden E-Mails werden dann per SMTP beim MTA des Providers abgeliefert, der sich um alles Weitere kümmert.

Sobald eine E-Mail das (vorläufige) Ziel erreicht hat (ein MTA), bleibt sie dort so lange liegen, bis der Empfänger diese dort abruft. In der Regel erfolgt dies heutzutage über ein weiteres Protokoll mit dem Namen *Post Office Protocol, Version 3* (POP3). Praktisch alle Internet-Provider setzen es ein, um Mail an ihre Kunden auszuliefern. POP3 ist vergleichbar mit SMTP und ermöglicht einen Dialog zwischen Mail-Server und Empfänger. POP3 war ursprünglich nur dazu gedacht, E-Mails vom Server abzuholen und dort zu löschen. Erst später kamen optionale Kommandos hinzu, mit denen der Client die Größe einer E-Mail ermitteln beziehungsweise nur den Header oder den Anfang einer E-Mail anfordern konnte.

Mehr Möglichkeiten als das POP3-Protokoll bietet das aufwändigere IMAP-Protokoll. Moderne E-Mail-Clients können damit verschiedene, auch ineinander geschachtelte Ordner verwalten sowie mit MIME-codierten Attachments umgehen. Das Wesentliche an IMAP ist es, den Mail-Client aufzuteilen in einen Client-Teil, der für die Kommunikation mit dem Benutzer zuständig ist, und einen Server-Teil, der sich um die Verwaltung von Ordnern und Attachments kümmert.

Beim Einsatz von IMAP bleiben die E-Mails also auf dem Server liegen. Das Protokoll ist so ausgelegt, dass der Client gezielt genau die Daten anfordern kann, die er benötigt, so dass möglichst wenig Übertragungszeit anfällt. Ein Client kann beispielsweise nur die Ordnerliste anfordern, um sie in einer Baumstruktur anzuzeigen. Selektiert der Anwender einen Ordner, so holt der Client von den darin enthaltenen E-Mails beispielsweise nur Betreff, Datum und Absender, um diese Informationen in einer Übersicht anzuzeigen.

Auch für Diensteanbieter im Bereich des Internets (*ISP = Internet Service Provider*) hat der Einsatz IMAP einige Konsequenzen. Zum einen müssen sie deutlich mehr Festplattenplatz bereitstellen, wenn jeder Kunde seine gesamten E-Mails auf dem Server lagert. Des Weiteren ist es auch für den Kunden unnötig teuer, jedes Mal eine Internet-Verbindung zum Server aufzubauen, wenn er in seine E-Mails schauen will. Für den mobilen Einsatz ist IMAP allerdings ein sehr interessantes Protokoll, denn die Mobilfunknetze bieten teilweise nur geringe Übertragungsraten. Am effektivsten ist IMAP natürlich im Bereich des Intranet, wo in der Regel eine kostenlose und schnelle Standleitung zwischen Client und IMAP-Server besteht. Wer IMAP nutzt, kann von einem beliebigen Rechner aus auf seine Mail zugreifen. Es darf allerdings nicht unterschätzt werden, dass der Implementierungs- und Konfigurationsaufwand von IMAP wesentlich aufwändiger ist, als dies bei POP3 der Fall ist.

Chat

Die Kommunikationsform, bei der direkt (online) von Bildschirm zu Bildschirm kurze Texte zu einem oder mehreren Gesprächspartnern verschickt oder von diesen empfangen werden, wird als *Chat* bezeichnet. Wie beim Funkverkehr kann zunächst ein beliebiger Name (Deckname) eingesetzt werden, unter dem die eigenen Eingaben erscheinen, um so die eigene Identität zu verbergen.

Um eine Kommunikation aufzubauen, muss zunächst ein Übertragungskanal gewählt werden. Es erscheint in der Regel ein Textfenster, in dem die Namen und die Nachrichten derjenigen Benutzer angezeigt werden, die den gewählten Kanal benutzen.

Das Erstellen eigener Nachrichten ist durch gewöhnliche Tastatureingabe und das Versenden durch Betätigung der Datenfreigabetaste [↵] möglich. Da zumeist nicht nur zwei, sondern mehrere Personen gleichzeitig kommunizieren, entsteht so eine rasche Abfolge übermittelter Nachrichten.

Chats haben sich als anonyme und schnelle Kommunikationsform vor allem bei Jugendlichen durchgesetzt. So erfreuen sich Chat-Seiten im World Wide Web großer Beliebtheit.

Newsgroups

Newsgroups sind eine Einrichtung innerhalb des Internets, die als großes Diskussionsforum angesehen werden können. Mittlerweile existieren unzählige solcher Diskussionsgruppen zu den verschiedensten Themen, an denen sich weltweit Millionen von Menschen beteiligen und täglich mehrere tausend neue Diskussionsbeiträge versenden.

Dabei reichen die Themen von speziellen Themen wie beispielsweise *de.comm.protocols.tcp-ip*, wo interessante Informationen zum Einsatz des TCP/IP-Protokolls zu finden sind, bis hin nach *znetz.alt.kochbuch* mit Angaben zu Kochrezepten. Unter anderem sind sämtliche Themen aus Politik, Technik, Kunst, Wirtschaft, Sport, Wissenschaft, Religion, Gesellschaft und natürlich aus dem Bereich Computer vertreten und werden auf verschiedenste Weise abgehandelt.

Hinweis

Je nachdem, wo der Ursprung einer Newsgroup liegt, wird diese in der jeweiligen Landessprache geführt.

Das Kommunikationssystem der Newsgroups ist dezentral organisiert. Dies bedeutet, dass jedes System, das die Diskussionsforen verwaltet (dies sind die so genannten Newsserver), automatisch neue Beiträge mit allen anderen Rechnern austauscht. Auf diese Art und Weise verfügen die einzelnen Newsserver alle über denselben Informationsstand.

Hinweis

Für den Zugriff auf Newsgroups wird ein so genannter *Newsreader* benötigt, wobei diese Funktion heutzutage auch schon in den Funktionen eines Browsers enthalten ist.

Die einzelnen Newsgruppen sind nach Themengebieten alphabetisch geordnet. Beim Aufruf erscheint eine Kurzbeschreibung aller enthaltenen Diskussionsbeiträge, die Informationen über den Autor, den Sendezeitpunkt und sonstige Informationen enthält. Die einzelnen Diskussionsbeiträge können jederzeit aufgerufen und gelesen sowie auf Wunsch anschließend archiviert werden.

Um sich an einer Diskussion zu beteiligen, kann ein Beitrag für das Thema verfasst und gesendet werden. Auch die direkte Antwort auf einen bestimmten Artikel ist möglich; diese erscheint dann in der Kurzbeschreibung mit dem Vorsatz *re:* (*reply*) Auch die Suche nach bestimmten Inhalten ist mit den gängigen Newsreadern möglich, so dass schnell Angaben zu bestimmten Themen gefunden werden können.

World Wide Web (WWW)

Ein Thema, das bereits an anderer Stelle dieses Buches ausführlich besprochen wurde, soll an dieser Stelle nur der Vollständigkeit halber erwähnt werden. So stellt das WWW (World Wide Web) eine Vielzahl von Dokumenten und Informationen zur Verfügung, die landläufig mit dem Begriff *Internet* zusammengefasst werden. Neben Textdokumenten kann es sich dabei auch um Grafiken oder sogar Ton- und Videosequenzen handeln. Voraussetzung ist, dass diese im Format des WWW abgelegt sind, sprich auf Basis der Seitenbeschreibungssprache *HTML* (*Hypertext Markup Language*) erstellt worden sind.

Innerhalb der einzelnen Dokumente oder Web-Seiten gibt es zumeist farblich oder durch Unterstreichung gekennzeichnete Verknüpfungspunkte, die so genannten *Links.* Ein Mausklick auf einen solchen Link bewirkt den Aufruf der zugeordneten Web-Seite, so dass ein neues HTML-Dokument aufgerufen wird, ohne dass die Adresse über die Tastatur eingegeben werden muss.

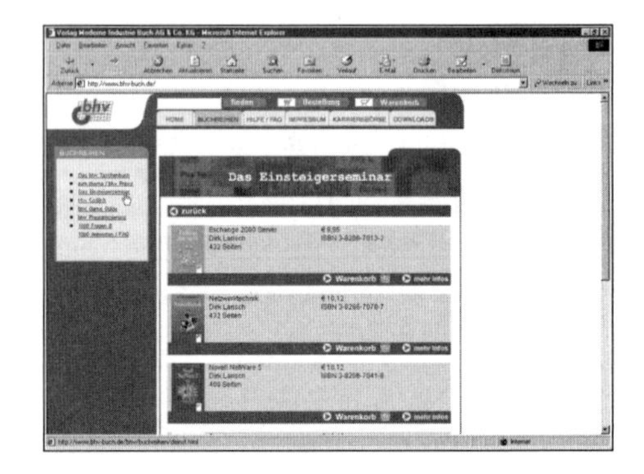

Hinweis

Das Hin- und Herspringen von einem Dokument zum anderen wird landläufig auch als *Surfen* bezeichnet.

Es wurde bereits erwähnt, dass das WWW im Internet alle verfügbaren Informationsquellen und Dienste integriert. Es setzte dabei einen Quasi-Standard, der im Internet oder im Netzwerk eines Unternehmens oder einer Organisation ebenso nützlich ist wie am Heimarbeitsplatz. Darüber hinaus ist die notwendige Software (Browser) für etliche Rechnerplattformen verfügbar (gratis).

Datenbank-Zugriff

Mehr und mehr wird die Einbindung von Datenbanken in die Darstellung einer Web-Seite wichtig. Auf diese Art und Weise besteht die Möglichkeit, an jedem Arbeitsplatz per Browser auf aktuelle Daten zuzugreifen. Der Zugriff selbst muss natürlich gesteuert werden, so dass nicht alle Benutzer Zugriff auf sämtliche Informationen haben. In einem Intranet beispielsweise verfügt jeder Benutzer über die Zugriffsrechte, die er für seine Aufgaben benötigt, ohne dass vertrauliche Informationen in Gefahr geraten.

Mit der Integration eines Datenbankzugriffs in das Internet wird der Zugriff auf das Unternehmensnetz (Intranet) ortsunabhängig. In einem solchen Fall kann sich jeder Berechtigte von jedem Ort der Welt aus in das Firmennetz einwählen und dort seine Informationen abrufen, die ihm im Rahmen der Zugriffsrechte zur Verfügung stehen.

In Ausdehnung auf die Verwaltung der Systeme einer Firma hat dies natürlich auch den Vorteil, dass auch die Systemverwaltung wesentlich flexibler wird. Beispielsweise lassen sich Management-Systeme per Web-Browser abfragen und steuern, und mit der nötigen Berechtigung kann der Systemverwalter notfalls auch von zu Hause aus die Systeme in einem Unternehmen überwachen.

Voice over IP

Telefonieren über das Internet ist einer jener Dienste, die Unternehmen Einsparungen bei den Telefonkosten bringen können. Dies erfolgt entweder über eine Spezialsoftware und ein an den Rechner angeschlossenes Mikrofon und Lautsprecher, oder direkt über die Telefonanlage. Im letzteren Fall werden die Sprachdaten in digitale Signale umgewandelt.

Bei *Voice over IP* (Sprache über IP) erfolgt der Datentransport nicht mehr über analogen Leitungen, sondern mit Hilfe des IP-Protokolls vollständig digital durch das Netzwerk. Am Zielort werden diese Daten dann mittels eines speziellen Systems (Gateway) wieder in das analoge Netz eingespeist.

Voice over IP ist zur Zeit nur in geschlossenen Netzwerken problemlos möglich. Insbesondere der Einsatz über das Internet bringt enorme Übertragungsprobleme mit sich; dies wird sich voraussichtlich auch kurzfristig nicht ändern. Bei Daten, die per Voice over IP über das Internet übertragen werden, kann die für einwandfreien Ton erforderliche minimale Übertragungsgeschwindigkeit nicht gewährleistet werden und es kommt zu schlechter Gesprächsqualität, Aussetzern und Verzögerungen.

Andere Dienste

In Ergänzung zu den bisher vorgestellten Diensten, die im Internet angeboten werden bzw. zur Verfügung stehen, werden nachfolgend noch weitere Verfahren in Kurzform dargestellt, deren Einsatz ebenfalls sinnvoll erscheint. Teilweise wurden die Dienste und Verfahren auch bereits an anderer Stelle dieses Buches erwähnt, wobei sie der Vollständigkeit halber hier zusammenfassend aufgeführt werden sollen.

Durch den Einsatz von *Videokonferenzen* besteht die Möglichkeit der Kommunikation per Bild und Ton mit anderen Menschen, die sich an beliebiger Stelle der Welt befinden können.

Hinweis

Bei Videokonferenzen stellt sich unter Umständen die gleiche Problematik wie bei der IP-Telefonie (fehlende Übertragungsgeschwindigkeit).

Mit dem *File Transfer Protocol* (FTP) besteht die Möglichkeit, von entfernten Systemen beliebige Dateien zu übertragen. Tausende Systeme stellen im Internet Millionen von Dateien (Programme, Texte, Dokumente, Medien-Clips, etc.) für nahezu jeden Zweck zur Verfügung. Ein Großteil der Programme ist Free- oder Shareware, d. h. deren Nutzung und Vertrieb ist entweder kostenlos (Freeware) oder es wird für die weitere Nutzung eine geringe Aufwandsentschädigung gefordert (Shareware).

Archie als weiterer Dienst ist ein Programm, mit dessen Hilfe Dateien im Internet gezielt gesucht und gefunden werden können.

Der *WAIS*-Dienst (*Wide Area Information Service*) ermöglicht die Suche nach einem oder mehreren Stichworten im Volltext von Datenbanken.

Hinweis

Nähere Angaben zum Archie-Dienst und zum Einsatz von WAIS enthält das Kapitel 7.4.

Gopher ist ein strukturiertes Informationssystem, das ähnlich einem Dateisystem aufgebaut ist. Der Anwender kann sich innerhalb dieser Struktur von Menüs zu Untermenüs etc. bewegen. Aufgrund der reinen Textbasiertheit dieses Systems ist es gegenwärtig nur noch auf wenigen Großcomputern zu finden.

TELNET ermöglicht das Arbeiten auf entfernten Rechnern (Fernwartung), indem diesem Anweisungen übermittelt werden.

Finger ist ein Programm, das Informationen über andere Anwender im Netzwerk übermittelt; beispielsweise Angaben zu dem Netzwerk, das diese gegenwärtig benutzen.

7.3 Internet-Sicherheit

Mittlerweile vergeht keine Woche ohne neue Schreckensmeldungen bezüglicher aufgetretener Sicherheitslücken im Internet (zumeist ist auch hier das WWW gemeint). Dabei ist die Datenübertragung über das Internet generell sicherer als allgemein angenommen, denn die wirkliche Gefahr lauert dort, wo sich so mancher Anwender (Surfer) mit scheinbar harmloser Software oder beim Besuch von Web-Seiten mit aktiven Inhalten die Probleme auf seinen Arbeitsplatzrechner holt.

Nahezu alle Maßnahmen, die der Sicherheit vernetzter Systeme dienen, gehen mit einem Verzicht auf Bequemlichkeit einher. Sicherheit beginnt daher in den Köpfen der Anwender. Solange sie Passwörter abspeichern, um sie nicht jedes Mal neu eingeben zu müssen, veraltete Software mit bekannten Sicherheitsmängeln einsetzen und ihre Browser so konfigurieren, dass lästige Sicherheitshinweise unterbleiben, sind sie leichte Beute für Datenspione und -saboteure.

Sehr oft wird das Internet mit einer Autobahn verglichen; dabei sollten auch niemals die Risiken vergessen werden, die mit dem Benutzen der Schnellstraßen verbunden sind. Um ungeschoren die Schnellstraßen der realen Welt (bildlich für das Internet) passieren zu können, wird ein zuverlässiges Fahrzeug mit moderner Sicherheitstechnik und eine aufmerksame und defensive Fahrweise benötigt. Jeder Anwender muss selbst abschätzen, wie sehr ihn eine neue Sicherheitslücke bedroht. Ganz ähnlich wie bei den Risiken im Straßenverkehr muss er lernen, die Verkehrslage einzuschätzen und dementsprechend zu reagieren – je nach der eigenen Situation eher übervorsichtig oder vielleicht sogar wagemutig. Zu einer solchen Risikoabschätzung gehören immer das Wissen um die eigene Verwundbarkeit und die Gefährlichkeit der anderen, aber nicht zuletzt auch eine Abwägung des möglichen Schadens gegen den erwarteten Nutzen.

Hinweis

Die Sicherheit und der Schutz persönlicher Daten im Internet ist größtenteils eine Einstellungssache, sowohl des eingesetzten Programms als auch des Anwenders.

Neben der kontrollierten Weitergabe eigener Daten erfordert auch das rasche Springen von einer Web-Seite zur nächsten (Surfen) hohe Anforderungen an die Aufmerksamkeit: Bei allen Angeboten, die durch Benutzerkennung und Passwort geschützt sind, kann es passieren, dass die Anmeldeinformationen in die URL (Web-Adresse) codiert werden. Diese sollten auf keinen Fall als Lesezeichen abgelegt werden, die dann unter Umständen auch noch anderen Benutzern zur Verfügung gestellt werden. Neben der Naivität der Anwender gibt es bei einer Internet-Verbindung drei weitere mögliche Ziele für Attacken:

- Übertragungsweg
- Server, an den die Daten übermittelt werden
- Rechner des Anwenders (Client)

Sicherheitslücken

Auf dem Weg von einem Client-System zum Server, auf dem die angeforderten Daten abgelegt sind, durchlaufen die Daten eine ganze Reihe von Systemen (Router usw.), die von den unterschiedlichsten Stellen betrieben werden. Wie bereits erwähnt, ist das Internet nicht fest einer bestimmten Institution zugeordnet, sondern es setzt sich aus vielen Teilnetzen zusammen, die untereinander verbunden sind. Die Router als Vermittler zwischen den Netzen sind grundsätzlich nicht frei zugänglich, sondern befinden sich in den Rechenzentren der Betreiber und sind in der Regel gegen Angriffe von außen gut geschützt.

Problematisch sind in diesem Zusammenhang bestimmte Internet-Protokolle wie POP3 zum Abholen von E-Mail. POP3 überträgt die Passwörter nämlich als solche gekennzeichnet im Klartext, so dass sie sich relativ einfach im Datenstrom, der über einen Router fließt, aufspüren lassen. Leider ist bei vielen Providern das POP3-Passwort mit dem für den Internet-Zugang identisch. In solchen Fällen sollte man seine E-Mail nur über den Internet-Zugang beim selben Provider abholen, da sich die Datenübertragung dann nur in dessen internem Netz abspielt.

Noch wesentlich gefährlicher als das Abhören von Daten ist das so genannte *Spoofing*. Beim Spoofing verfälscht ein Angreifer seine IP-Adresse beziehungsweise seinen Server- und Domain-Namen oder leitet alle Web-Anfragen über einen zwischengeschalteten Rechner um. Er gibt sich damit für den Server aus, an den der Client die Daten übertragen möchte. Das Spoofing-Verfahren setzt den Zugriff auf Teile der Internet-Infrastruktur voraus, die von den Providern betrieben werden, so dass Spoofing-Angriffe sehr aufwändig sind.

Darüber hinaus gibt es mittlerweile Verfahren, um die Authentizität eines Internet-Servers sicherzustellen und die Datenverbindung gegen Manipulationen zu sichern, etwa das *SSL-Protokoll* (*Secure Socket Layer*), das auf der Verwendung eines von dritter Stelle zertifizierten öffentlichen Schlüssels zum Chiffrieren der Daten beruht. Dessen geheimes Gegenstück zum Dechiffrieren besitzt nur der echte Server. Da die Ver- und Entschlüsselung online während der Verbindung erfolgen muss, also innerhalb kurzer Zeit, genügt dies in der Regel, um die Verbindung zu sichern.

Das größte Risiko für einen Internet-Angriff besteht auf Seite des Clients, also beim Rechner des Anwenders selbst. Ein Anwender oder Benutzer verfügt nur in Ausnahmefällen über die Kenntnisse eines Systemverwalters, um entsprechende Sicherheitsvorkehrungen treffen zu können. Auf dem Rechner des Anwenders werden die Daten eingegeben und in der Regel auch unverschlüsselt abgespeichert. Außerdem kommt auf diesen Rechnern sehr häufig das Windows-Betriebssystem zum Einsatz, das nur wenige Schutzmechanismen zur Vermeidung unerlaubten Zugriffs bietet. Dabei gibt es drei typische Angriffsszenarien:

- Zugriffe aus dem Internet auf Dienste, die über die Modem- oder ISDN-Verbindung erreichbar sind
- Einsatz aktiver Komponenten auf Web-Seiten (ActiveX-Elemente usw.)
- E-Mails

Direkte Zugriffe aus dem Internet richten sich gegen ungenügend abgesicherte Server-Dienste. Wer einen solchen Dienst installiert, muss sich entsprechend vorsehen: Ein schlecht konfigurierter FTP-Server beispielsweise kann einem anonymen Benutzer den Zugriff auf den Inhalt der gesamten Datenspeicher ermöglichen.

Sobald ein Rechner über eine Ethernet-Karte mit anderen Windows-Rechnern vernetzt ist, sollte darauf geachtet werden, dass das TCP/IP-Protokoll nur eine Bindung zum DFÜ-Adapter besitzt. Insbesondere darf das TCP/IP-Protokoll keine Bindung zum Datei- und Druckfreigabedienst besitzen. Sonst stehen unter Umständen anderen Internet-Teilnehmern die Inhalte der Datenspeicher zur Verfügung.

Die größten technischen Sicherheitsrisiken im WWW sind so genannte *aktive Inhalte*, insbesondere *ActiveX*, *JavaScript* und *Java*. Diese aktiven Elemente erlauben einer Web-Seite, mehr oder weniger umfangreiche Skripts oder Programme auf den Rechner des Anwenders zu transferieren und dort auszuführen. Verschiedene Mechanismen sollen die damit verbundenen Gefahren kontrollieren: Entweder ein eingeschränkter Funktionsumfang (JavaScript), eine gesicherte Laufzeitumgebung mit beschränkten Zugriffsrechten auf den lokalen Rechner (bei Java) oder lediglich eine *Unbedenklichkeitserklärung* des Programmierers (Zertifikate bei ActiveX und bei Java). Darüber hinaus tauchen ständig neue Sicherheitslücken durch Implementierungsfehler oder konzeptionelle Lücken auf. Es ist daher dringend zu empfehlen, aktive Inhalte prinzipiell auszuschalten und nur für besonders vertrauenswürdige Web-Seiten zu aktivieren, bei denen ein Ausführen von Programmcodes unbedingt erforderlich ist. Hier gilt die Empfehlung, dass eine normale Web-Seite, die ohne JavaScript nur weiße Seiten zeigt, ignoriert werden sollte.

Für gezielte Angriffe ist der E-Mail-Dienst ein noch besser geeignetes Medium als das Web. Bei E-Mail kann der Eindringling sein Zielobjekt aktiv angehen und muss nicht warten, bis ein Surfer eine spezielle Web-Seite aufruft oder eine bestimmte Datei herunterlädt, wie es die meisten Angriffe via WWW erfordern. Darüber hinaus lässt sich über die E-Mail-Adresse ein bestimmter Benutzer beziehungsweise ein spezieller Rechner explizit ansprechen.

Die Absenderadresse einer E-Mail lässt sich ohne großen Aufwand fälschen, falls die elektronische Post ohne zusätzliche Sicherungsmaßnahmen verschickt wird. Diese Tatsache macht es unmöglich, mit Mitteln der gängigen E-Mail-Software verlässlich den Absender einer E-Mail zu verifizieren. Wer Sicherheit über die Herkunft seiner elektronischen Post haben will, muss sich mit seinem Gegenüber darauf verständigen, Verschlüsselungsprogramme wie PGP oder S/MIME einzusetzen. Zusätzlich bewirken diese Programme, dass die E-Mail auf ihrem Transport nicht mitgelesen werden kann.

Bedingt dadurch, dass die Hersteller ihre E-Mail-Clients immer mehr mit den Browsern verschmelzen und HTML als Auszeichnungssprache auch für elektronische Post heranziehen, sind neue Sicherheitsrisiken entstanden. Denn mit den bunten Bildern und Texten können E-Mails plötzlich auch JavaScript und andere potenzielle Schädlinge enthalten – gerade die Skriptsprache hat sich als sehr mächtiges Werkzeug für E-Mail-Angriffe erwiesen. E-Mail ist darüber hinaus auch ein idealer Transporteur für trojanische Pferde und Viren in Form einer angehängten Datei.

Hinweis

Beim Empfang von elektronischer Post (E-Mail) ist ein gesundes Maß an Misstrauen, speziell beim Empfang von unerwarteter Post von vermeintlichen Freunden oder Kollegen, angebracht. Speziell, wenn damit eine ausführbare Datei oder auch ein Dokument verbunden ist, denn beispielsweise auch Dateien der Office-Anwendungen können durch die integrierte Programmiersprache sehr großen Schaden anrichten.

Neben E-Mail und WWW gehört heute das *Chatten* zu den beliebtesten Internet-Diensten. Allerdings tummeln sich in den Chat-Foren häufig auch echte und Möchtegern-Cracker. Angriffe auf fremde Systeme sind in diesem Umfeld sehr beliebt.

Das weltweit am weitesten verbreitete Chat-System heißt *Internet Relay Chat* (IRC). Anonymität liegt dem IRC-Protokoll grundsätzlich fern: Jeder IRC-Server verlangt zur Anmeldung die Übermittlung der IP-Adresse des Clients. Damit kann im Grunde jeder IRC-Teilnehmer die IP-Kennung aller anderen Teilnehmer einsehen. Dieser Umstand ermöglicht den gezielten Angriff auf den Rechner eines Benutzers – unter Umständen sogar direkten Zugriff auf dessen Rechner.

In jedem Fall reicht die Angabe einer IP-Adresse für einen so genannten *Flooding-Angriff* aus, der sich als eine Art *Datenüberflutung* darstellt. In der harmlosen Variante findet ein solcher Angriff direkt über das IRC-Protokoll statt, worauf im schlimmsten Fall der IRC-Server die Verbindung abbricht. Problematischer ist ein so genannter *Packeting*-Angriff, bei dem der Angreifer mit speziellen Programmen eine Flut von Datenpaketen an die entsprechende IP-Adresse schickt. Unter Umständen reißt dadurch die Verbindung zum Internet komplett ab.

Ein weiteres Glied in der Kette möglicher Unzuverlässigkeiten und Sicherheitsmängel stellen die so genannten *Cookies* dar. Cookies sind kleine Datensätze, die der Browser speichert und die einem Server ermöglichen, seine Besucher wiederzuerkennen. Mit einigen wenigen Einstellungen kann ein Werbeverbund damit Interessenprofile von Surfern zusammenstellen. Daher sollte auch für Cookies gelten, dass sie nur von ausgewählten Seiten gespeichert werden dürfen. Und dies auch nur dann, wenn der Nutzen und der Inhalt für den Anwender ersichtlich sind.

Bedrohung durch Viren

Die Bedrohung der Daten eines Unternehmens oder einer Organisation durch Viren ist latent vorhanden. Dabei geht auch die größte Gefahr für den täglichen Betrieb von Viren in den verschiedensten Ausprägungen aus.

Bei Viren handelt es sich um kleine Programme, die sich unbemerkt an Dateien anhängen und somit Unheil oder gar Zerstörungen anrichten können. Wie echte Viren vermehren sie sich durch Kopierbefehle. Solange das befallene System für sich alleine bleibt, ist das halb so schlimm. In dem Moment aber, in dem es in ein Netzwerk eingebunden wird, wird es gefährlich – für alle Systeme (Rechner), mit denen es in Kontakt tritt. Denn dann wird der Virus mit den befallenen Programmen oder Dateien mitübertragen und nistet sich auch im nächsten Rechner ein.

Die meisten Viren verursachen auf dem befallenen System nur unwesentliche Veränderungen. Das können zum Beispiel harmlose Scherze sein, wie: der Rechner gibt ungewöhnliche Geräusche von sich, oder die Bildschirmanzeige löst sich plötzlich auf und alle Buchstaben fallen zu Boden. Es gibt jedoch auch andere, die bei weitem gefährlicher sind. Diese greifen die Systems gravierend an, formatieren zu bestimmten Zeitpunkten Festplatten oder spähen Passwörter aus, die dann ins Internet versendet werden (*Trojanische Pferde*). Es ist sogar möglich, Viren so zu programmieren, dass sie Hardwareschäden hervorrufen.

Die gefährlichsten Angriffe auf den Rechner eines Benutzers erfolgen durch die *Trojanische Pferde* (*Trojaner*). Dabei handelt es sich um Programme, die vorgeben, etwas Nützliches zu leisten, oder an fremde Software angehängt wurden. Sie nisten sich unbemerkt im System ein und spionieren es aus, um die so gewonnenen Informationen (Kennungen, Passwörter usw.) bei Gelegenheit über das Internet weiterzuleiten. Sie können aus allen Richtungen auf den Rechner gelangen: Aus dem Internet über Downloads oder als E-Mail-Anhang, aber auch über CD-ROMs oder Disketten.

Trojaner können beispielsweise Tastatureingaben mitprotokollieren, um sie später, wenn der Rechner online ist, an einen Angreifer zu übermitteln. Auf diese Weise lassen sich Passwörter selbst dann ermitteln, wenn sie in keiner Datei hinterlegt sind. Ein bekanntes Beispiel für einen Trojaner ist *BackOrifice*. Damit können Dateien auf Windows-Rechnern über das Internet ferngesteuert gelesen, verändert oder gestartet und Benutzereingaben über Tastatur oder Maus abgehört werden. Der Funktionsumfang lässt sich durch hinzugefügte Programme nahezu beliebig erweitern.

In dem Zusammenhang ist es auch wichtig zu wissen, dass mittlerweile auch vom Surfen im Internet eine latente Virengefahr ausgeht. Insbesondere die so genannten *ActiveX-Steuerelemente* stellen eine potentielle Gefahrenquelle dar. Derartige Komponenten sind nicht selten in Webseiten eingebunden und können (bei bösartiger Nutzung) mit einem System fast alles anstellen, bis hin zur Löschung von Dateien.

Hinweis

ActiveX-Komponenten enthalten für gewöhnlich eine Signatur. Ist diese nicht vorhanden oder falsch, sollte das Steuerelement niemals ausgeführt werden!

Es gibt derzeit weltweit über 20.000 Computerviren. Ihre Zahl vermehrt sich von Tag zu Tag und erfordert gründliche Schutzmaßnahmen, um wichtige Daten und Systemfunktionen vor Befall zu schützen.

Eine der wichtigsten Schutzmaßnahmen ist der Einsatz eines Virenscanners, der regelmäßig mit Updates der letzten Virusversionen versorgt werden muss. Virenscanner können auch in einem Netzwerk installiert werden und automatische Überprüfungen der einzelnen Arbeitsplätze vornehmen. Sie schützen zwar nicht hundertprozentig, senken die Gefahr einer Infektion jedoch erheblich.

Darüber hinaus sollte natürlich jedweder Datentransfer zwischen intern und extern mit Argusaugen überwacht werden und selbst im kleinsten Verdachtsfall lieber eine E-Mail mit einem verdächtigen Anhang (Attachment) gelöscht werden.

Hacking und Cracking

Bei der Untersuchung der Sicherheitsaspekte des Internets tauchen immer wieder zwei Begriffe auf, die teilweise im gleichen Atemzug genannt werden, jedoch Unterschiedliches meinen: *Hacker* und *Cracker*. Beide Begriffe bzw. Tatsachen stellen eine echte Bedrohung der Datensicherheit dar und werden deshalb nachfolgend erläutert, wobei auch die Unterschiede hervorgehoben werden.

Mit *Hacking* wird ganz allgemein das unberechtigte Eindringen in Systeme oder Netzwerke bezeichnet. Hacker sind in den seltensten Fällen bösartige Menschen, die Schaden anrichten oder geheime Daten weitergeben wollen. Ganz im Gegensatz zu *Crackern*, die versuchen, aus dem Eindringen in fremde Systeme Kapital zu schlagen, indem sie versuchen, bestimmte Informationen weiterzuverkaufen.

Hinweis

Hacker wollen die Betreiber von Systemen auf Missstände aufmerksam machen, wohingegen *Cracker* aus ihrem Unrecht Kapital schlagen wollen.

Bei Hackern handelt es sich um ehrgeizige Computerfreaks, die lediglich an der technischen Herausforderung interessiert sind, obwohl auch die von Hackern latent ausgehende Gefahr nicht unterschätzt werden sollte.

Nicht selten kommen die meisten Fälle des Hackings von innen. Das heißt, die meisten Fälle von Hacking treten erstaunlicherweise am Arbeitsplatz eines Unternehmens oder einer Organisation auf. Bei ca. 70 Prozent der bekannt gewordenen Fälle von Hacking war es der Mitarbeiter aus der anderen Abteilung, der auf die Passwörter, Kontostände, Budgetpläne oder E-Mails eines Kollegen zugegriffen hat. Aus dem Grund ist es sehr wichtig, dass in Unternehmen oder Organisationen entsprechende Regeln bezüglich der Datensicherheit aufgestellt werden. Mitarbeiter müssen wissen, wie sie sich vor Angriffen schützen können, und genauso müssen sie sich im Klaren sein, dass beispielsweise das Lesen fremder E-Mails kein Kavaliersdelikt darstellt, sondern strafrechtliche Konsequenzen nach sich zieht.

Hinweis

Ein einfacher und schneller Schutz vor fremdem Zugriff besteht in der Absicherung der eigenen Daten durch ein Passwort.

Aber natürlich lauern die Gefahren nicht nur im Unternehmen oder in einer Organisation, sondern das Internet bietet eine ideale Plattform für alle Formen der Hacker und Cracker, sich einmal richtig „auszutoben“. Dabei sollte sich jeder den folgenden Grundsatz klar machen: Sobald jemand „online“ ist und auf Web-Seiten oder E-Mails zugreifen kann, ist dies grundsätzlich auch umgekehrt möglich.

So kann beispielsweise auf jeden für den Zugriff von anderen freigegebene Ordner auch vom Internet aus zugegriffen werden. Was sich als bequem und einfach für den Außendienst oder Heimarbeitsplatz-Angestellten herausstellt, kann sich sehr schnell als Boomerang entwickeln. Da das Internet nichts anderes als ein großes Netzwerk ist, kann jeder Internet-Teilnehmer unter bestimmten Voraussetzungen auch auf die geheimsten Daten anderer Teilnehmer zugreifen.

Der Schlüssel für den Zugriff auf andere Systeme steckt dabei in der zugewiesenen IP-Adresse. Denn jeder Rechner, der mit dem Internet verbunden ist, erhält eine eigene, einzigartige Adresse. Andernfalls wäre ja der Datenverkehr in einem solchen Netzwerk nicht möglich. Bei jeder Verbindung in das Netz der Netze wird eine eindeutige IP-Adresse übergeben, mit der die Systeme identifiziert werden können.

Nicht dass jetzt direkt jeder Rechner mit Internet-Anbindung aus dem Fenster geworfen wird. Es gibt natürlich Mittel und Wege, seine eigene (lokale) IP-Adresse zu verbergen und den Internet-Zugang über eine andere IP-Adresse zu realisieren. Bei den so genannten Dial-In-Zugängen der meisten Provider bekommen die Anwender automatisch bei jedem Verbindungsaufbau eine neue Adresse zugewiesen. Dies ergibt sich alleine aus der Tatsache, dass der Heimanwender und eben auch viele Unternehmen und Organisation über keine offiziellen IP-Adressen verfügen und statt dessen reservierte IP-Adressen einsetzen, die jedoch im Internet nicht verwendet werden dürfen.

Sobald jedoch ein potentieller Hacker oder Cracker die verwendete IP-Adresse erspäht haben, kann er sich das betreffende System während der Online-Sitzung einmal gründlich anschauen. Dazu benutzen Hacker/Cracker so genannte *Port-Scanner,* um herauszufinden, wo in dem betreffenden System Sicherheitslücken sind. Wenn beispielsweise ein Port verfügbar ist, der Zugriff auf das System ermöglicht, kann ein Hacker/Cracker darüber in das System eindringen.

Hinweis

Nähere Angaben zum Prinzip der IP-Adressierung und der Verwendung von Ports enthält das Modul 2 dieses Buches.

Problematischer wird die latente Gefahr des Hacking/Cracking, wenn ein Unternehmen oder eine Organisation über feste (offizielle) IP-Adressen verfügt. Während bei den Dial-In-Verbindungen ein Zugriff von außen nur möglich ist, wenn der betreffende Benutzer „online“ ist, besteht bei festen IP-Adressen die Gefahr ständig. Schutz kann in einem solchen Fall nur ein Firewall (Brandschutzmauer) bieten, der zwischen dem lokalen System und dem Internet-Zugang platziert werden muss. Firewalls schützen Netzwerke vor ungewolltem Zugriff aus dem Internet, verbinden zusammengehörige Netzwerke via Internet oder filtern unerwünschte Daten aus.

Um die Sicherheit generell zu erhöhen, sollten folgende Grundsätze Anwendung finden; eventuell in Form einer verbindlichen Regelung für ein Unternehmen oder eine Organisation:

- Es dürfen nur alphanumerische Passwörter mit einer Buchstaben-Zahlen-Kombination von mindestens 8 Zeichen Länge benutzt werden.
- Passwörter sind häufig (mindestens einmal im Vierteljahr) zu ändern.
- Die Datei- und Druckerfreigabe (Windows) per TCP/IP-Protokoll ist auf den Desktop-Systemen zu deaktivieren.
- Die Installation von sicherheitsgefährdenden Programmen wie IRC (Internet Relay Chat) ist untersagt.

- Die Installation eines Firewalls sollte unbedingt erfolgen, wobei es auch wichtig ist, dass regelmäßig gewartet (aktueller Patchstand) und überprüft wird (Sicherheitscheck durch externen Dienstleister).

Risikoabschätzung und -schutz

Es lässt sich in der Praxis immer wieder feststellen, dass die Anwender der Internet-Dienste offensichtlich noch nicht hinreichend sensibilisiert sind. Das Herunterladen von Software aus dem WWW (*Download*) und das Starten eines Programms aus unbekannter Quelle geht vielen so leicht von der Hand wie das Anklicken eines Links im WWW. Dabei hat jedes ausführbare Programm vollen Zugriff auf alle Ressourcen des eigenen Rechners. Die heutigen Desktop-Betriebssysteme bieten kaum Möglichkeiten, festzustellen, ob eine Software ganz nebenbei dauerhaft Hintertüren öffnet – im Gegenteil erleichtern spezielle Betriebssystemfunktionen sogar das Ausspionieren anderer Prozesse.

Ein Argument für das Sicherheitsbewusstsein des Betreibers einer Web-Seite kann die Verfügbarkeit so genannter *Secure Server* sein, die personenbezogene Daten auf dem Weg durch das Internet verschlüsseln. Die gesicherten SSL-Verbindungen (*Secure Socket Layer*) sind erkennbar an der Zeichenfolge *https* in der URL und an einem geschlossenen Vorhängeschloss-Symbol in der Statuszeile.

Sicherlich kann und sollte jeder Anwender selbst bestimmen, welche Risiken er zu tragen bereit ist. Aber es sollte seine persönliche und wohl überlegte Entscheidung sein und nicht auf den Standardeinstellungen eines Browserherstellers oder Betriebssystemanbieters beruhen. Daher ist jeder, der ins Netz geht, gefordert zu überdenken, was auf seinem Rechner läuft, sich über aktuelle Sicherheitsprobleme auf dem Laufenden zu halten und entsprechende Patches einzuspielen.

Hinweis

Als Grundregel sollte für einen Internet-Anwender gelten, nur das auszuprobieren und zu installieren, was er wirklich braucht.

Insbesondere in großen, offenen Netzen, in denen viele Rechner einen Internet-Zugang haben, finden sich immer wieder Rechner, die nicht ausreichend abgesichert sind und damit ein potentielles Ziel für Angreifer darstellen. Im lokalen Netzwerk selbst existieren oft kaum weitreichende Sicherheitsvorkehrungen, lohnenswerte Ziele und Möglichkeiten aber gibt es genug. Aufgrund der erhöhten Sicherheitssensibilität sind heutzutage Firewalls in das öffentliche Interesse gerückt. Sie filtern den Datenverkehr von und ins Internet anhand von vorgegebenen Regeln. Damit lassen sich Verbindungen zu bestimmten Adressen ebenso wie die Nutzung bestimmter Dienste verbieten (oder erlauben).

Ein Firewall kann jedoch nicht vor jemandem schützen, der Informationen aus der Firma schicken möchte, wenn dieser im Firewall freigeschaltet ist. Dieser könnte aber auch die Daten auf Diskette, auf ein Band oder auf Papier versende. Der Firewall kann auch nicht vor Zugriffen schützen, die nicht durch ihn durchgehen; wenn also noch eine Internet-Verbindung oder ein Rechner hinter dem Firewall steht. Der Firewall kann auch nicht vor Viren schützen, denn er überprüft nicht den Dateninhalt der Pakete, sondern nur die Quelladresse, die Zieladresse und die Portadresse.

Lokale Netzwerke basieren in der Regel auf Übertragungsmedien, auf die viele Rechner zugreifen können (CSMA/CD, Ethernet). Das Mitschneiden des gesamten Netzverkehrs ist technisch möglich; und damit dann auch das konsequente Spähen nach dem Start einer Sitzung, die üblicherweise mit der Klartextübertragung von *Anmeldekennung* und *Passwort* beginnt. Als eine mögliche Lösung ist die konsequente Abschirmung des lokalen Netzwerks anzusehen, um damit einen Angriff von außen unmöglich zu machen. Dieses widerspricht allerdings der Philosophie offener Netzwerke und würde wahrscheinlich von vielen Benutzern nicht so einfach akzeptiert. Um weiterhin die Nutzung der Internet-Dienste zu ermöglichen, darf die Abschirmung nicht vollständig sein, sondern muss einen kontrollierten Informationsfluss ermöglichen. Inwieweit ein solcher Kompromiss zwischen kompletter Abschirmung und absoluter Öffnung in der Praxis zu der einen oder anderen Seite ausfällt, hängt sicherlich von der lokalen Umgebung, den sicherheitsrelevanten Randbedingungen und nicht zuletzt von der Akzeptanz der Benutzer ab.

Sicherheit bedeutet nicht nur, sich gegen unbefugtes Eindringen zu schützen. Ebenso wichtig ist es, Angriffsversuche zu erkennen, um gegebenenfalls den angerichteten Schaden zu begrenzen. Hierfür ist eine schnelle Reaktion unumgänglich. Durch das Überwachen und Protokollieren von sicherheitsrelevanten Vorgängen lassen sich schnell unübliche Ereignisse erkennen.

Beim Thema Verschlüsselung der Daten lässt sich festhalten, dass sichere Verschlüsselungsverfahren im Internet erst allmählich Einzug halten. Im Gegensatz dazu können Unternehmen aber die internen Netzwerke (Intranets) auf Basis von Kryptographie und Zugangscodes absichern. Spezielle Authentifizierungsverfahren stellen sicher, dass der Inhalt einer Nachricht unverändert bleibt und wirklich von dem angegebenen Absender stammt.

7.4 Suche im WWW

Selbst in kleinen Unternehmen oder Organisationen stellt nicht selten die Suche nach Informationen schon ein Problem dar. Selbst bei Texten, die jemand selbst verfasst hat, tut sich dieser Mitarbeiter bereits nach wenigen Wochen schwer, den Speicherort dieser oder jener Datei anzugeben. Mit einer so genannten Suchmaschine sind solche verlegten Dokumente sofort wiederzufinden; auch im Internet.

Die Informationsflut im Internet ist mittlerweile zu einer unüberschaubaren Ansammlung von Inhalten angewachsen. Einige Kritiker sprechen im Zusammenhang vom Internet (und meinen damit das WWW) von einer riesigen Müllhalde. Dies lässt sich leider nur allzu oft bestätigen, wenn beispielsweise Links (Verknüpfungen) auf bestimmte Web-Seiten nicht mehr gültig sind oder auch die auf den einzelnen Seiten abgelegten Informationen vom Inhalt her wesentlich überholt sind.

Dennoch wird das Internet das Kommunikationsmedium schlechthin sein bzw. bleiben. Um so wichtiger ist es, Möglichkeiten und Formen der Suche anzubieten, die es Anwendern ermöglichen, die Informationen zu finden, die sie suchen. Eine Form der gezielten Suche stellen die Suchmaschinen dar, mit denen eine gezielte Themensuche möglich ist. Des Weiteren stellen spezielle Dienste auch Möglichkeiten zur Verfügung, um bestimmte Dateien in dem Wust von Internet-Servern zu finden.

Suche nach Dateien

Einen ersten hilfreichen Ansatz zur Suche bestimmter Dateien in der schier unüberschaubaren Datenflut stellt der *Archie*-Dienst dar. *Archie* liefert zu einem vorgegebenen Dateinamen eine Liste von FTP-Servern, die diese Datei bereithalten. Der Benutzer kann nun den am nächsten gelegenen FTP-Server ansteuern und die Datei herunterladen (downloaden), wodurch Zeit und Kosten gespart werden.

Was sich am Archie-Dienst nachteilig auswirkt, ist, dass er nur die Suche nach Dateinamen erlaubt, diese jedoch nicht unbedingt auf den Inhalt schließen lassen. Der Benutzer muss also vorher wissen, wonach er sucht.

Einen entscheidenden Fortschritt brachte in dem Zusammenhang der WAIS-Dienst. WAIS (*Wide Area Information Service*) greift über einen Index zu. Als Ergebnis liefert die Anfrage an eine WAIS-

Datenbank über ein Stichwort eine geordnete Liste von Dokumenten, in denen das Stichwort vorkommt. Das Ordnungskriterium ist dabei die Häufigkeit, mit der der Begriff in dem Dokument auftritt.

Zum Aufbau einer WAIS-Datenbank erzeugt ein Programm namens *Waisindex* die Listen für den späteren Zugriff. Das Programm verarbeitet auch Verzeichnishierarchien, kann also rekursiv auf Unterverzeichnisse angewandt werden und bearbeitet dabei eine Vielzahl von vorgebbaren Dokumentformaten. Ist ein Dokument zusammengesetzt, sind also beispielsweise viele E-Mails und Artikel aus Newsgroups in einer physikalischen Datei gespeichert, erkennt das Indizierprogramm die Bestandteile. Bei einer späteren Anfrage greift WAIS dann nur auf das eingebettete Teildokument, also die einzelne E-Mail oder den einzelnen Newsgroups-Artikel zurück.

Mit einem WAIS-Client können über das Internet oder über ein lokales Netzwerk auch externe WAIS-Datenbanken abgefragt werden. Während sich spezialisierte Programme wie FTP-, Mail- und Newsreader nach wie vor behaupten, wird die WAIS-Funktionalität mehr und mehr in die Web-Browser verlagert. Für einen solchen Browser ist die WAIS-Abfrage eben nur einer von vielen Diensten, die er unterstützt.

Ein ähnliches Schicksal wie WAIS-Clients erfahren auch die Browser des *Gopher*-Dienstes. Während WAIS eine Suche nach Stichwörtern ermöglicht, liefert Gopher ein strukturiertes Informationssystem mit Benutzerführung, die allerdings starr vom Betreiber des Gopher-Servers vorgegeben ist. Gopher ermöglicht es daher nur, über Menüs Textseiten auszuwählen bzw. in Untermenüs abzusteigen. Der Aufbau ist streng hierarchisch, ähnlich einem (einfachen) Dateisystem. Querverweise auf Dokumente anderen Formats sind bei Gopher nicht möglich. Innerhalb eines Gopher-Servers kann der Benutzer nur auf andere Gopher-Dokumente verzweigen. Aus einem WWW-Dokument kann man dagegen direkt mit demselben Browser in ein Gopher-Dokument auf einem Gopher-Server wechseln.

Der Siegeszug, zu dem das WWW antritt, gründet sich im Wesentlichen darauf, dass es den Zugriff auf die wichtigsten bestehenden Internet-Dienste in einem Client-Programm bündelt und um Multimedia- und Hypertext-Fähigkeiten erweitert. Über welches Gateway die Kommunikation mit dem jeweiligen Server läuft, bestimmt das Präfix der URL-Adresse. Neben Angabe einer vollständigen URL sind auch relative Adressierungen erlaubt. Die wichtigsten URLs für Server-Verzeichnisse oder wichtige Hilfedateien sind bereits im Menüsystem der gängigsten Browser verankert.

Einsatz von Suchmaschinen

Was sich auf Dateien bezieht, gilt natürlich auch für die übrigen Informationen im Internet: Wie lässt sich die benötigte Information schnellstmöglich finden? Diese Frage steht stellvertretend für die vielen (fehlgeschlagenen) Versuche, mit denen tagtäglich Anwender auf den unterschiedlichen Web-Seiten nach den gewünschten Informationen suchen. Wenn ein Anwender weiß, was er wo suchen muss, ist das Internet (bzw. das WWW) eine wahre Fundgrube. Sobald ein Anwender aber nicht genau weiß, wo er etwas Bestimmtes finden kann, wird die Suche schon schwieriger.

Suchmöglichkeiten

Abhilfe bei dem Problem des Findens der gewünschten Information können die so genannten Suchmaschinen schaffen. Suchmaschinen sind spezielle Programme, die es einem Anwender ermöglichen, eine entsprechende Datenbank nach vorgegebenen Kriterien zu durchsuchen. Mittlerweile handelt es sich dabei um wahre Alleskönner, deren Bedienung jedoch teilweise recht komplex gestaltet ist.

Als Ergebnis ergeben sich im optimalsten Fall Angaben zu bestimmten Web-Seiten, auf denen etwas zu dem gewählten Thema hinterlegt ist. Bekannte Suchmaschinen sind beispielsweise *Lycos*, *Goggle*, *Yahoo* oder auch *Fireball*.

Bei der Suche selbst wird unterschieden zwischen der Suche nach Schlüsselwörtern (*Keywords*) und der Suche in einem Text (Volltextsuche). Dabei ergibt sich natürlich zwangsläufig, dass eine Suche nach Schlüsselwörtern, die in den so genannten Meta-Tags der einzelnen Web-Seiten abgelegt werden, wesentlich schneller und effektiver ist als eine Volltextrecherche. Ergänzend kommt hinzu, dass die Meta-Suchmaschinen gleichzeitig eine Suche über mehrere Datenbanken ermöglichen, um somit in einem Suchvorgang mehrere Ergebnisse ausfindig machen zu können.

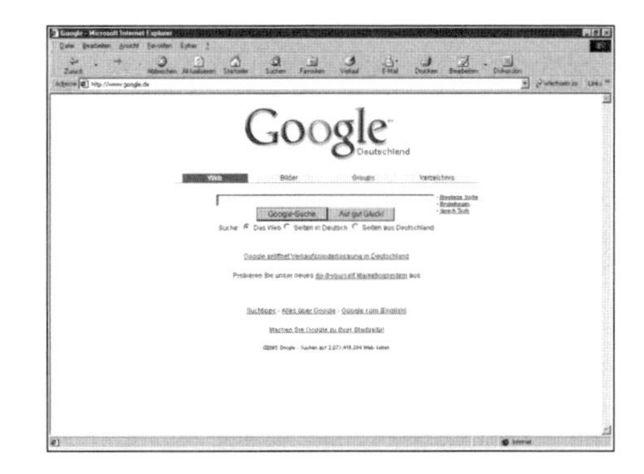

Suche in der Praxis

Bei der Recherche im Internet mit Hilfe von Suchmaschinen erfolgt nicht selten eine Anhäufung von wertlosen Treffern. Deshalb sollte sich jeder Anwender, bevor er einen Suchbegriff in eine Suchmaschine eingibt, überlegen, wo er sucht. Nicht selten führt gerade nicht die Suche mit einer der Volltextsuchmaschinen oder gar einer Metasuchmaschine am schnellsten zur Antwort, sondern die Recherche nach einem Spezialangebot, das die benötigte Information bereithält.

Mittlerweile gibt es Hunderte von Spezialdatenbanken, die in der Regel jedermann kostenlos zur Verfügung stehen. Darüber hinaus sollte bei der Suche überlegt werden, welche Informationen schon zur Verfügung und was genau gesucht wird. Hierbei gilt der Grundsatz: Je spezieller der Suchbegriff, desto geringer ist die Wahrscheinlichkeit, dass dieser Begriff in einem anderen Zusammenhang vorkommt als in dem gewünschten.

Aber selbst dabei kann es vorkommen, dass vom Prinzip her eindeutige Fachbegriffe in unterschiedlichen Zusammenhängen vorkommen. Liefert eine umfangreich angelegte Metasuche zu viele Ergebnisse, muss diese eingeschränkt werden. Leider lassen Metasucher keine allzu komplizierten Verknüpfungen von Suchbegriffen zu, so dass es notwenig werden kann, zu einer normalen Volltextsuchmaschine zu wechseln. Dabei ist eine Vorauswahl nach dem Suchraum sinnvoll: Suchmaschinen mit internationalem Datenbestand müssen die Web-Seiten weltweit durchsuchen, deutschsprachige Suchdienste, die ihre Dokumente nach der verwendeten Sprache filtern und nur passende Seiten aufnehmen, können die Gesamtzahl an Einträgen für diesen etwas kleineren Suchraum leichter aktuell und weitgehend komplett halten.

Vor der Recherche mittels Suchmaschine sollte sich ein Anwender unbedingt mit der Beantwortung der folgenden Fragen auseinandersetzen:

- Welche Datenbanken werden benötigt (Metasuche; Datenbankauswahl)?
- Welche Schlüsselwörter mit welchen Verknüpfungen sind die richtigen?
- Können eventuell Wörter explizit ausgeschlossen werden?
- Für welchen Zeitraum soll die Suche erfolgen?
- Wie viele Treffer sollen angezeigt werden?
- Wird eine spezielle Sortierung benötigt?

Aus den vorstehenden Erläuterungen wird schnell ersichtlich, dass das Problem der Suche mittels Suchmaschinen nicht darin besteht, überhaupt ein Ergebnis zu erzielen, als vielmehr, zu viele Ergebnisse (Fundstellen) angezeigt zu bekommen. Daraus ergibt sich aber zwangsläufig, dass die Suche eingegrenzt werden muss. Die Funktionen dazu sind je nach Suchmaschine sehr unterschiedlich.

Einen Standard stellen in diesem Bereich die booleschen Operatoren (Verknüpfungen) dar, die mit wenigen Ausnahmen so gut wie jede Suchmaschine beherrscht. Die UND-Verknüpfung zweier oder mehrerer Begriffe, die das Vorhandensein sämtlicher Begriffe in den Trefferdokumenten erzwingt, funktioniert über das Pluszeichen (+), das jedem einzelnen Begriff unmittelbar voranzustellen ist. Bleibt das Pluszeichen weg, so handelt es sich um eine ODER-Verknüpfung, bei der nur mindestens einer der verknüpften Begriffe enthalten sein muss. Das Minuszeichen schließt einen Suchbegriff explizit aus, es muss ebenfalls unmittelbar vor das betreffende Wort gesetzt werden.

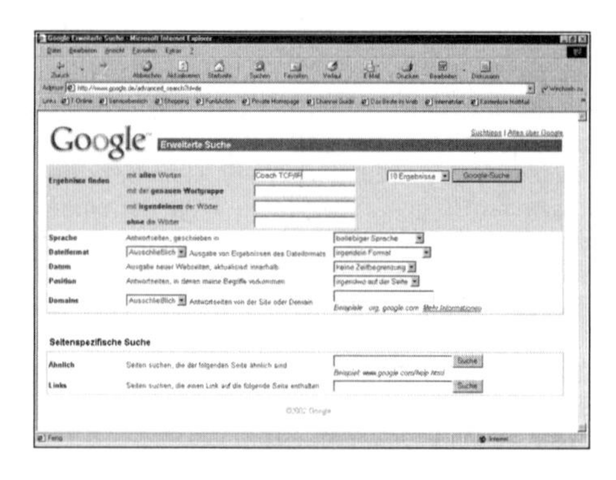

So genannte *Trunkierungen* ermöglichen es, nach Wortstämmen zu suchen, indem der Suchbegriff an passender Stelle einfach gekürzt wird. Die meisten Maschinen verwenden dazu den Stern (*). Eine Suche mit dem Suchbegriff *Fußball** würde somit beispielsweise Ergebnisse liefern wie *Fußballspiel*, *Fußballplatz*, *Fußballclub* usw. Ebenfalls sehr nützlich ist die Möglichkeit, mehrere Wörter zu einer Phrase zusammenzufassen. Hierzu werden meist Anführungszeichen verwendet. So ermittelt der Suchbegriff *„Tennis macht Spaß“* genau diese Zeichenkette (inklusive der Leerzeichen) und nicht die einzelnen Wörter der Zeichenkette.

Suchkataloge

Obwohl riesige Datenbestände und einige interessante Konfigurationsmöglichkeiten verfügbar sind, stellen Volltext-Suchmaschinen nicht immer das geeignete Werkzeug dar. An diesem Punkt führen sehr oft zusammengestellte Suchkataloge weiter, die eine andere Form der Suche ermöglichen. Dabei geht es nicht um Zeichenketten und logische Operatoren, sondern tatsächlich um die Inhalte der Seiten. Wenn nicht nur ein spezieller Begriff das Recherchethema kennzeichnet, sondern es von allgemeiner Natur ist, bestehen gute Chancen, einige Verweise dazu in einem Katalog zu finden.

Bei den Suchkatalogen muss unterschieden werden zwischen Stich- und Schlagwörtern. Schlagwörter sind die Begriffe, nach denen die Kataloghierarchie aufgebaut ist. Zu jedem Eintrag verzeichnet ein Katalog eine kurze Beschreibung. Mittels der Volltextsuche und der jeweiligen Stich- und Schlagwörter werden die Kataloge bearbeitet. Das Ergebnis sind in der Regel andere inhaltliche Bezüge als bei Volltextsuchmaschinen.

Die Möglichkeiten, sich mit spezialisierten Suchverfahren über ganz bestimmte Themen zu informieren, werden immer vielfältiger. Dabei reagiert das Netz sehr schnell auf neue Trends und stellt separate Suchdienste zur Verfügung. Beispielsweise gibt es einen speziellen Dienst für das sehr weit verbreitete MP3-Musikformat.

Hinweis

Genau wie bei Suchmaschinen, so gilt auch für den Einsatz von Suchkatalogen, dass vor dem Einsatz der richtige und optimale Suchdienst ermittelt werden muss.

Suche gegen Gebühr

Neben den allgemein verfügbaren Suchmöglichkeiten stehen im WWW auch kostenpflichtige Datenbankanbieter zur Verfügung, die sehr gute und umfangreiche Ergebnisse versprechen. Die Vorgehensweise dabei besteht darin, dass täglich unzählige Daten und sonstige Informationen von bedrucktem Papier in die Rechnersysteme überspielt werden. Artikel werden im Volltext digitalisiert, Beiträge aus wissenschaftlichen Journalen zusammengefasst oder auch wichtige Geschäftsdaten tabellarisiert.

Bei der Suche in kostenpflichtigen Datenbanken stellt sich zunächst die Frage, ob die benötigte Information bei einem einzelnen Anbieter oder bei Sammelanbietern abgerufen wird. Dabei ist zu beachten, dass einige Sammelanbieter (z. B. Juris für Juristen oder DIMDI für Mediziner) ausschließlich Datenbanken zu einem bestimmten Fachgebiet anbieten. Darüber hinaus ist natürlich nicht bei jeder Suche die Quelle bekannt, und oft ist es ratsam, mehrere Datenbanken nach einer bestimmten Information zu durchsuchen.

Die Kosten einer kostenpflichtigen Recherche richten sich nach der Datenbank, der Zahl der ausgegebenen Treffer und dem Ausgabeformat (Kurzzusammenfassung, Volltext usw.); bei manchen Anbietern kommt ein Verbindungstakt hinzu. Die Nutzungsgebühren für eine Anfrage schwanken je nach Datenbank stark, so dass es sich empfiehlt, die Kostenobergrenze im Vorfeld zu definieren.

7.5 Geschwindigkeit im Internet

Nicht ohne Grund wird die Abkürzung WWW (Word Wide Web) heutzutage immer häufiger als *World Wide Wait* übersetzt, was die teilweise extrem langsame Verarbeitungsgeschwindigkeit dokumentieren soll. In der Regel ergeben sich die enormen Geschwindigkeitsverluste weniger aus der ständig steigenden Teilnehmerzahl oder der fehlenden Bandbreitenunterstützung der Internet Service Provider (ISP). Vielmehr sind es die unzähligen Anwender, die mit teilweise rücksichtslosem Verhalten die Performance erheblich negativ beeinflussen. Ein Großteil der ISPs investiert regelmäßig in die Infrastruktur, um die Kunden zufrieden zu stellen. Doch immer mehr neue Internet-Dienste überschwemmen das Netz mit einer rasant wachsenden Datenflut.

Es gibt nur noch wenige Benutzer, die sich an die vor einigen Jahren aufgestellte Regel, wie viele Zeilen die Signatur einer E-Mail umfassen darf, erinnern und diese auch einhalten. Heute werden ungepackte Word-Dokumente als Anhänge (Attachments) versendet, ohne dass sich jemand daran stört. Online-Diskussionen per Tastatur (Internet Relay Chat = IRC) gelten schon fast als out, heute wird per Soundkarte in 3D-Welten kommuniziert oder die Unterhaltung wird zumindest grafisch aufgepeppt.

Neueste Entwicklungen gehen über zur IP- oder Internet-Telefonie (Voice over IP) und dem Ausrichten von Videokonferenzen im Internet. Diese Datenflut lässt sich auch durch einen zügigen Internet-Zugang per ISDN oder V.34-Modem kaum bewältigen, denn trotz drastischer Verbesserungen beruht das Telefonnetz im Kern auf der antiquierten Technik des vorigen Jahrhunderts. Aber statt Daten quälend langsam über die Telefonleitung zu schicken, können mancherorts bestimmte Hochgeschwindigkeitsnetze benutzt werden, die bislang anderen Diensten vorbehalten waren (z.B. TV-Kabel, Satelliten).

Die Plattformunabhängigkeit der Internet- und Intranet-Technik ohne Rücksicht auf proprietäre Technologien schafft Skalierbarkeit: Je nach den technischen Anforderungen können Server beliebiger Leistungsklassen im Intranet (Internet) eingesetzt werden. Wo handelsübliche Rechner als Server nicht mehr ausreichen, können leistungsstärkere UNIX-Server eingesetzt werden. Schnelle Switches für FDDI-, ATM-, Fast-Ethernet- und Gigabit-Ethernet-Netze sichern im Intranet die Bandbreite, die im Internet häufig noch fehlt. Durch Cluster-Lösungen können auch Anforderungen an die ständige Verfügbarkeit und Ausfallsicherheit bei den Servern und Netzcomputern erfüllt werden, die speziell für Internet Service Provider und große Unternehmen unverzichtbar sind.

TV-Kabel

Die Vernetzung per Kabelmodem und TV-Kabel ist noch wenig verbreitet. Im Unterschied zum klassischen Modem weisen Kabelmodems auf der einen Seite einen Koax-Anschluss für das TV-Kabelnetz auf und auf der anderen eine Ethernet-Buchse zur Verbindung mit dem Computer. Ihrer Verbreitung stehen in Deutschland zwei Probleme entgegen. Einerseits sind die hierzulande verlegten Kabelnetze oft nur als Verteilnetze konzipiert worden. So können mit Kabelmodems zwar Daten heruntergeladen werden (Download), aber in Gegenrichtung geht meist gar nichts, so dass für den Rückkanal vom Nutzer zum Internet-Provider doch noch ein klassisches Modem oder ein ISDN-Anschluss benötigt wird.

Kabelmodems bieten dem Anwender generell zwei große Vorteile. Sie werden nicht an ein Wählnetz angeschlossen, wodurch keine Verbindungsgebühren anfallen. Zudem sind sie rasend schnell; sie erreichen in Download-Richtung Geschwindigkeiten bis zu 36 MBit pro Sekunde. In der Praxis werden daraus jedoch eher Datenraten zwischen 200 KBit/s bis 5 MBit/s, was jedoch immer noch sehr schnell ist.

Obwohl Kabelmodems schon seit mehreren Jahren entwickelt werden, gibt es immer noch keinen Standard. Dennoch sind in Deutschland schon jetzt mehrere Kabelinseln an das Internet angeschlossen. Entwickelt wurde das Kabelmodem in Studentenwohnheimen, die das bereits verlegte Koax-Kabel für die Vernetzung einzelner Zimmer und Etagen verwendet haben.

Satelliten

Im Gegensatz zu den drahtgebundenen Hochgeschwindigkeitslösungen der Kabelmodems muss die Infrastruktur bei der Satellitenübertragung nur auf Seiten des Nutzers angepasst werden. Der große Vorteil dieser Art der Internet-Versorgung liegt darin, dass auf Anhieb eine Flächendeckung erreichbar ist, denn es brauchen keine Kabel verlegt zu werden.

Grundsätzlich werden zwei Satellitenkonzepte unterschieden, von denen das erste bereits mehrmals realisiert worden ist. Dabei erfolgt die Internet-Anmeldung und die Datenanforderung klassisch per Draht (Modem oder ISDN). Aber die HTML-Seiten oder Dateien, die angefordert wurden, werden per Satellit ins Haus geliefert. Nachteilig bei dieser Lösung ist, dass neben den Volumengebühren für den Download auch die Kosten für den Anschluss beim Provider bezahlt werden müssen. Doch wo die Geschwindigkeit das wichtigere Kriterium ist, rentiert sich die Technik.

7.6 Zugang zum Internet

Die meisten Unternehmen und/oder Organisationen möchten ins Internet, um sich (und die eigenen Produkte) dort zu repräsentieren. Doch nur wenigen ist bewusst, welche Gefahren damit verbunden sind, auch wenn beispielsweise alle Internet-Nutzer in regelmäßigen Abständen durch Katastrophen- und Warnmeldungen über neue Computerviren aufgeschreckt werden. Dabei kann positive Werbung sehr schnell in negative Werbung umschlagen, wenn beispielsweise jemand rechtsradikale Sprüche in eine Homepage einbaut oder aus einem Netzwerk Informationen klaut, um diese an andere Firmen zu verkaufen. Dennoch lässt sich das Internet und dessen Entwicklung nicht aufhalten, und es ist schon eine Prestigesache geworden, im Internet (sprich: WWW) präsent zu sein.

Planung und Umsetzung eines Web-Auftritts

Sehr oft stellt sich am Anfang der Überlegungen die Frage, ob eine Anbindung an das Internet für das betreffende Unternehmen sinnvoll ist und, wenn ja, wie dies realisiert werden kann. Neben der

Schwierigkeit, den richtigen Internet Service Provider (ISP) zu finden (über den der Zugang zum Internet erfolgt) stellt sich zunehmend die Frage, wie der Schutz von Unternehmensdaten vor Angriffen von außen sicherzustellen ist.

Die Präsenz des eigenen Unternehmens oder einer Organisation im World Wide Web ist mittlerweile ein Statussymbol. Dabei stellt sich die Frage, ob der Auftritt einer damit beauftragten Firma überlassen wird oder ob dies in Eigenregie erfolgt. Schätzungen zufolge sind ca. 75 Prozent der kommerziellen Web-Seiten in Europa nicht bei den jeweiligen Firmen untergebracht, sondern bei externen Dienstleistern. Mittlerweile gibt es auch eine unüberschaubare Anbieterschar von Unternehmen, die eine ebenso wenig durchsichtige Palette von Dienstleistungen rund um den Online-Auftritt anbieten.

Ist nur eine Unternehmenspräsenz im WWW gewünscht, so ist es im Allgemeinen ausreichend, einem ISP bzw. einem Web Content Provider den Auftrag zur Übernahme aller notwendigen Schritte zu erteilen. Der beauftragte Dienstleister wird anhand des Firmenprofils ein Konzept erstellen, gegebenenfalls eigene Vorschläge unterbreiten und auf Wunsch Firmenlogos und Texte webgerecht und werbewirksam aufbereiten. Hierfür wird er je nach Qualität der erbrachten Dienstleistungen eine bestimmte Summe in Rechnung stellen, mit deren Bezahlung die monatlich anfallenden Kosten abgegolten sind. Diese sind in der Regel geringer als die Kosten für die Einstellung zusätzlichen Personals oder für zusätzliche Mitarbeiterschulungen.

Bei dem Wunsch nach einem vollwertigen Internet-Zugang ist die Entscheidung für oder gegen Outsourcing (beim ISP) von weiteren Kriterien abhängig. Der Betrieb und die Verwaltung einer Internet-Anbindung mit nachgeordneter Netzwerkinfrastruktur erfordert selbst bei kleineren Netzen eine Vollzeitkraft zur Installation, Wartung, Troubleshooting und nicht zuletzt auch zur Benutzerbetreuung. Stehen hierfür hochqualifizierte Mitarbeiter im eigenen Haus zur Verfügung, die aus ihrem bisherigen Arbeitsfeld abgezogen und für die notwendigen Aufgaben abgestellt werden können, fällt die Entscheidung nicht schwer. Sind erst Mitarbeiter einzustellen, so können die Personalkosten leicht die Kosten einer Fremdinstallation übersteigen.

Auch die fortlaufenden Wartungskosten sind natürlich zu bedenken. Im Intranet und auch für die Firmenpräsenz im Internet ist eine hundertprozentige Verfügbarkeit sämtlicher Dienste anzustreben. Die Realisierung eines solchen Anspruchs kostet Geld, entweder in Form teurer Wartungsverträge, eigenen Personals oder aber in Form von Kosten für einen geeigneten Dienstleister, der die vollständige Wartung des Netzes und der Internet-Präsenz übernimmt. Zu den anfallenden Kosten zählen auch Schulungs- und Fortbildungskosten für die Systemverwalter und die Benutzer.

Soll ein so genannter Web-Hosting-Dienst angeboten werden, wird in der Regel lediglich ein WWW-Server benötigt, der über das Internet erreichbar ist. Entsprechend breit ist auch das Angebotsspektrum. So reicht die Bandbreite von kostenlosen Seiten über sehr günstige, aber beschränkte Einstiegsangebote bis hin zu dedizierten Servern, die jeweils nur einem Kunden zur Verfügung gestellt werden. Kostenlose Web-Seiten richten sich im Prinzip an Privatpersonen; die Anbieter finanzieren diesen Service durch Einblendung von Werbung. Insofern sind diese Angebote zum Präsentieren der eigenen Firmen-Web-Site weniger geeignet.

Hinweis

Web-Hosting kennzeichnet die Möglichkeit, die zu veröffentlichenden Web-Seiten eines Unternehmens oder einer Organisation auf Systemen eines Internet Service Providers abzulegen.

Wer unbedingt klein anfangen will, für den eignen sich schon eher die beschränkten Speicherplätze, die bei den meisten Providern in der Gebühr für den Internetzugang enthalten sind. Waren früher ein Megabyte die Regel, werden die Anbieter zwischenzeitlich immer großzügiger. T-Online beispielsweise stellt jedem Kunden mindestens 10 MByte Speicherplatz zur Verfügung. Bei dieser Art des Web-Hostings steht aber üblicherweise kein eigener Domain-Name (Web-Adresse) zur Verfügung. Bei einem Providerwechsel ist folglich auch eine neue Adresse für die Web-Präsenz notwendig. Die

Einstiegsangebote der verschiedenen Anbieter beginnen ab etwa € 10 im Monat und beinhalten mindestens einen Domain-Namen, ein E-Mail-Postfach sowie einige Megabyte Speicherplatz. Neben mehr Speicherplatz und weiteren E-Mail-Postfächern zeichnen sich die ab etwa € 35 erhältlichen Standardpakete durch zusätzliche Dienstleistungen wie vorbereitete Routinen zur Erstellung von Zugriffsstatistiken sowie Baukästen zum einfachen Einrichten von Formularen oder anderen interaktiven Gestaltungselementen aus.

Höchst unterschiedlich handhaben die Anbieter das in den Paketen enthaltene Übertragungsvolumen, das durch das Abrufen der Web-Seiten entsteht. Manche Anbieter werben zwar mit unbeschränktem Übertragungsvolumen, verstecken in den allgemeinen Geschäftsbedingungen dann aber zumeist recht schwammige Formulierungen, um sich bei überdurchschnittlicher Nutzung das Recht zur Kündigung vorzuhalten. Davor können sich Unternehmen durch die Festlegung eines ausreichend bemessenen Übertragungsvolumens schützen. Es sollte aber auch auf versteckte Kosten geachtet werden. Beliebte Fallstricke sind insbesondere Mindestlaufzeit des Vertrages, Kündigungsfristen sowie zusätzliche Gebühren für den Umzug des Domain-Namens. Die Einrichtungsgebühr variiert je nach Anbieter und Paket zwischen der Höhe einer Monatsgebühr und einem Vielfachen dessen.

Bei der Auswahl eines Anbieters (Providers) sollte nicht nur der Blick auf den Preis gerichtet sein. Denn die Qualität eines Web-Hosters hängt neben der eingesetzten Technik insbesondere von der Qualität der Anbindung ans Internet ab. Wer selbst gleichzeitig auch als Internet Access Provider tätig ist, betreibt seine Web-Server in Rechenzentren, die zentral in das eigene Netzwerk eingebundenen sind. Anbieter ohne eigene Netzwerkinfrastruktur mieten sich dagegen entweder in solche Rechenzentren ein oder müssen selbst für eine gute Anbindung sorgen. Schlechte Perfomance eines Web-Hosters kann zwei Gründe haben: Zum einen einen überlasteten Server, zum anderen überlastete Leitungen zwischen Kunde und Server. Während die Performance des Servers recht leicht selbst durch regelmäßige Zugriffe auf die eigenen Seiten überprüft werden kann, ist die zweite Fehlerquelle nur schwierig zu erkennen.

Sichere Zugänge

Sobald die Wahl auf einen geeigneten Dienstanbieter (ISP) gefallen ist, gilt es, den Anschluss an das Internet möglichst risikofrei zu gestalten. Dabei ist insbesondere zu beachten, dass es Bereiche im lokalen Netzwerk gibt, die nach außen nicht sichtbar werden dürfen. Hier gilt der Grundsatz: Interne Daten müssen intern bleiben. Neben der Ausspähung vertraulicher Daten durch Externe gilt es zudem, das Risiko des Eindringens von außen in lokale Rechnersysteme zwecks Sabotage zu vermeiden. Darüber hinaus besteht auch permanent die Gefahr, Systeme durch *Denial-of-Service-Attacken* zu blockieren und zum Absturz zu bringen. Gegen die möglichen Risiken von außen hilft am ehesten der Einsatz eines Firewalls.

Bildlich gesprochen erfüllt eine Brandmauer (Firewall) den Zweck, im Falle eines Brandes das eine Gebäude vor dem Übergreifen des Feuers in das andere Gebäude zu schützen. So sollte auch der Firewall im Netzwerk angesehen werden. Im Falle eines Angriffs auf die Daten von außen soll dieser dabei helfen, den Übergriff vom Internet in das lokale Netzwerk zu verhindern. Grundsätzlich erfüllt ein Firewall zwei Hauptaufgaben:

- Der Zugriff vom Internet auf das lokale Netzwerk erfolgt über einen zentralen, kontrollierbaren Punkt.
- Potentiellen Angreifern (Hackern) wird der Zugriff durch weitere Schutzmaßnahmen im lokalen Netzwerk erschwert.

Bei der Betrachtung von möglichen Schutzmaßnahmen gegen Angriffe von außen ist aber immer zu beachten, dass auch ein Firewall nicht alles verhindern kann. Denn er dient dazu, das lokale Netzwerk gegenüber dem externen Netzwerk (Internet) abzuschotten und eine kontrollierte Kommunikation mit der Außenwelt zu ermöglichen. „Kontrolliert" bedeutet, dass ein Systemverwalter entscheidet, welche Internet-Dienste sich vom eigenen Netz aus nutzen lassen und wer aus dem Internet auf welche Weise auf das eigene Netz zugreifen darf. Hierbei bietet sich ihm die Möglichkeit, bestimmte Absender oder andere Netze von der Kommunikation auszuschließen, indem er Verbindungen von oder zu den entsprechenden Netzadressen abweist. Die Konfiguration und damit die Sicherheit ist also immer eng mit demjenigen verbunden, der den Firewall bedient.

Hinweis

Nähere und ausführlichere Angaben zum Einsatz eines Firewalls enthält das Modul 5 dieses Buches.

Internet-Dienste

Sobald der Anschluss an das Internet realisiert ist, müssen im nächsten Schritt entsprechende Internet-Dienste konfiguriert werden. Einige Dienste sind vorgeschrieben, müssen also angeboten werden, andere sind optional, wieder andere stellen ein größeres Risiko dar und sollten daher nicht bereitgestellt werden.

Ein Dienst, der zwingend vorgeschriebenen ist, ist das *Domain Name System* (*DNS*) einschließlich des *Reverse-Resolving*, das die Auflösung von Hostnamen in IP-Adressen und umgekehrt erlaubt. Das DNS für eine Domäne muss keineswegs vollständig sein. Es ist nicht erforderlich, sämtliche Rechner aufzuführen. Die wirklich notwendigen Einträge beschränken sich auf zwei Nameserver, deren Betrieb auch der Dienstanbieter (ISP) übernehmen kann, und ein *Mail-Relay*, das die E-Mails, die an die Betreiber der Domäne gerichtet sind, entgegennehmen und zustellen kann.

Sowohl Nameserver als auch Mail-Relay dürfen sich außerhalb des eigenen Netzes befinden. Dies ist insbesondere für den Betrieb virtueller Domänen sehr wichtig, was jedoch beim Betrieb einer eigenen Domäne nicht sonderlich ins Gewicht fällt. Es wird allerdings empfohlen, wenn möglich, einen Nameserver und ein Mail-Relay außerhalb des eigenen Netzes aufzustellen, um bei längerfristigem Verbindungsausfall zumindest eine Notanbindung aufrechterhalten zu können.

Dienste, die sich in den meisten Netzen als sinnvoll erwiesen haben, sind in erster Linie FTP, WWW und News. FTP und WWW sind sehr einfach zu konfigurieren und belasten einen Server im Normalfall nicht allzu sehr, es sei denn, der Server ist so beliebt, dass mehrere Zugriffe pro Sekunde stattfinden und dadurch die Standleitung ins Internet überlastet ist. In einem solchen Fall ist zu überlegen, ob es nicht sinnvoll ist, den WWW-Server bei einem der vielen Web Content Provider unterzustellen.

News-Server stellen je nach Menge der abonnierten News-Gruppen eine große bis extreme Belastung des Netzes und auch der Server-Maschinen dar. Werden sämtliche News-Gruppen bestellt, so ist es nicht möglich, die gesamten anfallenden Daten über eine 64-KBit-Leitung zu transferieren; die Leitungskapazität reicht hierfür selbst beim Betrieb rund um die Uhr und bei 100 Prozent Auslastung nicht aus. Hier stellt sich immer wieder die Frage nach dem wirklich Notwendigen. Im Allgemeinen reicht es nämlich aus, eine Auswahl von einigen wenigen Gruppen bereitzustellen, in denen sich die Informationen finden, die die Mitarbeiter interessieren.

Die Konfiguration eines FTP-Servers sollte mit Bedacht erfolgen. Hier ist zu überlegen, inwieweit Fremden der Zugriff auf Ressourcen im eigenen Netz gestattet werden soll. Anonymer Zugriff von außen, der nicht einmal nach einem Passwort verlangt, ist immer riskant. Das Risiko lässt sich durch eine sinnvolle und sorgfältige Konfiguration minimieren, ist aber grundsätzlich latent vorhanden. Einige Server-Betriebssysteme bieten die Option, dem Systemverwalter die Konfigurationsarbeit zu erleichtern, indem sie die notwendigen Schritte skriptgesteuert vornehmen. Allerdings sollte der Systemverwalter sich von der richtigen Ausführung der Skripte überzeugen und prüfen, ob die Zugriffsrechte korrekt gesetzt sind. Auf UNIX-Rechnern geben die Online-Handbücher über die notwendigen Schritte und korrekten Zugriffsrechte Auskunft, diese können mit FTPD aufgerufen werden.

In dem Zusammenhang stellt sich auch die Frage, ob Uploads zugelassen werden sollen. FTP-Server mit Upload-Möglichkeit dienten in der Vergangenheit nicht selten als Tauschbörse für raubkopierte Software. Dabei werden beim Upload unerlaubt neue Verzeichnisse angelegt, die Sonderzeichen oder drei Punkte enthalten und somit für den normalen Benutzer nicht sichtbar sind. Die Systemverwalter der betroffenen Systeme überprüfen den FTP-Verzeichnisbaum eher selten oder sind zu schlecht geschult, um solche Verstöße zu bemerken. Hierdurch erhalten Raubkopierer die Möglichkeit, einen Tauschhandel für gestohlene Software aufzuziehen; und dies alles zu Lasten des Betreibers, der für den Inhalt des FTP-Servers verantwortlich ist.

Für das Anbieten von FTP-Diensten wird ein Server mit einem geeigneten Betriebssystem benötigt, wobei Server und Betriebssystem verschiedenen Anforderungen genügen müssen:

- Das Betriebssystem muss in der Lage sein, die erforderlichen und gewünschten Dienste entweder selbst oder über Software von Drittanbietern bereitzustellen.
- Ausfallzeiten infolge von Systemabstürzen schlagen sich in Nichtverfügbarkeit der Dienste nieder. Nichtverfügbarkeit von Diensten bedeutet möglicherweise beträchtlichen Imageverlust.
- Ein Server muss sich möglichst einfach warten lassen. Wichtig ist, dass der Systemverwalter per Fernzugriff Konfigurationsdateien einsehen und ändern und Störungen ohne Neustart beheben kann.
- Die Leistungsfähigkeit eines Servers ist direkt von einer effizienten Implementierung des Betriebssystems abhängig.
- Ein Server sollte die Daten vor unbefugtem Zugriff schützen und selbst gegen unterschiedliche Attacken gefeit sein.
- Momentan nicht verfügbare Dienste sollten sich mit wenig Aufwand zu einem späteren Zeitpunkt ohne Neustart des Server einbinden lassen.

Es gibt nicht sehr viele Betriebssysteme, die die aufgeführten Kriterien erfüllen. Viel schwerer wiegt zudem die Anfälligkeit des IP-Protokollstacks von Microsoft, der offensichtlich in den Anfangszeiten nicht hinreichend ausgetestet wurde. Freie, nicht-kommerzielle Systeme scheiden aus, da sie in der Regel nicht stabil genug sind, um einen unterbrechungsfreien Betrieb rund um die Uhr zu gewährleisten. Nur einige wenige kommerzielle UNIX-Systeme erfüllen den Anforderungskatalog. Solche Systeme verlangen nach qualitativ hochwertiger Hardware, die in Verbindung mit einem Vor-Ort-Wartungsvertrag mit garantierter Reaktionszeit angeschafft werden sollten. Die anfallenden Mehrkosten amortisieren sich recht schnell durch einen reibungslosen und ausfallarmen Betrieb, der gleichzeitig die Kosten für die Systemverwaltung auf einem niedrigen Niveau hält.

Organisatorische Voraussetzungen

In der täglichen Praxis ist sehr oft die Aussage zu hören, dass das Internet (gemeint ist das WWW) nur eine weitere Kommunikationsform darstellt, die schnell eingeführt werden kann. Weit gefehlt, denn sowohl die technische Nutzbarkeit von WWW, E-Mail, FTP usw. als auch die Gestaltung einer eigenen Homepage verändern den Arbeitsablauf und letztlich auch die Ausrichtung eines Unternehmens oder einer Organisation. Um die Hauptfunktionen des Internets wie WWW oder E-Mail in allen Bereichen des Unternehmens nutzen zu können, ist einiger technischer und organisatorischer Aufwand nötig, der sorgfältig und langfristig geplant werden muss.

Die Planung eines Web-Auftritts sollte grundsätzlich Chefsache sein. Weitere Partner bei der Planung sind neben der EDV-Abteilung auch die Bereiche Marketing, Werbung, PR, Produktmanagement, Ein- und Verkauf, Außendienst, Buchhaltung und Forschung. Es ist daher ratsam, alle in diesen Bereichen federführenden Mitarbeiter in einem Projektteam zusammenzufassen. Dabei ist durch die Geschäftsführung festzustellen, dass es nicht um die Frage geht, ob ein Web-Auftritt realisiert wird, sondern wie das passieren wird.

Welche Auswirkungen die Einführung einer Homepage haben wird und welche Abteilungen wie zusammenarbeiten sollen, um tatsächlich konkreten Nutzen darzustellen, sollte immer organisiert mit allen Betroffenen geplant werden. Sofern im eigenen Haus nicht ausreichende Kompetenz auf dem

Gebiet der Einsatzmöglichkeiten und der technischen Voraussetzungen des Internets vorhanden ist, sollte von Anfang an auf externe Marketingberater zurückgegriffen werden, die Erfahrung mit dem Internet haben. Des Weiteren sollte die Leitung eines Web-Projekts nicht der EDV-Abteilung übertragen werden. Hier muss unterschieden werden, was technisch möglich ist und was im Sinne des Ganzen erwünscht ist.

Es ist sehr wichtig, dass bei der Einführung eines Internet-Zugangs die Mitarbeiter auf die neue Technologie eingeschworen und entsprechend geschult werden, damit ein verantwortungsvoller Umgang damit stattfindet und nicht die eine Hälfte E-Mails ignoriert, dafür die andere Hälfte exzessiv private Botschaften sendet. Zur organisatorischen Vorbereitung gehört daher auch die Einführung gewisser Regeln im Umgang mit der neuen Technologie.

Eine der größten Gefahren stellt das private Surfen am Arbeitsplatz dar. Es gab in den letzten Jahren Untersuchungen, die belegt haben, dass teilweise bis zu 75 Prozent (!) der Arbeitszeit durch das Surfen am Arbeitsplatz verbraucht worden sind. Dazu gibt es kontroverse Einstellungen, wobei eins klar sein sollte: Die Möglichkeiten des Missbrauchs werden früher oder später immer ausgenutzt. Des Weiteren folgt eine mangelhafte Arbeitseinstellung nicht der Einführung eines Internet-Zugangs, sondern geht ihr voraus. Wer seine Mitarbeiter nicht für ihre Arbeit verantwortlich gemacht hat, wer nicht nach Leistungen, sondern nach Anwesenheit bezahlt, handelt sich mit den technischen Möglichkeiten des Internets ein Problem ein und ist mit rigorosen technischen Beschränkungen und Kontrolle gut beraten.

Generell sollten Regeln zum Umgang mit der Internet-Technologie eingeführt werden. Ein verantwortungsvoller Umgang sollte gelehrt werden und eine zumindest minimale technische Überwachung sollte garantiert sein. Hier gilt der Grundsatz: Für die Arbeitseinstellung und Leistungsbereitschaft der Mitarbeiter ist nicht das Internet, sondern der Chef verantwortlich. Als mögliche Regeln eignen sich beispielsweise die folgenden Angaben:

- Private und Firmen-E-Mail-Adressen sind strikt zu trennen.
- Private Korrespondenz, Chat und Surfen (WWW-Nutzung) zu privaten Zwecken sind während der Arbeitszeiten untersagt.
- E-Mails müssen innerhalb von 48 Stunden beantwortet werden.
- Auch in Zeiten von Abwesenheit (Urlaub o.Ä.) muss eine Antwort erfolgen (Abwesenheitsnachricht, Vertreterregelung)
- Sicherheitskritische Programme dürfen nicht installiert werden.

Internet-Zugang praktisch

Technisch ist (fast) alles machbar, aber was kostet der Internet-Auftritt oder auch der Internet-Zugang eines Unternehmens oder einer Organisation? Dies hängt letztlich immer davon ab, welche Form der Internet-Anbindung gewählt wird. Wenn ein Kleinunternehmen das Internet nur unregelmäßig nutzt und nur einen Arbeitsplatz mit E-Mail und WWW-Zugang versorgen möchte, reicht meist die Anbindung über ein Modem bzw. einen ISDN-Anschluss.

Wenn ein großes Firmen-Netzwerk und damit mehrere Mitarbeiter gleichzeitig die Internet-Dienste nutzen möchten, bedarf es bereits einer anderen Anbindungsform mittels ISDN oder einer Standleitung (ADSL). Auf die gängigen Zugangsmöglichkeiten und die technischen Unterschiede soll nachfolgend kurz eingegangen werden.

Modem

Modems übersetzen digitale Daten in analoge Impulse, welche über konventionelle Telefonleitungen (Zweidraht) verschickt werden können. Auf die gleiche Weise werden die analogen Daten auch wieder in digitale Signale umgewandelt.

Die Übertragungsrate von Modems wurde kontinuierlich verbessert, allerdings gilt bei einer Modemübertragung seit längerem der Übertragungsstandard V.90 mit 56 KBit/s als das Maß aller Dinge. Erreicht wird diese hohe Rate über starke Komprimierungsverfahren. Das bedeutet aber auch, dass Daten, die schon hoch komprimiert sind sich nicht ganz so schnell übertragen lassen. Darüber hinaus ist die Übertragungsgeschwindigkeit natürlich auch von der Leitungsqualität, der Abschirmung und der Entfernung zum nächsten Wählamt abhängig. Im Regelfall werden daher mit Modems Durchschnittsgeschwindigkeiten von 44–48 KBit/s erreicht.

Es wurde bereits erwähnt, dass ein Modem für die Datenübertragung normale Telefonleitungen benutzt, an denen auch das Festnetztelefon hängt. Die Benutzungszeiten werden von der zuständigen Abrechnungsstelle verrechnet, wobei die Tarife, je nach Anbieter, mittlerweile sehr variieren und hier keine Empfehlung abgegeben werden kann.

ISDN

ISDN (*Integrated Services Digital Network*) ist im Gegensatz zum Modem eine Technik, die bereits zur Übertragung von digitalen Daten ausgelegt ist. Im Unterschied zum herkömmlichen Telefon stehen bei ISDN zwei nutzbare Kanäle (B-Kanäle) zur Verfügung, deren Benutzung jedoch auch eine doppelte Gebühr nach sich zieht.

Die Übertragungsrate bei ISDN beträgt (echte) 64 KBit/s und kann durch Zuschaltung des zweiten Kanals auf bis zu 128 KBit/s gesteigert werden. Der Verbindungsaufbau erfolgt wesentlich schneller als beim Modem (binnen 2–3 Sekunden).

Ein großer Vorteil von ISDN ist der, dass neben der Datenleitung eine Leitung für das Telefon zur Verfügung steht, sofern für die Datenübertragung nur ein Kanal benutzt wird. So kann gleichzeitig gesurft und telefoniert werden – eine wesentliche Vorraussetzung für Unternehmen. Darüber hinaus stehen bei ISDN zahlreiche Zusatzmerkmale zur Verfügung: Rufnummernanzeige, Anklopfen, Mehrfachnummern, Durchwahl usw.

Standleitung

Bei einer Standleitung handelt es sich um permanente, d.h. rund um die Uhr aktive Leitungen zwischen dem eigenen Standort und dem jeweiligen Provider. Standleitungen sind ideal für Unternehmen, die,

- ein Netzwerk von mehr als 15 Arbeitsplätzen betreiben,
- große Datenmengen befördern müssen (Grafiken, Pläne usw.),
- eigene Web-Server permanent im Internet verfügbar haben wollen.

Bei einer Standleitung wird zwischen dem eigenen Standort und dem nächsten POP (*Point of Presence* = Anschlusspunkt) des jeweiligen Providers ein Leitungsanbieter (Carrier) benötigt. Der Preis für diese Leitung muss zusätzlich zu den Providerkosten an den Leitungs-Carrier gezahlt werden.

Standleitungen unterscheiden sich nach der Bandbreite, d.h. nach der Geschwindigkeit, mit der Daten maximal durch die Leitung fließen können. Üblicherweise beträgt die geringste Bandbreite 64 KBit/s. Des Weiteren sind jedoch auch Abstufungen von 128 KBit/s, 256 KBit/s, 512 KBit/s bis hin zu 2 MBit/s möglich.

Der große Vorteil von Standleitungen liegt in der permanenten Anbindung an das Internet. Unternehmen oder Organisationen sind damit in der Lage, eigene Server (WWW-, FTP-, Mails) an das Internet anzubinden und zu betreiben. Das bedeutet, dass alle Dienste, die der Provider üblicherweise aus Sicherheitsgründen auf seinen eigenen Servern nicht zulässt (Datenbankanwendungen usw.) dann realisierbar sind.

Die Vorteile einer Standleitung lassen sich wie folgt zusammenfassen:

- günstig bei Nutzung von mehr als 30 Stunden / Monat
- sehr schnell

- kein Telefonanschluss nötig
- permanente Anbindung

Aber natürlich bringt eine Standleitung auch gewisse Nachteile mit sich:

- Sicherheitslücken durch Sichtbarkeit der eigene IP-Adresse
- nicht alle Netzdienste nutzbar
- Performanceprobleme bei großer Benutzeranzahl
- geringe Verfügbarkeit

ADSL

Seit Ende des Jahres 1999 gibt es eine sehr interessante Alternative zu ISDN und Standleitungen: ADSL (*Asynchronous Digital Subscriber Line*). ADSL nutzt die herkömmlichen Kupferleitungen der Post, erreicht aber höhere Geschwindigkeiten als ISDN.

Nachteilig bei ADSL wirkt sich aus, dass mit zunehmender Entfernung zum ADSL-fähigen Vermittler die Geschwindigkeit der Datenübertragung rapide abnimmt. Zudem kann die Flächendeckung mit ADSL nicht überall gewährleistet werden.

> **Hinweis**
> Für eine schnelle Verbreitung von ADSL sorgt die Deutsche Telekom mit einer ADSL-Variante namens TDSL.

Sonstige

Neben den herkömmlichen Übertragungsverfahren stellen Kabelnetze und auch die Möglichkeit der Satelliten- bzw. der Funkübertragung Medien zur Verfügung, die zukünftig die Datenanbindung noch wesentlich stärker beeinflussen werden.

Kabelnetze werden von so genannten Kabelprovidern zur Verfügung gestellt, die vorhandene öffentliche Netze (TV-Kabel usw.) für die Datenübertragung nutzbar machen. Der große Vorteil derartiger Netze liegt in der hohen potentiellen Übertragungsgeschwindigkeit. In der Praxis wird diese allerdings auf einen Bruchteil heruntergedrosselt, um keinen Zusammenbruch des Netzes zu provozieren. Hier liegt auch der entscheidende Nachteil von Kabelnetzwerken: Ab einer bestimmten kritischen Masse kommt es zu vermehrten Fehlern in der Übertragung.

Zudem gilt die hohe Übertragungsgeschwindigkeit nur für das eigene Netzwerk: Außerhalb ist für die Geschwindigkeit die internationale Anbindung des jeweiligen Providers entscheidend.

> **Hinweis**
> Kabelnetzwerke sind im Grunde wie eine Standleitung zu betrachten. Aus Angst vor Missbrauch werden allerdings aus Sicherheitsgründen zumeist einige Netzdienste deaktiviert.

Satellitenanbindungen ermöglichen eine Datenübertragungsrate von bis zu 2 MBit/s. Allerdings nur in einer Richtung (Empfang von Daten). Für das Senden eigener Daten wird eine zusätzliche Leitung benötigt, also beispielsweise ein Modem oder eine Anbindung per ISDN, ADSL o. Ä.

Über eine Funkanbindung (meist handelt es sich dabei um Richtfunk) sind potentielle Übertragungsraten von bis zu 2 MBit/s möglich. Dazu sind spezielle Empfangsgeräte nötig, die mit der Sendestation zumeist Sichtkontakt haben müssen.

Hinweis

Funkverbindungen sind im Prinzip wie Standleitungen zu werten und haben auch eine ähnliche Preisstruktur.

Auswahl eines Providers

Bei der Anbindung eines kompletten lokalen Netzwerks eines Unternehmens oder einer Organisation ist in der Regel immer der Einsatz von Routern erforderlich. Router werden benötigt, wenn mehrere Systeme (Rechner) gleichzeitig Zugang zum Internet haben sollen. In einem lokalen Netzwerk können so alle Mitarbeiter gleichzeitig surfen oder E-Mails bearbeiten.

Der Router übernimmt die Wegewahl und merkt sich, welcher Rechner im Netzwerk eine Verbindung nach außen aufbaut, damit er die eingehende Antwort an den richtigen Rechner zurückschicken kann. Darüber hinaus sorgt der Router für den korrekten Transport der Daten.

Hinweis

Nähere Angaben zum Routing und zur Technik der Router enthält das Modul 5 dieses Buches.

Einige Provider bieten Router sehr günstig im Paket mit Internet-Zugängen an. Die Verbindung sollte dabei heutzutage wenigstens mit ISDN erfolgen. Der Router wählt sich ein, wenn Internet-Anfragen aus dem lokalen Netzwerk vorliegen und schaltet sich nach einer definierten Zeitspanne auch wieder aus, um so Verbindungskosten zu sparen. Sollte eine höhere Bandbreite erforderlich sein, kann beispielsweise ein ISDN-Router automatisch den zweiten Kanal aktivieren, um so die Übertragungsgeschwindigkeit auf 128 KBit/s zu setzen.

Der Einsatz von ISDN-Routern bietet sich für die Anbindung von bis zu 20 Arbeitsplätzen an. Bei mehr Arbeitsplätzen sollte auf Anbindungsmöglichkeiten mit höherer Bandbreite umgestiegen werden (z. B. ADSL, Standleitung). Router, die für Standleitungen geeignet sind, sind teurer als ISDN-Router, bieten jedoch auch eine Reihe weiterer Leistungen.

Um ein Unternehmen oder eine Organisation mit dem Internet verbinden zu können, werden in der Regel mehrere Anbieter benötigt: ein Leitungsanbieter (Carrier), der den Standort über Telefon, Kabel, ADSL, Funk oder eine Standleitung an ein zentrales Leitungsnetz anschließt, und einen Access-Provider, der die Verbindung mit dem Internet herstellt. Darüber hinaus wird ein Service-Provider benötigt, der weitere Dienste zur Verfügung stellt. Zu diesen Zusatzdiensten gehört beispielsweise der Einsatz eines Proxy-Servers für schnelleren Zugriff auf häufig genutzte Inhalte, ein Newsserver für rasches Abrufen von Newsgroups, ein Mailserver für die Verwaltung der elektronischen Post oder auch die Möglichkeit des regelmäßigen Backups aller Daten.

Es gibt immer öfter Unternehmen, die alle mit dem Internet-Zugang und auch dem Web-Auftritt benötigten Dienste anbieten. Dies sind die Internet Service Provider (ISP). ISPs kaufen meistens Datenleitungen und teilen diese Kapazität in viele Einzelzugänge auf, die sie wiederum weiterverkaufen. Wichtig dabei ist jedoch, dass sich die Provider sehr stark in den angebotenen Diensten und in ihrer Ausrichtung unterscheiden. Immer mehr Telefongesellschaften wollen an diesem wachsenden Geschäft teilhaben und wandeln sich zum ISP.

Es gibt mittlerweile auch zahlreiche Anbieter, die Einzelplatzzugänge (Internet-Zugänge für einzelne Rechner) ohne monatliche Grundgebühr anbieten. Die Finanzierung solcher Zugänge erfolgt entweder durch Werbeeinnahmen oder dadurch, dass beispielsweise Telefonanbieter auf diese Art versuchen, Telefonkunden zu gewinnen. Geschenke gibt es auch in diesem Bereich nicht, denn die teilweise hohen Kosten für die Datenleitungen, das Personal und die benötigte Hardware müssen auch wieder eingespielt werden.

Nicht jeder Provider bietet die Möglichkeiten, die technisch in Frage kommen oder sinnvoll sind. Daher sollte vor der ersten Kontaktaufnahme überprüft werden, welche Dienste tatsächlich benötigt werden. Dazu gehört auch, zukünftige Entwicklungen schon zu berücksichtigen, denn ein Wechsel des Providers ist immer mit einigem Aufwand verbunden.

Die nachfolgende Checkliste kann bei der Auswahl des richtigen Providers hilfreich sein:

- Ansehen des Providers
  Entweder in der gängigen Fachpresse, bei einem EDV-Berater oder bei Freunden sollte abgefragt werden, ob der gewählte Provider zu empfehlen ist. Service- und Leistungsqualität haben Ihren Preis und sind von Anbieter zu Anbieter sehr verschieden.
- Angebot des Providers
  Wie in jeder anderen Branche gibt es auch beim Internet-Providing Anbieter, die sich auf Unternehmen und Organisationen als Kunden spezialisiert haben. Sie bieten in der Regel bessere Beratung und besseren Service, sowie schnellere und stabilere Leitungen. Zudem sind Ihre Produkte auf den Bedarf von Unternehmen ausgelegt.
- Angebotspalette
  Der auszuwählende ISP sollte auf jeden Fall folgende Dienste anbieten: Web-Hosting (Speicherplatz für die Web-Seiten), Domain-Service (Reservierung des gewünschten Domainnamens) und direkte Netzwerkanbindungen.
- Preis
  In der Regel berechnet ein ISP eine einmalige Einrichtungsgebühr und eine laufende Monatspauschale, die alle Kosten (Datenmenge usw.) enthalten sollte. Jahresvorauszahlungen sind meistens günstiger, angesichts der raschen Bewegung im Markt jedoch nicht zu empfehlen.
- Service und Support
  Dieser Punkt kann bereits im Vorfeld überprüft werden, da sich dies bereits bei den Vertragsverhandlungen und den ersten Kontakten mit dem gewählte ISP herauskristallisiert.
- Geschwindigkeit und Zuverlässigkeit
  In diesem Bereich sind Netzauslastung und Redundanz zwei wichtige Kenngrößen. Je mehr nationale und internationale Bandbreite für die Kunden zur Verfügung steht, desto geringer ist die Netzauslastung. Und je mehr internationale Anbindungen vorliegen (Redundanz), desto ausfallsicherer ist das System. Verfügt ein Provider nur über einen Anschluss bei einem anderen Provider, und dieser nur über eine internationale Anbindung, dann ist die Wahrscheinlichkeit häufiger Leitungsüberlastung bzw. eines Totalausfalls hoch.

Hinweis

> Bei der Anbindung eines lokalen Netzwerks eines Unternehmens oder einer Organisation sind redundante Leitungen und redundante Serversysteme, sowie ein technischer Bereitschaftsdienst rund um die Uhr unerlässlich.

- Zusatzdienste
  Der Konkurrenzdruck der ISPs kommt den Kunden in Form von Zusatzleistungen zugute: Software-CD, Gratis-Bücher oder -Magazine, diverse Gutscheine, Gratiskurse u.Ä. zeichnen gute Provider aus, die am Kundennutzen orientiert sind.
- Internet-Dienste
  Beim Zugriff auf das Internet sollten auf jeden Fall die folgenden Dienste verfügbar sein: E-Mail, WWW, FTP, News, Chat, TELNET, Multimedia-Protokolle usw.

- Weitere Leistungen
  Neben den benötigten Internet-Diensten sollte darauf geachtet werden, dass eventuell zukünftig benötigte Verfahren und Merkmale jederzeit ergänzt werden können. Dazu gehört beispielsweise eine CGI-Scriptunterstützung (Mail-Formulare, Gästebücher usw.), weltweite Einwahl, zusätzlicher Speicherplatz oder auch Web-Statistiken (Messung der Zugriffe auf die Web-Seiten).

Weitere Voraussetzungen für den Internet-Zugang

Die erste und wichtigste Voraussetzung, um Rechner mit dem Internet zu verbinden, ist, dass auf den betroffenen Systemen (Rechnern) das Übertragungsprotokoll TCP/IP zum Einsatz kommt. Bei den aktuellen Desktop-Betriebssystemen gehört TCP/IP zum Standardumfang, so dass dieses lediglich bei der Installation konfiguriert zu werden braucht. Aber natürlich ist bei den aktuellen Desktop-Betriebssystemen auch eine nachträgliche Installation und Konfiguration von TCP/IP jederzeit möglich.

Hinweis

Beim Zugang zum Internet für ein Unternehmen oder eine Organisation fällt in der Regel der Einsatz einer speziellen Zugangssoftware weg, da hier der Zugang meistens über Router erfolgt.

Um die Dienste des TCP/IP-Protokolls und damit den Internet-Zugang nutzen zu können, wird in der Regel eine spezielle Zugangssoftware benötigt. Die meisten Provider liefern mit der Bestätigung, dass der Zugang eingerichtet ist, auch gleich eine CD-ROM mit allen Programmen mit, die für die Internet-Nutzung benötigt wird. Oft findet sich auch diverse Zugangssoftware auf den CD-ROMs, die diversen Fachzeitschriften beigelegt sind.

Die wichtigsten Programme für die tägliche Arbeit sind, neben der Zugangssoftware, ein Web-Browser für das Abrufen von Web-Seiten und ein E-Mail-Client für den Versand/Empfang von E-Mails. Beides ist heutzutage schon Standard der gängigen Desktop-Betriebssysteme, so dass hierzu zunächst einmal keine zusätzliche Software angeschafft zu werden braucht.

Auch für die Nutzung von Zusatzdiensten wie FTP, News usw. stellen die aktuellen Browser-Versionen bereits integrierte Lösungen zur Verfügung. Diese sind zwar nicht immer die besten, ermöglichen aber die Nutzung aller verfügbaren Internet-Dienste.

Zusammenfassung

- ✓ Das Internet als *das Netz der Netze* ist eine Ansammlung von Millionen von Systemen (Rechner usw.), die weltweit in Tausenden von Unternehmen und Organisationen verteilt sind.
- ✓ Der Protokollstack TCP/IP bildet die Grundlage für das Internet und alle seine Dienste.
- ✓ Im Internet stehen die verschiedensten Dienste zur Verfügung. Dazu gehört neben dem Zugriff auf Web-Seiten auch die Dateiübertragung per FTP, der Fernzugriff per TELNET, die Teilnahme an Diskussionsforen in Form von Newsgroups oder auch die Möglichkeiten der direkten Kontaktaufnahme durch den Einsatz von Chat-Programmen.
- ✓ Durch den Zugriff auf die Internet-Dienste erhöht sich zwangsläufig die Gefahr und das Sicherheitsrisiko des Teilnehmers, durch einen Unbefugten angegriffen zu werden.

Zusammenfassung

- Heutzutage bieten darauf spezialisierte Firmen (Internet Service Provider) alle Dienstleistungen an, die für den Zugang zum Internet und auch für den Web-Auftritt eines Unternehmens oder einer Organisation benötigt werden.
- Bei der Realisierung eines Internet-Zugangs für ein Unternehmen oder eine Organisation sind höhere Sicherheitskriterien anzusetzen als bei einem Privatzugang.
- Der Zugang zum Internet lässt sich über verschiedene Anbindungsmöglichkeiten realisieren. Neben dem Zugang per Modem gehören dazu auch ISDN, ADSL, TV-Kabel und Satellitentechnik.

Übungen

1. Wie kann das Internet umschrieben werden?
2. Was ist ein Intranet?
3. Warum eignet sich TCP/IP als Übertragungsprotokoll im Internet so gut?
4. Nennen Sie einige Dienste, die im Internet eingesetzt werden können.
5. Charakterisieren Sie das E-Mail-Prinzip.
6. Wie setzt sich eine E-Mail-Adresse zusammen?
7. Was bedeutet Chat?
8. Was ist das Besondere am Chat in Bezug auf die eigene Person?
9. Was sind Newsgroups?
10. Was wird für den Zugriff auf eine Newsgroup benötigt?
11. Wie heißt die Seitenbeschreibungssprache zur Erstellung von Web-Seiten?
12. Wie wird eine Stelle auf einer Web-Seite bezeichnet, bei der durch Anklicken mit der Maus ein anderes HTML-Dokument (Web-Seite) aufgerufen wird?
13. Was wird mit dem Begriff *Surfen* umschrieben?
14. Welchen Vorteil hat die Einbindung eines Datenbank-Zugriffs auf einer Web-Seite?
15. Welches Protokoll wird für die Übertragung von Web-Seiten benötigt?
16. Lohnt sich der Einsatz von IP-Telefonie im Internet?

Übungen

17. Wo liegen die drei Schwerpunkte der Sicherheitsrisiken beim Zugriff auf das Internet?

18. Warum stellt der E-Mail-Verkehr ein großes Sicherheitsproblem dar?

19. Was verbirgt sich inter den beiden Begriffen *Hacking* und *Cracking*?

20. Kann ein Firewall eine Überprüfung eingehender Daten auf Viren durchführen?

21. Nennen Sie mindestens zwei Verfahren bzw. Dienste, mit denen im Internet nach bestimmten Dateien bzw. Dateiinhalten gesucht werden kann.

22. Wie werden Einrichtungen genannt, mit denen auf den Web-Seiten bestimmte Informationen gesucht werden können?

23. Nennen Sie zwei bekannte Suchmaschinen.

24. Wie werden die Einträge im Code der Web-Seiten bezeichnet, die als Grundlage für die Schlüsselwörter dienen?

25. Was ist wichtig beim Einsatz von Suchmaschinen?

26. Welche Zugangsformen gibt es, die einen schnellen Zugang zum Internet (WWW) versprechen?

27. Wie wird eine Firma bezeichnet, die für andere Unternehmen oder Organisationen Web-Seiten pflegt, im WWW veröffentlicht und auch sonstige Dienstleistungen rund um den Internet-Zugang realisiert?

28. Was verbirgt sich hinter dem Begriff *Web-Hosting*?

29. Nennen Sie mindestens zwei Zugangsmöglichkeiten, um einen Internet-Zugang zu realisieren.

30. Welches ist das wichtigste Programm für den Zugriff auf die Dienste des World Wide Web?

Die Lösungen zu diesen Aufgaben finden Sie im Anhang des Co@ches.

Modul 8

Weiter-
entwicklungen

Lernen Sie

- wo die Probleme der IP-Version 4 liegen
- warum es eine neue IP-Version geben muss
- wie sich die Version IPv6 (IP Next Generation) von IPv4 (IP, Version 4) unterscheidet
- welche Neuerungen IPv6 bringt

Bereits seit vielen Jahren zeichnet sich ab, dass die verfügbaren Internet-Adressen (Version 4) eines Tages knapp werden, da die verfügbaren Adressklassen mittlerweile komplett ausgeschöpft sind. Dies ergibt sich einzig und allein aus der endlichen Verfügbarkeit der Adressen. Dramatisiert wird diese Entwicklung durch die *Tatsache*, dass sich zur Zeit die Anzahl der Internet-Nutzer ca. alle 1 bis 1 ½ Jahre verdoppelt, wodurch neue Adressen benötigt werden.

An anderer Stelle wurde bereits dargestellt, dass es in einem IP-Netzwerk zwingend notwendig ist, dass jedes Endgerät eines solchen Netzwerks über eine eindeutige IP-Adresse verfügt. Aus einer täglich wachsenden Zahl von Teilnehmern und einem damit verbunden Anwachsen der Anzahl Endgeräte folgt zwangsläufig, dass die Anzahl der IP-Adressen mehr und mehr dem Ende zuneigt. IP-Adressen (Version 4) sind 32 Bit lang und ermöglichen somit maximal 2 hoch 32 (=4.294.967.296) verfügbare IP-Adressen.

Es ist aber nicht nur die mehr und mehr abnehmende Verfügbarkeit (offizieller) IP-Adressen, die bereits seit Jahren die Forderung nach einer neuen IP-Version laut werden lassen. Auch die veränderten Übertragungsformen in Bezug auf Echtzeitanwendungen, Multimediaübertragungen usw. und die Forderung nach mehr Sicherheit (z. B. im Bereich E-Commerce) führten dazu, dass sich die dafür eingesetzten Gremien bereits seit Jahren mit der Einführung einer neuen IP-Version namens *IP Next Generation* (*IPNG*) oder *IP, Version 6* (*IPv6*) beschäftigen.

8.1 Gründe für eine Neuentwicklung

Heutzutage ist das Internet ein völlig anderes Medium (Netzwerk) als noch zu Beginn der 80er oder 90er Jahre des vorigen Jahrhunderts, als es aufgebaut wurde. Es ist mittlerweile das größte öffentliche Datennetz der Welt und seine Ausbreitung erhöht sich permanent. Dies ist bedingt durch die große Popularität des World Wide Web (WWW) und durch die Möglichkeiten, die Geschäftsleute sehen, ihre Kunden an einer *virtuellen Theke* bedienen zu können (E-Commerce).

Hinweis

Die Entwicklung des Internets lässt sich mit den teilweise althergebrachten Ansätzen zur Ausweitung eines solchen Mediums nicht erklären. Bei aller zu Recht angebrachten Skepsis ist das Internet (in erster Linie ist auch hier wieder das WWW gemeint) das Übertragungsmedium der Zukunft.

Es wurde bereits an anderer Stelle erläutert, dass jedes Endgerät in einem IP-Netzwerk eine eindeutige Identifikation in Form einer IP-Adresse benötigt. Diese Adresse umfasst in der Version 4 insgesamt 32 Bits und wird in vier Gruppen zu je acht Bits dezimal notiert, also zum Beispiel in der Form 192.168.1.16. Mit diesem Format sind somit rund 4,2 Billionen (2 hoch 32) Endgeräte adressierbar.

Hinweis

Nähere Angaben zum Prinzip der IP-Adressierung enthält das Modul 2 dieses Buches.

Da der offizielle Adressbestand mehr und mehr aufgebraucht wird, lag der Hauptgrund für den Bedarf einer Änderung an der IP-Version 4 in einem voraussehbaren Mangel an verfügbaren IP-Adressen. Damit verbunden waren aber immer auch die Wünsche nach Optimierung des mittlerweile sehr betagten IP-Protokolls. So sind insbesondere auch die Bedenken über das Anwachsen der benötigten Verwaltungsinformationen in den Netzknoten (Router), die für die Weiterleitung und Verteilung der Daten zuständig sind, sehr leicht nachzuvollziehen.

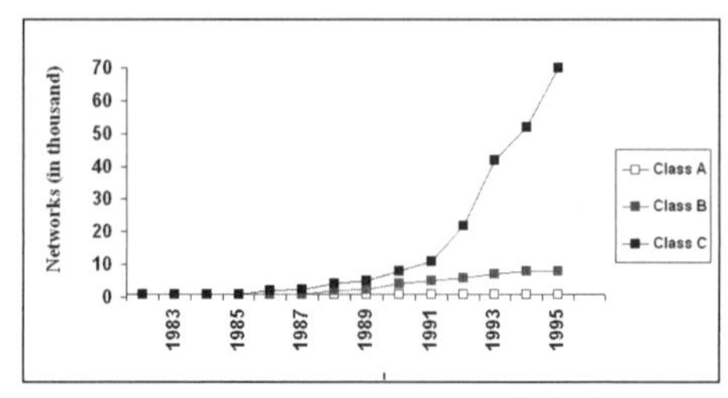

Quelle: Uni Karlsruhe

Das Problem der unzureichenden Anzahl von Adressen wurde noch durch die sehr uneffiziente Vergabe von (offiziellen) IP-Adressen verstärkt. Der Adressraum schien bei der Entwicklung von IP-Version 4 so groß, dass eine Aufteilung in Adressklassen am sinnvollsten erschien. Die Routing-Tabellen werden dadurch klein gehalten, da pro Netz nur ein Eintrag erforderlich ist. In der Praxis schränkt dieser Mechanismus jedoch die zur Verfügung stehenden Adressräume unnötig ein, denn durch die klassenweise Nutzung der Adressen wird der zur Verfügung stehende Adressraum nicht vollständig genutzt.

Nicht selten wurden Firmen in der Vergangenheit Klasse-B-Adressen zugewiesen, obwohl diese maximal 2000 Adressen benötigen. Ein Klasse-B-Netz verfügt jedoch über maximal 65534 Adressen, womit in diesem Fall über 63.000 Adressen verloren wären. In der Praxis zeigt sich immer wieder, dass beispielsweise an den Klasse-B-Netzen wesentlich weniger Endgeräte angeschlossen sind als eigentlich möglich wären. Bei Untersuchungen in Deutschland wurde festgestellt, dass durchschnittlich weniger als 2.500 Rechner an diesen Netzen angeschlossen sind. In der Konsequenz bedeutet dies, dass ein Großteil des zur Verfügung stehenden Adressraums verschenkt wird.

Da die Wachstumsrate des Internets jedoch weiter ansteigt und Klasse-B-Adressen kaum noch verfügbar sind, entschlossen sich die für die Adressvergabe verantwortlichen Behörden nur noch Blöcke von Klasse-C-Adressen zu vergeben. Der Nachteil dieser Verfahrensweise ist jedoch, dass für jedes dieser Klasse-C-Netze ein eigener Eintrag in den Routing-Tabellen notwendig ist, wodurch diese stark anwachsen und die Router überdurchschnittlich belasten.

Hinweis

Wenn das Problem des fehlenden Adressraums nicht gelöst werden kann, können neue Endgeräte in Zukunft nicht mehr an das Internet angeschlossen werden.

Das Problem der aufwändigen Verwaltung der Routing-Informationen wird durch das schnelle Wachstum der Routing-Tabellen des Internets verursacht. Die zentralen Router sollten nach Möglichkeit vollständige Routing-Angaben über das Internet besitzen. Bedingt durch den Anschluss vieler Unternehmen und Organisationen an das Internet hat dies jedoch zu einem explosionsartigen Anwachsen der Routing-Tabellen geführt. Dabei ist zu bedenken, dass das Routing-Problem nicht einfach dadurch gelöst werden kann, dass in den Routern mehr Arbeitsspeicher installiert wird und die Routing-Tabellen vergrößert werden.

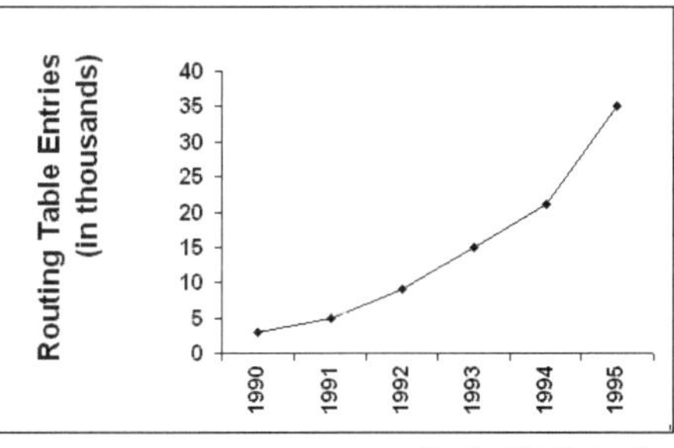

Quelle: Uni Karlsruhe

Andere Faktoren der Probleme in den zentralen Verteilern sind die notwendige CPU-Leistung, um Änderungen der Tabellen und der Topologie nachvollziehen zu können. Die dynamische Natur des WWW und ihre Einflüsse auf die Cache-Speicher der Router tun ihr Übriges dazu. Sofern die Routing-Tabellen in den zentralen Routern beliebig wachsen sollen, sind die Router irgendwann gezwungen, Routen zu vergessen, womit Teile des Internets nicht mehr erreichbar wären.

Neben den allgemeinen Anforderungen an eine neue IP-Version stellt natürlich auch die Entwicklung der zu übertragenden Daten mittlerweile neue Anforderungen an das Übertragungsprotokoll. Speziell die Entwicklung von Techniken bzw. Technologien wie beispielsweise Multimedia, Echtzeitanwendungen, Gebäudeleitsysteme, mobile Systeme, TV-Empfangsgeräte neuer Generation, Haushaltsgeräte mit Internetanschluss oder auch die IP-Telefonie (Voice over IP) erfordern eine wesentlich flexiblere Möglichkeit der Datenübertragung.

Die wesentlichen Anforderungen an eine neue Version des IP-Übertragungsprotokolls lassen sich generell wie folgt zusammenfassen:

- wesentliche Vergrößerung des verfügbaren Adressraumes
- Einführung von Sicherheits-Dienstelementen
- Unterstützung von Multicasting
- Bildung und Auswertung von Dienstgüteklassen zur Unterstützung von Multimedia-Anwendungen
- Synchronisation von Datenströmen
- Reservierung von Ressourcen
- Unterstützung mobiler Systeme
- Verhinderung von Überlastsituationen
- Verrechnung bezogener Leistungen

8.2 Lösungsansätze

Bei der Betrachtung möglicher Lösungsvorschläge für eine neue IP-Version wurde immer wieder deutlich, dass die wichtigste Anforderung an eine neue IP-Version war, die Anzahl möglicher Adressen durch Erweiterung der Adressbits massiv zu erhöhen. Denn durch die schnelle Verbreitung des TCP/IP-Protokolls und das explosionsartige Wachstum des Internets sind Probleme entstanden, die bei der Entwicklung des TCP/IP-Protokollstacks in den 70er Jahren nicht absehbar waren. Den Urhebern der IP-Spezifikationen schien damals eine 32-Bit-Adresse als absolut ausreichend. Zum damaligen Zeitpunkt konnte sich niemand vorstellen, dass jemals auf fast jedem Schreibtisch ein IP-Arbeitsplatz stehen würde.

Ein möglicher Ausweg aus der Adressverknappung besteht darin, große zusammenhängende Blöcke von Klasse-C-Adressen an Internet-Dienstanbieter (ISPs) abzutreten. Diese bieten dann ihrerseits den Kunden Blöcke von Klasse-C-Adressen an. Hierdurch wird das Problem der Adressverknappung kurzfristig umgangen. Wie bereits oben dargestellt, ist dies jedoch mit dem Nachteil verbunden, dass die Routing-Tabellen sehr schnell anwachsen.

Um das Problem der anwachsenden Routing-Tabellen zu lösen, wird dann für jeden Adressblock nur noch eine Zieladresse in der Routing-Tabelle eingetragen. Hauptproblem hierbei ist, dass diese Adresse als klassenlos interpretiert werden muss. Ein Router muss dann seine Wegewahl anhand des Vergleichs einer solchen (klassenlosen) Adresse mit der zugehörigen Subnetzmaske treffen.

Der Vorteil des als Supernetting bezeichneten Verfahrens besteht darin, dass damit das Wachstum der Routing-Tabellen begrenzt und gleichzeitig auch größeren Netzen ein ausreichender Adressraum zur Verfügung gestellt werden kann. Supernetting wird im Internet eingesetzt, um die Problematik der Adressraumverknappung zumindest für einen kurzen Zeitraum zu entschärfen.

Hinweis

Supernetting kann die grundsätzliche Problematik der Adressverknappung, die die Beschränkung auf 32-Bit-Adressen mit sich bringt, nur übergangsweise lösen.

Die langfristige Lösung dieser Probleme ist grundsätzlich nur in der allgemeinen Verwendung von IP Next Generation (IPNG oder IPv6) zu sehen. Während das Internet auf IPv6 wartet, muss IPv4 so geändert werden, dass das Internet die benötigten Anbindungen zur Verfügung stellen kann. Dies führt unweigerlich zu Veränderungsprozessen, die nicht nur Schwierigkeiten verursachen, sondern auch fundamentale Konzepte des Internets ändern können.

ROAD-Arbeitsgruppe

Ausgelöst durch die Überlegungen zur Schaffung einer neuen IP-Version wurde im Jahre 1992 eine spezielle Arbeitsgruppe mit dem vielsagenden Namen *ROAD* gegründet. Dabei steht ROAD für *ROuting and ADdressing.* Dies eine Vereinigung die von der *Internet Engineering Task Force* (*IETF*) gegründet worden ist. Die wesentlichen Aufgaben der ROAD-Arbeitsgruppe wurden wie folgt definiert:

- Erarbeitung und Einführung einer größeren und klassenlosen Struktur für IP-Adressen.
- Festlegung von Verfahren, die die Router entlasten und das Wachstum der Routing-Tabellen begrenzen.
- Neue Adressstrukturen sollen möglichst nur auf den zentralen Routern implementiert werden, so dass existierende Endgeräte nicht modifiziert werden müssen.

Ausgehend von diesen Aufgaben hat die ROAD-Gruppe unterschiedliche Lösungsansätze erarbeitet, denen verschiedene Bezeichnungen zugewiesen wurden und die nachfolgend erläutert werden.

SIPP

Bei dieser angedachten Lösung (*SIPP = Simple Internet Protocol Plus*) wird das 32-Bit-IP-Adressfeld beibehalten und die Adresslänge nicht verändert. Die IP-Adresse reduziert sich von einer weltweit gültigen Adresse auf eine nur lokal gültige Adresse (innerhalb einer so genannten *Administration Do-*

main). Die Umsetzung auf ein globales Adressschema erfolgt in den Routern (Gateways), welche die Verwaltungsdomäne mit dem Rest der Welt verbinden.

Dieser Ansatz hat den Vorteil, dass die heute gültige IP-Software der Rechner in den Verwaltungsdomänen unverändert beibehalten werden kann. Nur die Datenpakete, die die Verwaltungsdomäne verlassen, müssen auf ein neues Adressierungsverfahren umgesetzt werden; dieses Verfahren ist auch als Network Address Translation (NAT) bekannt.

PIP

Bei dieser Form werden die IP-Adressen auf ein Format mit 64 Bit (oder größer) vergrößert. Das neue Format enthält dabei neben der global einzigartigen Rechneradresse noch einen so genannten *Administration Domain Identifier* (*ADI*). Dies hat zur Folge, dass die heute eingesetzte IP-Software vollkommen geändert werden muss. Das Routing zwischen den einzelnen Domains (Domänen) erfolgt nach den gleichen Mechanismen wie bisher.

IP over IP

Beim Ansatz *IP over IP* werden die 32-Bit-IP-Adressen beibehalten und die Adresslänge nicht verändert. Bei einem Verbindungsaufbau zu Rechnern außerhalb der eigenen Administration Domain (über Router) wird das Original-IP-Paket um einen weiteren *IP-Header* erweitert. Dieser zusätzliche Header enthält das um den *Administration Domain Identifier* erweiterte Adress-Schema. Bekannt geworden ist dieses Verfahren auch unter der Bezeichnung *ENCAPS* (Encapsulation = Einkapselung).

TUBA

Unter dem Arbeitstitel *TCP and UDP with Bigger Addresses* (*TUBA*) wurde ein weiterer Lösungsvorschlag entwickelt. Bei TUBA sollen alle TCP- und UDP-Anwendungen mittel- bis langfristig auf Basis des *Connectionless Network Layer Protocols* (*CLNP*) portiert werden. TUBA definiert sowohl die Funktionen der Hilfsprotokolle auf den beiden Schichten *Network-/Internet-Layer* als auch die Struktur der unter OSI eingesetzten hierarchischen *NSAP*-Adressen (*Network Service Access Point*).

Hinweis

TUBA ermöglicht grundsätzlich eine sanfte Migration, da über einen kurz- bis mittelfristigen Zeitraum das bisher verwendete IP-Adressschema parallel verwendet werden kann.

Die Experten der ROAD-Arbeitsgruppe hatten als Zwischenlösung, bis zur Verabschiedung eines IP-Standards, eine neue Einteilung der bisherigen Adressen vorgeschlagen. Dabei bleiben die Klasse-A- und Klasse-B-Adressen unberührt; nur die Klasse-C-Adressen werden in kleinere Einheiten zerlegt, so dass noch mehr IP-Netze mit weniger Hosts definiert werden können.

Als weiterer Ansatz soll dabei die Aufteilung des Klasse-E-Bereiches in weitere Adressklassen (Klasse F, G, H und K) vorgenommen werden. Da dieser Vorschlag nur ein weiterer Zwischenschritt zu einer endgültigen Lösung ist, wurde er lediglich als Ideenpapier benutzt und nicht weiter verfolgt.

Lösungen auf Basis von IPv6

Nicht zuletzt ausgelöst durch die verschiedenen Bestrebungen und Entwicklungen der diversen Arbeitsgruppen ist die neue IP-Version unter der Bezeichnung *IP-Version 6* (*IPv6*) oder *IP Next Generation* (*IPNG*) verfügbar.

IP-Adressraum

Die Kernaussage ist, dass sich eine IPv6-Adresse aus insgesamt 128 Bits (16 Bytes) zusammensetzt und damit fast unzählige Adressierungsmöglichkeiten offenbart. Neben der Vergrößerung des Adressraums wurden jedoch auch weitere funktionale Änderungen und Erweiterungen diskutiert und beschlossen, so dass ein eigentlicher Neuentwurf der meisten Protokolle des Internets vorgenommen wurde.

Mit IPv6 lassen sich bei 16 Bytes theoretisch über 340 Sextillionen IP-Adressen definieren (eine schier unvorstellbare Zahl). In der Praxis werden aber nur rund 15 bis 20 Prozent dieser 340 Sextillionen IP-Adressen frei verfügbar sein. Dies ergibt sich, genau wie bei IPv4, aus der Tatsache, dass bei IPv6 ebenfalls eine Klasseneinsteilung vorgenommen wird. Dennoch wird IPv6 auch so genügend IP-Adressen bereitstellen können, um den Bedarf der nächsten Jahrzehnte abzudecken.

Hinweis

Bedingt durch die Einteilung von IP-Adressbereichen in Klassen gehen automatisch verfügbare IP-Adressen verloren, da die zugewiesenen Adressen (bei IPv4 beispielsweise ein Klasse-B-Netz) nicht immer alle benötigt werden, diese jedoch für eine andere Verwendung verschlossen bleiben.

Entgegen der Schreibweise bei der Version 4 (byteweise Anordnung) setzen sich bei IPv6 die Adressen aus 16 Bytes (128 Bit) zusammen. Als Trennzeichen dient statt des Punktes der Doppelpunkt. Eine Folge von Nullen pro Adresse kann zu zwei aufeinander folgenden Doppelpunkten zusammengezogen werden.

Die 128 Bits einer IPv6-Adresse sind jeweils in acht *Quads* zu je vier hexadezimalen Zahlen angeordnet, die untereinander durch Doppelpunkte getrennt sind. Daraus ergibt sich folgendes IPv6-Adressschema, wobei jeder Buchstabe eine hexadezimale Zahl repräsentiert:

```
aaaa:bbbb:cccc:dddd:eeee:ffff:gggg:hhhh
```

Wenn ein Quad nur Nullen (`0000`) aufweist, so kann dieser Quad (genau wie bei IPv4) mit einer einzigen Null abgekürzt werden (`0`). Darüber hinaus können aufeinanderfolgende Null-Quads alternativ mit einem doppelten Doppelpunkt geschrieben werden. So schreibt sich beispielsweise die Loopback-Adresse in IPv6-Notation wie folgt:

```
FEDC:0000:0000:0000:0000:0000:0000:3210
```

oder

```
FEDC:0:0:0:0:0:0:3210
```

oder

```
FEDC::3210
```

Hinweis

Eine IP-Adresse der Version 6 setzt sich aus 16 Bytes (128 Bits) zusammen, die jeweils in acht so genannten Quads zu je vier Hexadezimalzahlen angeordnet sind.

Sonstige Leistungsmerkmale

Ein weiterer entscheidender Auslöser für die Neuausrichtung der Internetprotokolle waren auch die Sicherheitsmerkmale (Chiffrierung und Authentisierung) und die Qualitätsanforderungen oder Dienstgüte (*Flow Labeling*), die durch die geschäftliche wie private Nutzung des Internets entstehen und im ursprünglich für die Forschung und Lehre entwickelten Netzwerk zunächst von geringem Interesse waren. IPv6 stellt somit vereinfachte und von den Netzknoten schneller verarbeitbare Protokollformate, eine optimierte Wegewahl (Routing) sowie eine verbesserte Unterstützung für spätere Erweiterungen und Optionen zur Verfügung.

Bei der Entwicklung von IPv6 wurde ein Schwerpunkt auf eine stark vereinfachte und automatisierbare Konfiguration gesetzt. Insbesondere für einen Systemverwalter ist die schnellere Konfigurationsmöglichkeit eine der wesentlichen Neuerungen von IPv6. So muss beispielsweise bei IPv4 den einzelnen Endgeräten auf aufwändige Art und Weise eine eindeutige IP-Adresse zugewiesen werden. Nicht selten kommt dafür ein so genannter DHCP-Server (Dynamic Host Configuration Protocol) zum Einsatz, der jedem System nach dem Start aus einem vordefinierten Wertebereich automatisch eine IP-Adresse zuweist. Bei IPv6 erkennt ein startender Rechner das Netzwerk, in dem er sich befindet, automatisch und kann sich selbst konfigurieren. Ein manuelles Eingreifen des Systemverwalters kann entfallen. Aber auch unter IPv6 kann nach wie vor ein DHCP-Server eingesetzt oder eine Kombination von statischer und dynamischer Adressierung konfiguriert werden.

Eine weitere Forderung bei der Entwicklung einer neuen IP-Version war der Einsatz einer Multicasting-Funktion. Multicasting ist bei IPv6 als Basisfunktion implementiert und ermöglicht es einem System, zur gleichen Zeit mit einer ganzen Gruppe anderer Systeme zu kommunizieren, die sich mittels einer gemeinsamen Multicast-Gruppenadresse als Gruppe eingetragen haben. Anwendungen, die davon Gebrauch machen können, sind zum Beispiel Audio- oder Video-Konferenzen.

> **Hinweis**
>
> Während sich Multicasting nur auf eine begrenzte (definierte) Anzahl von Systemen beschränkt, erreicht Broadcasting alle Systeme eines Netzwerks.

Mängel oder fehlende Funktionen der Version IPv4 wurden in IPv6 beseitigt. Aber im Gegenzug wurden auch bestimmte Funktionen, die in IPv4 implementiert waren, die aber nie genutzt wurden, in IPv6 entfernt.

Nachfolgend sind die wesentlichsten Unterschiede zwischen der IP-Version 4 und IPv6 aufgeführt und erläutert:

- **Erweiterte Adressierungs- und Routing-Funktionen**
  Einer der ausschlaggebenden Gründe für die Erweiterung des bestehenden IP-Protokolls ist die Beschränkung des bisherigen Adressschemas auf 32 Bits (vier Bytes). Damit lässt sich zwar theoretisch eine hohe Zahl von Systemen adressieren, bedingt durch das internationale Wachstum von IP-Netzen und die Vergabe der Adressen als zusammenhängende Gruppen liegt ein großer Teil der Adressen allerdings brach. Die Erweiterung der Adresskapazitäten ist also eines der vordringlichen Ziele bei der Entwicklung von IPv6 gewesen.
  Die IP-Adressen werden bei IPv6 von 32 Bits auf 128 Bits vergrößert. Dies erlaubt hierarchische Adressschemata. Innerhalb der Adressgruppe kann dadurch eine wesentlich größere Zahl an Systemen (Endgeräten) unterstützt werden. Durch einen neuen Adresstyp, die so genannten *Cluster-Adressen*, können die Netze zudem in topologische Regionen unterteilt werden.

> **Hinweis**
>
> In der Anfangsphase waren bei IPv6 lediglich acht Bytes lange Adressen vorgesehen, wobei dafür bereits einige Testimplementierungen installiert waren.

- **Vereinfachung des Header-Formats**
  Darüber hinaus wurde in dem Zusammenhang die Chance genutzt, das schon recht betagte IP ein wenig an moderne Erfordernisse anzupassen. So sollte das bestehende Header-Format zwecks flexiblerer Erweiterungsmöglichkeiten vereinfacht werden. Zudem ist die Möglichkeit vorgesehen, die einzelnen Pakete eines Datenstroms als zusammenhängenden Fluss zu mar-

kieren (*Flow Label*). Der IP-Header von IPv6 stellt insgesamt 16 Bytes für die IP-Nummern zur Verfügung und ist durch einen vereinfachten Aufbau gekennzeichnet. Damit soll IPv6 auf zukünftige Erfordernisse vorbereitet sein, da Erweiterungen leicht realisierbar sind.
Einige Header-Felder wurden bereits in IPv4 nur sehr selten genutzt. Um die für die Übermittlung der IP-Daten notwendige Bandbreite so gering wie möglich zu halten, wurden in der neuen IP-Version alle unnötigen Header-Felder eliminiert.

Hinweis

Obwohl in der Version IPv6 die Adressfelder vier Mal länger sind als bei der alten Version, ist der gesamte Header nur doppelt so lang wie bei IPv4.

- **Flexibilität bei der Unterstützung von Optionen**
  Die IP-Header-Optionen können bei IPv6 wesentlich einfacher integriert werden. Durch einfache Erweiterungen des Header-Formats können neue Optionen jederzeit eingeführt werden.
- **Quality-of-Service**
  Durch neue Steuerungsfelder im Header können die Datagrame zwischen dem Sender und dem Empfänger anhand bestimmter Qualitätsparameter gesondert übermittelt werden. Dies wirkt sich besonders bei der Übermittlung von Real-Time-Anwendungen (Video und Sprache) aus.
- **Authentication und Privacy**
  In der IP-Version 6 wurden die Bedürfnisse der heutigen Kommunikationsstrukturen berücksichtigt. Aus diesem Grund wurden Funktionen wie *Authentication*, *Datenintegrität* und *Sicherheit* implementiert.
- **Namensdienst**
  Zu den weiteren Ergänzungen bei IPv6 zählt der IP-Namensdienst (DNS) in Form eines Sicherheits-Frameworks inklusive Authentisierung sowie Funktionen zur automatischen Konfiguration (Plug and Play, DHCP).

Die Entwicklung von IPNG lässt sich ganz grob nach dem folgenden Zeitschema darstellen:

- 1992 Beginn der Diskussionen um eine IP-Adressierung; ROAD-Arbeitsgruppe
- 09/94 Verfügbarkeit der Protokolldokumente als so genannte *Internet Drafts*
- 12/94 Übergabe der Dokumente als *Proposed Standards*
- 07/95 Verfügbarkeit erster Beta-Versionen
- 12/95 Verfügbarkeit der ersten Softwareversionen mit Produktqualität

Die gesamte Entwicklung der IP-Version 6 ist auf Technologietrends im Bereich der Vernetzung ausgerichtet. So ist der vereinfachte Protokoll-Header für eine schnelle, eventuell hardwareinterne Verarbeitung in Hochgeschwindigkeitsprotokollen (ATM, Frame-Relay) vorbereitet. Auch das Fehlen einer Checksumme ist für eine schnelle Verarbeitung hilfreich. Die Einführung des Flow Label macht es schließlich möglich, zusammenhängende Datenflüsse zu realisieren, die spezielle Anforderungen beispielsweise an Latenzzeiten oder den Datendurchsatz stellen. Solche Mechanismen werden beispielsweise bei der Übertragung von Sprachdaten oder Bewegtbildern (Videos) benötigt.

Bei IPv6 sollen auch die Broadcast-Adressen wegfallen. An ihre Stelle tritt eine Multicast-Adressierung (Gruppen-Adressierung), die die Funktionen des Broadcast als Spezialfall beinhaltet. Bei den an einen einzelnen Empfänger gerichteten Unicast-Adressen sind folgende Varianten vorgesehen:

- hierarchische Dienstanbieter-Adressen
- hierarchische geographische Adressen
- NSAP-, IPX- und Cluster-Adressen
- IP-Only- und IPv4-kompatible SIPP-Adressen

8.3 Stand der Einführung von IPv6

Es sind mittlerweile viele Betriebssysteme und Netzwerkkomponenten (Router, Switches usw.) verfügbar, die IPv6 unterstützen; teilweise halten sich die Softwarefirmen noch zurück. Alle Tests führten zu relativ eindeutigen Aussagen, dass die entwickelte Software bereits recht gut läuft und auf einem System parallel zu einer IPv4-Software eingesetzt werden kann. Es können weltweit IPv6-Adressen beantragt werden, wobei auch in Deutschland einige Internet Service Provider die ersten IPv6-Adressen beantragt und registriert haben.

Test-Netzwerk

Diverse Pilotprojekte wurden im Zusammenhang mit IPv6 aufgesetzt. Mit dem *6bone* steht ein Testnetz zur Verfügung, das bereits seit einigen Jahren mit IPv6 läuft und an das sich interessierte Organisationen anschließen können, um IPv6-Erfahrungen zu sammeln.

Das 6bone soll dem effektiveren Entwickeln und Erproben von IPv6-Implementierungen dienen und deren Interoperabilität und Funktionalität aufzeigen helfen. Im Entwurf zur 6bone-Arbeitsgruppe der IETF werden folgende Schwerpunkte genannt:

- Erprobung und Einsatz von IPv6 und den zugehörigen Routing-Protokollen im globalen Internet mit Hilfe des *6bone*
- Austausch von Erfahrungen im praktischen Einsatz von IPv6-Techniken, z.B. in Form der Veröffentlichungen von speziellen Informationen (RFCs)
- Feedback zu diversen IPv6-Aktivitäten und Arbeitsgruppen der IETF
- Entwicklung und Erprobung von Mechanismen und Vorgehensweisen sowohl für den Übergang zum späteren IPv6-Internet als auch für die Koordination und den Informationsaustausch beim Betrieb von globalem IPv6-Routing

Vergleichbar dem heutigen IPv4-Internet-Backbone wird die globale IPv6-Backbone-Infrastruktur aus vielen miteinander verbundenen Internet Service Providern (ISPs) und sonstigen Netzwerken gebildet werden. Solange aber IPv6 noch nicht weltweit auf breiter Basis eingesetzt wird, und die ISPs und Netzwerkbetreiber noch das Risiko scheuen, die bestehenden IPv4-Router um IPv6 zu ergänzen, wird der *6bone* als virtuelles IPv6-Netzwerk basierend auf der vorhandenen IPv4-Infrastruktur betrieben.

Im 6bone sind IPv6-fähige Netzwerke und Systeme über virtuelle Punkt-zu-Punkt-Verbindungen (*IPv6-in-IPv4-Tunnel*) miteinander verbunden. Dies bedeutet, dass IPv6-Pakete beim Übergang in IPv4-Topologien in IPv4-Pakete eingepackt und erst bei einem IPv6-System des Empfängers wieder ausgepackt werden. Endpunkte sind dabei typischerweise Arbeitsstationen oder Router mit IPv6-fähigem Betriebssystemen.

Nach und nach werden immer mehr ISPs und Netzwerke IPv6 unterstützen und dann können die Tunnel, die natürlich einen gewissen Overhead darstellen, wieder beseitigt werden. Daraus folgt dann zwangsläufig, dass das 6bone als weltweites IPv6-Testnetz verschwinden und in das IPv6-Internet übergehen wird.

Hinweis

Das IPv4-Internet wird noch lange bestehen bleiben und ein Abschalten von IPv4 ist, zumindest zur Zeit, noch nicht absehbar.

Adressen in der Konvergenzphase

Die Einführung eines neuen Adressierungsschemas lässt sich aufgrund der ständig notwendigen Verfügbarkeit des Internets nicht von einem auf den anderen Tag durchführen. Es muss gewährleistet sein, dass beide Systeme (IPv4, IPv6) für eine gewisse Zeit nebeneinander eingesetzt werden können, ohne dass es dadurch zu Adresskonflikten o.Ä. kommt. Auch dies wurde bei der Entwicklung von IPv6 berücksichtigt, denn IPv6 ist vollkommen kompatibel zu IPv4, was die Auswahl der Adressen angeht. So können mit IPv6 auch IPv4-Adressen angewählt werden, indem diese in IPv6-Adressen verpackt (eingekapselt) werden.

Im Rahmen des angedachten Migrationspfades mit einem Wechsel von Version 4 zu einem gemischten IPv4/IPv6-Betrieb und anschließend zu einem reinen IPv6-Betrieb wurden von den Entwicklern drei Mechanismen vorgeschlagen, die unter der Bezeichnung *The simple IP Version Six Transition* (SIT) veröffentlicht wurden:

- IPv4-kompatible Adressen
- IPv6-in-IPv4 Encapsulation
- IPv6/IPv4 Header-Translation (Übersetzung)

Für die Unterstützung der Version-4-Adressen wird der heutige IP-Adressraum in den von IPv6 eingebettet. Für die Codierung der alten Adressen werden die ersten 12 Bytes der 16 Bytes langen neuen Adressen mit festen Nullen gefüllt. Die restlichen vier Bytes sind für die IPv4-Adressen reserviert.

Eine IPv4-Adresse (xxx.xxx.xxx.xxx) hat also unter IPv6 folgendes Aussehen: 0:0:0:0:0:0:xxx.xxx.xxx.xxx oder kurz ::xxx.xxx.xxx.xxx. Diese Adressen tragen bei der Version 6 die Bezeichnung *IPv4-Only-Adressen*. Bezogen auf eine IPv4-Adresse der Form 192.168.1.14 sähe eine (eingekapselte) Adresse in IPv6-Notation wie folgt aus:

```
0000:0000:0000:0000:0000:0000:192.168.1.14
```

oder kürzer

```
::192.168.1.14
```

Sollte das angesprochene Gerät mit der IPv4-Adresse den IPv6-Standard nicht unterstützen, werden die ersten fünf IPv6-Quads auf 0 gesetzt. Dem sechsten Quad wird dann zur Kennzeichnung der Nichtkompatibilität das Byte FFFF zugewiesen. Die beiden restlichen Quads enthalten dann wieder die IPv4-Adresse. Dies würde sich wie folgt darstellen:

```
0000:0000:0000:0000:0000:FFFF:192.168.1.14
```

oder kürzer

```
::FFFF:192.168.1.14
```

Mit Einsatz der dritten Stufe der Umwandlung (*IPv6/IPv4 Header-Translation*) wird erreicht, dass über einen geeigneten Übersetzer (Translator) auch solche Netzwerke oder Systeme gekoppelt werden können, die nur eine der jeweiligen Protokollvarianten unterstützen. Diese Strategie ist aber lediglich in Umgebungen notwendig, wo Netze verbunden werden, die nur über die jeweils andere Variante verfügen.

Ausblick

Für große Unternehmen und Organisationen mit entsprechender Netzwerkinfrastruktur, die unter Umständen auch noch weltweit operieren, ist es sinnvoll, sich frühzeitig in einer speziellen Testumgebung mit IPv6 zu befassen, internes Fachwissen aufzubauen und sich allenfalls auch schon um die Zuteilung von IPv6-Adressen zu kümmern.

Es gibt zur Zeit keine echten, d. h. standardisierten, skalierbaren, erweiterbaren und hersteller-unabhängigen Alternativen zur schrittweisen Einführung von IPv6. Einzelne Netzwerkbereiche können auf IPv6 umgestellt werden, und wenn die Pakete Strecken durchlaufen müssen, auf denen noch IPv4 im Einsatz ist, können die IPv6-Pakete in IPv4 eingepackt werden (Tunneling). Einzelne Rechner können als so genannte *Dual-Stack-Rechner* aufgesetzt werden, so dass sie beide Protokolle benutzen können.

In diesem Zusammenhang ist jedoch immer zu bedenken, dass beim Übergang zu IPv6 eine ganze Reihe anderer Protokolle, die im weitesten Sinn zur TCP/IP-Protokollfamilie gehören, ebenfalls angepasst werden müssen. Dazu gehören Routing-Protokolle wie OSPF (Open Shortest Path First), EIGRP (Enhanced Interior Gateway Protocol) oder auch der Namensdienst DNS (Domain Name System), der mit IPv6 in der Lage sein muss, sowohl 32-Bit- als auch128-Bit-IP-Adressen zu verwalten.

Auch wenn sich die Hersteller unterschiedlicher Produkte bereits an der Version 6 ausrichten, ist IPv6 heutzutage noch nicht flächendeckend eingeführt. Dabei stehen die Konzepte für die erforderliche Übergangsperiode von Version 4 auf Version 6 als zentraler Punkt im Raum. Für den möglichst reibungsfreien Übergang und ein problemloses Zusammenarbeiten der beiden IP-Versionen soll ein inkrementeller Übergang von IPv4-Hosts und IPv4-Routern nach IPv6 ebenso möglich sein wie der Übergang in einem Schritt.

Hinweis

IPv6 wird IPv4 nicht zu einem Stichtag ablösen, sondern es wird eine lange Phase der Konvergenz bzw. Migration geben müssen.

Speziell die Übergangs- oder Migrationsphase stellt für viele Anwender die größte Hürde auf dem Weg zur neuen IP-Version dar. Des Weiteren hängt die rasche Verbreitung der neuen Version natürlich auch von leistungsfähigen und stabilen Beispiel-Implementierungen ab. Aus diesen Gründen ist es selbst viele Jahre nach Festlegung der einzelnen Definitionen immer noch schwer, abzuschätzen, ob sich und wie schnell sich IPv6 am Markt durchsetzen wird.

Neben der technischen Realisierung bzw. Umsetzung werden natürlich auch die Kosten und der Nutzen einer solchen Umstellung weitere entscheidende Faktoren sein. Hilfreich ist hier, dass viele der am Markt erhältlichen TCP/IP-Implementierungen mehr oder weniger auf die frei verfügbaren Quelltexte des BSD-UNIX zurückgehen. Daraus sollte man ableiten, dass es für viele Hersteller ohne große Probleme möglich sein sollte, ihre Produkte anzupassen und damit für eine schnelle Integration von IPv6 zu sorgen.

Mit der Verfügbarkeit und den Möglichkeiten der Umsetzung bzw. Migration nach IPv6 wurden die Voraussetzungen für ein langfristiges Wachstum des Internet-Marktes geschaffen. Dabei ist auch keinerlei Eile geboten, denn die Migration hin zur reinen IPv6-Umgebung kann nach und nach vollzogen werden. Durch strategische Überlegungen kann der Übergang zu einer wesentlich verbesserten IP-Version erheblich erleichtert werden. Die daraus resultierende Veränderung der TCP/IP-Protokollfamilie kann der Systemverwalter über einen langen Zeitraum umsetzen.

Hinweis

Der Einsatz von IPv6 lohnt sich nicht nur wegen der Beseitigung der Adressproblematik, sondern auch aus Gründen der Implementierung von neuen Funktionen, die Schwachstellen beseitigen und sich aus den aktuellen Übertragungsformen automatisch ergeben.

Dass auch die Institutionen nicht an den kurzfristigen Erfolg einer neuen IP-Version glauben, belegt die Tatsache, dass die *IANA* (*Internet Assigned Numbers Authority*) die Nutzer des Internets schon vor einiger Zeit aufgefordert hat, unbenutzte Adressbereiche zurückzugeben, damit diese neu vergeben werden können. Dies bezieht sich auf unbenutzte Adressbereiche, die aus Sicherheitsgründen nie an das Internet angeschlossen werden, Auch Unternehmen und Organisationen, die nur einen kleinen Teil ihres Adressbereichs nutzen, sollen den ungenutzten Teil zurückgeben. Gleiches gilt im Übrigen auch für die Internet Service Provider (ISP), die unbenutzte Adressbereiche, die außerhalb des zugewiesenen Adressblocks liegen, zurück geben sollen.

Darüber hinaus fordert die IANA Unternehmen und Organisationen auch auf, für Systeme, die keine direkte Verbindung ins Internet benötigen, sondern nur innerhalb der jeweiligen Unternehmen und Organisationen benötigt werden, private Internetadressen zu verwenden. Zu diesem Zweck hat die IANA die folgenden Adressbereiche für derartige Lösungen reserviert:

- 10.0.0.0 – 10.255.255.255 (10/8 Präfix)
- 172.16.0.0 – 172.31.255.255 (172.16/12 Präfix)
- 192.168.0.0 – 192.168.255.255 (192.168/16 Präfix)

Jedes Unternehmen oder jede Organisation, die Adressen aus diesen Bereichen verwenden will, kann dies machen, ohne die IANA oder eine andere Internet-Registrierungsinstitution zu benachrichtigen. Da diese Adressbereiche niemals im Internet bekannt gemacht werden, können diese Bereiche in vielen Unternehmen und Organisationen parallel verwendet werden.

8.4 NAT, CIDR und RSIP als Alternativen

So schön und gut die neue IP-Version auch ist, auch hier gilt der Grundsatz: „Never change a running system!“ Dennoch sollte sich jeder Systemverantwortliche darüber im Klaren sein, dass die Probleme in nächster Zeit nicht weniger werden, solange das betagte IPv4-Protokoll zum Einsatz kommt. Erschwert wird dabei der Umstieg durch ständige „Verschönbesserungen“ an der IP-Version 4. So wird bereits seit Jahren versucht, Schwachstellen durch Weiterentwicklungen oder Zusätze zu beheben. Stellvertretend sollen hier Verfahren wie CIDR, VLSM und NAT genannt werden.

Das Adressierungsproblem war lange vor der Fertigstellung von IPv6 und entsprechenden Produkten bekannt. Um entsprechende Adressprobleme zu umgehen wurden mehrere Zwischenlösungen geschaffen, die teilweise heute noch Bestand haben. So wurden insbesondere durch NAT (Network Address Translation) und mit CIDR (Classless Inter Domain Routing) zwei Lösungen geschaffen, die das Problem der zu knappen Adressräume partiell und temporär lösen können.

Network Address Translation (NAT)

Durch den Einsatz von NAT (Network Address Translation) kann das Adressproblem durch den Einsatz reservierter IP-Adressbereiche innerhalb eines Unternehmens oder einer Organisation entschärft werden. Die verwendeten Adressen brauchen nicht offiziell beantragt zu werden und können auch in unterschiedlichen Unternehmen oder Organisation parallel eingesetzt werden.

Soll ein solches Netzwerk mit dem Internet verbunden werden, tritt NAT auf den Plan. NAT wandelt die intern verwendeten (reservierten) IP-Adressen in offiziell gültige Adressen um und ermöglicht somit eine Kommunikation des eigenen Netzes mit dem Internet.

Hinweis

Wenn ein Unternehmen oder eine Organisation private IP-Adressen verwendet, muss beim Kontakt mit dem Internet eine Adressumwandlung erfolgen.

Der NAT-Einsatz und die Benutzung eines reservierten (privaten) Adressbereiches macht es beispielsweise auch wesentlich einfacher, ohne viel Konfigurationsaufwand den ISP zu wechseln. Vorteilhaft ist ebenfalls, dass große Unternehmen und Organisationen einen geringeren Bedarf an offiziellen Adressen haben und daher nur einen kleinen Block weltweit eindeutiger IP-Adressen benötigen.

Der Nachteil des NAT-Verfahrens ist, dass beim Zugriff auf ein öffentliches Netz (Internet) ein *Network Address Translator* eingesetzt werden muss. Darüber hinaus ergeben sich auch Probleme, wenn Anwendungen eingesetzt werden, die auf eine direkte Ende-zu-Ende- oder Punkt-zu-Punkt-Verbindung zwischen den beteiligten Systemen aufsetzen, wo also das eine System die IP-Adresse des anderen Systems kennen muss. Dies ist bei NAT grundsätzlich nicht möglich, da NAT die IP-Adresse nur in der Verwaltungsinformation (IP-Header) umsetzt. Sobald das empfangende Systeme die IP-Adresse aus dem Datenbereich ausliest, steht dort eine aus seiner Sicht falsche Adresse. Beim Ausfall des NAT-Anschlusspunktes offenbart sich ein anderer Nachteil, dass dann alle Systeme, die über ihn kommunizieren, nicht mehr erreichbar sind.

Classless Inter Domain Routing (CIDR)

Speziell um das Problem der schnell wachsenden Verwaltungsinformation in den Netzknoten (Routing-Tabellen) wurde CIDR (Classless Inter Domain Routing) eingeführt. Mit CIDR können verschiedene Netze, für die im Normalfall in einer Wegleitungstabelle (Routing-Tabelle) je ein Eintrag benötigt würde, in einem einzigen Eintrag zusammengefasst werden. Damit werden die entsprechenden Tabellen kleiner und die Leistungsfähigkeit und Performance der Router wird verbessert.

CIDR ermöglicht, dass ein IP-Adressbereich in beliebige, kleinere Teile aufgeteilt werden kann. Dabei kann die Aufteilung eines Adressblocks von der Internet-Registrierung über einen großen ISP, von dort über einen mittleren und kleinen ISP bis zum Netzwerk eines Unternehmens oder einer Organisation erfolgen.

Die erfolgreiche Verwendung von CIDR ist an drei Voraussetzungen geknüpft:

- Routing-Protokolle müssen die Netzwerkpräfixinformation mit jeder Routing-Information mitschicken.
- Alle Router müssen einen konsistenten Weiterleitungsalgorithmus, basierend auf der längsten Übereinstimmung, verwenden.
- Damit die Zusammenfassung von Routen erfolgen kann, müssen die Adressen entsprechend der Netzwerktopologie verteilt werden.

Ein wesentlicher Vorteil von CIDR ist, dass es eine entscheidende Rolle bei der Kontrolle des Wachstums der Routing-Tabellen einnimmt. Um die Routing-Informationen zu reduzieren, ist es notwendig, dass das Internet in einzelne Adressierungs- oder Verwaltungsdomänen (Administration Domains) aufgeteilt wird. Innerhalb einer solchen Domain gibt es detaillierte Informationen über die Netze, die in der Domain sind. Außerhalb der Domain ist nur das Netzwerkpräfix der Domain bekannt. Damit kann mit Hilfe eines einzigen Eintrages in der Routing-Tabelle eine Verbindung zu vielen Systemen hergestellt werden.

Hinweis

Modul 2 dieses Buches enthält nähere Angaben zu CIDR. Darüber hinaus gibt es weitere Verfahren wie beispielsweise VSLM, das eine vergleichbare Funktionalität zur Verfügung stellt.

RSIP

Ein weiterer Versuch zur Lösung des IP-Adressproblems war die Entwicklung von *RSIP* (*Realm Specific Internet Protocol*). RSIP unterstützt eine direkte Punkt-zu-Punkt-Verbindung auf Basis der IP-Adresse. Dadurch sind Anwendungen wie Telekonferenzen, Videokonferenzen oder auch die IP-Telefonie (Voice over IP) mit RSIP möglich.

Die Implementierung von RSIP ist jedoch sehr aufwändig. RSIP muss sowohl in jedem teilnehmenden System als auch in der Software der Netzknoten (Router) eingebunden werden. Die jeweiligen Anwendungen, die auf RSIP aufsetzen sollen, müssen zudem separat angepasst werden.

Ein kurzes Fazit

Die mittlerweile weit verbreitete Einführung von NAT und CIDR haben den Ruf nach einer neuen IP-Version (IPv6) zunächst verstummen lassen. Die Standardisierung von IPv6 verschwand aus dem Blickfeld der Öffentlichkeit, man konzentrierte sich im Internet auf den Betrieb und die Optimierung von IPv4. Nachdem die Probleme mit NAT und CIDR unübersehbar werden, ist es an der Zeit, sich wieder langfristig auszurichten und IPv6 ins Auge zu fassen.

Zusammenfassung

- ✓ Die IP-Version 4 ist den Anforderungen heutiger und zukünftiger Anwendungen (Echtzeit, Multimedia usw.) nur bedingt gewachsen.
- ✓ Das größte Problem der Version IPv4 ist der sich rasant dem Ende zuneigende IP-Adressraum, wodurch offizielle IP-Adressen mehr und mehr zur Mangelware werden.
- ✓ Mit der IPv6 wurde eine IP-Version entwickelt, die nicht nur den Adressraum vergrößert, sondern auch weitere Leistungsmerkmale wie Dienstegüte (Qualitätssicherung) und auch spezielle Sicherheitsanforderungen abdeckt.
- ✓ Der Umstieg von IPv4 auf IPv6 kann in Form einer sanften Migration erfolgen. Dies bedeutet, dass die Entwickler von IPv6 einen Paralleleinsatz von IPv4 und IPv6 (für einen begrenzten Zeitraum) bedacht haben.
- ✓ Lösungen bzw. Verfahren wie NAT (Network Address Translation), CIDR (Classless Inter Domain Routing) oder auch RSIP (Realm Specific Internet Protocol) können die Probleme der IP-Version 4 nur bedingt (und nur temporär) lösen.
- ✓ Die Existenz von Verfahren wie NAT, CIDR oder RSIP verzögern bzw. verhindern zur Zeit die konsequente Verfolgung der Einführung einer neuen IP-Version.

Übungen

1. Wie lautet die neue IP-Version?
2. Nennen Sie mindestens zwei Gründe für die Notwendigkeit zur Neuentwicklung eines IP-Protokolls.

Übungen

3. Wie viele Endgeräte lassen sich (theoretisch) mit der IP-Version 4 adressieren?

4. Erläutern Sie das Prinzip des als Supernetting bezeichneten Verfahrens.

5. Kann Supernetting die Adressprobleme von der IP-Version 4 lösen?

6. Wie heißt die Arbeitsgruppe des IETF, die sich seit 1992 mit der Erarbeitung von Lösungsvorschlägen für eine neue IP-Version beschäftigt hat?

7. Was sind, neben der Vergrößerung des Adressbereichs, wesentliche Merkmale der Version IPv6?

8. Worin besteht der Unterschied zwischen Broadcasting und Multicasting?

9. Nennen Sie einen Effekt, der sich aus der Bereinigung der Header-Felder bei IPv6 ergibt.

10. Aus wie viel Bytes setzt sich eine IP-Adresse bei der IP-Version 6 zusammen?

11. Aus wie viel Bytes besteht eine IP-Adresse der Version 4?

12. Erläutern Sie den Aufbau einer IPv6-Adresse.

13. Welchen Namen trägt das Testnetzwerk der IETF, das für den Test von IPv6 in Betrieb genommen wurde?

14. Ist ein direkter Umstieg von IPv4 auf IPv6 notwendig?

15. Kann eine IPv4-Adresse in einem IPv6-Netzwerk erkannt werden?

16. Wie lautet die IPv4-Adresse 192.168.12.44 in der IPv6-Notation?

17. Wofür steht die Abkürzung *NAT*?

18. Erläutern Sie das Prinzip von NAT.

19. Nennen Sie zwei gravierende Nachteile von NAT.

20. Was bedeutet die Abkürzung *CIDR*?

21. Wofür steht die Abkürzung *RSIP*?

22. Können RSIP, NAT oder CIDR die Probleme der IP-Version 4 lösen?

Die Lösungen zu diesen Aufgaben finden Sie im Anhang des Co@ches.

Glossar

ActiveX

ActiveX ist eine proprietäre Technik von Microsoft, um Anwendungen automatisch um bestimmte Fähigkeiten zu erweitern und ein Interagieren zwischen Anwendungen zu ermöglichen. Im Prinzip als Grundlage für ein Komponentenmodell gedacht, hat ActiveX auch als Möglichkeit für Active Content bei Web-Browsern Bedeutung erlangt, immer jedoch verbunden mit Sicherheitsproblemen.

Adapter

Ein *Adapter* (Netzwerkkarte) ist eine Hardware-Komponente, die in einem Rechner installiert und über die der betreffende Rechner mit anderen Hardwarekomponenten (z.B. Server) verbunden wird.

ADSL

ADSL (*Asymmetric Digital Subscriber Line*) ist eine Technik zur Übertragung von Fernsehbildern über Telefonkabel. Dabei sind Übertragungsraten von bis zu 6 MBit/s möglich. Vornehmlich kommt ADSL in Multimedia-Projekten zum Einsatz, wobei entsprechende Fernsehbilder übertragen werden.

Agent

Bei einem *Agenten* handelt es sich normalerweise um eine Software, die entsprechende Anfragen aktiviert und Antworten bearbeitet. Im Bereich von Netzwerkmanagement-Systemen verfügen alle managebaren Geräte über einen solchen Agenten, der Werte spezieller Einstellungen und Parameter an die zugehörige Managementstation übermittelt.

Alternativleitweg

Innerhalb eines Netzwerks wird der Weg von einer Quelle zu einem Ziel generell durch ein Wegleitverfahren (Routing) bestimmt. Bei bestimmten Routing-Verfahren gibt es die Möglichkeit, außer dem hauptsächlich im Rahmen bestimmter Optimierungskriterien festgelegten Hauptleitweg auch so genannte *Alternativleitwege* (alternate routing) zu verwenden. Solche Alternativleitwege kommen dann zum Einsatz, wenn beispielsweise der Hauptleitweg ausfällt.

Analoge Signale

Mit *analog* wird ein Zustand elektrischer Signale beschrieben. Ein analoges Signal kann in gegebenen Grenzen jeden beliebigen Wert annehmen. Im Gegensatz dazu wird bei digitalen Signalen nur eine begrenzte Anzahl von Zuständen benutzt.

Analysator

Als *Analysator* wird ein Gerät bezeichnet, das ein System überwacht und dabei Daten erfasst und abspeichert. Analysatoren werden beispielsweise innerhalb eines Kommunikationsnetzes eingesetzt, um im Fehler- oder Problemfall Angaben zur Verkehrsdichte, Staus (Congestion) u.Ä. abfragen zu können.

An- /Abmeldung

Vor dem Beginn der Arbeit an einem Netzwerksystem ist es zunächst einmal notwendig, eine *Anmeldung* durchzuführen. Eine solche Prozedur besteht in der Regel immer aus der Eingabe eines individuellen Benutzernamens und eines Passworts. Sobald ein Benutzer seine Arbeit beendet, muss er eine *Abmeldung* durchführen. Nur so ist beispielsweise ein ordnungsgemäßes Schließen offener Dateien gewährleistet.

Anonymus FTP

Anonymus FTP kennzeichnet eine besondere Form der Datenübertragung per FTP-Protokoll. Dabei ist es grundsätzlich nicht notwendig, dass der betreffende Anwender am Host mit einer entsprechenden Kennung angemeldet ist; sehr oft genügt die Angabe der E-Mail-Adresse als Passwort (anonym).

Anwendungsschicht

Die *Anwendungsschicht* (*Application Layer*) des OSI-Referenzmodells (Schicht 7) stellt die anwendungsorientierten Grunddienste mit den entsprechenden Datenstrukturen und Protokollen zur Verfügung.

Arbeitsstation

Als *Arbeitsstation* wird ein Rechner bezeichnet, der in einen Netzwerkverbund eingebunden ist und der auf die vorhandenen Ressourcen eines Netzwerks zugreifen kann.

Archie

Bei *Archie* handelt es sich um ein Programm, mit dem die Suche nach bestimmten Dateien in einem IP-Netzwerk vereinfacht werden kann. Das Programm selbst wird im Internet über ein Netz von so genannten Archie-Servern realisiert. Jeder Archie-Server erhält in regelmäßigen Abständen alle aktuellen Inhaltsverzeichnisse der öffentlichen Dateibereiche. Die einzelnen Archie-Server gleichen diese Listen dann untereinander ab, so dass alle Archie-Server zu jedem Zeitpunkt über die gleichen aktuellen Dateiverzeichnisse verfügen.

Architektur

Grundsätzlich lässt sich ein Netzwerk in verschiedene Übertragungsebenen aufteilen. Ein Beispiel dafür liefert das OSI-Schichtenmodell. Die Datenübertragung innerhalb der Ebenen wird durch Protokolle festgelegt. Die Gesamtheit aller Ebenen und ihrer Protokolle wird als die *Architektur* bzw. *Topologie* des betreffenden Netzwerks bezeichnet.

ARP

ARP (Address Resolution Protocol) dient zur Ermittlung der MAC-Adresse bei vorgegebener IP-Adresse.

ARPA

ARPA ist eine Entwicklung des amerikanischen Verteidigungsministeriums. Das ARPA-Internet umfasst eine Reihe unterschiedlicher Netze unter dem Dach der TCP/IP-Protokollfamilie. Die einzelnen Subnetze verfügen über einen gemeinsamem Adressraum und eine gemeinsame Namensverwaltung, wobei die einzelnen Subnetze jeweils durch Gateways miteinander verbunden werden. Als bekanntestes Ergebnis wurde 1968 das so genannte ARPANET entwickelt, das auf dem Protokoll TCP/IP basiert.

Asynchron

Asynchron ist ein Verfahren zur Übertragung von Daten, bei dem die Übertragung mit Hilfe eines so genannten Handshake-Protokolls (ohne kontinuierlichen Zeittakt) erfolgt. Dabei müssen zwischen der Übermittlung der einzelnen Zeichen keine festgelegten Zeitabstände eingehalten werden, wie dies bei der synchronen Übertragung der Fall ist.

Attachment

Ein *Attachment* (Anhang) ist eine an eine E-Mail angehängte Datei.

Authentisierung

Als *Authentisierung* wird der Prozess bezeichnet, der die Identität eines Anwenders überprüft und damit den Zugriff auf die verfügbaren Ressourcen ermöglicht.

Backbone

Das *Backbone*-Netz (Backbone=Wirbelsäule) stellt eine Infrastruktur dar, die bei größeren Vernetzungen mit mehreren gleichen oder unterschiedlichen Netzwerkstrukturen für den Datenaustausch zwischen den einzelnen Netzen und Systemen eingesetzt wird. Es handelt sich dabei um ein Hochleistungsnetz mit entsprechend hohen Übertragungskapazitäten, das als Hauptnetz den Anschluss von Endgeräten oder lokalen Subnetzen (z. B. LAN) ermöglicht.

Bastion-Host

Als *Bastion-Host* wird ein Computersystem bezeichnet, bei dem unbedingt die höchsten Sicherheitsmaßnahmen getroffen werden müssen, weil dieser die Verbindung zwischen Internet und den Benutzern im lokalen Netzwerk (LAN) herstellt und somit der potentiellen Gefahr des Eindringens gegenübersteht.

BCC
Mit *BCC* (*Blind Carbon Copy*) wird ein Eintrag auf dem Verteiler elektronischer Nachrichten bezeichnet (z.B. *Vertrauliche Kopie an*).

Benutzer
Eine Person wird als *Benutzer* bezeichnet, sobald sich diese an einem Server, Host oder sonstigem System anmeldet.

Benutzerkennung
Eine *Benutzerkennung* (Anmeldename) ist die Voraussetzung, um sich an einem Netzwerksystem anmelden zu können. Die Benutzerkennung wird individuell für die einzelnen Benutzer-Objekte vergeben, wobei zur Vergabe und zum Löschen nur der Systemverwalter oder ein ihm gleichgestellter Benutzer berechtigt ist. Neben den Benutzerkennungen kann zusätzlich ein Passwort zugewiesen werden, das der Benutzer ebenfalls bei jeder Anmeldung angeben muss.

Bluetooth
Bluetooth ist eine Technik im Bereich der kabellosen Datenübertragung. Sie ermöglicht die Übertragung der Daten zwischen einzelnen Endgeräten per Funk.

Body
Der Hauptteil einer E-Mail-Nachricht wird als *Body* bezeichnet, wobei es sich dabei um die Nutzdaten handelt.

Bootstrap-Protokoll
Mit dem *Bootstrap-Protokoll* wird festgelegt, auf welche Art und Weise ein Rechner ohne Startdiskette (*diskless workstation*) die eigene IP-Adresse, die Adresse des Servers und den Namen der zum Start benötigen Datei (Bootfile) feststellen kann.

Broadcast
Eine *Broadcast*-Übertragung ist gleichzusetzen mit einem Rundruf an alle angeschlossenen Endgeräte (Teilnehmer) eines Netzes.

Broadcast-Routing
Bei *Broadcast-Routing* handelt es sich um ein spezielles Verfahren (Algorithmus), mit dem die einzelnen Leitwege bestimmt werden können.

Browser
Ein *Browser* ist ein spezielles Programm, das zum Navigieren im World Wide Web (WWW) zum Einsatz kommt. Die heutzutage bekanntesten Browser sind Mosaic, Netscape Navigator oder auch Internet Explorer.

Brücke
Eine *Brücke* (Bridge) ist eine spezielle Komponente lokaler Netzwerke. Dort werden sie eingesetzt, um einzelne Subnetze (auf verschiedenen Segmenten) miteinander zu verbinden. Somit sind Brücken dazu in der Lage, die Grenzen eines Netzwerks hinsichtlich der Stationszahl und der Längenausdehnung zu erweitern. Sobald ein Netzwerk durch eine Brückenkopplung in zwei Subnetze segmentiert wird, erhält jedes Subnetz wieder die volle Stationszahl und Längenausdehnung entsprechend dem definierten Standard. Durch eine Segmentierung erfolgt dann auch eine Begrenzung des Datenverkehrs auf die jeweiligen Segmente. Des Weiteren werden Brücken auch eingesetzt, um die Übertragung fehlerhafter Datenpakete zu minimieren. Bezug nehmend auf das OSI-Referenzmodell kommen Brücken immer auf der Ebene 2 zum Einsatz.

Cache-Speicher
Mit *Cache-Speicher* (Cache-Puffer) wird der schnelle Zusatz- oder Pufferspeicher eines Rechners bezeichnet. Er dient zur schnellen Zwischenspeicherung von Daten beim Zugriff auf den Arbeitsspeicher oder andere Speichermedien. Die Zwischenspeicherung beschleunigt den Speicherzugriff.

Chat
Beim *Chat* kommunizieren die Teilnehmer, indem sie online per Tastatur Nachrichten austauschen. Chat-Foren sind themengebundene Anlaufstellen, wo viele Anwender an einer Diskussion teilnehmen.

Client

In einem Netzwerk werden Rechner, die die Dienste und Ressourcen eines anderen Rechners (z.B. Server) in Anspruch nehmen, als *Client* (Arbeitsstation) bezeichnet.

Computerviren

Computerviren sind kleine Programme, die in Computersysteme eingeschleust werden, um dem normalen Betrieb zu schaden bzw. ihn ganz unmöglich zu machen. Computerviren verfügen über die Fähigkeit der Selbstreplikation, d.h. sie können sich eigenständig kopieren. Heutzutage existieren Viren nicht mehr nur in ausführbaren Dateien (EXE, COM), sondern auch bereits in Makros bestimmter Anwendungsprogramme (z.B. WinWord-Makros).

Cookie

Als *Cookie* (engl.: Keks) wird eine Browser-Datei bezeichnet, die zur Identifikation eines Benutzers dient. Auf der Grundlage des Inhalts der Datei kann ein Anbieter einem Besucher besondere Angebote zur Verfügung stellen.

Corporate Network

Unter dem Begriff *Corporate Network* (CN) wird das Bestreben zusammengefasst, bisherige, separate Netzwerke zu einer homogenen Landschaft zusammenzufügen. Als Vorteile aus der Schaffung eines Corporate Network ergeben sich unter anderem eine Kostenreduzierung, die Optimierung der Nutzung und Steuerung des Bandbreitenbedarfs, die einheitliche Planung aller Telekommunikationsdienste, die Sicherheit, die Verfügbarkeit und ein verbessertes Informationsmanagement.

Datenautobahn

Als *Datenautobahn* wird ein breitbandiges (visionäres) Kommunikationsnetzwerk bezeichnet, das über den reinen Datentransport hinausgeht. Die „Datenautobahn" stellt ein globales System ausreichend breitbandiger Ressourcen zur Verfügung, in dem eine Vielzahl von Multimediadiensten (Video u.Ä.) bereit steht.

Datendurchsatz

Mit *Datendurchsatz* (Data Throughput) wird das Verhältnis der fehlerfrei übertragenen Datenbits zu der Summe aller übertragenen Bits bezeichnet (für eine festgelegte Zeitdauer). Der Datendurchsatz kennzeichnet somit die Leistungsfähigkeit eines Systems.

Datensicherungsschicht

Die *Datensicherungsschicht* (*Sicherungsschicht*) ist die zweite Schicht des OSI-Referenzmodells. Sie besteht aus den Unterschichten 2a und 2b, wobei 2a für den Medienzugriff (*Media Access Control* – MAC) zuständig ist und 2b für die übertragungstechnische Sicherung (*Logical Link Layer* – LLC) sorgt.

Denial of Service (DoS)

DoS ist eine Attacke mit dem Ziel, die Verbindung eines Rechners zum Internet zu kappen. Es existieren zahlreiche Varianten, die zu einem Denial of Service führen: Das kann ein Flooding (siehe dort) sein, aber auch trickreiche Methoden, die den Zielrechner dazu bringen, sich durch exzessive Kommunikation selbst lahm zu legen. Ein Denial-of-Service-Angriff, an dem sich mehrere Rechner beteiligen, wird als *Distributed DoS* bezeichnet.

DHCP

DHCP (*Dynamic Host Control Protocol*) ist eine Methode zur automatischen Vergabe von festen oder dynamischen IP-Adressen an Clients. Neben der IP-Adresse überträgt der DHCP-Server auch Angaben zu Gateway- und DNS-Adressen.

Dialogbetrieb

Ein *Dialogbetrieb* ist eine Betriebsart, bei der Benutzer wechselseitig über eine Datenverarbeitungsanlage Mitteilungen austauschen.

Digitale Signale

Analoge Signale können in gegebenen Grenzen jeden beliebigen Wert annehmen. Sollen diese Werte im Rechner dargestellt werden, so werden dazu unendlich viele Zustände benötigt. Da dies unmöglich ist, wird einer Gruppe von analogen Werten jeweils ein einziger digitaler Wert zugeordnet, um somit die Anzahl der Zustände zu begrenzen. Die so entstehenden digitalen Signale lassen sich danach durch eine endliche Ziffernfolgen darstellen. Diese Zahlen werden binärcodiert und gestatten so, sie aus den Ziffern 0 und 1 zusammenzusetzen. Der Begriff stammt vom lateinischen „digitus", Finger, ab und erinnert an das Abzählen mit den Fingern.

Digitale Signatur

Als *digitale Signatur* wird der Einsatz einer Public-Key-Verschlüsselung bezeichnet, mit der die Identität der Daten gewährleistet werden soll. Beim Einsatz der digitalen Signatur wird durch ein kryptographisches Verfahren die Urheberschaft und Integrität eines elektronischen Dokuments bekundet, zum Beispiel eines ActiveX-Controls.

Diskless Workstation

Als *Diskless Workstation* (diskettenlose Arbeitsstation) wird eine besondere Form einer Arbeitsstation bezeichnet. Diese ist ein Rechner, der nicht mit einer Startdiskette ausgestattet ist, sondern der über eine spezielle Startdatei direkt vom Server aus gestartet werden kann.

DNS

DNS (*Domain Name System*) ist ein Protokoll bzw. ein Verfahren zur Auflösung von Hostnamen in IP-Adressen. Die Datenbank für diese Umsetzung verwaltet ein DNS-Server. Statt dieser dynamischen Namensauflösung lässt sich in kleinen Netzen auch eine statische Umsetzung über die Datei *hosts* erreichen, in der alle am LAN beteiligten Rechner mit Namen und IP-Adresse festgehalten sind.

Durchsatz

Durchsatz bezeichnet die Datenübertragungsrate (netto) zwischen einer Informationsquelle und einem Informationsempfänger.

Eindringling

Ein *Eindringling* (Intruder) dringt widerrechtlich in fremde Datenbestände ein und bringt diese sich und anderen zur Kenntnis. Passive Eindringlinge beschaffen sich Daten, die für Dritte bestimmt sind; aktive Eindringlinge schleusen selbst in das jeweilige System Nachrichten ein.

E-Mail

Mit *E-Mail* (Electronic Mail= Elektronische Post) wird ein Verfahren zur Übertragung von Dateien und Nachrichten zwischen unterschiedlichen Arbeitsstationen bezeichnet.

Endsystem

Ein *Endsystem* (ES) ist ein offenes System, das alle sieben Schichten des OSI-Referenzmodells abdeckt. Somit definiert ein solches Endsystem ein Gesamtsystem, bestehend aus ein oder mehreren Rechnern mit Peripherie, Software usw.

Entschlüsselung

Entschlüsselung (Decodierung) ist der zur Verschlüsselung umgekehrte Vorgang und macht diesen wieder rückgängig. Dabei werden die verschlüsselten Daten mit Hilfe mathematischer Methoden und unter Umständen durch Passworteinsatz (als Schlüssel) so umgerechnet, dass wieder die vor der Verschlüsselung vorliegenden Ausgangsdaten entstehen.

Ereignis

Als *Ereignis* (Event) wird die plötzliche Veränderung der Parameter eines Systems bezeichnet. Bei dem System kann es sich um ein Gerät (z.B. Rechner) oder auch um ein Netzwerk o.Ä. handeln.

Ereignisprotokoll

Das *Ereignisprotokoll* (Event Log) fasst eine Reihe von Netzwerkmeldungen zusammen. Damit ist es beispielsweise einem Administrator möglich, jederzeit den aktuellen Netzwerkstatus zu überprüfen.

Ethernet

Bei *Ethernet* handelt es sich um einen Netzwerktyp, der sich aufgrund eines ganz bestimmten Zugriffsprotokolls (CSMA/CD) ergibt. Es wurde ursprünglich von DEC, Intel und Xerox (DIX) entwickelt und wird heute hauptsächlich von DEC und 3Com vermarktet.

Ethernet-Switching

Als *Ethernet-Switching* wird eine spezielle Switching-Technik bezeichnet, mit der die volle Kapazität an das Endgerät gebracht werden kann. Dabei wird das Netzwerk zum Zwecke der Lasttrennung mittels LAN-Switching in kleinste LAN-Segmente aufgeteilt (Mikro-Segmentierung). Beim Switching-Verfahren werden alle ankommenden Datenpakete nur an die Ports weitergeleitet, die sich aus der jeweiligen Zieladresse ergeben (vergleichbar mit Hubs).

Fast-Ethernet

Fast-Ethernet stellt die Entwicklung von 100 MBit/s schnellen Ethernet-Netzwerken dar, die zeitgleich mit den Vorschlägen für 100Base-VG-AnyLAN erfolgte.

Fast-Token-Ring

Die Hochgeschwindigkeitsvariante 100Base-VG-AnyLAN stellt auch eine Möglichkeit für den so genannten *Fast-Token-Ring* dar. Das 100Base-VG-Konzept, das beide Frameformate, den Ethernet-Frame ebenso wie den Token-Ring-Frame überträgt, kann nicht nur als Fast-Ethernet, sondern auch als Fast-Token-Ring eingesetzt werden. Aus dem Grund trägt diese Entwicklung auch den Zusatz AnyLAN.

Fernwartung

Die *Fernwartung* (*Remote Support Maintenance*) stellt eine Möglichkeit dar, die Wartung eines Rechners oder eines Systems aus räumlicher Entfernung durchzuführen.

Firewall

Ein *Firewall* dient dem Zweck, ein- und ausgehenden Verkehr zu anderen Rechnern (meistens im Internet) zu überwachen und unerwünschte Verbindungen zu unterbinden. Arbeitsplatzrechner befinden sich hinter dem Firewall. Eine Verbindung ins Internet muss also zunächst den Rechner passieren, auf dem der Firewall läuft. Ein Personal Firewall hingegen ist ein Programm, das auf dem Rechner aktiv ist, mit dem gearbeitet wird.

Flame

Als *Flame* wird im Internet-Sprachgebrauch eine Mitteilung mit bösartigen Äußerungen über den Verfasser eines Artikels in einer Newsgroup bezeichnet.

Flood, Flooding

Flood ist der Oberbegriff für einen Angriff auf die Verbindung eines Rechners zu einem bestimmten Dienst (Service) im Internet. Es gibt verschiedene Arten von Floods; zu der harmlosen Variante gehören Text-Floods, die beispielsweise im IRC häufig geschehen: Hier werden große Mengen von Textzeilen schnell hintereinander an den Client des Opfers geschickt. Eine bösartigere Variante ist das Packeting, das direkt auf die IP-Adresse des Opfers zielt.

Fluten

Fluten (Flooding) kennzeichnet eine spezielle Routing-Technik, bei der eine zu routende Information, die von einem Router empfangen wurde, an alle angeschlossenen Routing-Geräte gesendet wird.

Forwarding-Rate

Der Begriff *Forwarding Rate* bezeichnet bei Brücken die maximale Anzahl von Datenpaketen, die eine Brücke von einem Netzsegment auf ein anderes überträgt.

FTP

Bei *FTP* (*File Transfer Protocol*) handelt es sich um ein Protokoll der Anwendungsschicht innerhalb der TCP/IP-Architektur zur Übertragung von Dateien.

FTP-Server

Ein *FTP-Server* ist ein spezifischer Internet-Knoten mit einer eigenen Internet-Adresse. Dabei gibt es dedizierte FTP-Server (als Dateiarchiv für FTP-Zugriffe) und die FTP-Clients, die für den Zugriff auf die FTP-Server eingesetzt werden können.

Frame

Frame kennzeichnet ganz allgemein ein Datenpaket beliebiger Größe.

Frame-Größe

Die *Frame-Größe* (*Frame Size*) ist ein wesentliches Merkmal von Datenpaketen (Frames) mit variabler Paketlänge. Ethernet verfügt über eine minimale Paketlänge von 64 Byte und über eine maximale Länge von 1518 Byte. Token Ring hat Paketlängen zwischen 13 Byte und 4500 bzw. 17.800 (16 MBit/s). Bei zellorientierten Systemen wie ATM ist die Frame-Größe grundsätzlich konstant.

Gateway

Bei einem *Gateway* handelt es sich um ein Paket aus Hard- und Software, das auf der Anwendungsschicht des OSI-Referenzmodells arbeitet und die Kommunikation zwischen inkompatiblen Übertragungsprotokollen ermöglicht. Gateways verbinden in der Regel PCs mit Host-Systemen wie z. B. IBM Großrechner.

Hacker

Hacker sind Computerspezialisten, die teilweise auch in fremden Systemen nach Sicherheitslücken suchen, diese aber nicht nutzen, um sich selbst zu bereichern (im Gegensatz zu Crackern).

Hardware-Adresse

Die physikalische oder MAC-Adresse eines Endgerätes wird auch als Knoten- oder *Hardware-Adresse* bezeichnet.

Host

Mit *Host* wird ein Endgerät (Rechner usw.) bezeichnet, das in einem Netzwerk für andere Systeme Dienste bereitstellt, die über das Speichern und Transportieren von Daten hinausgehen. Unter *Host* versteht man in der Regel Großrechner und Minicomputer. Im Bereich der IP-Netze bezeichnet Host aber auch ein normales Endgerät; eine IP-Adresse setzt sich immer aus der Netz-ID und der Host-ID zusammen.

HTML

HTML steht für *Hypertext Markup Language* und kennzeichnet eine Programmier- bzw. Seitenbeschreibungssprache, mit der Dokumente für die Darstellung im World Wide Web aufbereitet und zur Verfügung gestellt werden können.

HTTPS

Hypertext Transfer Protocol Secure (*HTTPS*) ist ein Client/Server-Protokoll, das im WWW zum Austausch von HTML-Dokumenten dient. Die sichere Variante (*Secure*) verschlüsselt die Daten vor der Übertragung.

Hub

Ein *Hub* ist eine Netzwerkkomponente, die die zentrale Vermittlungsstelle eines sternförmig verkabelten Netzwerks bildet (10BaseT und 100BaseT). Er verbindet die einzelnen Stationen eines Netzwerks miteinander. Gleichzeitig ist ein Hub auch ein Repeater.

ICMP

ICMP (*Internet Control Message Protocol*) erlaubt das Versenden von Fehlermeldungen sowie Test- und anderen Informationspaketen. Es wird häufig zum Packeting (siehe dort) missbraucht.

IEC

IEC (*International Electrotechnical Comission*) ist eine internationale Normungsorganisation mit Sitz in Genf; überwiegend für elektrisch/elektronische Normen.

IEEE

Das *IEEE* (*Institute of Electrical and Electronics Engineers*) ist ein Gremium, das sich mit der Normung von Netzwerken befasst. Insbesondere auf den Gebieten der Verkabelung sowie der elektrischen und physikalischen Netzwerktopologie.

Internet

Das *Internet* bezeichnet im heutigen Sprachgebrauch ein weltumspannendes Netzwerk, bei dem eine Vielzahl von Rechnern als Server dienen. Es handelt sich dabei um ein WAN (Wide Area Network). Da bei WANs auch zeitweilige Verbindungen benutzt werden, sind jedoch praktisch nie alle Internet-Knoten gleichzeitig miteinander verbunden.

Intranet

Eine besondere Form des Internets stellt das *Intranet* dar. Darin sind alle Möglichkeiten und Leistungen eines Internet enthalten, jedoch mit dem Unterschied, dass sich die Internet-Technologien auf das (interne) Netzwerk einer Firma oder Organisation beschränken. Streng genommen handelt es sich dabei also um einen LAN- oder WAN-Verbund im klassischen Sinne.

Internetwork

Als *Internetwork* wird eine Ansammlung von zwei oder mehr Netzwerken bezeichnet, die miteinander über einen Router verbunden sind.

IP-Adresse

Die *IP-* oder *Internet-Adresse* ist eine Zahlenkombination und ermöglicht eine eindeutige Kennzeichnung von Netzwerkknoten. Die Internet-Adresse setzt sich aus einer Netzwerkadresse und einer Knotenadresse zusammen. Somit lassen sich theoretisch alle Netzwerkknoten mit Internet-Adresse zu einem Netzwerk verknüpfen. Und ein solches Netzwerk wird als Internet bezeichnet. Durch Einhalten der Regeln bei der Vergabe der Internet-Adressen lässt sich erreichen, dass keine Adresse doppelt vergeben wird. Das Internet-Protokoll (IP) wird für die Vermittlungsschicht innerhalb der TCP/IP-Architektur verwendet.

IP-Masquerading

IP-Masquerading ist eine Sonderform von NAT (Network Adress Translation), bei der mehrere private IP-Adressen auf eine einzige öffentliche Adresse umgesetzt werden.

IPNG

IPNG (*IP Next Generation*) kennzeichnet die Erweiterung des Internet-Protokolls IPv4; auch bekannt unter dem Namen *IPv6*. Wesentliches Merkmal ist die Erhöhung des IP-Adressbereiches von 32 auf 128 Bit.

IPsec

IPsec kennzeichnet einen IETF-Standard für den Bereich der Verschlüsselung und Authentisierung. Da IPsec auf der IP-Ebene angesiedelt ist, wird damit jede TCP-, UDP- oder ICMP-Anwendung unterstützt.

IPX

Beim *IPX*-Protokoll (*Internetwork Packet Exchange Protocol*) handelt es sich um ein hersteller-spezifisches Netzwerkprotokoll, das vorwiegend im Bereich von NetWare-Netzwerken eingesetzt wird. IPX/SPX bezeichnet eine der bekanntesten Protokollfamilien (Protokollstack) der Netzwerktechnik. Dieses Protokoll wird von der Firma Novell standardmäßig für die Kommunikation zwischen den Arbeitsstationen verwendet. IPX/SPX besteht aus zwei Teilprotokollen. Das Internet Packet Exchange Protocol (IPX) sichert den Transport der Daten zwischen den einzelnen Arbeitsstationen. Dagegen besteht die Aufgabe des *Sequential Packet Exchange Protocol* (SPX) darin, die Verbindung zwischen zwei Endgeräten aufzubauen.

Java

Java ist eine vieldiskutierte und mittlerweile auch in vielen Anwendungen erfolgreich eingesetzte Programmiersprache. Sie wurde von Sun im Hinblick auf die Unterstützung von Netzwerken entwickelt. Durch Plattformunabhängigkeit gewährleistet sie die Ausführung der in ihr entwickelten Anwendungen auf den unterschiedlichsten Systemen. Durch die Netzwerkunterstützung hat sie vor allem bei der Entwicklung von Anwendungen für das Internet und von Applets (Software-Module für Web-Browser) Bedeutung erlangt. Gerade für Entwickler mit Erfahrungen auf dem Gebiet dynamischer objektorientierter Programmiersprachen wie Common Lisp, Eu Lisp oder Smalltalk ist Java die Sprache der Wahl. Java ist klar und einfach definiert, so dass es auch vom Standpunkt der Softwaretechnologie das Potential besitzt, eine der wichtigsten Sprachen der nächsten Jahre zu werden.

Konsole

Die *Konsole* ist ein System (Rechner) innerhalb eines Netzwerks, von dem aus der Server- bzw. Host-Betrieb überwacht und gesteuert werden kann.

LAN

LAN ist die Abkürzung für *Local Area Network* (Lokales Netzwerk). Lokale Netze stellen eine der wichtigsten Gruppen von Netzwerken dar. Sie unterscheiden sich von WANs durch ihre geringere räumliche Ausdehnung, die auf ein Grundstück oder Gebäude beschränkt ist und bei der beispielsweise der Geltungsbereich der Telekom nicht „verletzt" werden darf. Ein weiteres Merkmal ist die permanent bestehende Verbindung zwischen den vernetzten Rechnern (Arbeitsstationen).

MAC

MAC (*Media Access Control*) kennzeichnet das Zugangsverfahren zum eigentlichen Medium (Kabel) eines Netzes. Es ist im Netzwerkcontroller implementiert, also beispielsweise in der Netzwerkkarte. Diese benötigt dann eine so genannte MAC-Adresse (oder Hardware-Adresse), durch die eine Station eindeutig im Netz identifiziert ist. Netzwerkadressen (etwa IP-Adressen) werden zum eigentlichen Datenaustausch immer auf MAC-Adressen abgebildet. Die MAC-Adressen sind bei Netzwerkkarten und anderen Geräten in einem nichtflüchtigen Speicher festgehalten und weltweit für jedes Gerät eindeutig.

MAC-Adresse

Die *MAC-Adresse* ist die Hardware-Adresse (Knotenadresse) einer Netzwerkkomponente. Sie ist für jeden Adapter fest auf der Karte gespeichert und weltweit eindeutig. Alle logischen Adressierungsarten im Netz (etwa über IP-Adressen) müssen immer auf die MAC-Adresse umgesetzt werden.

Mailbox

Mit dem Begriff *Mailbox* wird in der EDV eine Art Briefkasten bezeichnet. Im Rahmen der Datenübertragung handelt es sich um elektronische Briefkästen, von denen aus Mitteilungen und Nachrichten verschickt bzw. gelesen werden können. Die Verbindungsaufnahme zu einer Mailbox geschieht meist über Modems und Telefonleitungen und unter Zuhilfenahme entsprechender E-Mail-Programme. Auch die Deutsche Telekom bietet einen solchen Dienst an, der den Namen Telebox trägt.

Nagle-Algorithmus

Durch das Zwischenpuffern von TCP-Datensegmenten wird verhindert, dass viele kleine TCP-Segmente übertragen werden. Dieser Effekt wird als *Nagle-Algorithmus* (*Small-Packet-Avoidance-Algorithmus*) bezeichnet.

NAT

NAT (*Network Address Translation*) kennzeichnet die Umsetzung der in der Regel privaten (reservierten) IP-Adressen eines lokalen Netzwerks (LAN) auf andere, meist öffentliche IP-Adressen. Neben der Möglichkeit, mehrere Rechner über eine einzige, vom Provider gelieferte IP-Adresse ins Internet zu bringen, verschafft NAT schon einen gewissen Schutz gegen Angriffe aus dem Internet auf Rechner im LAN.

NetBEUI

NetBEUI steht als Synonym für *NetBIOS Extended User Interface* (Erweiterte NetBIOS Nutzerschnittstelle). Damit wird ein Netzwerkprotokoll für den PC-Bereich bezeichnet, wobei dies eine Weiterentwicklung des NetBIOS-Protokolls darstellt. Das Protokoll wird vornehmlich von den Windows-basierten Netzwerken eingesetzt.

NetBIOS

Mit *NetBIOS* (*Network Basic Input/Output System*) wird eine Programmierschnittstelle bezeichnet, die einem Rechner den Zugang zu einem Netzwerk ermöglicht. NetBIOS steht als Synonym für ein Netzwerkprotokoll für den PC-Bereich. Es wurde 1984 von IBM und Microsoft für die Benutzung von PCs als Arbeitsstationen (Clients) entwickelt. NetBIOS erweitert das BIOS eines Rechners, was die Bezeichnung erklärt. In Zusammenarbeit mit dem BIOS des Rechners regelt NetBIOS, ob die Zugriffe auf Dateien über das Betriebssystem lokal oder mit Hilfe von NetBIOS über das Netzwerk erfolgen.

Netiquette

Netiquette ist eine Zusammensetzung aus den beiden Wörtern *Net* und *Etiquette* und kennzeichnet eine Art Knigge für das Verhalten im Internet.

Netzwerkklassen

IP-Adressen (IPv4) sind in die fünf *Netzwerkklassen* A bis E unterteilt. Dies dient einer effizienteren Verwendung der IP-Adressen durch die Festlegung der in jeder Klasse adressierbaren Hosts. Durch die Subnetzmaske wird bestimmt, welcher Teil einer IP-Adresse die Netzwerkadresse (netid) und welcher die Host-Adresse (hostid) darstellt: Die Bits einer IP-Adresse, die zur netid gehören, kennzeichnet die Subnetzmaske mit dem Wert 1, diejenigen Bits, die zur hostid gehören, mit dem Wert 0. In Class-A-Netzen (IP-Adressen zwischen 1.0.0.0 und 126.255.255.255, Subnetzmaske 255.0.0.0) können jeweils über 16 Millionen Hosts aktiv sein, Class-B-Netze (IP-Adressen von 128.0.0.0 bis 192.255.255.255, Subnetzmaske 255.255.0.0) unterstützen über 65 000 Rechner, Class-C-Netze (IP-Adressen zwischen 192.0.0.0 und 223.255.255.255, Subnetzmaske 255.255.255.0) unterstützen bis zu 254 Hosts. Adressen über 223.255.255.255 sind für Multicast-Netze der Class D reserviert, die Class E wird momentan nicht benutzt.

Netzwerkadapter

Als *Netzwerkadapter* (Netzwerkkarte) wird eine Steckkarte bezeichnet, die in jeden Rechner eingesetzt werden muss, der mit einem Netzwerk verbunden werden soll. Dies ist (neben der Verkabelung) die hardwaremäßige Voraussetzung dafür, dass eine Arbeitsstation überhaupt mit dem Netzwerksystem verbunden werden kann.

Netzwerkknoten

Als *Netzwerkknoten* (Netzknoten) wird ein beliebiger Verbindungspunkt innerhalb eines Netzwerkverbundes bezeichnet, an dem ein Datenendgerät angeschlossen ist. Bei diesen Datenendgeräten kann es sich um Rechner, Drucker oder auch Faxgeräte handeln.

Netzwerkschicht

Die *Netzwerkschicht* stellt die dritte Schicht des OSI-Referenzmodells dar. Sie stellt unabhängig vom physikalischen Netz das logische Netzwerk her, wobei die zentrale Aufgabe das Routing (Leitwegbestimmung) ist.

NFS

Mit *NFS* (*Network File System*) wird ein Netzwerkprotokoll bezeichnet, das von der Firma Sun Microsystems speziell für verteilte Dateisysteme entwickelt wurde.

NIC

Die Bezeichnung *NIC* (*Network Interface Card*) stellt eine andere Bezeichnung für eine Netzwerkkarte (Netzwerkadapter) dar.

Node Address

Als *Node Address* (Knotenadresse) wird die spezifische Adresse einer Arbeitsstation bezeichnet. Neben der Netzwerkadresse, die ein bestimmtes Netzwerk charakterisiert, wird jeder Arbeitsstation im Netzwerk eine eigene Knotenadresse zugeordnet. Man kann die Netzwerkadresse, die für alle Arbeitsstationen eines Netzwerks gilt, bildlich mit der Postleitzahl einer Stadt vergleichen, wohingegen die einzelnen Knotenadressen die Hausnummern darstellen.

Online

Online (engl. on line = verbunden) steht heutzutage vornehmlich als Synonym für eine bestehende Verbindung zu einem anderen System (z.B. in einem LAN oder WAN). Als Ergänzung dazu ergibt sich der Begriff der „Online-Dienste", die ihre Leistungen online zur Verfügung stellen (z.B. CompuServe, American Online, European Online usw.).

OSI

OSI steht als Abkürzung für *Open Systems Interconnection* (Verbindung offener Systeme). Durch die Standardisierungsbemühungen des amerikanischen Normungsinstitutes ISO wurde das so genannte OSI-Schichtenmodell entwickelt. Dieses Modell beschreibt den Ablauf einer offenen Kommunikation zwischen unterschiedlichen Datenendeinrichtungen. Das OSI-Modell dient häufig der Beschreibung von Netzwerkverbindungen, wobei eine generelle Unterteilung in sieben Schichten erfolgt:

1 – Physical Layer	Physikalische Schicht (Bitübertragung)
2 – Data Link Layer	Verbindungsschicht

3 – Network Layer	Netzwerkschicht
4 – Transport Layer	Transportschicht
5 – Session Layer	Sitzungsschicht
6 – Presentation-Layer	Darstellungsschicht
7 – Application Layer	Anwendungsschicht

Packeting

Packeting kennzeichnet eine spezielle Form des Flooding (siehe dort): Dabei werden massenhaft ICMP-Pakete an die IP-Adresse des Opfers geschickt.

Paket

Als *Paket* wird eine Dateneinheit bezeichnet, mit der die Übermittlung der Daten in einem Netzwerk abgewickelt wird. Jedes Datenpaket enthält die Kennungen der sendenden und der empfangenden Station, Fehlerprüfdaten, eine Anforderung für bestimmte Dienste, Daten zur Abwicklung der Anforderung sowie die Daten, die übertragen werden sollen.

Paketfilter

Paketfilter erlauben oder verbieten das Weiterleiten eines Paketes von einem Netzwerk in das andere. Paketfilter werden in Routern, Bridges, Switches und in speziellen Computersystemen eingesetzt.

Paketfilterung

Paketfilterung ist eine Technik, um einen Firewall zu implementieren. Jedes Paket wird daraufhin überprüft, ob es bestimmten, vom Administrator festgelegten Regeln genügt. Erst dann wird es vom Firewall weitergeleitet. Prinzipiell kann ein Firewall bei der Paketfilterung auch die Inhalte eines Pakets berücksichtigen (etwa, ob Java-Applets enthalten sind) und daran entscheiden, ob es weitergegeben wird.

Passwort

Innerhalb eines Netzwerkverbundes stellen die *Passwörter* eine der wichtigsten Einrichtungen zum Schutz vor Datenmissbrauch dar. In der Regel muss sich ein Benutzer vor dem Zugriff auf einen Server entsprechend anmelden. Diese Anmeldung besteht aus der zugewiesenen Benutzerkennung und dem jeweiligen Passwort. Erst wenn diese Überprüfung positiv verlaufen ist, wird der Zugriff zum System ermöglicht. Passwörter sollten grundsätzlich vertraulich behandelt werden, damit sie nicht in die Hände Unbefugter gelangen. Darüber hinaus sollten Passwörter auch in regelmäßigen Abständen (vom Benutzer) geändert werden. Betriebssysteme wie Novell NetWare stellen dafür gewisse Automatismen zur Verfügung.

Peer-to-Peer

Bei der Verbindung von Rechnern zu Netzwerken lassen sich in der Regel logische Verbindungen nur zwischen Servern und den Arbeitsstationen aufbauen. Sollen gleichrangige Rechner (z. B. PCs) miteinander verbunden werden, müssen diese Rechner gleichzeitig als Server und als Arbeitsstation (Client) dienen. In einem solchen Fall wird eine entsprechende Anbindung der Rechner auch als *Peer-to-Peer-Netzwerk* (Punkt-zu-Punkt) bezeichnet.

POP3

POP3 (*Post Office Protocol, Version 3*) ist ein E-Mail-Protokoll, mit der Clients die E-Mails von einem Server abholen können.

Port

TCP/IP-Anwendungen kommunizieren mit Partnern auf anderen Rechnern über eine Kombination aus IP-Adresse und *Port*-Nummer. Diese spezifiziert den Dienst auf dem Zielrechner, der angesprochen werden soll – unter einer IP-Adresse sind schließlich unter Umständen mehrere Dienste wie ein Web-Server oder ein FTP-Dämon erreichbar. Für diesen Mechanismus gibt es so genannte *well known ports*, etwa Port 80 für HTTP oder die Ports 20 und 21 für FTP.

Portadresse

Über eine *Portadresse* werden alle Hardwarekomponenten eines Bussystems angesprochen. Das Anlegen der Adresse einer Systemkomponente auf dem Adressbus ermöglicht deren Aktivierung und den Datenaustausch.

PPP

PPP (*Point-to-Point-Protocol*) ist eine Kommunikationsmethode für TCP/IP zwischen zwei Partnern, die meist über eine DFÜ-Verbindung zum Einsatz kommt. In der Regel benutzen Internet Provider PPP für die Einwahlzugänge.

Private IP-Adressen

Innerhalb der Netzwerkklassen sind Bereiche für so genannte *private Internets* vorgesehen; diese werden auch als *reservierte Adressen* bezeichnet. Sie sind im Internet nicht gültig und können daher mehrmals in verschiedenen, nicht miteinander verbundenen Netzen eingesetzt werden. Wer ein LAN mit privaten IP-Adressen ans Internet anschließen will, muss eine Umsetzung mittels NAT (siehe dort) durchführen.

Protokollpaket

Als *Protokollpaket* wird eine Ansammlung von Protokollen bezeichnet, die Datenübertragungsfunktionen und Dienste bereitstellen, welche die Arbeitsstationen eines Netzwerks zum Austausch von Nachrichten und anderen Informationen benötigen. Diese Protokolle dienen in der Regel dazu, physikalische Anschlüsse, Kommunikationsdienste und die Unterstützung von Anwendungen zu verwalten.

Protokollstack

In einem *Protokollstack* (Protokollstapel) werden mehrere Protokolle zusammengefasst, die funktional zusammengehören (z.B. TCP/IP-Protokollstack).

Proxy

Ein *Proxy* übernimmt stellvertretend für Arbeitsstationen die Kommunikation mit Servern in einem anderen Netz (z.B. dem Internet). Im Unterschied zum Firewall ändert er aber die Datenpakete; er schickt sie unter der eigenen Adresse und dem passenden Port ins Internet und leitet die Antwort dann an die entsprechenden Clients zurück. Die Client-Anwendungen müssen zur Benutzung eines Proxy umkonfiguriert werden, so dass sie alle Anforderungen an ihn richten. Außerdem muss der Proxy den jeweiligen Dienst unterstützen. Als Proxy wird in der Regel ein Rechner bezeichnet, der für die zeitlich begrenzte Zwischenspeicherung von Daten (WWW-Seiten) eingesetzt wird (Daten-Caching). Dadurch wird der Zugriff auf oft benötigte Seiten einfacher und wesentlich beschleunigt, da die betreffenden Seiten nicht jedes Mal erneut aus dem WWW geladen werden müssen.

Repeater

Ein *Repeater* (Signalverstärker) ist eine spezielle Komponente lokaler Netzwerke auf der Schicht 1 des OSI-Referenzmodells. So dient diese Komponente bei der Datenübertragung dazu, die Signalverluste, die dabei auftreten können, auszugleichen. Signalverluste entstehen insbesondere, wenn die Längenausdehung (Restriktionen) eines Netzwerksegmentes überschritten wird. In einem solchen Fall müssen die Signale verstärkt werden, um die Verluste auszugleichen. Und genau dies ist die Aufgabe eines Repeaters.

Router

Ein *Router* ermöglicht eine Verbindung zwischen zwei oder mehreren Netzwerken, die dann durch den Einsatz entsprechender Soft- und Hardware realisiert wird. Ein Router (Schicht 3 des OSI-Referenzmodells) ermöglicht die Lenkung des Datenverkehrs von einem Netzwerk zu einem anderen, je nach Zielpunkt des Datenverkehrs. So kann beispielsweise ein NetWare-Router (im Server) Netzwerke miteinander verbinden, die unterschiedliche Netzwerkadapter und Übertragungsmedien verwenden. Wenn ein Router sich in einem Server befindet, wird er als interner Router bezeichnet, befindet er sich dagegen in einer Arbeitsstation, wird er als externer Router bezeichnet. Im Gegensatz zum Gateway findet jedoch bei einem Router kein Wechsel des Übertragungsprotokolls statt.

Routing

Routing kennzeichnet die Vermittlung von Datenpaketen zwischen zwei unterschiedlichen IP-Teilnetzen. Router können über spezielle Routing-Protokolle die besten Wege zur Weiterleitung der Daten selbstständig miteinander aushandeln. Ein Datenpaket, das nicht für das lokale Subnetz des sendenden Clients bestimmt ist, wird an den nächstgelegenen Router weitergeleitet. Kennt dieser die Zieladresse, schickt er das Paket direkt weiter. Ansonsten wird es so lange an andere Router weitervermittelt, bis es eine Maschine erreicht, die im gleichen Subnetz wie der angesprochene Zielrechner liegt.

Secure Socket Layer

SSL (*Secure Socket Layer*) ist ein Sicherheits- und Verschlüsselungsmechanismus, der von der Firma Netscape entwickelt worden ist. Hintergrund ist, dass eine „sichere" Leitung zu dem anderen Rechner aufgebaut wird, über die dann die Daten übertragen werden.

SMTP

Die Abkürzung *SMTP* steht für *Simple Mail Transfer Protocol* (Einfaches Postübertragungsprotokoll). SMTP ist ein Protokoll innerhalb der Anwendungsschicht der TCP/IP-Protokollfamilie. SMTP dient vornehmlich dem Austausch und der Weiterleitung von Nachrichten zwischen Mail-Servern. E-Mail-Clients benutzen SMTP, um ausgehende Nachrichten bei einem Server abzuliefern. Dabei lassen sich die Nachrichten auch an mehrere Teilnehmer gleichzeitig schicken.

SNMP

SNMP (*Simple Network Management Protocol*) ist ein spezielles Protokoll für die Fernwartung von Netzwerkkomponenten wie Hubs, Routern oder auch von Endgeräten (Rechner, Drucker o. Ä.). SNMP ist ein wesentlicher Bestandteil heutiger Systeme für das Netzwerkmanagement.

Socket

Der Begriff *Socket* kennzeichnet eine spezielle Programmierschnittstelle, die sich aus einer Netzwerknummer, einer Rechnernummer und einer Port-Nummer zusammensetzt. Das Socket-Interface stellt das am weitesten verbreitete LAN-Interface dar, worüber Anwendungen über das Netz verteilt werden können (z.B. TELENT, FTP usw.).

Spamming

Mit Spam oder *Spamming* wird das unerwünschte Versenden von Werbe-E-Mails (Wurfpost) an beliebige Adressen bezeichnet.

Spanning-Tree

Bei *Spanning-Tree* handelt es sich um ein Verfahren zur Unterdrückung von Schleifenbildung bei redundanten Netzwerkverbindungen auf der Basis von Brücken.

Spoofing

Spoofing kennzeichnet das Vortäuschen eines falschen Absenders von IP-Paketen (IP-Spoofing), eines anderen Internet-Namens (DNS-Spoofing) oder des gesamten WWW durch Umleitung von Anfragen über einen Zwischenrechner (Web-Spoofing).

SPX

SPX (*Sequenced Packet Exchange Protocol*) bezeichnet eine von Novell entwickelte Schnittstelle, die im Netzwerk die Möglichkeit zur verbindungsorientierten Paketübermittlung bereitstellt. Es handelt sich dabei um eine Erweiterung des IPX-Protokolls. SPX greift zur Übermittlung von Nachrichten auf IPX zurück. Die eigentliche Übermittlung wird aber von SPX durchgeführt, und SPX sorgt auch für die Einhaltung der Reihenfolge der ankommenden Nachrichten.

Store-and-Forward-Verfahren

Das *Store-and-Forward-Verfahren* ist ein Vermittlungs- und Übertragungsprinzip aus dem Bereich der Datenpaketvermittlung. Dabei werden Datenpakete oder Nachrichten über Teilstrecken von einem Netzknoten zum nächsten weitergeleitet. Dort werden sie zwischengespeichert, bevor sie an den Endadressaten übertragen werden.

Switch

Ein *Switch* realisiert im Unterschied zu einem Hub eine direkte Verbindung zwischen zwei angeschlossenen Stationen, die über ein eigenes Kabel an ihn angeschlossen sind. Dazu untersucht der Switch die eingehenden Datenpakete darauf, für welche Hardware-Zieladresse sie bestimmt sind und leitet sie an den Port weiter, an den das Gerät mit dieser Adresse angeschlossen ist. An Switch-Ports lassen sich auch Hubs anschließen – der Switch muss dann am entsprechenden Port eine Tabelle mit den MAC-Adressen aller am Hub angeschlossenen Geräte verwalten.

Task

Ein *Task* ist eine bestimmte Aufgabe, die von einem Rechner erledigt werden kann, wie z.B. Schreiben eines Textes, Zeichnen einer Grafik oder auch Formatieren einer Diskette. Bei einem Multitasking-System können mehrere Tasks nebeneinander ablaufen, wobei die Zuweisung von Rechenzeit an die einzelnen Tasks über eine Zeitscheibe erfolgt.

TCP/IP

TCP/IP ist eine sehr weit verbreitete Netzwerkprotokollfamilie. Sie wurde in den 70er Jahren vom amerikanischen Verteidigungsministerium entwickelt und fand speziell durch das UNIX-Betriebssystem starke Verbreitung. Die Abkürzung *TCP* steht für *Transport Control Protocol* (Transportkontrollprotokoll) und bezeichnet ein Protokoll der Transportschicht. *IP* steht für *Internet Protocol* und ist die Bezeichnung für das am weitesten verbreitete Übertragungsprotokoll der Vermittlungsschicht.

TELNET

TELNET ist ein Protokoll (Programm) der Anwendungsschicht innerhalb der TCP/IP-Architektur. Es stellt eine Verbindung zwischen einem TELNET-Server und einem TELNET-Client (Station) her. Auf dem Client wird dabei ein Terminal des Servers emuliert (imitiert).

Topologie

Als *Topologie* wird innerhalb eines Netzwerks das Schema der vorhandenen Verbindungen bezeichnet. Die drei Grundformen einer Topologie sind die Bus-Topologie (Abzweigung aller Verbindungen von einer durchgehenden Verbindung), die Stern-Topologie (sternförmige Anbindung aller Verbindungen zu einem gemeinsamen Punkt) und die Ring-Topologie (kreisförmige Verbindung aller Geräte).

Treiber

Bei einem *Treiber* handelt es sich um ein Dienstprogramm, das in der Regel für die Steuerung der Peripherie benötigt wird. Als Beispiel sollen hier genannt werden: Bildschirmtreiber, der Tastatur- oder auch der Maustreiber.

Trojanisches Pferd

Ein *trojanisches Pferd* (oft auch als Trojaner bezeichnet) ist ein Programm, das Spionage- oder Schadensfunktionen enthält.

UDP

Mit *UDP* (*User Datagram Protocol*) wird das Transportprotokoll der TCP-Protokollfamilie bezeichnet. Es unterstützt den verbindungslosen Datenaustausch, wobei UDP direkt auf dem darunter liegenden IP-Protokoll aufsetzt.

UNIX

UNIX ist ein Betriebssystem, das Ende der 60er Jahre von den AT&T Bell Laboratories (Ken Thompson) entwickelt worden ist. Dieses Betriebssystem ermöglicht den Mehrbenutzer- und Mehrprogrammbetrieb (Multi-User und Multi-Tasking).

URL

Eine *URL* (*Uniform Ressource Locator*) ist die eindeutige Adresse eines Dokuments oder einer Datei innerhalb des WWW.

Verbindungsaufbau

Als *Verbindungsaufbau* wird der Austausch von Datenpaketen zwischen zwei Kommunikationspartnern bezeichnet. Dabei enthalten die ausgetauschten Pakete jedoch keine Nutzdaten, sondern Informationen über die Sende- und Empfangsbereitschaft. Entsprechendes gilt für den Verbindungsabbau.

Verbindungslos

Als *verbindungslos* (*connectionless*) wird der Austausch von Daten bezeichnet, wenn durch die Zielstation keine Empfangsbestätigung erfolgt. Alle Datenpakete werden in Paketen gleicher Länge verwaltet (Datenpaketvermittlung).

Verbindungsorientiert

Ein Datenaustausch wird als *verbindungsorientiert* (*connection oriented*) bezeichnet, wenn der Empfänger den Empfang der Daten bestätigt.

Verschlüsselung

Zum Schutz gegen unbefugtes Eindringen oder Mithören erfolgt eine so genannte *Verschlüsselung* der Daten (*Encryption*). Mittlerweile gibt es eine Vielzahl unterschiedlicher Verschlüsselungsverfahren, wobei die Verschlüsselung entweder direkt in den höheren Protokollebenen oder durch Einsatz geeigneter Zusatzgeräte erfolgt. Mit Hilfe verschiedener mathematischer Verfahren und eines Passwortes (als Schlüssel) lassen sich Daten so umrechnen und neu abspeichern, dass ihr Inhalt nicht mehr zu erkennen ist. Der Vorgang der Umrechnung und Neuspeicherung wird Verschlüsselung oder Codierung genannt.

Virus

Als *Virus* (Computervirus) wird ein kleines (selbstreproduzierendes) Programm bezeichnet, das sich in Dateien oder Bootsektoren einnistet. Ein Virus beinhaltet einen speziellen Reproduktionsteil, der das Erstellen einer eigenständigen Kopie erlaubt. Der so genannte Aktivatorteil enthält die Bedingung für das Aktivwerden und der Funktionsteil enthält die zu treffende Maßnahme des Virus. In der Regel gelangen Viren über kopierte Anwendungsprogramme in den Arbeitsspeicher und können den Betrieb eines Rechners bis hin zur Zerstörung aller Daten beeinflussen.

Vollduplex

Mit *Vollduplex* wird eine Kommunikationsmethode bezeichnet, bei der zwei Partner gleichzeitig Daten senden und empfangen können. Dazu ist aber eine Direktverbindung zwischen den beiden Stationen notwendig, die entweder über eine direkte Kabelverbindung (zwei Rechner mit Cross-Connect-Kabel) oder einen Switch realisiert werden kann.

WAIS

WAIS (*Wide Area Information Service*) kennzeichnet im Internet ein System für das gezielte Auffinden bestimmter Informationen in Datenbanken.

WAN

Ein *WAN* (*Wide Area Network*) ist ein Netzwerk, das aus zwei oder mehr lokalen Netzwerken an verschiedenen Standorten besteht, die über eine DFÜ-Leitung verbunden sind. Solche speziellen Netzwerkformen kennzeichnen eine wichtige Gruppe von Netzwerken. WANs unterscheiden sich von LANs hauptsächlich durch die unbeschränkte räumliche Ausdehnung. Sie umspannen heutzutage die ganze Welt (das Internet ist momentan sicherlich das bekannteste WAN). Im Gegensatz zu den permanenten Verbindungen zwischen den Rechnern in LANs kommen in WANs auch zeitweilige (nichtpermanente) Verbindungen (Funk, Telefon, Satellit) zum Einsatz.

WAP

WAP (*Wireless Application Protocol*) ist ein definierter Standard, um Informationen aus dem Internet auf Mobilfunkgeräte übertragen zu können.

Winsock

Winsock kennzeichnet eine Standardschnittstelle für alle Windows-IP-Implementierungen. Internet-Anwendungen (z.B. Browser) setzen in der Regel eine entsprechende Schnittstelle voraus.

WML

WML (*Wireless Markup Language*) ist eine Seitenbeschreibungssprache (ähnlich HTML), um Textteile von Web-Seiten auf Mobilfunkgeräten anzeigen zu können.

World Wide Web (WWW)

Beim *World Wide Web* (WWW, W3) handelt es sich um ein System, bei dem die Daten des Internets über entsprechende Links erreicht und abgerufen werden können. Das WWW ermöglicht die grafische Darstellung entsprechender Informationen, wobei für den Zugriff auf diese Informationen ein Browser benötigt wird. Das WWW wurde ursprünglich vom CERN in Genf entwickelt.

X.400

X.400 ist ein ISO-Standard für Mailboxsysteme. Die Telekom bietet nach diesem Standard den Dienst Telebox 400 an.

Zugriffsmethode

Die *Zugriffsmethode* oder das Zugangsverfahren bezeichnet die Art und Weise, mit denen die an ein Netzwerk angeschlossenen Geräte auf das Übertragungsmedium zugreifen können.

Zugriffsrechte

Unter dem Begriff *Zugriffsrechte* werden die Rechte der einzelnen Benutzer zusammengefasst, die die Arbeit in einem Netzwerk überhaupt erst ermöglichen. Zugriffsrechte werden vom Systemverwalter auf Verzeichnisebene vergeben.

Lösungen

Modul 1

1. Die Abkürzung *TCP/IP* steht für *Transmission Control Protocol/Internet Protocol.*
2. Ein Protokoll definiert die Vorschriften und die Vorgehensweisen nach denen zwischen den beteiligten Systemen ein Datenaustausch zu erfolgen hat.
3. Als Host wird ein (beliebiges) Endgerät eines IP-Netzwerks bezeichnet.
4. Ein UNIX-Derivat ist ein „Abkömmling" von UNIX mit spezifischen Merkmalen.
5. Vorgaben bei der Entwicklung des ARPANETs waren:
   - dezentrales System
   - atombombensicher
   - Unabhängigkeit vom Übertragungsmedium
   - Unabhängigkeit vom Rechnersystem
6. Hauptgrund der schnellen Verbreitung von TCP/IP ist die Implementierung im UNIX-Betriebssystem, das heutzutage über eine sehr weite Verbreitung verfügt (speziell im Internet). Darüber hinaus sorgt das rasante Wachstum des Internets für den weltweiten Einsatz von TCP/IP.
7. TCP/IP ist kein offizieller Standard, weil sämtliche Bemühungen und Empfehlungen der verschiedenen Organisationen auf der Entwicklung eines unabhängigen Datenmodells basierten; das bekannteste ist das OSI-Modell. TCP/IP orientiert sich nicht an dem Vorgaben des OSI-Standards und kann demzufolge auch „nur" als Quasi-Standard angesehen werden.
8. TCP/IP ist ein verbindungsorientiertes Protokollverfahren (zumindest TCP), bei dem zwischen dem Sender und dem Empfänger vor der Übertragung eine Verbindung aufgebaut wird (Telefonprinzip).
9. Bei einem verbindungsorientierten Verfahren muss vor der ersten Übertragung zunächst einmal eine Verbindung zur empfangenden Stelle aufgebaut wurden.
10. Bei einer Leitungsvermittlung wird eine feste Verbindung zwischen zwei Kommunikationspartnern aufgebaut. Im Gegensatz dazu wird einem paketvermittelnden Dienst lediglich eine virtuelle Verbindung aufgebaut. Der Sender teilt die Daten in mehrere kleine Pakete, versendet diese, und der Empfänger setzt sie wieder zusammen.
11. TCP/IP basiert auf dem Prinzip der Paketvermittlung.
12. Die Hauptaufgabe von TCP besteht darin, einen gesicherten Datentransfer zwischen Sender und Empfänger eines Datenpaketes zu garantieren.
13. UDP ist, im Gegensatz zu TCP, ein verbindungsloses Übertragungsprotokoll und kann somit keine gesicherte Datenübertragung gewährleisten.
14. Das Ergänzen eines Datenpaketes um bestimmte Protokollinformationen wird als Einkapselung (Encapsulation) bezeichnet.
15. Als Bezeichnung für die Pakete einer Datenübertragung werden die folgenden Begriffe eingesetzt: segment, frame, message, stream, packet und datagram.
16. Die Unterscheidung der Datenpakete zwischen TCP und UDP liegt auf der Anwendungsebene (Application Layer) und auf der Transportschicht (Transport Layer). Während Datenpakete der Anwendungsschicht bei TCP als stream bezeichnet werden, lauten diese bei UDP *message*. Auf der Transportschicht werden Datenpakete bei TCP als *segment* und bei UDP als *packet* bezeichnet.

17. Jedes Datenpaket besteht grundsätzlich immer aus einem *Header* (Kopf) und einem *Datenteil*.

18. Für das korrekte Zusammensetzen der fragmentierten Datenpakete beim Empfänger ist das TCP-Protokoll verantwortlich.

19. Dies sagt aus, dass durch das IP-Protokoll keine Überprüfung der Datenübertragung erfolgt. Es kann somit also durch IP nicht gewährleistet werden, dass die Datenpakete am Ziel ankommen.

20. Mit IP versendete Datenpakete, die den Empfänger erreichen, sind auch valide. Es kann mit IP nur nicht gewährleistet werden, dass Datenpakete auch tatsächlich ankommen.

21. Um Pakete in benachbarte Netze zu übertragen setzt IP ein spezielles Wegewahlverfahren ein, das unter dem Begriff *Routing* zusammengefasst wird.

22. Die Sicherheit der Datenübertragung wird durch das Protokoll TCP gewährleistet.

23. Trifft ein Datenpaket beim Sender ein, wird dieses entsprechend quittiert (Acknowledgement).

24. Mit ARP (Address Resolution Protocol) werden IP-Adressen in Kontenadressen aufgelöst. Dies bedeutet, dass zu einer vorgegebenen IP-Adresse die zugehörige Knotenadresse ermittelt wird.

25. Das Pendant zu ARP lautet RARP (Reverse Address Resolution Protocol) und ordnet den physikalischen oder Knotenadressen die entsprechenden IP-Adressen zu.

26. ICMP ist auf der Internetschicht des TCP/IP-Modells angesiedelt, dort wo auch IP liegt.

27. ICMP wird eingesetzt, um Fehler- und Diagnosehinweise zu übertragen. Dies können beispielsweise Fehler sein, die im Rahmen der Wegewahl (Routing) auftreten.

28. Ein besonderer Fall für den Einsatz von ICMP ist das Testen der Empfangsbereitschaft eines Systems mit dem Diagnoseprogramm PING.

29. FTP kann eingesetzt werden, um Dateien zwischen zwei Endgeräten eines IP-Netzwerks zu übertragen. Darüber hinaus können damit auch Dateien angesehen, umbenannt oder auch gelöscht werden.

30. Mit TELNET besteht die Möglichkeit, sich über ein IP-Netzwerk an einem Endgerät „aufzuschalten" und somit in Form eines Terminalfensters die Kontrolle über das Fremdsystem zu übernehmen.

31. Bei E-Mail kommen SMTP, POP3 und IMAP4 zum Einsatz.

32. POP3 und IMAP4 dienen dazu, E-Mails von einem zentralen System (Server) auf ein lokales System herunterzuladen.

33. Während bei POP3 die E-Mails immer erst vom Server heruntergeladen werden müssen, bevor diese verarbeitet werden können, besteht bei IMAP4 die Möglichkeit, E-Mails nur teilweise herunterzuladen oder auf diese auch zur gleichen Zeit von verschiedenen Systemen zuzugreifen.

34. NNTP (Network News Transport Protocol) wird für den Zugriff auf so genannte News-Dienste benötigt. Es handelt sich bei News um eine Art Diskussionsforum in einem IP-Netzwerk.

35. Mit DHCP besteht die Möglichkeit einer dynamischen Zuordnung von IP-Adressen an Endgeräte. Dies erspart somit die feste Zuordnung und Konfiguration einzelner Endgeräte.

36. Die Leasingdauer ist im Umfeld der dynamischen Adressvergabe (DHCP) die Zeitdauer, für die einem Endgerät eine bestimmte IP-Adresse zugewiesen wird. Die Leasingdauer gilt immer mindestens für die aktuelle Sitzung.

37. Im WWW dient das Protokoll HTTP (Hypertext Transport Protocol) zur Übertragung von Web-Seiten.

38. Mit LDAP besteht die Möglichkeit des systemübergreifenden Zugriffs auf unterschiedliche Verzeichnissysteme.

39. Das Aufteilen von Datagramen in kleinere Einheiten (die ebenfalls als Datagrame bezeichnet werden) wird mit dem Begriff *Fragmentierung* umschrieben.

40. Portnummern kommen zum Einsatz, um zu gewährleisten, dass TCP die übertragenen Daten auch an die richtige Anwendung auf dem empfangenden Gerät übergibt.

41. Bekannte *well known ports* sind beispielsweise:

21	File Transfer Protocol
23	TELNET
25	Simple Mail Transfer
53	Domain Name System
80	World Wide Web (HTTP)
110	Post Office Protocol
119	Network News Transfer Protocol
213	IPX
1525	Oracle

42. Multiplexing bedeutet in diesem Zusammenhang, dass ein Endgerät parallel mehrere Verbindungen zu einem anderen Endgerät aufbauen kann.

43. Socket ist die Kombination aus IP-Adresse und zugewiesener Portnummer.

44. RFC steht für Request for Comments (Bitte um Kommentar).

45. RFCs bilden die Grundlage für diverse Standardisierungen im Bereich von TCP/IP. Es handelt sich um Standardentwürfe, denen nach einem „Reifeprozess" ein bestimmter Status (empfohlen, nicht empfohlen usw.) zugewiesen wird.

Modul 2

1. Endgeräte eines IP-Netzwerks werden auch mit dem Begriff *Host* umschrieben.

2. Endgeräte in einem IP-Netzwerk können alle Geräte mit entsprechenden Netzwerkschnittstellen sein, also beispielsweise Rechner, Drucker, Router, Switches, Kameras usw.

3. Ein Sender verschickt Datenpakete und der Empfänger nimmt diese entgegen.

4. In jedem Netzwerk auf Basis von TCP/IP müssen eindeutige IP-Adressen vergeben werden.

5. Die aktuelle Version trägt den Namen IP-Version 4.

6. IP-Adressen (IPv4) bestehen immer aus vier Bytes, die durch einen Punkt getrennt sind.

7. Basis-Zahlenformat für die IP-Adressen ist das Binärformat.

8. Die Darstellung der Zahl 255 im Binärformat lautet wie folgt: 11111111.

9. Das Binärformat für die Dezimalzahl 129 lautet wie folgt: 10000001.

10. Die Dezimalzahl des Binärwertes 01010101 lautet 85.

11. Das Ergebnis der UND-Verküpfung von 11000000 und 10101000 lautet 10000000.

12. Jede IP-Adresse wird in einen Netzwerk- und einen Hostteil aufgeteilt.

13. Der Netzwerkteil gibt das IP-Netzwerk (Segment) an und muss im gesamten Netzwerk identisch sein. Der Hostteil gibt das jeweilige Endgerät an, was wiederum in einem IP-Netzwerk immer eindeutig sein muss.

14. Es stehen grundsätzlich fünf IP-Klassen zur Verfügung, von denen heutzutage jedoch nur die ersten drei Klassen (Klasse A, B und C) genutzt werden.

15.

192.168.1.44	Klasse C
190.34.23.45	Klasse C
77.55.123.234	Klasse A

16. Der Netzwerkteil von 192.168.1.44 lautet 192.168.1 (Klasse C).

17. Subnetzmasken werden eingesetzt, um den Netzwerkteil einer IP-Adresse zu ermitteln.

18. Die Ermittlung des Netzwerkteils einer IP-Adresse erfolgt durch eine logische UND-Verknüpfung der IP-Adresse und der zugewiesenen Subnetzmaske.

19. Das Binärformat der Adresse 172.20.103.217 lautet wie folgt:
10101100 00010100 01100111 11011001

20. Die logische UND-Verküpfung liefert das folgende Ergebnis:
10101100 00010100 01100000 00000000
= 172.20.96.0
Somit lautet der Netzwerkteil 172.20.96.

21. Die vergebene Knotenadresse einer Netzwerkkarte usw. muss weltweit eindeutig sind.

22. Mit einer Broadcast-Adresse können alle Endgeräte eines IP-Netzwerks auf einmal adressiert werden.

23. Das Besondere an der Broadcast-Adresse ist, dass alle Bits des Hostteils auf 1 gesetzt sind.

24. Nein, diese IP-Adresse repräsentiert die Broadcast-Adresse des Netzes 192.168.4.0 und darf deshalb keinem Endgerät zugewiesen werden.

25. Netzwerk-Adressen identifizieren eindeutig das jeweilige IP-Netzwerk. Erkennbar sind sie daran, dass alle Bits des Hostteils auf 0 gesetzt sind.

26. Die Netzwerk-Adresse der Adresse 192.168.1.55 (Subnetzmaske: 255.255.255.0) lautet 192.168.1.0.

27. Die lokale Loopback-Adresse lautet immer 127.0.0.1.

28. Offizielle Adressbereiche beziehen sich auf IP-Adressen, die weltweit einmalig sind und im Internet verwendet werden. Reservierte oder private Adressen sind Bereiche im gesamten verfügbaren IP-Adressbereich, die Firmen, Organisationen oder Privatpersonen in lokalen Netzen einsetzen können; die Endgeräte dieser Netze dürfen jedoch nicht über eine direkte Anbindung an das Internet verfügen.

29. Eine andere Schreibweise für 192.168.1.55 mit Subnetzmaske 255.255.255.0 lautet 192.168.1.55/24.

30. Die Angabe der Subnetzmaske in dezimaler Form hinter der Netzadresse wird als Längenpräfix bezeichnet.

31. Eine Knotenadresse ist eine Hardwareadresse, über die jedes Gerät (Netzwerkkarte usw.) in einem IP-Netz verfügen muss und die weltweit einmalig sein ist.

32. Zur Adressumwandlung stehen die beiden Verfahren NAT und PAT (IP-Masquerading) zur Verfügung.

33. Im Gegensatz zu NAT werden bei PAT auch Angaben zu den einzelnen Ports gespeichert. Auf diese Art und Weise können mit PAT mehrere lokale IP-Adressen einer einzigen offiziellen Adresse zugeordnet werden, ohne dass dies zu Problemen führen würde.

34. Der Nachteil (obwohl dies kein Nachteil sein muss) von PAT gegenüber NAT besteht darin, dass bei PAT kein Zugriff von außen auf lokale IP-Adressen möglich ist.

35. Als Subnet wird in der Regel ein Segment von Endgeräten bezeichnet, die über dieselbe Netzadresse (Netzwerkteil) verfügen.

36. Subnetting wird zum einen eingesetzt, um ein IP-Netzwerk in mehrere, überschaubare Subnetze aufzuteilen. Des Weiteren wird dadurch auch der Verschwendung von IP-Adressen vorgebeugt.

37. Bei einem Netz 212.241.153.64/29 (Subnetzmaske mit 29 Einsen) stehen insgesamt 6 Adressen zur Verfügung (2^3 minus 2).

38. CIDR steht für *Classless Inter Domain Routing*.

39. Bei CIDR gibt es keine (traditionelle) Einteilung der IP-Adressbereiche in verschiedene IP-Klassen (A, B, C, D, E) mehr.

40. Bei dieser Vorgabe (Klasse-C-Netz) bliebt das letzte Oktett für das Subnetting. Um das Bitmuster für die Subnetzmaske zu ermitteln, muss zunächst festgestellt werden, wie viel Bits des letzten Oktetts für den Hostteil (40 Hostadressen) benötigt werden. Um die Zahl 20 in Binärschreibweise darzustellen, werden sechs Bits benötigt ($2^6 = 64$, die nächst kleinere Zahl lautet 32). Somit steht fest, dass insgesamt 26 Bits für den Netzwerkteil übrig bleiben. Dies ergibt die folgende Subnetzmaske:
11111111.11111111.11111111.11000000 (255.255.255.192).

Die Anzahl der Subnetze ergibt sich aus den verfügbaren Bits für das Subnetting (in diesem Fall zwei), so dass 2^2 Subnetze zur Verfügung stehen, abzüglich der Netze, bei denen alle Bits auf 0 oder 1 stehen; ergibt somit 2 Subnetze. Die Bitanordnung dieser beiden Netze ist binär 01 und 10.

Modul 3

1. DHCP steht als Abkürzung für *Dynamic Host Configuration Protocol.*
2. Das Dynamic Host Configuration Protocol (DHCP) dient dazu, einem IP-Endgerät (Client) beim Start bestimmte Netzparameter zuzuweisen.
3. BootP steht für *Bootstrap Protocol.*
4. Einer der entscheidenden Vorteile der dynamischen Adressvergabe ist, dass sich kein Systemverwalter um die explizite Zuordnung der Adressen zu kümmern braucht; dies erfolgt automatisch.
5. Bei BootP kann lediglich eine statische Zuweisung von IP-Adressen vorgenommen werden.
6. Vorteile der dynamischen Adressvergabe ergeben sich durch eine zentrale Verwaltung, die Vermeidung von doppelt vergebenen IP-Adressen, Minimierung des Verwaltungsaufwandes, Fehlerminimierung und eine flexiblere Endgeräte-Implementierung.
7. Nachteilig bei der dynamischen Adressvergabe wirkt sich die fehlende feste Zuordnung von IP-Adressen zu den einzelnen Endgeräten aus. Darüber hinaus hat die zentrale Verwaltung der Nachteil, dass beim Ausfall eines zentralen Servers kein Zugriff mehr auf die Konfigurationsdaten möglich ist. Ein weiterer Nachteil ist der durch den Versand von Broadcast-Paketen hervorgerufene zusätzliche Netzwerkverkehr.
8. Es muss einen zentralen Server oder Dienst geben, der die IP-Adressen verwaltet und auf der anderen Seite eine Anforderung seitens eines Clients.
9. Die Ablaufzeit einer IP-Adresse wird als *Lease-Dauer* oder *Lease-Zeit* bezeichnet.
10. Ein anderer Begriff für Lease-Dauer ist Lease-Zeit.
11. Die Lease-Dauer gibt die Zeitspanne an, für die eine IP-Adresse einem bestimmten Endgerät mindestens zugewiesen wird, bevor diese wieder anderweitig vergeben werden kann.
12. Die Lease-Dauer wird eingesetzt, damit die Clients Änderungen an der zentralen Konfiguration mitgeteilt bekommen.
13. Beim Einsatz eines Verfahrens zur dynamischen Adressvergabe können auch Angaben zu einem Nameserver oder auch zum Standard-Gateway übermittelt werden.
14. Die eindeutige Kennzeichnung von Endgeräten erfolgt mittels der Knotenadresse (MAC-Adresse).
15. Der für die dynamische Adressvergabe zur Verfügung stehende Adressbereich wird als Range oder Scope bezeichnet.
16. Ein DHCP-Server stellt die Dienste und Konfigurationen zur Verfügung, mit denen es DHCP-Clients ermöglicht wird, eine dynamisch zugeteilte IP-Adresse (und weitere Konfigurationsdaten) abzurufen. Eine DHCP-Client ist somit ein Endgerät im Netzwerk, dass die notwendigen Konfigurationsdaten wie IP-Adresse usw. von einem DHCP-Server anfordert.
17. Der DHCP-Client versendet im Netz per Broadcast ein DHCPDISCOVER-Paket.
    - Ein DHCP-Server empfängt das Paket und sendet daraufhin an den DHCP-Client (identifizierbar durch die Knotenadresse) ein DHCPOFFER-Paket, das unter anderem auch eine IP-Adresse enthält.
    - Der DHCP Cliont kann die zugewiesene Adresse annehmen, indem er daraufhin ein DHCPREQEUST-Paket an den DHCP-Server zurücksendet.
    - Mit der Bestätigung der Anforderung mit einem DHCPACK-Paket durch den DHCP-Server ist die Zuweisung der IP-Adresse an den DHCP-Client zunächst einmal abgeschlossen.
18. Als Ausschlussbereich wird ein Teil des IP-Adressbereichs bezeichnet, der für die dynamische Adressvergabe nicht zur Verfügung steht, sondern für die Zuweisung an bestimmte Geräte reserviert wird.
19. Statische Adressen sind Adressbereiche, die bestimmten Geräten fest zugewiesen werden, ohne dass dazu DHCP zum Einsatz kommt.

20. Einem DHCP-Server selbst muss immer eine statische IP-Adresse zugewiesen werden.
21. Grundsätzlich können in einem Netzwerk mehrere DHCP-Server eingesetzt werden, wobei sich diese natürlich entsprechend abgleichen müssen.
22. Der Einsatz mehrerer DHCP-Server in einem Netzwerk empfiehlt sich grundsätzlich immer aus Performance-Gründen und aus Gründen der Ausfallsicherheit.
23. Netzwerkkomponenten müssen für den DHCP-Einsatz auf jeden Fall über einen DHCP-Relay-Agenten verfügen.
24. Die vier Pakettypen, die bei der dynamischen Adressvergabe zum Einsatz kommen, lauten: DHCPDISCOER, DHCPOFFER, DHPCREQEUST und DHCPACK.
25. Mit DHCPACK bestätigt der DHCP-Server dem DHCP-Client, dass die angeforderte IP-Adresse für dieses Endgerät reserviert ist. Der DHCP-Client kann diese Adresse somit für die Dauer der Lease-Zeit verwenden.
26. Um Broadcast-Pakete auch über Netzwerkkomponenten wie Router zu übertragen, muss dieser über einen DHCP-Releay-Agenten verfügen, der die Broadcast-Pakete an eine definierte Zieladresse weiterleitet.
27. Speziell bei der Einbindung mobiler Endgeräte zeigt sich das Verfahren der dynamischen Adressvergabe als ein optimaler Ansatz zur Fehlervermeidung und Minimierung des Konfigurationsaufwandes. Eine Zuweisung statischer Adressen kommt in einem solchen Fall eigentlich nur dann zum Tragen (und macht auch nur dann Sinn), wenn kein DHCP-Server verfügbar ist.
28. Die Netzwerkbetriebssysteme Novell NetWare, Windows Server und Linux ermöglichen die Konfiguration eines DHCP-Servers.
29. Um DHCP nutzen zu können, müssen nach Einrichtung eines DHCP-Servers die einzelnen Endgeräte (DHCP-Clients) entsprechend konfiguriert werden.
30. Für den Einsatz eines DHCP-Systems auf einem Windows-Server muss zum einen der DHCP-Dienst eingebunden werden und zum zweiten müssen die Konfigurationsvorgaben im DHCP-Manager eingestellt werden.
31. Auf einem Windows-System lautet die Konfigurationsdatenbank DHCP.MDB, die im Verzeichnis *\%systemroot%\SYSTEM32\DHCP* abgelegt wird.
32. Ja, denn die genannten Desktop-Betriebssysteme unterstützen durchgängig DHCP und können somit als DHCP-Client eingesetzt werden.

Modul 4

1. Namensauflösung bedeutet, dass (sprechende) Namen, die Endgeräten in einem IP-Netzwerk zugeordnet werden, durch einen Mechanismus konvertiert werden in die zugehörigen IP-Adressen.
2. Die bekanntesten Verfahren zur Namensauflösung in einem IP-Netzwerk sind DNS, Hostdatei und WINS.
3. DNS und WINS sind dynamische Verfahren zur Namensauflösung; der Einsatz einer Hostdatei stellt dagegen ein rein statisches Verfahren dar, das schwer zu pflegen ist.
4. DNS steht für *Domain Name System* (wird in der Literatur auch als Domain Name Service bezeichnet).
5. Auf einem UNIX-System wird die Hostdatei in der Regel im Verzeichnis */etc* abgelegt.
6. Auf einem Windows-System wird die Hostdatei standardmäßig im Verzeichnis *\%systemroot%\system32\drivers\etc* abgelegt.
7. In einer Hostdatei müssen sämtliche Zuordnungen aller Hostnamen und der zugehörigen IP-Adressen abgelegt sein. Diese Datei muss auf jedem System vorhanden sein,

was einen enormen Verwaltungsaufwand nach sich zieht.

8. Ja, ein solcher Eintrag ist durchaus denkbar, denn in einer Hostdatei können einer IP-Adresse durchaus mehrere Hostnamen zugewiesen werden.

9. Die Kommentarzeilen in einer Hostdatei werden immer mit dem Zeichen # eingeleitet.

10. Zwischen der IP-Adresse und dem Hostnamen muss mindestens ein Leerzeichen stehen.

11. WINS steht für *Windows Internet Naming System*.

12. NetBIOS ist eine Softwareschnittstelle, die für die Kommunikation eingesetzt wird.

13. Ein NetBIOS-Name ist eine Bezeichnung für ein Objekt in einem Windows-Netzwerk (Arbeitsstation, Drucker usw.), die in einem Netzwerk eindeutig sein muss.

14. NetBT (*NetBIOS over TCP/IP*) wurde entwickelt, um die Übermittlung von WINS-Datenpaketen über einen Router an andere Netzwerke zu ermöglichen. NetBIOS (und damit das Protokoll NetBEUI) ist nämlich nicht routingfähig, weshalb der WINS-Dienst nicht funktionieren würde. Mit NetBT kann NetBIOS auch zusammen mit TCP/IP eingesetzt werden und somit „Router-Grenzen" überwinden.

15. Broadcasts (Rundsendungen) belasten zum einen den Netzwerkverkehr und zum zweiten gelangen diese nicht ohne weiteres in andere Netzsegmente, da diese standardmäßig nicht über Router übertragen werden.

16. Durch den Versand von Broadcast-Paketen im Zusammenhang mit NetBIOS-Namen wird die Belastung des Netzwerks erheblich erhöht.

17. NetBIOS-Namen sind, im Gegensatz zu Hostnamen, nur in einer geschlossenen Windows-Umgebung bekannt und einsetzbar. Für den netzwerkweiten Einsatz von Namen und den eventuellen Zugriff auf Internet-Dienste werden Hostnamen benötigt.

18. Bei jedem Client, der einen WINS-Server nutzen möchte, muss explizit die IP-Adresse des WINS-Servers konfiguriert werden.

19. Microsoft selber hat mittlerweile die Zeichen der Zeit erkannt und favorisiert das standardisierte DNS (Domain Name System). Aus dem Grund sollte auf den neueren Windows-Systemen DNS an Stelle von WINS zum Einsatz kommen.

20. Namensauflösung meint die Zuordnung einer IP-Adresse zu einem vorgegebenen Hostnamen.

21. FQDNs sind Namen in einem DNS-System, die alle Knoten zwischen dem Wurzel- und dem Endknoten enthalten.

22. Mit Domain Name Space (Domänen-Namensraum) wird die gesamte Struktur einer hierarchisch organisierten DNS-Datenbank bezeichnet.

23. Der Wurzelknoten (Ursprung des Baums) im Domain Name Space wird als Root (Wurzel) oder Hauptdomäne (Root Domain) bezeichnet.

24. Ein Resolver (Auflöser) ist eine Software, die auf die Informationen eines DNS-Systems zugreift, um Namen in IP-Adressen aufzulösen. Es handelt sich dabei in der Regel um Programme, die auf einem DNS-Client in Anwendungen eingebunden werden und so die Namensauflösung nutzen.

25. Eine Web-Adresse setzt sich zusammen aus der TLD, einer oder mehrerer Subdomains (Labels) und einem Hostnamen.

26. Der Vorgang zwecks Abfrage eines Nameservers wird als Nameserver-Lookup bezeichnet.

27. Die Domäne *in-addr.arpa.* wird eingesetzt, um eine umgekehrte Auflösung zu realisieren, bei der zu einer vorgegebenen IP-Adresse der entsprechende Hostname ermittelt wird.

28. Die Auflösung von IP-Adressen in Hostnamen wird auch als Reverse DNS-Lookup bezeichnet.

29. Die Überprüfung kann am schnellsten erfolgen, indem auf der DOS-Ebene die Anweisung *ipconfig /all* eingesetzt wird.

Modul 5

1. Der Begriff *Routing* umschreibt den Prozess zur Wahl eines Weges, um Datenpakete in einem IP-basierten Netzwerk von einem Endgerät zu einem anderen Endgerät zu übertragene, die sich in getrennten Netzwerken befinden.
2. Andere Begriffe für Routing sind Wegewahl oder Leitwegoptimierung.
3. Routing kommt immer dann zum Einsatz, wenn zwei oder mehr physikalisch getrennte Netzwerke miteinander verbunden werden sollen.
4. Ein Gateway verbindet zwei Systeme miteinander, die sich im Protokoll, in der Architektur und/oder im Dateiformat unterschieden.
5. Ein Standard-Gateway ist ein Endgerät (Router o.Ä.) innerhalb eines Netzwerks, das die Netzwerk-Adressen der angeschlossenen Netzwerke kennt.
6. Ein Standard-Gateway ist ein Endgerät (Router) in einem IP-Netzwerk, an das Anfragen gesendet werden, die in der eigenen (lokalen) Routing-Tabelle nicht aufgelöst werden können. Das Standard-Gateway sorgt für die Weiterleitung der Datenpakete über Netzwerkgrenzen hinweg.
7. Ein Standard-Gateway wird auch als Standard-Router oder Default-Gateway bezeichnet.
8. Auch Endgeräte wie Rechner o. Ä. verfügen über eine Routing-Tabelle, deren Inhalt beispielsweise auf einem Windows-System mit der Anweisung *route print* angezeigt werden kann.
9. Der Eintrag 0.0.0.0 in einer Routing-Tabelle weist darauf hin, dass auf dem entsprechenden Gerät ein Standard-Gateway definiert worden ist. Dies bedeutet, dass alle Datenpakete, für die in der Routing-Tabelle kein Eintrag vorhanden ist, an das Standard-Gateway gesendet werden.
10. Ein Remote-Netzwerk ist ein Netzwerk, das nicht dem lokalen Netzwerk eines Endgerätes entspricht.
11. Routing-Tabellen beinhalten die Informationen zur Wegewahl. Jede Zeile einer solchen Tabelle gibt dabei eine Route an, die zu mindestens einer Zieladresse führt.
12. Beim Aufbau der Routing-Tabellen wird zwischen dem statischen und dem dynamischen Verfahren unterschieden.
13. Beim statischen Routing werden die Routing-Tabellen durch einen Systemverwalter manuell gepflegt. Beim dynamischen Routing werden die entsprechenden Informationen zwischen den beteiligten Endgeräten (Routern) automatisch mit Hilfe von Routing-Protokollen ausgetauscht.
14. Die wichtigsten Protokolle, die für das Verfahren des dynamischen Routings eingesetzt werden, lauten RIP (Routing Information Protocol) und OSPF (Open Shortest Path First).
15. Nachfolgend sind die grundlegenden Nachteile von RIP aufgeführt:
    - Broadcast-Verkehr durch den Austausch der Routing-Tabellen
    - Keine sichere Authentifizierung
    - langsamer Abgleich (lange Konvergenz)
    - maximale Anzahl von Teilnetzen ist auf 15 beschränkt
    - RIP unterstützt nur eine Subnetzmaske und eine Metrik
    - RIP unterstützt kein Subnetting
16. Hop steht als Angabe für einen „Routersprung" und gibt damit an, wie viel Router (Gateways) ein Datenpaket auf dem Weg von der Quelle zum Ziel überqueren muss.
17. Die Vorteile von OSPF lassen sich wie folgt zusammenfassen:
    - zentrale Speicherung der Daten in einer Datenbank
    - schneller Abgleich der Daten
    - kein übermäßiger Broadcast-Verkehr
    - Unterstützung mehrerer Subnetzmasken und Metriken
    - Unterstützung sicherer Authentifizierung
18. OSPF ist ein Routing-Protokoll, das sehr komplex ist und extrem hohe Anforderungen an die jeweilige Implementierung stellt.

19. Aktive Netzwerkkomponenten sind folgende: Repeater, Brücken (Bridges), Hubs, Router, Switches.

20. Switches werden auch als *schnelle Brücken* bezeichnet, da sich die Grundfunktionalität aus dem Prinzip der Brücken ergibt.

21. Ein Layer-3-Switch ist auf der Schicht 3 des OSI-Referenzmodells angesiedelt und kombiniert die positiven Eigenschaften eines Routers mit der Schnelligkeit eines Switches.

22. Für die Wegewahl (Routing) kommen heutzutage Router oder auch mehr und mehr so genannte intelligente Layer-3-Switches zum Einsatz.

23. Router und (intelligente) Switches sind immer auf Schicht 3 des OSI-Referenzmodells (Network Layer) angesiedelt.

24. Ein Router dient dazu, zwei physikalisch getrennte Netzwerk miteinander zu verbinden. Dabei kommt dem Router die Aufgabe zu, die Daten von einem Netzwerk in ein anderes Netzwerk zu transportieren.

25. Der Einsatz von Routern bietet sich immer dann an, wenn Daten über mehrere Netzwerkbereiche mit unterschiedlichen Zugriffsverfahren und Protokollen übertragen werden sollen.

26. Die spezielle Form eines Routers stellt ein Firewall dar.

27. Firewalls erlauben den Zugang nur an einer definierten Stelle. Damit lässt sich der Datenverkehr von und nach außen kontrollieren.

Modul 6

1. Zum einen stehen mit den TCP/IP-Anwendungen spezielle Dienstprogramme und zum anderen Dienste bzw. Zusatzprogramme zur Fehlersuche zur Verfügung.

2. NFS steht für *Network File System.*

3. Mit NFS können Speicherbereiche (Festplattenbereiche, Verzeichnisse) eines Systems (NFS-Server) anderen Systemen zur Verfügung gestellt werden.

4. NFS wird in der Regel in UNIX-Umgebungen eingesetzt.

5. Beim Einsatz von NFS kann ein lesender Zugriff (*ro*), ein schreibender Zugriff (*rw*) und ein Zugriff auf Systemverwalterebene realisiert werden.

6. Ein NFS-Server stellt die Speicherbereiche für den allgemeinen Zugriff zur Verfügung und ein NFS-Client greift auf diese freigegebenen Bereiche zu.

7. Vor dem Zugriff auf zentrale Systeme müssen die entsprechenden Bereiche erst an das eigene System angehängt werden. Dieser Vorgang wird als Mounten bezeichnet.

8. Ein Mount-Point ist der Bereich eines Verzeichnisses, an dem der Teil eines anderen Dateisystems angehängt (gemountet) wird.

9. TELNET steht für *TErminal emuLation over NET.*

10. TELNET wird eingesetzt, um ein anderes IP-Gerät aus der Ferne zu bedienen (Remote-Zugriff).

11. Um von einem TELNET-Client eine Verbindung zu einem anderen System aufzubauen wird die Anweisung TELNET, gefolgt vom Namen des betreffenden TELNET-Servers (Auflösung durch DNS, Hostdatei) oder der IP-Adresse eingesetzt.

12. Um auf ein Fremdsystem per TELNET zuzugreifen, wird auf dem TELNET-Server eine Kennung und ein Passwort benötigt.

13. Eine TELNET-Verbindung wird durch Eingabe von *logout* oder *exit* beendet.

14. FTP steht für *File Transfer Protocol* (Datei-Übertragungs-Protokoll).

15. Mit FTP können Dateien von einem IP-System auf ein anderes System kopiert werden.

16. Nach der Aktivierung einer FTP-Sitzung muss als Nächstes eine Anmeldung an dem FTP-Server erfolgen. Die verwendete Benutzerkennung muss auf dem FTP-Server vorhanden sein.

17. Angaben zu den erlaubten FTP-Zugangsmöglichkeiten eines Linux-Systems werden standardmäßig in der Datei */etc/ftpusers* abgelegt.

18. Um von einem FTP-Server eine Datei auf das lokale System (FTP-Client) zu kopieren, muss auf der FTP-Oberfläche Anweisung GET eingesetzt werden.

19. Im Bereich des Netzwerk-Managements kommt heutzutage SNMP (Simple Network Management Protocol) und WBEM (Web Based Enterprise Management) zum Einsatz.

20. Das Wort, das in einer HTTP-Anfragezeile (Request-Line) an erster Stelle steht, beschreibt die Methode, die mit der nachfolgenden URL angewendet werden soll.

21. Mit den Methoden wird umschrieben, welche Aktion mit der nachfolgenden Angabe in der URL ausgeführt werden soll.

22. Eine Namensauflösung in einem IP-Netzwerk kann mit DNS (Domain Name System) realisiert werden.

23. TCP/IP stellt mit DHCP (Dynamic Host Configuration Protocol) eine Möglichkeit der dynamischen Adressvergabe zur Verfügung.

24. Mit PING kann die IP-Konfiguration des lokalen Rechners und die Verbindung zu einem anderen IP-Endgerät getestet werden.

25. Für die Überprüfung der lokalen IP-Konfiguration muss die Loopback-Adresse (127.0.0.1) angegeben werden.

26. Standardmäßig wird die Anweisung PING auf einem Windows-System in einer DOS-Box eingesetzt.

27. Zur Anzeige von Informationen über die aktuellen IP-Verbindungen kann die Anweisung NETSTAT eingesetzt werden.

28. Unter UNIX (Linux) erfolgt die Anzeige der lokalen IP-Konfigurationsparameter mit der Anweisung *ifconfig -all* und unter Windows mit *ipconfig -all*.

29. Angaben zu den verfügbaren Nameservern (DNS-System) liefert NSLOOKUP.

Modul 7

1. Das Internet ist eine Ansammlung von unterschiedlichen Systemen, die weltweit verteilt sind.

2. Ein Intranet ist ein lokales Netzwerk, das auf den Ausdehnungsbereich eines Unternehmens oder einer Organisation beschränkt ist und in dem Internet-Technologien (Dienste usw.) zum Einsatz kommen.

3. TCP/IP erfüllt die wichtigsten Voraussetzungen für ein Standard-Übertragungsprotokoll im Internet: Es ist auf den unterschiedlichsten Systemen weit verbreitet und kann durch einen ausgeklügelten Mechanismus Ersatzwege für die Datenübertragung wählen, wenn andere Übertragungsstrecken ausfallen.

4. Internet-Dienste sind beispielsweise das WWW, E-Mail, Newsgroup, Chat, TELNET, FTP.

5. Mit dem Einsatz von E-Mail (Electronic Mail) können einem Anwender bestimmte Informationen oder sonstige Daten in elektronischer Form zugestellt werden.

6. Eine E-Mail-Adresse setzt sich zusammen aus einem eindeutigen Namen (Bezeichnung) und dem jeweiligen Domain-Name, getrennt durch das Symbol @.

7. Chat ist eine Kommunikationsform, bei der direkt (online) von Bildschirm zu Bildschirm kurze Texte zu einem oder mehreren Gesprächspartnern verschickt oder von diesen empfangen werden können.

8. Durch den Einsatz eines frei wählbaren Decknamens besteht die Möglichkeit, beim Chatten anonym zu bleiben.

9. Newsgroups sind weltweite Diskussionsforen, in denen die verschiedensten Themen abgehandelt werden und die für jedermann zugänglich sind.

10. Für den Zugriff auf eine Newsgroup wird ein Newsreader benötigt. In den aktuellen Browsern sind teilweise entsprechende Funktionalitäten für den Newsgroup-Zugriff enthalten.

11. Die Seitenbeschreibungssprache, auf dessen Basis Web-Seiten erstellt werden, lautet HTML (Hypertext Markup Language).

12. Verzweigungspunkte zu anderen HTML-Dokumenten (Web-Seiten) werden als *Links* bezeichnet.

13. Surfen kennzeichnet die Möglichkeit innerhalb des WWW mittels entsprechender Links von einer Web-Seite (Dokument) zu einer anderen Seite zu wechseln (springen).

14. Durch die Datenbank-Einbindung auf einer Web-Seite besteht die Möglichkeit des Zugriffs auf aktuelle Daten eines Unternehmens oder einer Organisation per Web-Browser.

15. Für die Übertragung der Dokumente (Web-Seiten) im World Wide Web wird das Protokoll HTTP (Hypertext Transport Protocol) benötigt.

16. Durch die fehlende Zusicherung der benötigten Übertragungsgeschwindigkeit kommt IP-Telefonie (Voice over IP) für den Einsatz über das Internet (zur Zeit) nicht in Frage.

17. Die Schwerpunkte der Sicherheitsprobleme beim Internet-Zugriff liegen auf dem Übertragungsweg zwischen Client und Server, aber ebenso auch beim Client und dem Server selbst.

18. Der E-Mail-Verkehr ist deshalb leicht angreifbar, weil der Absender leicht identifiziert werden kann. Zudem können per E-Mail ausführbare Dateien bzw. Dateien mit ausführbarem Code (Makro-Code o.Ä.) übertragen werden, die bei der Ausführung durch den Empfänger Schaden anrichten können.

19. Mit Hacking wird das unberechtigte Eindringen in fremde Systeme oder Netzwerke bezeichnet, wobei in den seltensten Fällen ein Schaden entsteht. Ganz im Gegensatz zu Crackern, die versuchen, aus dem Eindringen in fremde Systeme Kapital zu schlagen oder sonstigen Schaden anzurichten.

20. Ein Firewall dient der Überprüfung eingehender Datenpakete in ein lokales Netzwerk und führt keine Virenüberprüfung durch.

21. Um nach Dateien zu suchen bzw. um den Inhalt bestimmter Dateien zu durchsuchen stehen folgende Verfahren bzw. Dienste zur Verfügung: Archie, WAIS, Gopher und natürlich die Web-Browser.

22. Zur Suche von Informationen auf den Web-Seiten stehen Suchmaschinen zur Verfügung.

23. Bekannte Suchmaschinen sind beispielsweise Yahoo, Google, Lycos oder auch Fireball.

24. Der Eintrag im Code einer Web-Seite, der als Grundlage für ein Schlüsselwort einer Suchmaschine dient, wird als Meta-Tag bezeichnet.

25. Bei der Verwendung von Suchmaschinen sollte der gesuchte Begriff so weit wie möglich eingegrenzt werden, um so die Anzahl der Fundstellen (Treffer) nicht übermäßig anwachsen zu lassen.

26. Der Zugang per TV-Kabel und per Satellit stellt eine schnelle Zugangsmöglichkeit für den Internet-Zugang dar.

27. Eine solche Firma wird als Internet Service Provider (ISP) bezeichnet.

28. Web-Hosting bezeichnet die Möglichkeit, die zu veröffentlichenden Web-Seiten eines Unternehmens oder einer Organisation auf Systemen eines Internet Service Providers abzulegen.

29. Zugangsmöglichkeiten zum Internet bestehen durch Einsatz eines Modems, eines ISDN-Anschlusses, einer Standleitung, eines ADSL-Anschlusses oder sonstiger Verfahren wie Kabel- oder Satellitentechnik.

30. Für den Zugriff auf das World Wide Web (WWW) wird mindestens ein Web-Browser benötigt.

Modul 8

1. Die neue IP-Version trägt den Namen IP Next Generation (IPNG) bzw. IP, Version 6 (IPv6).
2. Die Gründe für die Entwicklung einer neuen IP-Version waren:
   Anzahl der (offiziellen) IP-Adressen neigt sich dem Ende zu,
   Verwaltung der Routing-Informationen in den zentralen Verteilern (Routern) ist sehr aufwändig,
   Einsatz neuer Techniken wie Multimedia, Echtzeitanwendungen, IP-Telefonie usw.
3. Mit der IP-Version 4 lassen sich (theoretisch) bis zu 4,2 Billionen Endgeräte (2 hoch 32) adressieren.
4. Beim Supernetting wird für jeden Adressblock nur noch eine Zieladresse in der Routing-Tabelle eingetragen. Ein Router muss dann seine Wegewahl anhand des Vergleichs der (klassenlosen) Adresse mit der zugehörigen Subnetzmaske treffen.
5. Supernetting kann die Adressprobleme der IP-Version 4 nicht lösen, sondern nur übergangsweise (bis zur Implementierung einer neuen IP-Version) die Internet-Verwaltung optimieren.
6. Die IETF-Arbeitsgruppe trägt den Namen ROAD (ROAD für ROuting and Addressing).
7. Wesentliche Merkmale der IP-Version 6 sind beispielsweise höhere Sicherheits- und Qualitätsanforderungen und die Möglichkeit des Multicasting.
8. Während sich Multicasting nur auf eine begrenzte (definierte) Anzahl von Systemen beschränkt, erreicht Broadcasting alle Systeme eines Netzwerks.
9. Obwohl in der Version IPv6 die Adressfelder viermal länger sind als bei der alten Version, ist der gesamte Header nur doppelt so lang wie bei IPv4.
10. Eine IP-Adresse der Version 6 setzt sich aus insgesamt 16 Bytes (128 Bits) zusammen.
11. Eine IP-Adresse von IPv4 setzt sich aus vier Bytes (32 Bits) zusammen.
12. Die 16 Bytes (128) Bits einer IPv6-Adresse sind jeweils in acht Quads zu je vier hexadezimalen Zahlen angeordnet, die untereinander durch Doppelpunkte getrennt sind (aaaa:bbbb:cccc:dddd:eeee:ffff:gggg:hhhh).
13. Das IPv6-Testnetzwerk der IETF trägt den Namen 6bone.
14. Grundsätzlich besteht die Möglichkeit einer langsamen Migration von IPv4 durch IPv6. Möglich macht dies unter anderem die Fähigkeit von IPv6 IPv4-Datenpakete in IPv6-Pakete zu verpacken (Tunneling) und diese somit in einem IPv6-Netzwerk transportieren zu können.
15. Eine IPv4-Adresse wird auch grundsätzlich in einem Netzwerk unter IPv6 erkannt, sofern die Adresse dem vorgegebenen Schema folgt.
16. Die IPv4-Adresse 192.168.12.44 lautet in IPv6-Notation wie folgt:
   0000:0000:0000:0000:0000:
   0000:192.168.12.44
   oder kürzer:
   ::192.168.12.44
17. NAT steht als Abkürzung für *Network Address Translation.*
18. NAT wandelt die intern verwendeten (reservierten) IP-Adressen in offiziell gültige Adressen um und ermöglicht somit eine Kommunikation des eigenen Netzes mit dem Internet.
19. NAT hat die beiden folgenden gravierenden Nachteile:
   Beim Ausfall des NAT-Anschlusspunktes sind auch alle damit kommunzierenden Systeme nicht mehr erreichbar.
   Eine direkte Punkt-zu-Punkt-Kommunikation zwischen zwei Systemen auf Basis der IP-Adresse ist nicht möglich.
20. CIDR steht für *Classless Inter Domain Routing.*
21. Die Abkürzung RSIP steht für *Realm Specific Internet Protocol.*
22. Weder CIDR, NAT, RSIP noch sonstige Verfahren können die Probleme der IP-Version 4 lösen. Mittelfristig muss flächendeckend eine neue IP-Version eingesetzt werden.

Stichwortverzeichnis

Symbols

Numerics

A

B

C

D

E

F

G

H

I

Q

R

S

T